国家出版基金项目
NATIONAL PUBLICATION FOUNDATION

现代水声技术与应用丛书
杨德森 主编

声呐系统动态效能计算原理及应用

刘清宇 余 赟 杨秀庭 著

科学出版社
龍門書局
北京

内 容 简 介

水下对抗过程中，目标声学特性、声基阵背景干扰、复杂海洋环境等对声呐探测能力影响巨大。声呐系统动态效能计算是最大限度发挥声呐探测能力的关键，伴随着分布式、多基地水声探测的发展趋势，其作用日益突出。本书对制约声呐系统探测能力的主要影响因素、动态效能计算原理方法和典型应用分析三个方面进行了系统阐述，分析了目标声学特性、背景干扰、海洋环境等要素及其对声呐探测的影响，总结提出了声呐系统动态效能计算的基本原理以及单声呐、多声呐、多基地声呐系统动态效能计算方法等，介绍了声呐系统动态效能计算在声呐探测控制和模拟训练系统中的几种典型应用。

本书可供国防工业中从事水声装备论证与设计、声呐辅助决策软件研制等工作的研究人员和工程设计人员参考使用，也可供使用声呐设备的各类指战员参考使用，还可供高等院校和科研院所中水声工程、电子信息工程、信息与通信工程等专业的高年级本科生和研究生学习参考。

图书在版编目（CIP）数据

声呐系统动态效能计算原理及应用 / 刘清宇，余赟，杨秀庭著. —北京：龙门书局，2023.12

（现代水声技术与应用丛书 / 杨德森主编）

国家出版基金项目

ISBN 978-7-5088-6329-0

Ⅰ. ①声… Ⅱ. ①刘… ②余… ③杨… Ⅲ. ①声呐-研究 Ⅳ. ①U666.72

中国国家版本馆 CIP 数据核字（2023）第 108603 号

责任编辑：张 震 张 庆 张培静 / 责任校对：王 瑞

责任印制：赵 博 / 封面设计：无极书装

科学出版社
龍門書局 出版

北京东黄城根北街 16 号

邮政编码：100717

http://www.sciencep.com

北京建宏印刷有限公司印刷

科学出版社发行 各地新华书店经销

*

2023年12月第 一 版 开本：720 × 1000 1/16

2024年 5 月第二次印刷 印张：20 3/4 插页：8

字数：430 000

定价：198.00 元

（如有印装质量问题，我社负责调换）

“现代水声技术与应用丛书”
编　委　会

丛书序

海洋面积约占地球表面积的三分之二，但人类已探索的海洋面积仅占海洋总面积的百分之五左右。由于缺乏水下获取信息的手段，海洋深处对我们来说几乎是黑暗、深邃和未知的。

新时代实施海洋强国战略、提高海洋资源开发能力、保护海洋生态环境、发展海洋科学技术、维护国家海洋权益，都离不开水声科学技术。同时，我国海岸线漫长，沿海大型城市和军事要地众多，这都对水声科学技术及其应用的快速发展提出了更高要求。

海洋强国，必兴水声。声波是迄今水下远程无线传递信息唯一有效的载体。水声技术利用声波实现水下探测、通信、定位等功能，相当于水下装备的眼睛、耳朵、嘴巴，是海洋资源勘探开发、海军舰船探测定位、水下兵器跟踪导引的必备技术，是关心海洋、认知海洋、经略海洋无可替代的手段，在各国海洋经济、军事发展中占有战略地位。

从 1953 年中国人民解放军军事工程学院（即“哈军工”）创建全国首个声呐专业开始，经过数十年的发展，我国已建成了由一大批高校、科研院所和企业构成的水声教学、科研和生产体系。然而，我国的水声基础研究、技术研发、水声装备等与海洋科技发达的国家相比还存在较大差距，需要国家持续投入更多的资源，需要更多的有志青年投入水声事业当中，实现水声技术从跟跑到并跑再到领跑，不断为海洋强国发展注入新动力。

水声之兴，关键在人。水声科学技术是融合了多学科的声机电信息一体化的高科技领域。目前，我国水声专业人才只有万余人，现有人员规模和培养规模远不能满足行业需求，水声专业人才严重短缺。

人才培养，著书为纲。书是人类进步的阶梯。推进水声领域高层次人才培养从而支撑学科的高质量发展是本丛书编撰的目的之一。本丛书由哈尔滨工程大学水声工程学院发起，与国内相关水声技术优势单位合作，汇聚教学科研方面的精英力量，共同撰写。丛书内容全面、叙述精准、深入浅出、图文并茂，基本涵盖了现代水声科学技术与应用的知识框架、技术体系、最新科研成果及未来发展方向，包括矢量声学、水声信号处理、目标识别、侦察、探测、通信、水下对抗、传感器及声系统、计量与测试技术、海洋水声环境、海洋噪声和混响、海洋生物声学、极地声学等。本丛书的出版可谓应运而生、恰逢其时，相信会对推动我国水声事业的发展发挥重要作用，为海洋强国战略的实施做出新的贡献。

在此，向60多年来为我国水声事业奋斗、耕耘的教育科研工作者表示深深的敬意！向参与本丛书编撰、出版的组织者和作者表示由衷的感谢！

中国工程院院士　杨德森

2018年11月

自　　序

声呐是水下探测的主要手段，在探索开发海洋、争夺海洋制权等方面发挥着极为重要的作用。长期以来，世界海洋强国在声呐领域投入了大量人力、物力和财力，在水声物理、换能器基阵、信号处理等方面进行了深入的研究探索，研制了不同形态的声呐系统。声呐效能是声呐在不同海洋环境、目标特性、对抗态势等条件下的实际探测能力，因声呐效能受各类外部因素影响巨大，且随时间、空间、态势剧烈变化，动态实时获取声呐的探测效能成为科学运用装备的前提，也是水声领域的重要研究方向。声呐动态效能计算就是通过实时更新海洋环境、目标状态、背景干扰、声呐工作参数等数据，基于相关水声物理场模型和声呐装备模型，实时不间断地输出对抗条件下的声呐探测效能。声呐动态效能计算是声呐高效运用、声呐论证设计、水下作战训练等的基础，也是各国海军努力追求的核心技术之一。

本书系统介绍声呐动态效能计算的基本模型、主要原理和典型应用，全书共9 章。第 1 章绪论，阐述了声呐效能的基本概念及主要影响因素，分析声呐效能动态变化的成因，提出声呐动态效能的计算原理；第 2 章海洋环境要素，介绍海底地形、底质、声速剖面等海洋环境要素的声学特性、效应和数据获取方法；第3 章水声传播特性及建模，介绍典型深海、浅海和水平非均匀海域的声传播特性、主要声传播模型及其自适应计算和声传播数据获取方法；第 4 章背景干扰特性及建模，介绍噪声、混响等声呐背景干扰的特性、建模计算和数据获取方法；第 5 章水声目标特性及建模，介绍舰船辐射噪声、目标回波的特性、建模计算和数据获取方法；第 6 章声呐空时处理性能建模，介绍声呐信号处理的基本原理、典型声呐阵列的空时信号处理模型和收发指向性测量方法；第 7 章声呐系统动态效能计算，介绍声呐动态效能计算的模型体系、流程、框架和计算方法；第 8 章模型与系统检验，介绍水声传播模型和声呐动态效能模型的检验评估方法；第 9 章声呐动态效能计算的典型应用，介绍声呐动态效能计算在声呐探测控制、模拟训练等领域中的应用。刘清宇撰写第 1、3、7 章，余赟撰写第 2、4、5、6 章，杨秀庭撰写第 8、9 章，全书由刘清宇规划章节设置并完成统稿。

本书的撰写和成稿得到了多位专家学者的大力支持。海军潜艇学院李训诰教授和中山大学李整林教授在百忙之中审阅书稿，并提出很多中肯的意见和建议。我们还与西北工业大学刘雄厚副教授、哈尔滨工程大学徐超副教授、中山大学肖鹏副教授、国防科技大学马树青副教授、中国海洋大学高博副教授、中科院声学所任群言研究员和刘佳研究员进行了有益讨论，进一步深化了本书知识体系的内涵，使其更为完整。哈尔滨工程大学范元航博士和西北工业大学刘战超博士为本书绘制了大量插图并参与了整理，进一步提高了图书质量。在此向他们表示诚挚的谢意！此外，还要感谢哈尔滨工程大学殷敬伟教授为本书顺利出版所做的大量协调工作。

因作者水平有限，书中不足之处在所难免，敬请读者批评指正。

中国工程院院士　刘清宇

2023 年 2 月

目　　录

第1章 绪　论

1.1 概　述

海洋面积约占地球表面积的71%，海洋是人类活动的空间，也是资源的重要来源，在人类文明发展过程中扮演着重要角色。自从19世纪末美国马汉提出海权论[1]，世界各国对海洋的重视空前，围绕海洋的战略竞争成为大国竞争的重要内容，同时也将持续影响21世纪的世界地缘政治格局。

由于水中的能量传播与空气中有着巨大的差异，水中声波的传播速度（约1500m/s）是空气中传播速度（约340m/s）的4～5倍。水中声波的传播损失较光波、电磁波的要小多个数量级。声波是目前唯一在海水中远距离传播的能量形式，因此，以海洋声学现象为主要研究对象的水声学，成为近代以来声学研究的重要分支。应用水声学原理实现警戒、探测、识别、鱼雷报警、通信、导航、武器导引、水声侦察等功能的声呐系统，在国家海上安全保障和社会经济发展、民生保障等国民经济领域发挥着不可替代的重要作用，是开发海洋资源、建设海洋强国、拓展海洋空间、维护海洋权益的主要支撑技术。

自1490年达•芬奇最早利用插入水中长管听到远处航船声以来，随着科学技术的持续发展和经济军事需求的不断催生，到目前为止，声呐系统已形成门类齐全、用途多样的系列装备，覆盖海洋研究、勘探、开发、环境资源保护和反潜战、潜艇战、反水雷战等民用军用领域。声呐系统按其是否主动发声来划分可分为主动声呐系统和被动声呐系统，按照收发是否分开可分为单基地声呐系统和多基地声呐系统，按照在海洋区域范围内的分布情况可分为单平台声呐系统和分布式声呐系统。声呐对目标的探测距离，即声呐作用距离，是声呐系统最为基本同时也是最为重要的战术指标，反映的是声呐装备最主要的作战性能，也是研究分析水下作战问题的关键数据。

在实际海洋环境中声呐系统的探测距离受两部分影响：一方面是其固有性能，由声呐本身的基阵形态及空-时-频域的信号处理方法决定；另一方面是随环境、背景干扰、目标特性、态势等动态变化。海洋中的温跃层，锋面、内波、涡旋等中尺度现象和大陆坡、海山、海沟等地形条件以及海面起伏使得信号传播复杂多变，引起信号异常衰减；海面的航船、海底的礁石以及各类鱼群等海洋生物会产生假目标或干扰。此外，在实际作战场景下，各种作战平台与作战目标均处于复杂的战术对抗环境，敌我舷角、平台机动航速随时间发生动态复杂变化，这些因素叠加在一起，对声呐实时探测效能产生很大的影响，动态变化范围甚至高达一两个数量级。由于海洋环境、目标特性等因素的复杂性、易变性，以及由此产生的不确定性，使用静态方式计算的声呐探测效能与实际情况相比通常存在很大的偏差，难以满足实际海上作战的需要。

运用声呐系统动态效能计算技术对各影响因素进行综合分析和量化评估，计算各影响因素条件下声呐的作用距离，对于水声装备论证与设计，在水下攻防作战行动中非常关注的武器使用、水下作战预案制订、潜艇的航路规划、作战指挥等都具有十分重要的意义。在声呐设备使用方面，通过对不同海洋环境和工况下声呐探测能力的分析，给出声呐装备在不同的水深、声速剖面、海底地形与底质、平台航速及航深下的作用距离，可帮助使用声呐设备的各类指战员更好地理解海洋水声环境对声呐战术性能的影响，掌握在不同条件下声呐的作战性能，为科学运用声呐装备提供有效的支撑手段。在声呐技术发展方面，通过典型场景条件下声呐作战效能的细化分析，可有效支撑新装备的军事需求、作战样式、作战效能、体系贡献率等论证评估工作，夯实声呐装备论证基础，确保声呐研制立项有序推进。在作战支持方面，作战筹划阶段，通过分析典型作战环境下敌我多平台多声呐相互探测能力，为作战预案拟制提供支撑；作战实施阶段，通过实时分析当前不同海洋环境、对抗态势、平台机动条件、敌我声呐探测能力，为兵力行动策略调整、声呐工作参数优化提供支撑。

本书将以水下预警探测声呐为研究对象，重点围绕声呐系统动态效能计算，针对物理场特性及建模、声呐时空处理性能建模、动态效能计算等方面进行系统阐述，分析海洋环境、目标声学特性、背景干扰等影响因素及其对声呐探测的影响，总结提出声呐系统性能建模原理与基本方法、声呐系统动态效能计算方法等，通过动态效能计算得到的声呐作用距离估计，能够为声呐工作参数的优选提供依据，进而实现量化的探测控制，以最大限度地发挥声呐探测能力。在此基础上，本书还将介绍声呐系统动态效能计算在声呐实时效能分析评估与声呐使用训练中的几种典型应用。

1.2 声呐效能

声呐效能是指声呐在规定条件下完成作战任务的能力。对于预警探测声呐，搜索发现目标就是其作战任务，相应的作战效能主要围绕探测能力进行分析。根据装备效能和性能的定义，声呐性能是装备固有能力的度量，是静态不变的；而声呐效能则是装备固有能力在实际作战环境下的具体表现，与海洋环境和目标状态等密切相关，是动态变化的。采用常见的武器系统效能工业咨询委员会（Weapon System Effectiveness Industry Advisory Committee，WSEIAC）模型[2]分析评估声呐效能，该模型一般形式可写为

$$\boldsymbol{E}_{\mathrm{S}}^{\mathrm{T}}=\boldsymbol{A}^{\mathrm{T}}\cdot\boldsymbol{D}\cdot\boldsymbol{C} \tag{1.1}$$

式中，$\boldsymbol{E}_{\mathrm{S}}^{\mathrm{T}}$为系统效能行向量；$\boldsymbol{A}^{\mathrm{T}}$为可用性行向量；$\boldsymbol{D}$为可信性矩阵；$\boldsymbol{C}$为能力矩阵。

由于声呐的作战任务是探测目标，其系统效能写为

$$E_{\mathrm{S}}=\frac{\lambda^2+\mu^2}{(\lambda+\mu)^2}P_{\mathrm{D}} \tag{1.2}$$

式中，P_{D}为探测概率；λ、μ分别为声呐的平均故障率和修复率，其典型取值为

$$\begin{cases}\lambda=\dfrac{1}{\mathrm{MTBF}}=\dfrac{1}{250}\\ \mu=\dfrac{1}{\mathrm{MTTR}}=\dfrac{1}{0.5}\end{cases} \tag{1.3}$$

其中，MTBF为平均无故障间隔时间；MTTR为平均故障修复时间。将式（1.3）代入式（1.2），有

$$E_{\mathrm{S}}\approx 0.996P_{\mathrm{D}}\approx P_{\mathrm{D}} \tag{1.4}$$

从式（1.4）可知，对于典型的声呐系统，其效能即规定的环境、目标和装备条件下对目标的探测概率。

根据水声信号检测理论，该探测概率实则为瞬时的检测概率，在一定的虚警概率（一般取10^{-4}）条件下，可根据输入信噪比计算。另外，在一定的虚警概率和检测概率（一般取0.5）条件下，也可以把该检测概率转换为满足检测条件的探测距离（即声呐作用距离）。这两种效能从不同角度、以不同方式描述同一问题，两者等价，均可用于描述声呐效能，在本书后续章节中不再详细区分和赘述。

1.3 声 呐 方 程

声呐效能通过探测概率或作用距离来描述，但如何计算这些效能指标，则需要利用声呐方程[3]。如图1.1所示，声呐在海洋混响、环境噪声、平台自噪声等干扰背景影响下，实现对信号的检测与参数估计。

由声呐原理可知，声呐方程建立在水声信号检测理论基础上，是开展声呐设计、分析声呐效能的基本工具。根据声呐信号检测理论，声呐探测概率、作用距离主要受环境、目标、装备三类因素影响，这些因素对声呐效能的影响方式与程

度，可通过声呐方程进行量化计算分析。根据声呐的类型，声呐方程可以分为被动声呐方程和主动声呐方程。

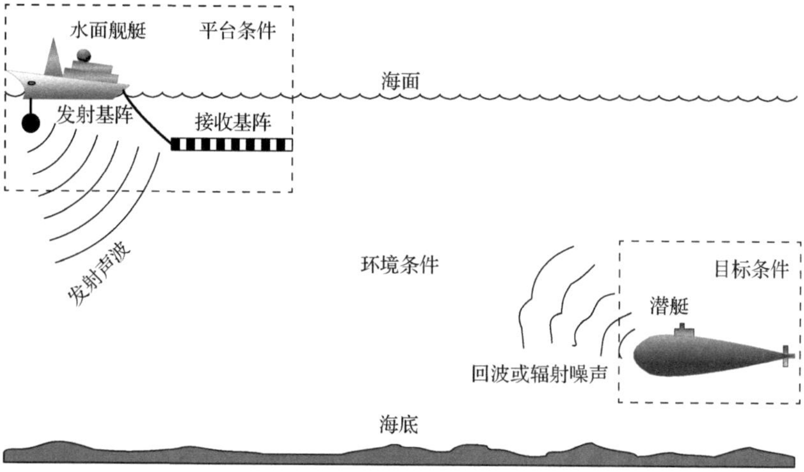

图 1.1　声呐探测示意图

被动声呐自身不发射声信号，通过接收水声信号进行工作，其信息流程如图 1.2 所示。被动声呐方程写为

$$(SL - TL) - (NL - DI) = DT \tag{1.5}$$

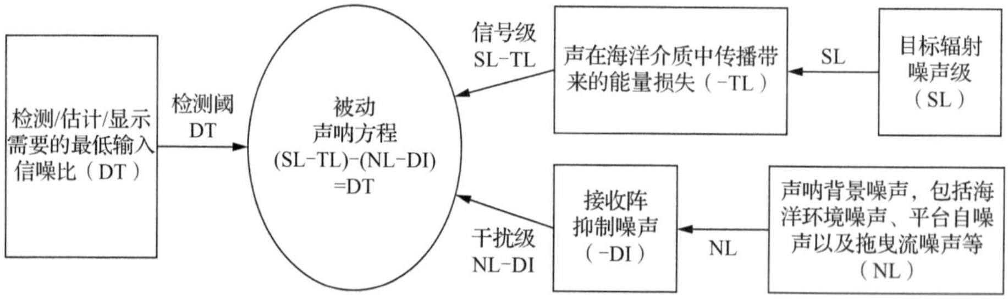

图 1.2　被动声呐信息流程

主动声呐需要发射声信号，利用目标回波进行工作。它的背景干扰分为两类：噪声限制背景和混响限制背景。

噪声限制下主动声呐的信息流程如图 1.3（a）所示，对应的声呐方程为

$$(SL_T - 2TL + TS) - (NL - DI) = DT \tag{1.6}$$

混响限制下主动声呐的信息流程如图 1.3（b）所示，对应的声呐方程为

$$(SL_T - 2TL + TS) - RL = DT \tag{1.7}$$

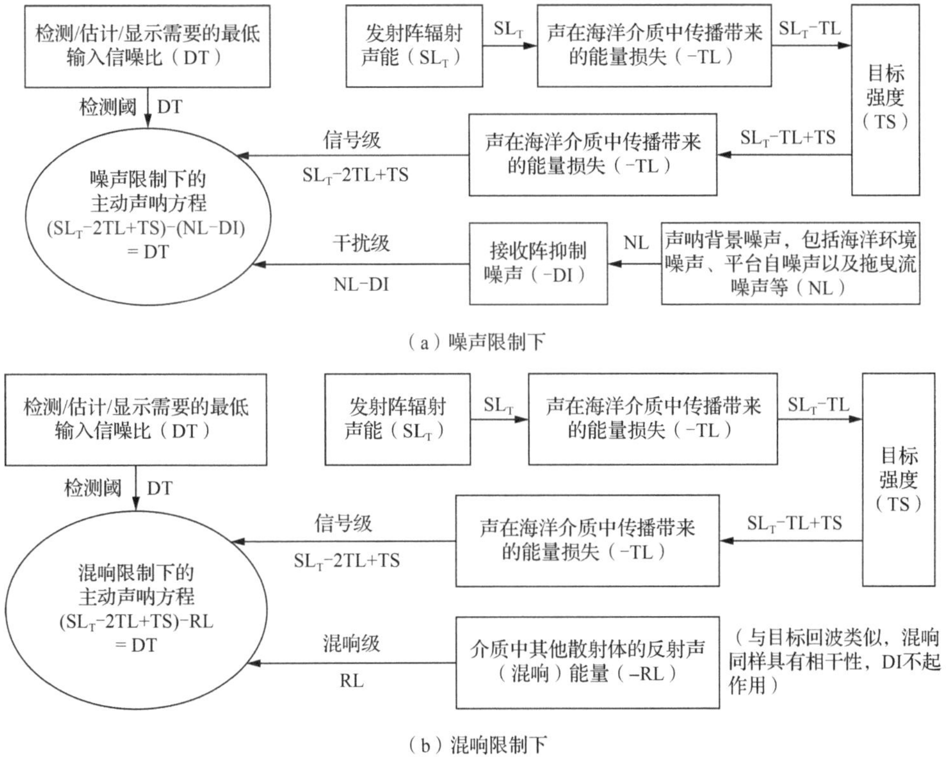

图 1.3　主动声呐信息流程

上述主被动声呐方程中，各声呐参数的定义和描述如表 1.1 所示。

表 1.1　声呐方程中的有关参数

类别	名称	意义	备注
装备	发射声源级 SL_T	表征发射基阵辐射声能的相对量级	描述主动声呐自身发出的声能。发射机及发射基阵设计完成后，SL_T即定值，但可能会随发射换能器老化而降低
	自噪声级 NL_1	表征声呐平台噪声和设备电噪声的相对量级	壳体声呐的自噪声主要包括本舰/艇平台机械噪声、流噪声、螺旋桨噪声。拖曳线列阵声呐的自噪声主要为流噪声。NL_1与本舰/艇平台的状态（航速、深度及设备开关等）密切相关，高航速时NL_1值也大

续表

类别	名称	意义	备注
装备	接收指向性指数 DI	表征接收基阵对背景噪声的抑制能力	DI 与波束形成算法、信号频率、声基阵结构等因素有关，在混响干扰背景下，由于混响级 RL 的评价本身在波束内进行，DI 的影响不显式呈现
	检测阈 DT	表征声呐恰好完成某职能时需要的输入信噪比	一般由声呐信号处理、使命任务及显示要求决定。声呐设计定型后，DT 即定值。通过升级先进的信号处理算法，可以降低 DT 值
环境	传播损失 TL	表征声音在传播过程中发生能量损失的相对量级	包括扩展损失和吸收损失两种，主要受声速剖面、海面和海底声学特性影响。经全面的海洋水声调查和完善的传播建模，可以较准确地预报 TL 值
	海洋环境噪声级 NL_2	表征海洋中各种噪声源辐射的噪声强度总和的相对量级。海洋环境噪声与声呐自噪声、流噪声一同构成声呐的背景噪声	海洋环境噪声是声呐主要背景干扰之一，一般包括风浪噪声、生物噪声、航运噪声等。噪声级 NL_2 可以现场实测，亦可查询历史数据或由模型推定
	混响级 RL	表征海水中各种声散射体对入射声的反射强度总和的相对量级	混响是主动声呐的主要背景干扰，主要包括界面混响和体积混响。RL 和发射声强与形式、海面与海底及深海散射层声学特性、传播距离密切相关。经海洋水声调查、水声传播建模，可较准确地预报 RL 值
目标	目标辐射噪声级 SL	表征噪声目标向海水中的辐射声的相对量级	又称目标声源级，描述目标辐射噪声的能量强弱，可类比于主动声呐的发射声源级。SL 与目标状态（航速、深度、设备开关等）密切相关，一般高航速会带来高 SL 幅度。对抗状态下目标的 SL 难以预测，会带来被动声呐作用距离的大幅起伏
	目标强度 TS	表征目标对入射声的反射能力	描述主动声呐目标回波的强弱，其值与目标状态和姿态（敌舷角、敷瓦等）密切相关，一般在方位分布上呈“蝴蝶”形，正横方向最大，艏艉方向最小。对抗状态下目标的 TS 难以预测，会造成主动声呐作用距离的不确定性

注意，表 1.1 中未点明用于何种工作方式的声呐参数，默认为主动和被动两种方式皆适用。使用中经常把自噪声级与海洋环境噪声级合称为背景噪声级，它描述了声呐工作的背景噪声强度。

1.4 声呐效能的影响因素

影响声呐效能的因素来自环境、目标和装备三个方面，这些因素会对声呐方程中一个或几个声呐参数产生影响。

1. *声速分布*

声速主要取决于海水的温度、盐度和深度参数，一般存在水平和垂直方向的变化。除江河入海口、洋流等特定海区外，声速的水平变化并不明显，通常可认为声速在水平方向是均匀的；但在垂直方向上，声速的变化要明显得多，声速剖面用于描述这一声速随深度的变化。声速剖面变化较为复杂，随空间、时间呈现不同的变化规律。空间上随纬度、海区的变化较为明显；时间上存在随日、旬、月、季等不同时间尺度的变化规律。

根据斯涅尔（Snell）定律，声波在传播过程中总是向声速减小的方向偏折。因此，声速剖面主要通过影响声的传播路径对传播损失 TL 产生影响，进而影响声呐效能。

本书关于声速分布的讨论详见第 2 章。

2. *海面与海底*

海面与海底是声在海洋中传播的边界，它们对入射声波的吸收、散射和反射等声学特性，直接影响传播损失 TL（主动声呐还将影响到混响级 RL），进而影响到声呐效能。

海面影响主要通过海况和风浪呈现，海底影响主要通过海底地形和底质呈现。由于风浪的瞬时变化特点，海面声学特性通常以统计形式予以表征。

与海面相比，海底的声学特性更为稳定，但空间变化也更为复杂。除具有水平变化的特点外，海底底质在深度方向上一般是分层的，各层的密度、声速和吸收等声学特性存在差异。简单的底质模型通常把海底看成声学特性单一的均匀层，按照其成分构成分为砂、粉砂质砂、粉砂、砂-粉砂-黏土、粉砂质黏土等多种类型。海底地形可分为大陆架、大陆坡、大洋中脊和海山、海沟、深海平原等多种类型。一方面，它们会影响水声信号的传播，降低声呐接收信号的强度甚至无法收到目标信号；另一方面，它们会导致水声传播多途效应，降低声呐接收信号质量。在浅海条件下，海底对声呐探测的影响是主要因素。

本书有关海底地形与底质的讨论详见第 2 章。

3. *海洋声传播*

声速剖面、地形、底质等环境因素和声呐的工作频率等是影响水声传播的重要因素，而传播损失是影响声呐探测距离的直接因素。在声呐方程中，往往通过比较优质因数与传播损失的大小，来确定声呐的探测距离。关于声速剖面、地形、底质等对水声传播的影响详见第 2 章，而关于深海、浅海、水平非均匀海域等典型水声传播特性，二维、三维水声传播建模以及模型的优选等内容详见第 3 章。

4. 海洋环境噪声

海洋始终是一个“嘈杂”的环境，海洋中各种各样的生物发声、远近航船的辐射噪声、人工作业噪声、海面风浪和降雨噪声、海底地壳运动发声、海水分子热运动噪声等，共同构成了海洋环境噪声。可以说，声呐接收到的由环境产生或经环境传播的各种噪声信号，都可以归于海洋环境噪声。

在声呐方程中，海洋环境噪声的影响通过环境噪声级 NL 表征。此外，环境噪声的空间分布及相关性也会通过影响信号处理增益（对应 DI、DT 两个声呐参数）而影响声呐效能。

本书有关海洋环境噪声的讨论详见第 4 章。

5. 平台自噪声

平台自噪声主要来源于本舰/艇平台机械噪声、螺旋桨噪声和水动力噪声。对于舰壳声呐和舷侧阵声呐，这三种类型的自噪声同时存在，较低航速下机械噪声为主，中高航速下水动力噪声和螺旋桨空化噪声占主导。拖曳线列阵声呐由于基阵远离本舰，其自噪声的主要成分是由湍流边界层所激励形成的水动力噪声。平台自噪声是声呐工作背景干扰的重要组成成分，自噪声越大，对声呐效能的影响也越大。从形成机理看，平台自噪声与目标的辐射噪声相似，前者是舰艇辐射噪声的近场形态，后者是舰艇辐射噪声的远场形态。

自噪声级主要用以反映声呐平台自噪声的强度，其值与声呐平台的状态（航速、深度及设备开关等）密切相关，航速、潜深或基阵深度、设备开关以及航行状态转换变化，都会引起自噪声级的变化，从而导致本舰/艇载声呐探测能力的变化。一般高航速时 NL 值也高。为减小自噪声影响，声呐使用时一般综合运用各种技战术措施以降低自噪声级。

本书有关平台自噪声、流噪声的讨论详见第 4 章。

6. 海洋混响

混响是主动声呐特有的干扰，它与背景噪声共同组成了主动声呐的背景干扰。混响是声呐发射的声波遇到海洋中大量无规则散射体，散射体形成的散射波在声呐接收端叠加形成的。因此，混响伴随着主动声呐的信号发射而出现，其频谱特性与发射信号的相同，混响强度随水平距离和发射信号强度的变化而变化，其时变特性明显。一般用等效平面波混响级来表征混响大小，通常可以分为体积混响、海面混响和海底混响三类。一般根据混响级和噪声级相对于回波级的大小，来判断混响是否是影响声呐的主要背景干扰（探测距离和信号频率是主要影响因素），若是则采用混响限制下的主动声呐方程开展声呐性能预报。

有关海洋混响的讨论详见第4章。

7. 目标辐射噪声

辐射噪声是被动声呐的目标声源，主要与目标类型、吨位、动力方式、航行工况（航速、深度、设备开关等）等密切相关，目标工况变化可能引起辐射噪声级的变化。在被动声呐方程中，使用目标辐射噪声级 SL 来描述目标辐射噪声的强度。

本书有关目标辐射噪声的讨论详见第5章。

8. 目标强度

目标强度是指由水中目标如潜艇、水面舰艇、鱼雷、水雷、鱼群等物体反射的回波强度。目标强度越大，主动声呐越容易发现目标。

对于典型的舰艇，目标强度的量值在舷角上呈“蝴蝶”形分布：正横方向最大，艏艉方向最小。低频情况下，“蝴蝶”形曲线有所变化，通常正横方向上目标强度值较大，但稍微偏离正横方向目标强度就会急剧下降。目标强度与发射脉冲强度、类型、脉宽、频带、目标形状与姿态等密切相关。此外，单基地和多基地声呐的目标强度也存在较大差异。

本书有关目标强度的讨论详见第5章。

9. 声呐的工作参数和信号处理方式

如前所述，声呐的固有性能是由自身决定的，主要取决于声呐的工作方式（主动、被动）、布阵方式（基阵孔径、形状、布阵间距等）、工作参数、信号处理方式等。波束形成是基本的空间处理方法，获得的阵增益是影响声呐作用距离的重要参数。主动声呐和被动声呐采用的主要时间处理方法分别是匹配滤波（或时域上的脉冲压缩）和能量积分，主要通过获取时间处理增益，影响声呐方程中 DT 的取值。

本书有关声呐空时处理的基本原理、建模方法等讨论详见第6章。

1.5 声呐系统动态效能计算

由主被动声呐方程可见，声呐效能与海洋环境、目标和装备等因素联系非常紧密，这些因素的变化都会引起声呐效能的变化。如果在某一时段内，这些因素是固定的，那么计算得到的声呐作用距离和探测概率是静态不变的，此时的效能称为静态效能；但在实际海洋环境中，这些因素都是动态变化的，因此，受其影响实际的声呐作用距离和探测概率总是动态变化的，这时的效能称为动态效能。声呐效能的动态变化主要受以下四个方面因素影响。

（1）海洋环境的动态变化。海洋环境对声呐效能的影响主要包括两类因素，一类是本身动态变化的环境因素，主要包括声速场、海面起伏、海流、环境噪声和混响等，以及海洋中的中尺度现象，通过叠加在声速场、环境噪声这些因素之上，进而对声呐效能产生影响；另一类环境因素本身是不变或缓变的，主要包括海底地形、底质，无论深海还是浅海，海底地形、底质等水声环境要素相对稳定，但由于水面舰艇、潜艇等声呐平台的机动，声呐所“看”到的海底地形、底质也是动态变化的，从而使得声呐效能随之呈现动态变化特征。

（2）目标状态的动态变化。目标航速、航深、动力方式、工况等因素直接影响辐射噪声的强度和方向性，在实际的海上对抗中，目标机动状态会经常改变，导致辐射噪声特性的动态变化。对于主动声呐，无论声呐工作于单基地还是多基地探测模式下，相对态势的改变会直接影响敌舷角和我舷角的变化，从而导致目标强度值随对抗态势变化呈现较大的动态变化，通过改变敌舷角来规避反潜兵力探测是潜艇的常规战术。

（3）平台状态的动态变化。与目标状态变化相似，在运用中，平台的航速、航向、工况等随战术、态势经常变化，导致平台自噪声、声呐流噪声等空时统计特性也随之变化。平台状态的变化不仅影响背景干扰的强度，同时也通过其空时统计特性影响声呐的阵增益、时间处理增益，导致声呐效能随平台状态的动态变化而变化。此外，由于目标特性的方向性，平台状态的动态变化影响平台与目标的相对态势变化，从而也影响目标辐射噪声和目标强度的变化。

（4）声呐状态的动态变化。出于战术、环境适应性等因素考虑，声呐信号处理方法、声呐工作参数等变化，同样会引起声呐效能的变化。比如，在浅海混响限制背景下，主动声呐一般采用调频脉冲或伪随机噪声脉冲[4]，信号处理的时间增益比单频脉冲要高；各种自适应信号处理算法可获得更高的空时处理增益，对弱信号检测能力更强，声呐效能也更高。

总结起来说，以上四类相关因素在实际的海上条件下都是动态变化的，统一到声呐方程的框架下，海洋环境的动态变化使得传播损失 TL 和环境噪声级（NL 的重要组成）等呈现动态变化，目标状态的动态变化使得目标辐射噪声级 SL 和目标强度 TS 呈现动态变化，平台状态的动态变化使得背景噪声级 NL、声呐时空处理增益（影响 DI 和 DT 值）等呈现动态变化，声呐状态的动态变化使得声呐的接收指向性指数 DI 和检测阈 DT 呈现动态变化。因此，实际作战环境中，声呐效能受海洋环境、目标状态、平台状态、声呐状态的影响呈现动态变化。

动态效能计算分析是各种武器装备论证、设计、研制和使用的基础，也是各类辅助决策系统的核心支撑[5-16]。为把握实际海洋环境、目标态势以及装备状态等因素动态变化对声呐探测的影响，必须实现声呐系统动态效能计算。声呐系统动态效能计算就是以声呐静态探测效能计算为基础，在不改变效能计算基础架构的前提下，通过综合考虑海洋环境、作战态势等实时变化，实时更新海洋环境、背景干扰、声呐工作参数、目标状态等数据，动态组织与数据变化相适应的水声传播、噪声干扰、混响、目标特性等计算模型，利用数据的动态变化和模型的动态组织，实现探测效能的动态计算。声呐系统动态效能计算原理如图 1.4 所示。

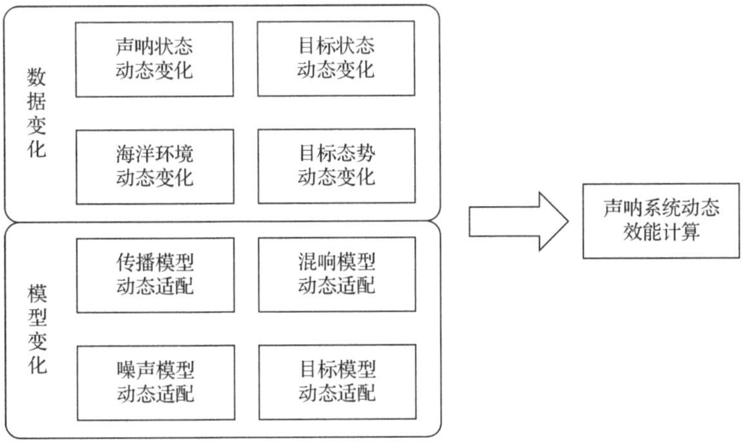

图 1.4 声呐系统动态效能计算原理

由于声呐方程反映了声呐工作机理，因此，声呐系统动态效能计算是以声呐方程为基础，核心在于数据动态支持和模型动态组织。在实际计算中，声呐的工作参数、平台信息等可以实时获取，海洋环境参数通常假设是准稳态的，即在海洋环境数据更新前，认为环境参数不随时间变化，而在数据更新后，则用更新数据替代原有旧数据，针对海洋环境的时变效应，可通过同化等技术，融合历史、预报和实测数据，提高海洋环境数据变化的时间细分粒度。水声传播、噪声干扰、混响等基础声学模型以及声呐性能模型可根据数据更新、频率适用性等自适应优选，即适应具体空间位置、具体距离跨度、特定时间上的海洋模式、特定频段上特定精度或分辨率的海洋物理与声学问题[17]。

声呐系统动态效能计算的可信性建立在真实可靠数据和经广泛验证的模型等基础上，针对不同种类的声呐、不同类型和阶段的作战任务，所需数据和模型的粒度有所不同。通过获取海洋环境、目标特性、平台装备等实际数据，构建标准数据库，并通过建立包含不同粒度的目标、水文环境、背景干扰、声呐和平台、水声传播等因素的模型，构建标准模型库，是声呐系统动态效能计算的基础。根据声呐的典型使用场景和样式，声呐系统动态效能计算可以分为单声呐动态效能计算、多声呐动态效能计算、多基地声呐系统动态效能计算等类型。其中，单声呐动态效能计算又可以分为主动声呐动态效能计算、被动声呐动态效能计算。各种声呐系统动态效能计算原理、架构和流程详见第 7 章。模型和效能检验方法详见第 8 章。通过对声呐系统动态效能计算在实际条件下的不断迭代更新，逐渐形成面向多任务的虚实结合的声呐系统动态效能计算能力，典型应用如声呐探测控制、模拟训练等详见第 9 章。

1.6 小　　结

本章概述了声呐系统动态效能计算的目的、意义、基本原理和方法。针对海洋环境、目标、装备、平台的动态变化特性，根据声呐工作机理和效能分析，明确了声呐系统动态效能计算的重点是声呐的作用距离和探测概率；结合声呐方程，分析了声呐效能的主要影响因素和引发动态变化的原因，阐明了声呐系统动态效能计算的基本原理，明确了数据动态更新和模型动态组织作为声呐系统动态效能计算的主要原则；针对声呐系统动态效能计算的技术内涵和应用领域进行分类，给出了典型分类方式。声呐系统动态效能计算作为水下作战的重要基础性支撑技术，其应用贯穿于声呐论证、设计、研制和使用等全过程，对于优化声呐设计、改进声呐性能、发挥实战效能均具有重要意义。

参 考 文 献

[1] 马汉. 海权论[M]. 欧阳瑾, 译. 北京: 台海出版社, 2017: 1-10.

[2] 杨秀庭. 浅海水声环境建模分析与作战运用研究[D]. 大连：海军大连舰艇学院, 2012.

[3] 尤立克. 水声原理 (第 3 版) [M]. 洪申, 译. 哈尔滨: 哈尔滨船舶工程学院出版社, 1990: 23-30.

[4] 刘伯胜, 雷家煜. 水声学原理[M]. 2 版. 哈尔滨: 哈尔滨工程大学出版社, 2010: 6-15.

[5] 傅攀峰, 罗鹏程, 周经伦. 对武器装备体系效能评估的几点看法[J]. 系统工程学报, 2006, 21(5): 548-552.

[6] 南熠, 伊国兴, 王常虹, 等. 概率有限状态机在动态效能评估中的应用[J]. 宇航学报, 2018, 39(5): 541-549.

[7] 董小龙, 孙金标, 焉彬. 基于 HLA 仿真的空战动态效能评估研究[J]. 电光与控制, 2009, 16(3): 17-20.

[8] 潘寒尽, 张多林, 方冬进, 等. 基于 SEA 的系统动态效能评价[J]. 弹箭与制导学报, 2005(S5): 638-639.

[9] 孙文纪, 屈洋, 陈艳彪. 基于 SEA 的装甲兵岛上进攻作战效能评估[J]. 兵工自动化, 2014, 33(8): 44-47.

[10] 张壮, 李琳琳, 魏振华, 等. 基于变权-投影灰靶的指控系统动态效能评估[J]. 系统工程与电子技术, 2019, 41(4): 801-809.

[11] 苏蓉, 郑寇全, 陈亮, 等. 空基指控系统动态效能评估方法[J]. 空军工程大学学报 (自然科学版), 2009, 10(2): 56-59.

[12] 杨迎辉, 李建华, 丁未, 等. 空中进攻作战信息流转动态效能分析[J]. 计算机仿真, 2014, 31(3): 78-82.
[13] 党双平, 汤亚波. 压制性雷达干扰无人机的支援干扰动态效能建模[J]. 火力与指挥控制, 2014, 39(7): 148-151.
[14] 隋洪江, 李察, 李晓波. 中远距空空导弹射后效能动态评估[J]. 飞机设计, 2016(2): 26-29, 37.
[15] 程力, 韩国柱, 宋国合. 自行火炮系统动态效能建模与仿真研究[J]. 火炮发射与控制学报, 2008(3): 78-82.
[16] 潘高田, 王远立, 黄一斌, 等. 作战系统效能动态评估模型研究[J]. 装甲兵工程学院学报, 2007, 21(3): 1-3.
[17] 刘清宇, 蔡志明. 发展新型声呐系统的几个科学问题[J]. 声学学报, 2019, 44(2): 209-213.

第 2 章　海洋环境要素

同大气环境相比，海洋环境是一种更具地区性、更多变的复杂环境，海洋中的海底地形、海底底质、声速剖面、内波、海洋锋面、涡旋等都会对水声传播造成强烈影响。本章将对上述海洋环境要素作一一介绍，描述其特征和声学影响。

2.1　浅海与深海

海洋面积约占地球表面积的 71%，海洋是覆盖地球表面被各大陆地分隔又彼此相通的广大水域，海洋的中心部分称作洋，主要包括太平洋、大西洋、印度洋、北冰洋等四大洋，边缘部分称作海，洋和海彼此沟通组成统一的水体。

深度是海洋的一个重要特征。根据深度的不同，可以将海洋粗略地分为浅海和深海。从地理意义上来说，浅海一般指海深小于 200m 的海域。根据统计，浅海面积仅占世界海洋总面积的 7.6%，而深海面积占世界海洋总面积的 90%以上，深海的深度多分布于 3000～6000m。在我国，渤海、黄海、东海大部分及南海的部分海域属于浅海。渤海海域，最大海深 86m，平均海深 18m[1]。黄海近岸海域深度多小于 60m，最深处位于济州岛北，深度为 140m，黄海平均海深 44m[1,2]。东海可以分为西部的浅海区域和东部的深海海域，浅海海域海深大多为 60～140m；深海海域，坡度较陡，深度变化大，最大海深 2719m，平均海深 370m[1,2]。南海海域海深分布范围比渤海、黄海、东海大，北、西、南靠近大陆的海域深度较浅，而在南海的东部和中部海深较深，大多在 2000m 以上，南海的最大深度在 5500m 以上[1,2]。

从声学意义上来说，浅海一般指海底对水声传播有重要影响的海域。浅海声传播的基本特征是在负梯度声速剖面或等声速剖面的作用下，声波需要经过海底的多次反射才可以远距离传播，“折射-海底反射”路径和“海面反射-海底反射”是声波典型的传播路径，深度小于 200m 的海域可以认为是声学意义上典型的浅海环境。在深海，声波在传播的过程中，受深海正声速梯度的影响，存在向上折射传播的声线，由于没有海底的作用，声能量可以实现远距离传播。深海中，“折射-折射”和“折射-海面反射”是重要的声线传播路径，深度 2000m 以上的海域可以认为是声学意义上典型的深海环境[3]。

浅海多分布于大陆外围，而深海广泛分布于世界各大洋。由于浅海和深海所处位置以及深度不同，其对应的海底地形存在差异。海底作为水声信道的下界面，声波在传播的过程中与海底接触发生反射，复杂的海底地形会使得声波偏离原有的传播路径，形成特殊的声学现象。浅海中，海底地形以大陆架为主，坡度平缓；深海中，大陆坡、海沟、海山等广泛分布其中[4]，这些海底地形分布规律以及特点各不相同，相比于浅海，深海的海底地形更加复杂。

浅海与深海中的沉积物存在很大差异。海底沉积物是位于海底岩基之上比较松软的物质，当声波与海底发生作用时，由于部分能量透射进入沉积层，造成声能量衰减[5]，沉积物是影响声波在海洋中传播的重要因素。浅海中，沉积过程受物理、化学、生物作用等过程的控制，沉积物虽然以来自陆地的粗糙沉积物为主，但来源十分丰富，河流、风等外动力搬运来的沉积物质和海蚀作用剥蚀下来的物质以及海洋生物和化学分解产生的沉积物质共同组成了浅海中的沉积层，由于动力因素（风浪、潮汐、河流等）易受气候、季节、纬度等因素的影响，沉积条件不稳定，沉积物的分布和组成相比于深海更加复杂[6]。深海中，沉积物多为细黏土和淤泥，主要是生物作用和化学作用的产物，还包括地质活动产生的物质，例如火山灰等，由于沉积条件稳定，沉积物也相对稳定。

海洋中的声速随深度的分布呈现出一定的规律，典型的深海声速分布可以分为表面层、温跃层和深海等温层。在海洋表面，由于受到阳光照射和风浪搅拌的共同作用，形成表面层，层内水温较高，声速梯度可正可负。在表面层之下是温跃层，海水温度随深度增加逐渐降低，是声速变化的过渡区域。在温跃层之下，水温较低且稳定，不随时间和深度变化，形成深海等温层，层中声速呈正梯度分布[7]。受深度的限制，浅海中不存在深海等温层，由于浅海温度分布受复杂因素的影响，其声速分布更加复杂、多变。

海底地形、沉积物、声速剖面均是影响声波在海洋中传播的重要因素，在浅海和深海中这些因素的差异导致水声传播特性的巨大差异，本章后续将对这些因素进行介绍，并对其声学效应展开分析。

2.2　海底地形

地形是认知海洋的最基本参量，是海洋科学的基本内容，地形数据是海洋经济开发、海洋科学研究和海洋军事应用等方面的重要基础数据。

2.2.1 典型海底地形

1. 大陆架

大陆架，又称陆架或大陆浅滩，是大陆向海洋的自然延伸，是大陆沿岸被海水淹没的浅海地带。大陆架的分布是从低潮线开始，以非常平缓的坡度向海洋延伸，直至海底坡度陡然变大的大陆坡为止。大陆架是海洋的重要组成部分，主要分布在太平洋西岸、北冰洋边缘和大西洋两岸，其总面积约为2710万km^2，占全球海洋总面积的7.5%[1]。全球各地大陆架的宽度和深度有很大差别，例如，北冰洋大陆架最大宽度可超过1000km，其在西伯利亚和阿拉斯加处的外缘，深度仅为75m；而位于其东侧的加拿大大陆架宽度仅约为200km，外缘深度可达500m。据调查统计，大陆架平均宽度为75km，内侧平均深度为60m，外缘平均深度为130m[8]。坡度是描述大陆架的重要参数，全球大陆架平均坡度为0° 07′，坡度平缓是大陆架最显著的特征。

中国近海海域存在着广阔的大陆架，渤海、黄海及东海大部分基本处于大陆架上。东海大陆架宽度为240～640km，外缘水深为150～181m，平均坡度为0° 02′18″；南海大陆架宽度为135～600km，外缘深度为200～350m，最大坡度可达0° 04′[9]。

2. 大陆坡

从大陆架海区继续向外延伸，坡度突然增大形成一个陡峭的斜坡，称为大陆坡。大陆坡是一个连接大陆架和大洋的全球性的巨大斜坡，其总面积为2870万km^2，约占海洋总面积的8%[9]。大陆坡的上侧边界是大陆架的外缘，深度大多在100～200m，下侧边界可至大洋盆底，外缘深度一般为1400～3200m[10]，最深可达6000m。大陆坡的坡度较大是其最显著的特点，一般由几度至20°，最大可达45°，平均坡度为4° 17′[11]，其中，太平洋海域大陆坡平均坡度为5° 20′，印度洋海域为2° 55′，大西洋海域为3° 05′。全球不同海域大陆坡宽度差异巨大，太平洋大陆坡的平均宽度为20～40km，而大西洋大陆坡宽度为20～200km，全球海域大陆坡平均宽度为70km[12]。

在我国海域，渤海和黄海为大陆架海域，没有大陆坡。东海东部有一条狭长的地带为大陆坡区，其面积约占东海总面积的1/3。南海海域有着广阔的大陆坡地区，其面积为120万km^2，约占南海总面积的34%，大陆坡上侧边界深度150m以上，外缘深度最大可达3600m[13]。

3. 大洋中脊和海山

大洋中脊，又称海岭，在地貌上是贯穿于大洋的成因相同、特征相似的海底山脉。大洋中脊的总长度约为 84000km，其面积约占全球大洋总面积的 33%。大洋中脊的宽度一般为 1000～1500m，高度为 1000～3000m[9]。大洋中脊在各大洋具有不同的分布规律，在太平洋，大洋中脊位于大洋东侧且坡度较缓；在印度洋，大洋中脊位于大洋中部，呈“入”字形分布；在大西洋，大洋中脊位于大洋中央，延伸方向与大西洋两侧大陆平行，坡度较陡。

与贯穿连续的大洋中脊不同，海山孤立分散地分布于大洋底，其大部分的成因是海底火山。海山呈圆锥状，相对高度在 1000m 以上，坡度约为 5°～15°。高度小于 1000m 的海山称为海丘[14]。

根据我国地质勘探人员调查，在我国南海海域，高差在 1000m 以上的海山有 18 座。南海中的海山、海丘按照组合形态和分布规律分为东西向链状海山、南北向链状海山、东北向线状海山和西北向链状海山，其中，规模最大的是珍贝-黄岩东西向链状海山，其最大高差 4003m，长度约为 540km[15]。

4. 海沟

海沟是一种深而长的、横截面多为“V”字形的凹形地貌类型，它的外形呈长条形，长度可达几千千米。海沟上宽下窄，上部宽度为 40～70km，底宽仅为数千米，海沟底部称为海渊，其深度一般超过 6000m[10]。坡度陡急是海沟的重要特点，且海沟两侧坡度大多不对称，大陆侧斜坡较陡，坡度为 10°～20°，大洋侧斜坡较缓，坡度为 3°～8°。用板块构造理论可以对海沟的形成原因进行合理的解释，大洋板块向大陆板块俯冲，板块前侧受到大陆板块的挤压而向下弯曲至地幔，从而形成狭长幽深的海沟。世界上深度最大的海沟是太平洋的马里亚纳海沟，它位于西太平洋马里亚纳群岛东南侧，深达 11034m，长约 2550km，平均宽度 70km[1]。大西洋中最深的海沟是波多黎各海沟，最大深度为 9218m；印度洋中最深的海沟是爪哇海沟，深度为 7450m[1]。海沟是地壳活动最活跃的区域，是火山、地震的高发地带。

5. 深海平原

在深海底部，相对平坦区域称为深海平原，深度一般为 3000～6000m。深海平原面积较大，最大可延伸几千千米，其总面积约占地球总面积的 50%[16]。深海平原是最平坦的海底地形，坡度仅为 1/10000～1/1000，但是它的基底本身并不平整，基底由玄武岩构成，经过长时间的积累沉淀，原始地貌被大量的沉积物覆盖，最终形成光滑平整的海底平面。这些沉积物一方面来自大陆坡上沉淀的滑塌所造成的浊流，另一方面来自浮游生物残骸等海洋生物沉淀，这些沉淀物相互沉积，累积成平均厚度约为 1000km 的沉积层。

深海平原广泛分布于世界各大洋，其中在大西洋中分布最多，因为大西洋中无边缘海沟拦截，使得来自大陆架的沉积物供应充分，为深海平原的形成提供了有利条件。然而，太平洋周围存在许多海沟，来自大陆架的沉积物难以到达大洋盆地，所以太平洋中深海平原分布较少。深海平原也分布于墨西哥湾、加勒比海、地中海及西太平洋边缘。

在我国南海中部也存在着深海平原，其纵长 1500km，最宽处 825km，呈不规则菱形，面积为 43 万 km^2，约占南海总面积的 12%，地形自西北向东南微微倾斜，水深为 3500～4400m，平均坡度为 0° 10′～0° 14′，北部地形更加平坦，平均坡度仅为 0° 04′～0° 05′[17]。

2.2.2　地形声学效应

海洋是水下声信道，海面和海底组成了信道的两个界面，海底对水声传播有着重要的影响。地形和海深是海底影响水声传播的重要方面，是最主要的水平非均匀性环境参数。不同的海深和地形构成了不同水下声信道的结构及不同的海底声反射和散射特性，特别是海底地形变化剧烈时，对水声传播会带来很大的影响。

地形是影响潜艇战、反潜战和水雷战的重要因素。对于潜艇，除影响其航行安全和导航定位外，选择有利地形，可以使其隐蔽自己的同时，有效发现敌人。同时，布雷、探雷和猎雷等均需要考虑地形因素。此外，海底的散射是影响水声通信多径干扰的重要因素，不同的海底地形构成了不同的声信道，产生了不同的多径，形成了不同的冲击响应函数，造成了不同的多径衰落，从而会影响水声通信的误码率。

声波在不同海底地形的传播具有特殊的声学效应，本小节通过几个例子分析大陆坡、海沟、海山等复杂海底地形对水声传播的影响。

1. 大陆坡

声波从大陆坡向浅海传播以及从浅海经由大陆坡向深海传播的过程中会产生特殊的声学现象，对声呐的探测性能具有重要影响。Northrop 等[18]最早通过在加利福尼亚海域的实验测量发现当声源置于浅海的斜坡上方，深海声道轴接收的声波传播损失会减小，后来这个现象被称作斜坡增强效应。Dosso 等[19]通过在加拿大东海岸的实验测量验证了斜坡增强效应的存在，实验结果与数值建模的结果吻合较好。Tappert[20]使用迈阿密大学抛物方程（University of Miami parabolic equation, UMPE）声学模型对夏威夷瓦胡岛附近的真实海洋环境进行了数值仿真，结果证明浅海坐底声源发出的声波会沿着斜坡向下传到深海声道轴，进而可实现远距离传播，这种现象被称为泥流效应[21]。

本小节首先对声波从大陆坡向大陆架的传播以及从大陆坡向深海平原的传播进行仿真，并对其中的一些现象分析研究。图 2.1 为声波从大陆坡向大陆架传播的仿真实验中选用的声速剖面和海底地形。图 2.2 为声波在大陆坡和大陆架地形下的传播损失和声线图，声波在由大陆坡向大陆架传播的过程中，声线经过大陆坡的反射，其掠射角增大，在传播相同距离的情况下，大陆坡使声线的反射次数增加，声衰减增大，不利于声波的远程传播。图 2.3 是在接收深度为 50m 时两种地形下传播损失随距离的变化曲线，可以看出，相比于大陆架地形，声波在由大陆坡向大陆架传播的过程中，传播损失急剧增加。

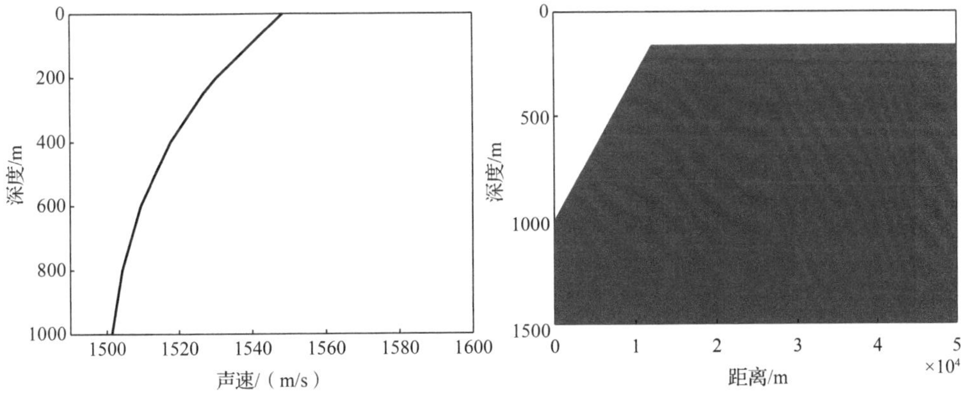

（a）声速剖面

（b）海底地形示意图

图 2.1 声速剖面和大陆坡与大陆架地形图

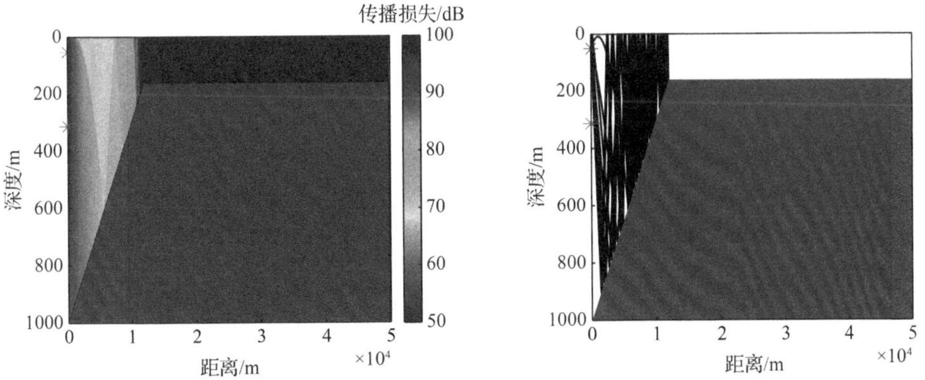

（a）大陆坡传播损失（彩图附书后）

（b）大陆坡声线图

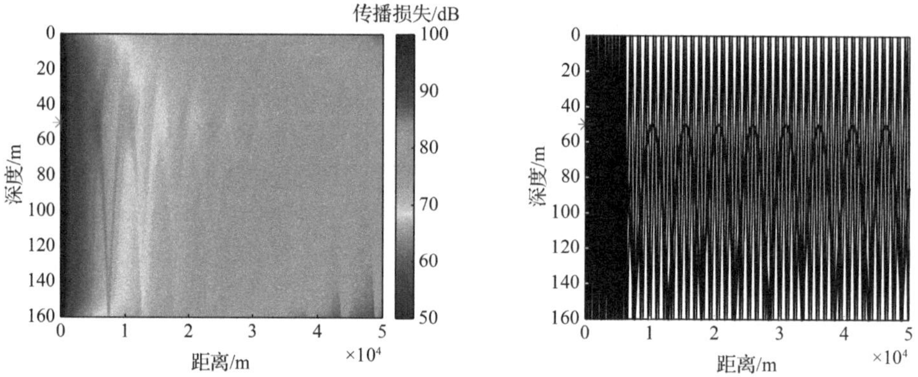

（c）大陆架传播损失（彩图附书后）　　（d）大陆架声线图

图 2.2　大陆坡和大陆架传播损失和声线图

仿真条件：声源深度为 50m，声波频率为 500Hz，海底底质为砂-粉砂-黏土

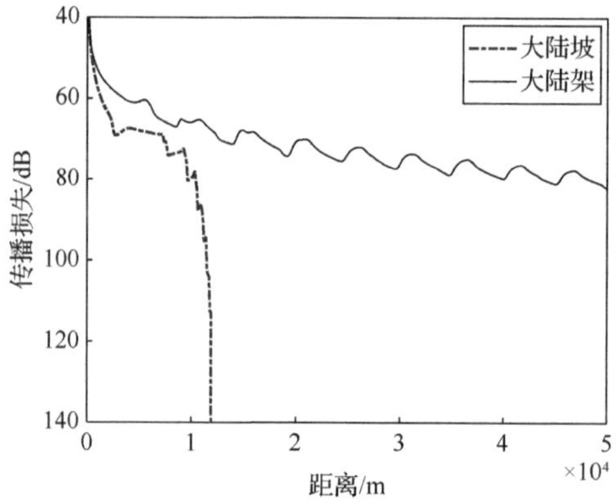

图 2.3　大陆坡和大陆架传播损失曲线（接收深度 50m）

对声波从大陆坡向深海平原传播过程中的现象进行了分析，声速剖面及海底地形如图 2.4 所示。图 2.5 为声波在大陆坡及深海平原地形下的传播损失和声线图。由图可见，声波在大陆坡海区传播的过程中，部分声线向下传播，经过大陆坡反射后，其掠射角减小，到声道轴深度附近后逐渐不与大陆坡发生作用，声能量分布在声道轴周围，并且可以远距离传播。此外，由于倾斜海底的作用，声线上侧的翻转深度变大，声线下侧的翻转深度变小，从图 2.5 可以看出，大陆坡海域声线上侧翻转深度约为 650m，下侧翻转深度约为 2500m，深海平原对应的声线上侧翻转深度为 50m，下侧翻转深度为 4500m。

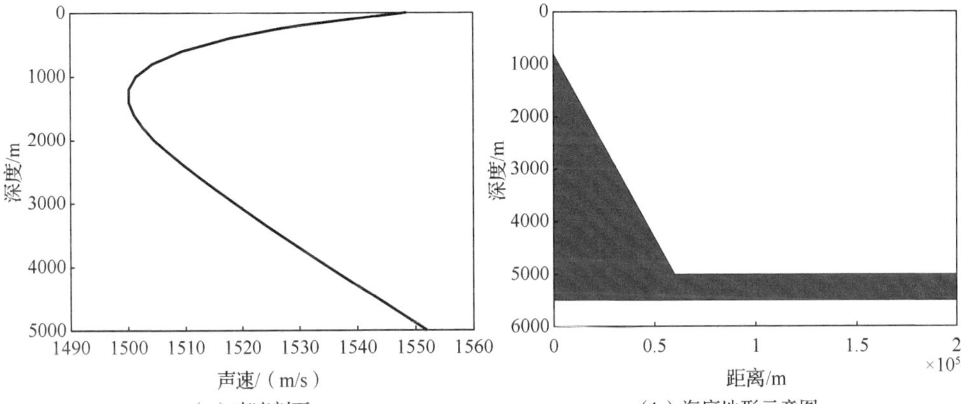

（a）声速剖面　（b）海底地形示意图

图 2.4　声速剖面和大陆坡与深海平原地形图

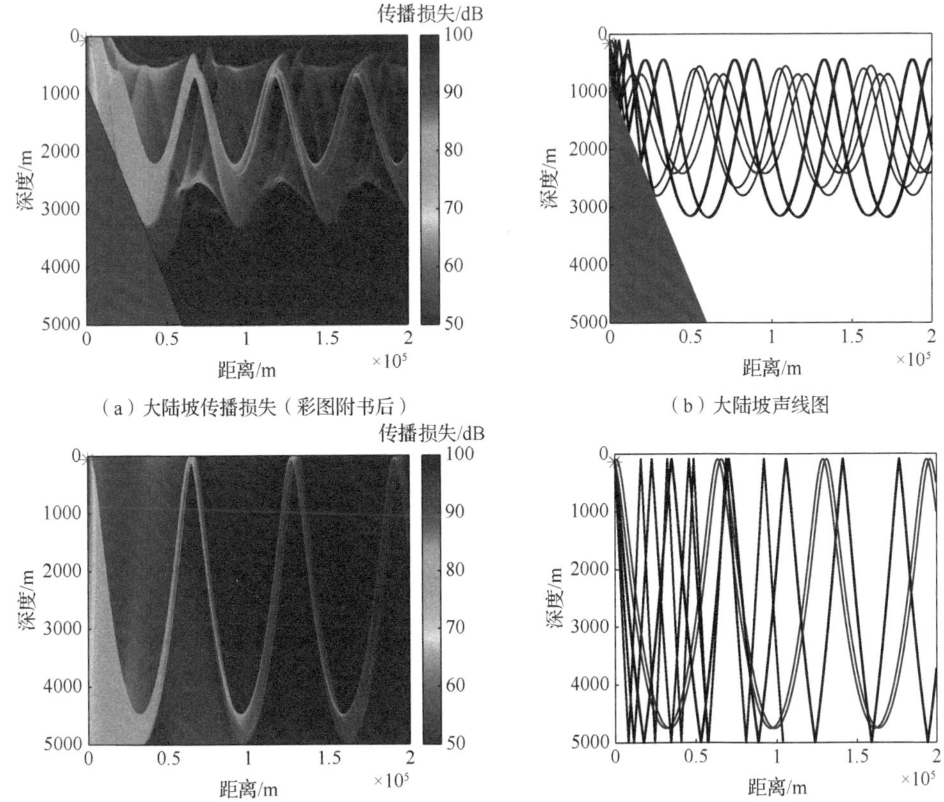

（a）大陆坡传播损失（彩图附书后）　（b）大陆坡声线图

（c）深海平原传播损失（彩图附书后）　（d）深海平原声线图

图 2.5　大陆坡和深海平原传播损失及声线图

仿真条件：声源深度为 50m，声波频率为 500Hz，海底底质为砂-粉砂-黏土

图 2.6 给出了大陆坡和深海平原两种地形下声线上侧翻转深度处的传播损失随距离的变化曲线。由图可见，倾斜海底使得声线会聚区域展宽，并改变了声线会聚区域的位置，相比于平坦海底，倾斜海底的声线会聚区域距离声源更近。

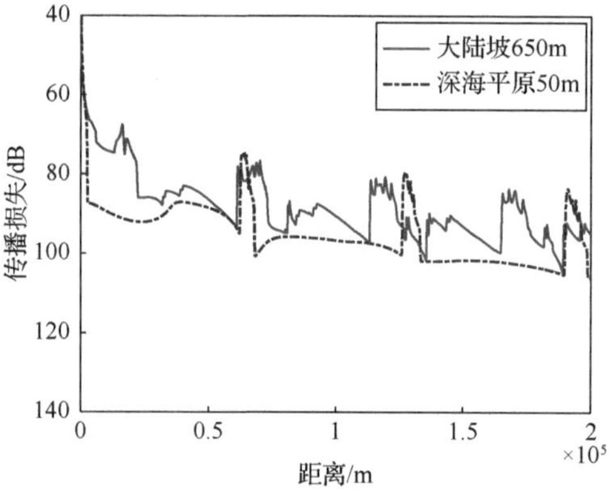

图 2.6　声线上侧翻转深度下传播损失曲线

声源深度对声波在大陆坡海域的传播有着重要的影响，图 2.7 给出了声源深度为 200m 的声波在大陆坡和深海平原的传播损失和声线图。由图 2.7 可知，声源深度为 200m 时，大陆坡对应的声线上侧翻转深度为 700m，下侧翻转深度为 2000m，深海平原对应的声线上侧翻转深度为 200m，下侧翻转深度为 3800m，当声源更靠近声道轴时，可以远距离传播的声线在深度上分布更加集中，声能量被更好地约束在声道轴附近。

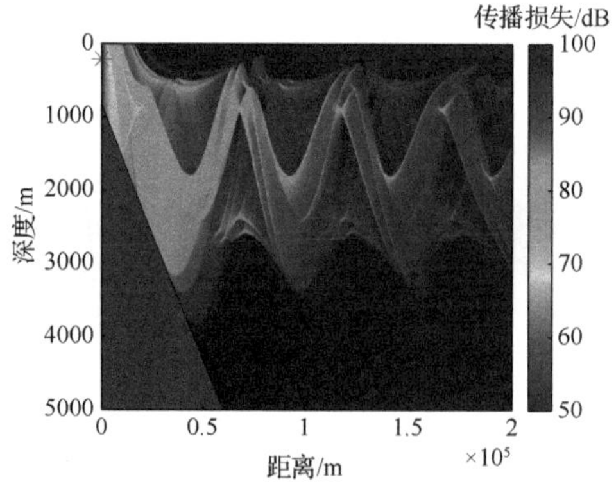

（a）大陆坡传播损失（彩图附书后）

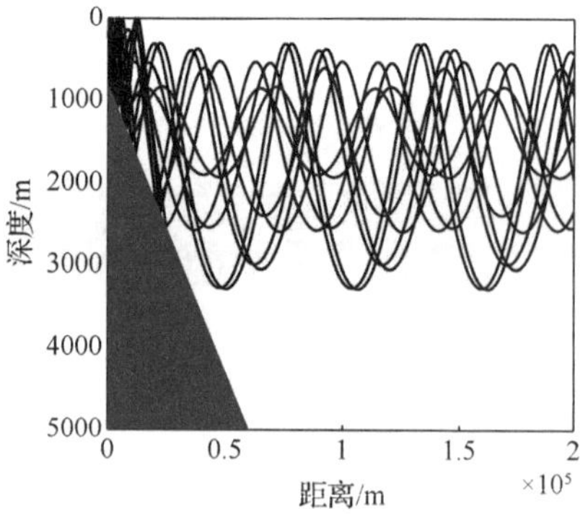

（b）大陆坡声线图

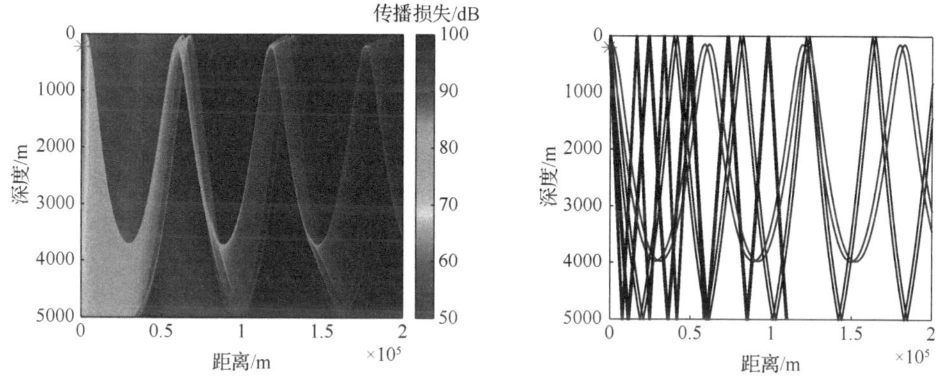

（c）深海平原传播损失（彩图附书后）　　（d）深海平原声线图

图 2.7　大陆坡和深海平原传播损失及声线图（深声源）

仿真条件：声源深度为 200m，声波频率为 500Hz，海底底质为砂-粉砂-黏土

2. *海沟*

海沟存在于全球的各大洋中，声波在跨海沟传播的过程中，存在特殊的水声传播现象。目前，国内学者对声波跨海沟传播的研究较少，Chiu 等[22]在台湾东北部海区观测到了海沟对噪声的三维声聚焦现象，并用抛物方程模型对这一声学现象进行了理论分析。2018 年，中国科学院声学研究所在南海开展了一次水声传播实验，结果表明，在负梯度声速剖面和海沟的共同作用下，声能量在海沟上方会聚，相比于平坦海底，传播损失减少 20dB[23]。

对海沟环境下的水声传播计算有助于理解海沟如何影响声呐的探测性能。图 2.8 为声波在海沟地形下传播的仿真实验中选用的海底地形，仿真中选用孟克（Munk）声速剖面。图 2.9 给出了声波在海沟环境中的传播损失和声线图。可以看出，声源距离海沟较近时，声能可以以反射声和直达声的形式传播至海沟。图 2.10 是海沟和深海平原两种地形下会聚区深度（50m）的水声传播损失随距离的变化曲线，综合图 2.5（c）和（d）、图 2.9、图 2.10 可知，对于近程声源，海沟导致声波在影区的传播损失增大，而在会聚区的传播损失几乎不变，这是由于声波经海沟反射，掠射角增大，传播相同的距离，反射次数增加，从而增大了声能量的衰减。

海沟对声波传播的影响与海沟和声源的相对位置有关。改变海沟位置，使得海沟距离声源 80km，图 2.11 给出了传播损失和声线图。由图 2.11 可知，对于远程声源，仅有少数声线以反射的形式进入海沟，几乎不影响水声传播。

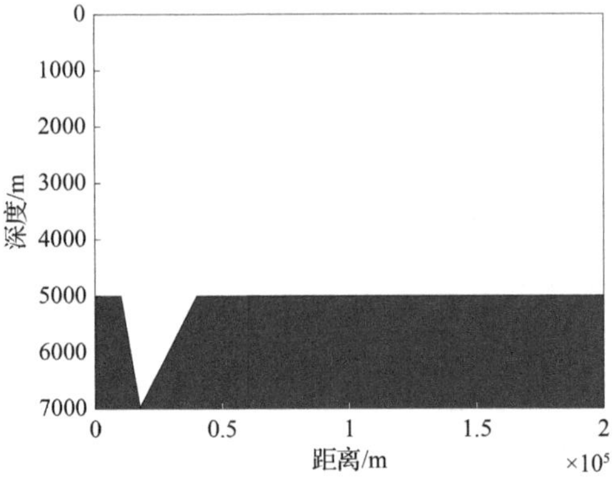

图 2.8　海沟海底地形示意图

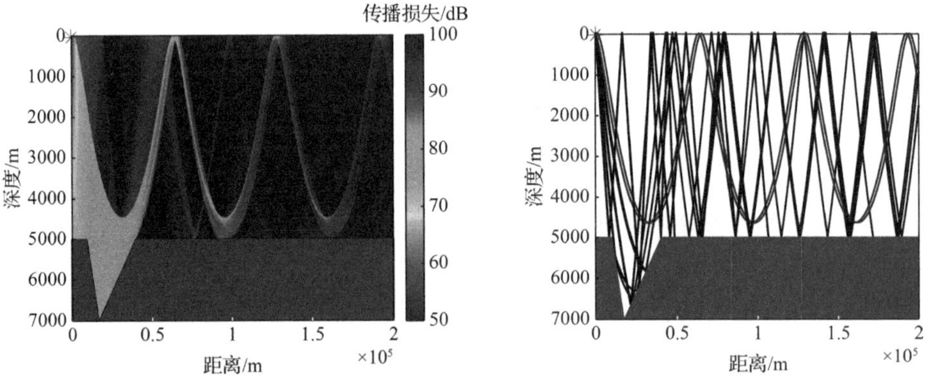

（a）海沟传播损失（彩图附书后）　　（b）海沟声线图

图 2.9　海沟传播损失及声线图（近程声源）

仿真条件：声源深度为 50m，声波频率为 500Hz，海底底质为砂-粉砂-黏土

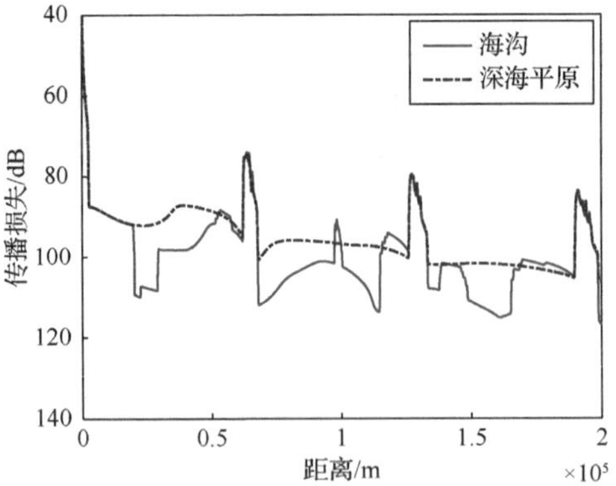

图 2.10　会聚区深度下声传播损失曲线

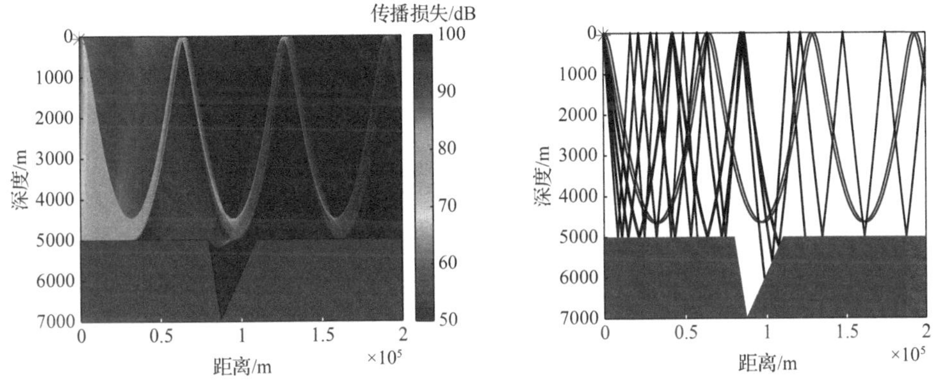

（a）海沟传播损失（彩图附书后）　（b）海沟声线图

图 2.11　海沟传播损失及声线图（远程声源）

仿真条件：声源深度为 50m，声波频率为 500Hz，海底底质为砂-粉砂-黏土

3. 海山

在海洋中，大小不同的海山广泛分布其中，海山对水声传播有着重要影响。国外对海山水声传播的研究较早，有研究证明经过海山的水声传播损失比没有海山的水声传播损失增大近 35dB[24]。近年来，国内在海山对水声传播影响方面的研究较多。中国科学院声学研究所 2014 年的一次综合性深海实验表明[25]，海底小山丘比平坦海区相同声影区位置的传播损失增大约 8dB，海底斜坡上方靠近海面区传播损失减小约 5dB。2015 年，中国科学院声学研究所在南海进行了一次水声传播实验，结果表明，海山近声源一侧上方水声传播损失减小 10dB，在海山远离声源一侧的声影区比无海山海区相同位置水声传播损失增大 10dB。2016 年，中国科学院声学研究所在南海深海进行了一次海山环境下的水声传播实验[26]，观测到了由海山引起的三维水声传播效应，结果表明，声波在传播过程中与海山作用后破坏了深海会聚区结构，导致传播损失增大，在海山后形成具有明显边界的声水平折射区，用三维水声传播模型对这一现象进行了解释。

声波在传播的过程中，海山会对其产生遮挡效应、海底增强效应等复杂的水声传播效应，本小节针对海山对水声传播的影响进行分析研究。图 2.12 为声波在海山地形下传播的仿真实验中选用的海底地形，仿真中选用 Munk 声速剖面。图 2.13 给出了声波在海山地形下的传播损失和声线图。可以看出，海山位于直达声区范围内，深海折射声线在传播的过程中，受到海山的遮挡，使得声线被反射至海面，从而破坏了深海平原环境下常见的会聚区。声线在经过海山顶部后，经水平海底的传播可重新形成会聚区和影区。其中，海山顶可被视为等效声源。

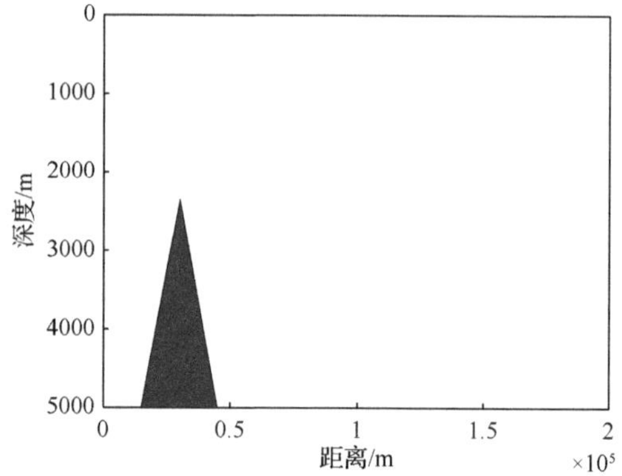

图 2.12　海山海底地形示意图

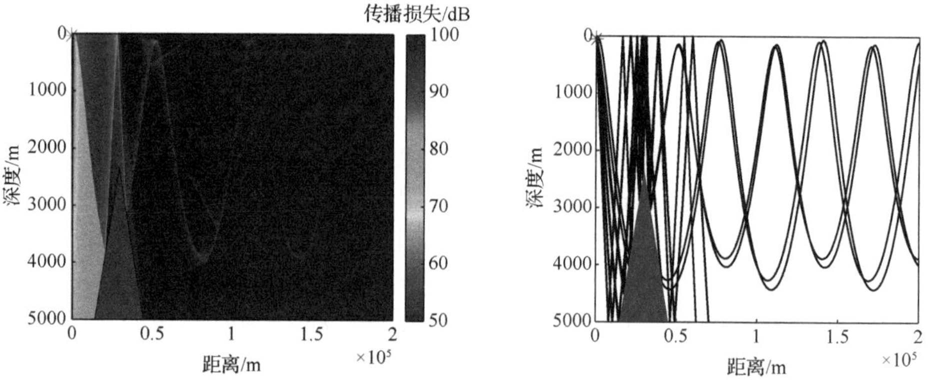

（a）海山传播损失（彩图附书后）　　（b）海山声线图

图 2.13　海山传播损失及声线图（海山位于直达声区）

仿真条件：声源深度为 50m，声波频率为 500Hz，海底底质为砂-粉砂-黏土

图2.14给出了在海山和深海平原两种地形下接收深度50m的水声传播损失曲线。可以看出，海山对深海折射声线的阻挡使大部分声能以较大掠射角反射至海面，从而使声波在影区的传播损失减小 3～10dB，同时，由于海山对深海折射声线的遮挡效应，原有会聚区处的传播损失大大增加。

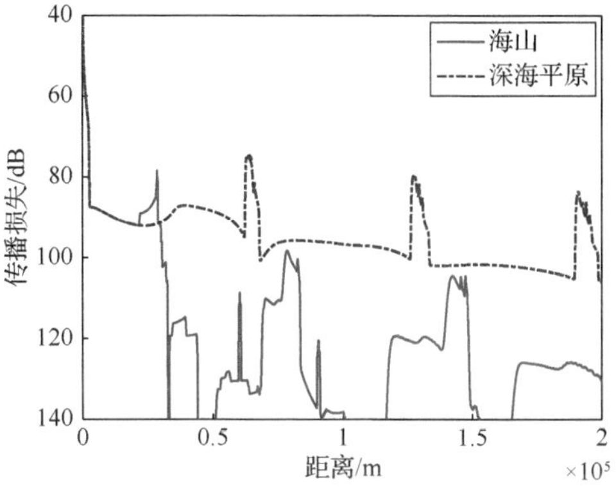

图 2.14　海山和深海平原传播损失曲线（接收深度 50m）

海山对水声传播的影响与海山和声源的相对位置有关，图 2.15 给出了海山中心线距离声源 60km 的传播损失和声线图。从图 2.15 可以看出，海山位于第一会聚区下方，深海折射声线绕过海山在 60km 处形成会聚区。海山仅改变了声能量较弱的反射声线的传播路径，此时海山的遮挡效应和反射增强效应较弱。

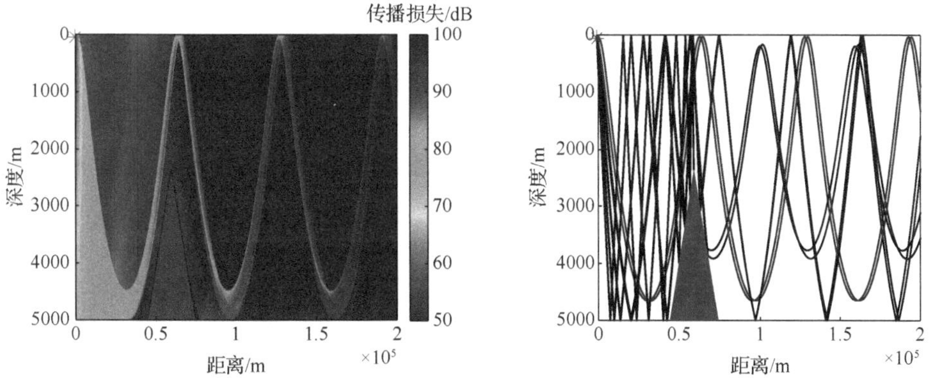

（a）海山传播损失（彩图附书后）　（b）海山声线图

图 2.15　海山传播损失及声线图（海山位于影区）

仿真条件：声源深度为 50m，声波频率为 500Hz，海底底质为砂-粉砂-黏土

2.2.3　地形数据获取

海底地形测量是一项基础性的海洋测绘工作，是人类探索海洋、资源开发、环境调查、海战场环境建设的重要手段，目的是通过测量位置、水深、水位、声速、姿态和方位等信息，获取海底地形点的三维坐标，其核心是水深测量。水深

测量经历了从测深杆或测深锤的人工测量到测深声呐自动测量、从单波束到多波束、从单一船基测量到立体测量的三次重大变革[27]。

海底地形数据的获取手段可以有多种分类方法[27,28]。按照测量载体可以分为船载测量（有人船舶与无人船舶）、机载与星载测量、水下自主航行测量以及海底原位观测等。按照测量利用的物理量不同，可以粗略地分为声学手段和非声学手段。其中，声学手段主要包括单波束测深和多波束测深，非声学手段主要包括激光雷达、卫星遥感等。此外，还可以分为直接测量和间接测量，直接测量是通过声学与非声学手段直接获取海深信息，间接测量是通过相关物理量的测量反演出海深信息，比如重力反演海底地形、声呐图像反演海底地形等。

由于声波是迄今为止唯一能在水中远距离传播的能量形式，声学手段是主要的测深手段。其中，单波束测深属于“点-线”测量，每次测量只能获得测量载体正垂下方一个海底点的深度数据，结合载船的航行，测深仪可以获得一条测线的深度数据，即地形断面，该方法虽然在海底地形测量中发挥了重要的作用，但其测量方式决定了对大面积测量所需时间长、成本高，已不能满足海洋资源开发、海洋工程建设和海洋军事应用对地形数据在覆盖度和测量精度上日益增长的需求。而多波束测深属于“线-面”测量，它能一次给出沿航迹线一定宽度内成百上千个测深点的水深值，充分体现其高效性。因此，国际海道测量组织（International Hydrographic Organization, IHO）在总结当代海洋测量技术发展水平的基础上于1994年9月的摩纳哥会议上制定出新的水深测量标准，并规定在高级别的水深测量中必须使用多波束全覆盖测量技术。

多波束测深声呐，又称条带测深声呐或多波束回声测深仪，利用广角度定向发射和多通道接收技术，形成条幅式高密度水深数据，其工作示意图如图2.16所示，可以实现超宽覆盖范围的高精度海底深度测量，是一种具有高测量效率、高测量精度、高分辨率的海底地形测量设备，特别适合于大面积的扫海测量作业，可广泛应用于航道测量、海洋工程测量、海洋划界、水下资源调查等领域。

多波束测深系统的工作原理如图2.17所示，系统工作时，发射基阵形成的发射波束辐射垂直于航迹方向的窄条带，接收基阵通过预成多波束，在沿航迹方向形成多个窄波束，接收波束与发射波束交叠的区域构成水底采样点，测量每个采样点的回波到达时刻，再结合波束角度和声速剖面，就可以获得每个采样点的深度，即得到垂直航迹方向的条带式高密度水深数据，进而通过船舶运动行驶，测出沿航线条带内水下地形特征。

根据波束形成的方式不同，多波束测深声呐可分为电子多波束测深声呐和相干多波束测深声呐；根据适用的测量水深不同，可分为浅水、中水和深水型多波束测深声呐；根据载体不同，可分为船载式和潜用式多波束测深声呐；根据发射频率不同，可以分为单频和多频（宽带）；根据覆盖宽度，可分为宽覆盖和超宽覆盖；根据完成功能，可分为单功能和多功能探测型；按照技术交叉可以分为测深型和测深辅助型（基于测深延伸为独立仪器，比如海底管线仪、海底桩基形位仪、前视避碰声呐）等[29]。

图 2.16　多波束测深系统工作示意图

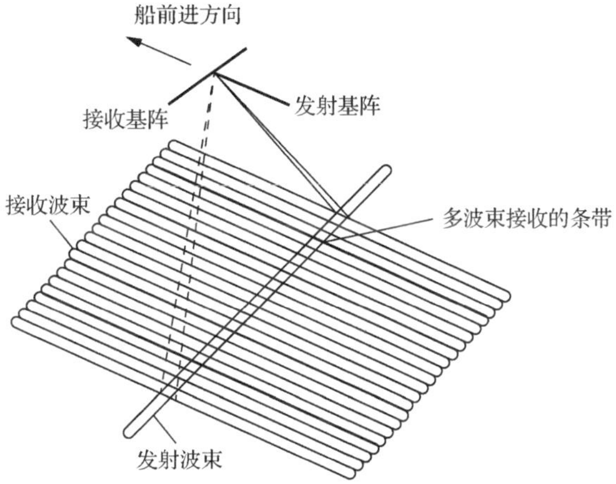

图 2.17　多波束测深系统工作原理图

多波束测深的构想于 1956 年在美国伍兹霍尔海洋研究所召开的一次学术会议上首次被提出，经过 60 多年的发展，国外在多波束测量技术和设备方面已经很成熟，典型的产品如：德国 L-3 ELAC Nautik 公司的 SeaBeam 系列、R2Sonic 公司的 Sonic 系列，德国 ATLAS 公司的 FANSWEEP 系列、挪威 Kongsberg 公司的 EM 系列、丹麦 Reson 公司的 SeaBat 系列等。我国相关研究起步较晚，虽然近年来取得了十分显著的进步，在浅水多波束上关键技术指标已与国外先进技术水平相当，但总体上仍落后于国外。

2.3　底　　质

海底底质是影响水声传播的重要声学参数。海底是水声传播反射和散射的下边界，通常是一种具有切变波速和压缩波速特征的复杂传播介质，其组成可以从很硬的砾变化到很软的黏土，其声学特性变化的范围很大，因此，海底除上节介绍的地形对水声传播的影响外，海底底质对水声传播也有重要影响。

2.3.1　海底分层结构

为简化水声传播的理论研究，海底有时被当作无限均匀半空间。实际上，海底通常是分层的，其声学特性随着深度的变化而变化，其声速和密度可能随深度渐变，也可能随深度突变，而且突变可以在短距离范围内发生[30]。海底声学特性与深度的关系剖面在给定区域的集合被称作地声学模型，是研究海底对水声传播影响的重要模型。海底的地壳结构如图 2.18 所示，从上往下依次为 0.5km 左右疏松的沉积层、1～2km 的基岩和覆盖在地幔之上的 4～6km 的地壳岩石[30]。

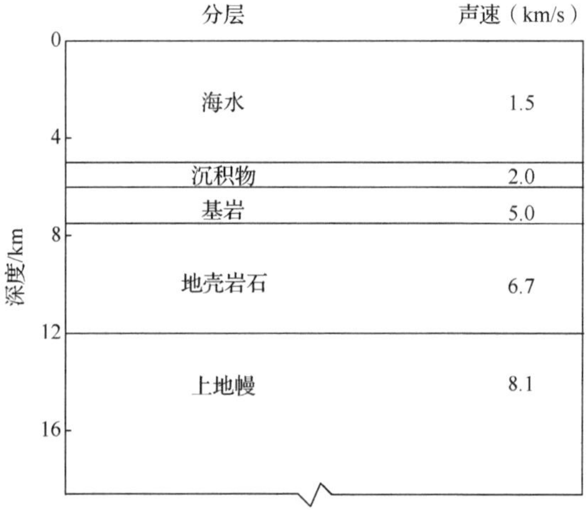

图 2.18　与深度和声速相关的海水与海底的典型截面

对水声传播影响最大的为沉积层，由疏松颗粒物组成，从声学意义上讲，可以被认为是空变时不变的反射和散射边界。沉积层影响水声传播的厚度取决于声波的频率，频率越低则声波透入海底就越深。对于 1kHz 以下的低频声呐，需要考虑百米量级沉积物的整体地声学参数；对于 1～10kHz 的中频声呐，需考虑海底最上面几米沉积物的整体地声学参数；对于 10kHz 以上的高频声呐，则只需考虑厘米级沉积物的整体地声学参数[31]。沉积层的声学特性和分类将在后面详细阐述。

岩石可以分为沉积岩、火成岩和变质岩等。沉积岩是由沉积层岩化产生的固体物质。岩化是指沉积层随着地质年代变更，发生物理和化学变化后，转化为刚性结构的过程。火成岩形成于重新固化的融化岩石，如玄武岩是一种很常见的火成岩。而变质岩是由沉积物或火成岩在极端温度和压力条件下产生的非常硬的物质，如石英岩和大理石等。由于变质岩一般不出现在近海底处，我们主要关注沉积岩、火成岩，典型地声参数值见文献[32]～[36]。

2.3.2　底质声学特性

海底的声学特性一般可以用平面波反射系数 $R(\theta)$ 来表征。具有足够低的切变波速度的疏松沉积层可近似看作液态介质。对于流体而言，$R(\theta)$ 依赖于密度 ρ_{sed}、声速 c_{sed} 和吸收系数 α_{sed}，而上述三个重要参数又与沉积物的粒度、孔隙率等参数密切相关。

1. 粒度和孔隙率

粒径即颗粒的大小，一般用颗粒的直径或等效直径表示，粒径是研究沉积学的重要基础参数。根据粒径大小，可以将沉积物划分为黏土、淤泥、砂和砾四种纯样本类型，如表 2.1 所示[31]。

表 2.1　根据粒径划分的沉积物纯样本类型

沉积物类型	粒径
黏土（clay）	<4μm
淤泥（silt）	4～62.5μm
砂（sand）	62.5μm～2mm
砾（gravel）	>2mm

粒级标准的划分可以采用真值和相对值两种方法，即一种采用粒径真值大小来划分粒级，另一种采用粒径相对大小来划分粒级，后者广泛使用的是乌登-温特沃思（Udden-Wentworth）等比制 ϕ 值粒级标准[37]。乌登和温特沃思用粒度来描述沉积物颗粒的大小，术语“粒度”是颗粒直径的对数度量，可以表示为

$$M \equiv -\log_2 \frac{d}{d_{\text{ref}}} \tag{2.1}$$

式中，d 表示颗粒直径真值；$d_{\text{ref}} \equiv 1\text{mm}$。粒度的单位用 ϕ 表示，例如，若 $d = 0.25\text{mm}$，那么粒度为 2ϕ。乌登-温特沃思的粒级划分如表 2.2 所示[31,37]。

表 2.2　乌登-温特沃思粒级划分方法

沉积物类型	沉积物描述（乌登-温特沃思粒级）	粒度参数 M/ϕ	颗粒直径 d/mm
砾	巨砾滩（boulder gravel）	<−8	>256
	大鹅卵石砾石（large cobble gravel）	−8～−7	128～256
	小鹅卵石砾石（small cobble gravel）	−7～−6	64～128
	非常大的卵石砾石（very large pebble gravel）	−6～−5	32～64
	大卵石砾石（large pebble gravel）	−5～−4	16～32
	中等卵石砾石（medium pebble gravel）	−4～−3	8～16
	小卵石砾石（small pebble gravel）	−3～−2	4～8
	粒砾石（granule gravel）	−2～−1	2～4

续表

沉积物类型	沉积物描述（乌登-温特沃思）	粒度参数 M/ϕ	颗粒直径 d/mm
砂	极粗砂（very coarse sand）	−1～0	1～2
	粗砂（coarse sand）	0～1	1/2～1
	中粒砂（medium sand）	1～2	1/4～1/2
	细砂（fine sand）	2～3	1/8～1/4
	甚细砂（very fine sand）	3～4	1/16～1/8
粉砂	粗粉砂（coarse silt）	4～5	1/32～1/16
	中粉砂（medium silt）	5～6	1/64～1/32
	细粉砂（fine silt）	6～7	1/128～1/64
	极细泥砂（very fine silt）	7～8	1/256～1/128
黏土	粗黏土（coarse clay）	8～9	1/512～1/256
	中等黏土（medium clay）	9～10	1/1024～1/512
	细黏土（fine clay）	10～11	1/2048～1/1024

实际中，沉积层是不同类型和不同粒径的沉积物的混合，单一类型的粒度不足以表征沉积物的特性，可用平均粒度 M_Z 来表征，M_Z 可以表示为[31,38]

$$M_Z = \frac{1}{3}(M_{16} + M_{50} + M_{34}) \tag{2.2}$$

式中，$M_i = -\log_2 \frac{d_i}{d_{\text{ref}}}$，下标 i 表示按重量计算的百分位数（例如 d_{50} 为颗粒直径的中值，即第 50 百分位数）。将 M_i 的表达式代入式（2.2），即可得

$$M_Z = -\log_2 \frac{(d_{16} d_{50} d_{34})^{1/3}}{d_{\text{ref}}} \tag{2.3}$$

可见，平均粒度是沉积物颗粒几何平均的度量。

液体-固体混合物的孔隙率 η 是指液体体积占液体加固体总体的比例，沉积层、海水、沉积层颗粒密度与孔隙率的关系可表示为

$$\rho_{\text{sed}} = \eta \rho_w + (1-\eta)\rho_{\text{grain}} \tag{2.4}$$

式中，ρ_{sed}、ρ_w、ρ_{grain} 分别表示沉积层、海水和颗粒的密度。随着压力的增加，颗粒变得紧密，因此，孔隙率随着深度的增加而变小。经过大量数据的分析和统计处理，建立了孔隙率与平均粒度 M_Z 的经验公式，如式（2.5）所示[39]：

$$\eta = 34.84 + 5.028 M_Z \tag{2.5}$$

2. *主要声学参数*

海底沉积层的主要声学参数有密度 ρ、声速（纵波速度）c、横波速度 c_s [31]、

吸收系数α等，这些声学参数的分层结构决定了沉积层对声传播的影响。而上述参数主要受孔隙率η的影响，可以表示成孔隙率的函数，如式（2.6）～式（2.8）所示。

声速比与孔隙率关系如下[40]：

$$c / c_w = 1.631 - 1.78\eta + 1.2\eta^2 \tag{2.6}$$

密度与孔隙率关系如下[40]：

$$\rho = 2.6 - 1.6\eta \tag{2.7}$$

吸收系数与孔隙率关系如下[41]：

$$\alpha = K(\eta) f^m (\text{dB} / \text{m}) \tag{2.8}$$

其中，式(2.6)和式(2.7)是大西洋盟军最高司令部(Supreme Allied Commander Atlantic, SACLANT）反潜研究中心的阿卡尔（Akal）分析了大量从太平洋、大西洋、挪威海、地中海及白令海等地区取得的样品数据后，经统计获得的经验公式；式（2.8）是 Hamilton[41]统计大量数据样本后获得的经验公式，f为声波频率，以 kHz 为单位，m为介于 0.9～1.1 间的指数，K为与孔隙率相关的系数。

根据声速相对大小可以将海底分为高声速海底和低声速海底两类，大部分浅海大陆架海底沉积层的声速要大于其上面海水的声速，属于高声速海底，而大部分深海海底沉积层的声速要小于其上面海水的声速，属于低声速海底。典型的沉积层声速与孔隙率的关系如下所示[42]：

$$c = 2475.5 - 21.764\eta + 0.123\eta^2 \quad \text{（大陆架）} \tag{2.9}$$

$$c = 1509.3 - 0.043\eta \quad \text{（深海丘陵）} \tag{2.10}$$

$$c = 1602.5 - 0.937\eta \quad \text{（深海平原）} \tag{2.11}$$

可见，获得沉积层颗粒的粒度后，即可估计孔隙率的大小，而得到了孔隙率后，根据上述经验公式，即可得到密度ρ、声速（纵波速度）c、吸收系数α等声学参数值。随着深度的增加，沉积层受覆盖重量的增加而被挤压，因此孔隙率降低，并且由于地幔热流使得温度随深度而增加，使得沉积层的声速随着深度的增加而变大。声学参数的分层结构和梯度信息决定了沉积层对水声传播的影响。

3. 底质分类

海底底质的声学分类研究是水声学、海洋沉积学、信号处理、建模技术等多学科的交叉领域。一般根据海底沉积物的粒度分布特点来划分海底底质类型。深海沉积物分类涉及物质来源和组分问题，分类更加复杂，而浅海沉积物主要源于陆源碎屑沉积，因此物质组成与陆源物质非常相似。碎屑沉积物根据其粒度特征可以分为砾、砂、粉砂和黏土四大纯样本类型，这四类不同粒级组分的质量分数是沉积物分类与命名的基础[43,44]。目前，沉积物分类法主要有优势粒径法、谢帕德（Shepard）分类法和福克（Folk）分类法。

其中，优势粒径法是 1975 年国家海洋局编制《海洋调查规范》时提出来的，自此统一了国内沉积物分类的标准。该方法利用四种纯样本类型进行分类，质量分数大于 20%的成分参与命名，质量分数从小到大成分从左到右参与命名；在样品中有三个粒级组成质量分数均大于 20%时，采用三命名法，如可命名为砂-粉砂-黏土。从 1992 年开始，与国际主流分类法一致，国内主要使用谢帕德分类法和福克分类法对海底沉积层进行分类。

谢帕德分类法是谢帕德于 1954 年提出的沉积物分类法[43,45]。如图 2.19 所示，以砂、粉砂和黏土三种纯样作为三角形的三个顶点，分别以质量分数 20%、50%和 75%为界限将沉积物分为 10 大类。其中，“砂-粉砂-黏土”是三种纯样质量分数均高于 20%而低于 60%的混合沉积物，其他沉积物类型均呈对称状态分布。该方法优点是对黏土、粉砂、砂及其混合物的划分描述性好且简单明了，缺点是未考虑沉积层含有砾成分的情况。当沉积层含有砾成分时，做如下处理：去掉砾石的质量分数，再重新计算砂、粉砂、黏土各成分的质量分数，然后进行命名，因此对于海岸、海岛等有较多砾石的海域适用性差。尽管如此，目前国内海洋学领域仍主要采用此分类方法，从其海洋调查规程、海洋底质调查技术规范等文件中可见一斑。

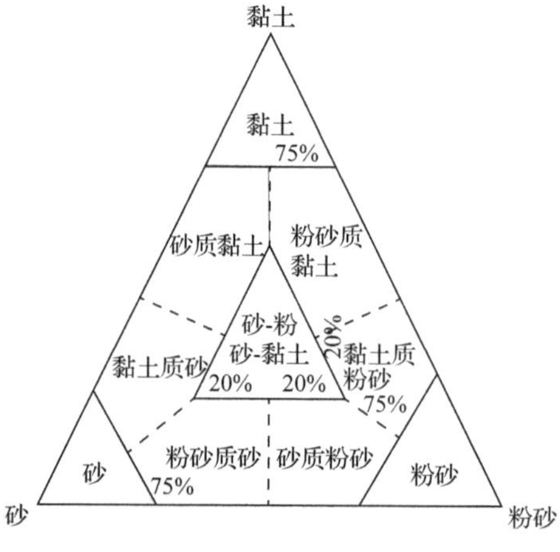

图 2.19　谢帕德沉积物三角形分类图

福克分类法是福克于 1970 年提出的沉积物分类法[43,46]。如图 2.20 所示，该方法分无砾和含砾两种情况将沉积物分成 21 种类型。当沉积物含砾石时，把粉砂和黏土的质量分数求和作为泥的质量分数，用含砾福克法进行命名，即以砾、砂和泥（包括粉砂和黏土）为三角形三个顶点，以砾石质量分数 80%、30%、5%和 0.01%以及砂泥比值（1∶9、1∶1 和 9∶1）的关系组合将沉积物分为 11 种类型，如泥质砂、砂质泥、泥质砾、砾质泥、砂质砾、砾质砂等；不含砾时用无砾福克法进行命名，即以砂、粉砂和黏土为三角形的三个顶点，根据砂质量分数的 90%、50%和 10%以及黏土与粉砂的比值（2∶1 和 1∶2）将无砾沉积物分为 10 种类型，如黏土质砂、砂质黏土、粉砂质砂、砂质粉砂等。该方法可弥补谢帕德分类法在含砾石较多的海域适用性差的不足，而且对含砾成分的划分也比较清晰[43,44]。文献[47]～[55]在海底声学特性以及底质分类的研究中，均采用福克分类法对沉积物进行分类，可见福克分类法正在被越来越多的国内外地质工作者所接受。

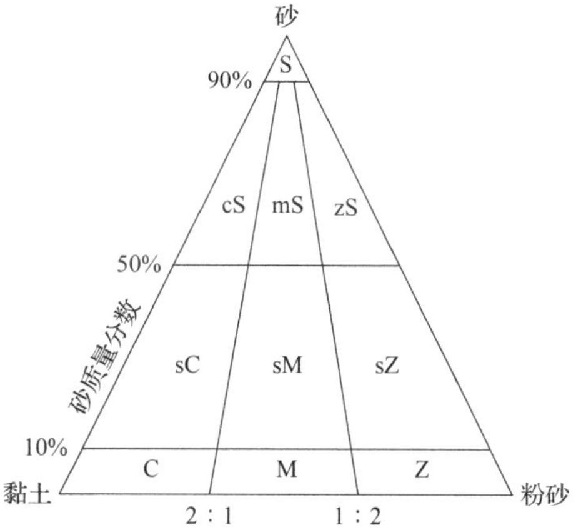

S.砂；s.砂质；Z.粉砂；z.粉砂质；C.黏土；c.黏土质；M.泥；m.泥质

（a）黏土与粉砂比值

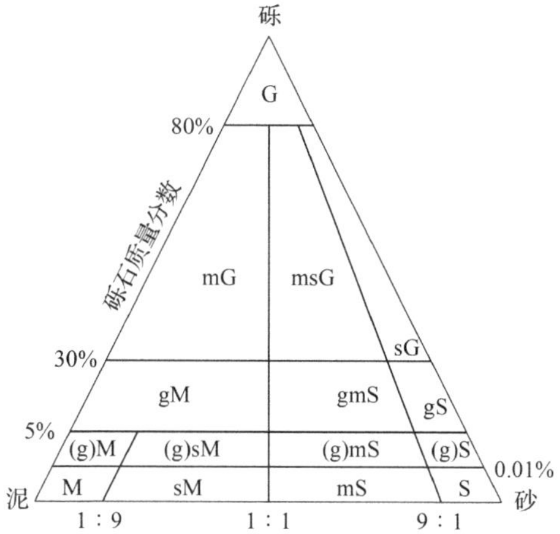

G.砾石；g.砾石质；(g).含砾石；S.砂；s.砂质；M.泥；m.泥质

（b）砂与泥比值

图 2.20　福克沉积物三角形分类图

通常来说，在对所需调查测量区域进行分类研究中，很难遇到所有底质类型都同时出现的情况，一般在一定的区域范围内种类相对较少，因此声学海底分类的研究也是根据实测海区的海底底质调查情况而有针对性地进行分类[56]。Hamilton 将大陆台地（大陆架和大陆坡）沉积物样本按谢帕德分类法进行划分，基于数据的统计，其沉积物样本主要分布在粉砂质砂、砂质粉砂、粉砂、黏土质粉砂、粉砂质黏土、砂-粉砂-黏土、砂 7 种类型，如图 2.21 所示。其中，砂又被细化为粗砂、细砂、极细砂 3 种类型。最终，Hamilton 统计了上述 9 种类型沉积物类型的声学参数并给出回归公式[57]，声学参数如表 2.3 所示。

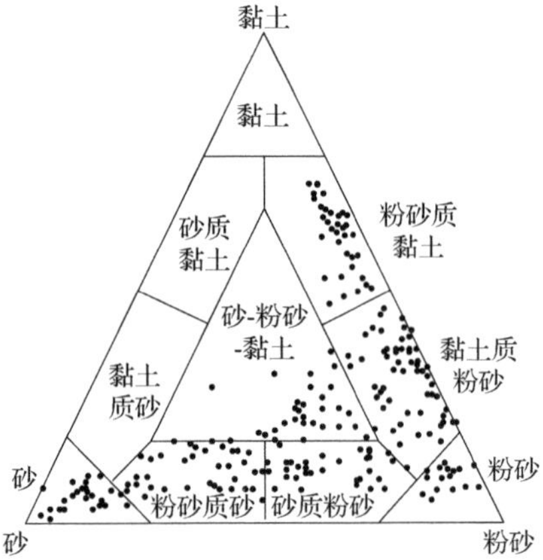

图 2.21　Hamilton 统计的大陆台地（大陆架和大陆坡）沉积物样本分布

表 2.3　典型的沉积物分类和对应的主要声学参数

沉积物类型	平均粒径/mm	砂质量分数/%	粉砂质量分数/%	黏土质量分数/%	颗粒密度/(g/cm³)	沉积物密度/(g/cm³)	孔隙率/%	声速/(m/s)	声速比	吸收系数/[dB/(m·kHz)]
粗砂	0.5285	100.0	0.0	0.0	2.710	2.034	38.6	1836	1.201	0.479
细砂	0.1638	92.2	4.1	3.7	2.709	1.962	44.5	1759	1.152	0.510
极细砂	0.0988	81.0	12.5	6.5	2.680	1.878	48.5	1709	1.120	0.673
粉砂质砂	0.0529	57.0	30.9	12.1	2.677	1.783	54.2	1658	1.086	0.692
砂质粉砂	0.0340	30.3	57.8	11.9	2.664	1.769	54.7	1644	1.076	0.756
粉砂	0.0237	7.8	80.1	12.1	2.661	1.740	56.2	1615	1.057	0.673
砂-粉砂-黏土	0.0177	31.7	42.9	25.4	2.689	1.575	66.3	1582	1.036	0.113
黏土质粉砂	0.0071	7.4	58.3	34.3	2.656	1.489	71.6	1546	1.012	0.095
粉砂质黏土	0.0022	3.9	34.8	61.3	2.715	1.480	73.0	1517	0.990	0.078

2.3.3　底质声学效应

1. *海底反射损失*

声波在海水和沉积层的界面处发生反射和透射，透射进入沉积层的声波既能被其底层反射回水中，也能由于正声速梯度被折射回水中。声波在沉积层中会造成能量的衰减。海底反射损失是标志海底沉积层声学特性的重要物理量，其大小取决于海底沉积层的密度、声速及吸收系数，当上述参数随深度变化情况已知时，就可以根据波动定解条件求得反射系数[42]。例如，对于均匀海底可以求解其反射系数为

$$V(\varphi)=\frac{m\sin\varphi-\sqrt{n^2-\cos\varphi^2}}{m\sin\varphi+\sqrt{n^2-\cos\varphi^2}} \tag{2.12}$$

式中，φ 为掠射角；$m=\rho_{底}/\rho_{水}$；$n=c_{水}/c_{底}$。

由式（2.12）可见，海底反射性能与折射率 n 关系密切。对于九类典型沉积层对应的参数，计算其瑞利反射损失，结果如图 2.22 所示[42]。式（2.12）与图 2.22 表明，对于“高声速”海底（$n<1$），有全内反射，而“低声速”海底（$n>1$），则无全内反射，但有一个全透射角。因此，在小掠射角情况下，“高声速”海底比“低声速”海底具有更好的反射性能。

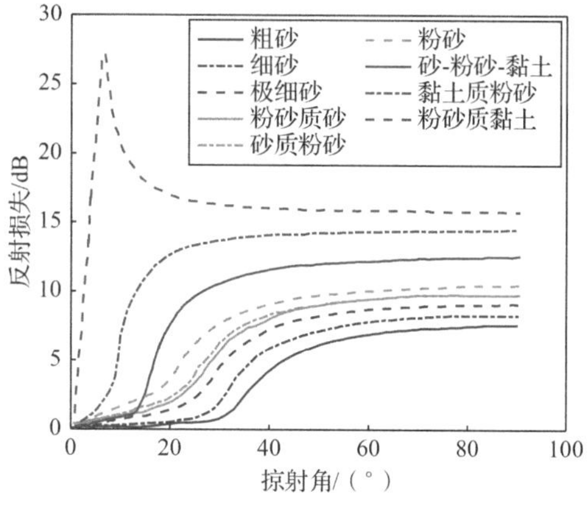

图 2.22　九类典型大陆架沉积层的瑞利反射损失（彩图附书后）

在物理机制和分层模型等理论研究的基础上，须进行大量的实验研究，并总结规律，获得经验模型。其中，三参数模型就是用参数化描写的模型分析了平均

声场结构与海底参数的关系。

图 2.23 是根据深海实测到的海底反射损失的平均值绘制的，小掠射角的数据是由实验值外推得到的。图中给出了不同频率声波在不同掠射角下的海底反射损失值，显然，海底反射损失随着声波频率的增加而增加[6]。

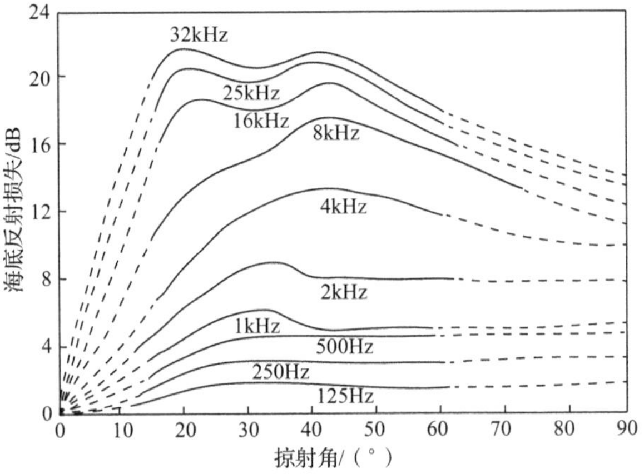

图 2.23　海底反射损失实测平均值随掠射角的变化

2. 底质对水声传播的影响

底质对水声传播有重要的影响。浅海中不同海底底质下水声传播损失具有很大差异，图 2.24 为典型海底底质条件下水声传播损失随距离的变化曲线［声速剖面如图 2.24（a）所示，各底质参数见表 2.3］。可见，粉砂质黏土条件下声波能量随着水平距离增加迅速衰减，不利于声波远距离传播，而粗砂底质最有利于声波传播。此外，不同底质条件下水声传播损失差异随着距离增加逐渐变大，这是由于近距离处声波在海底的反射次数较少，因此受底质影响较小，而随着距离的增加，声波在海底的反射次数增加，底质对水声传播的影响增大。

深海中海底底质对不同区域的水声传播影响不同，主要取决于声线触碰海底的次数。图 2.25 为典型海底底质条件下水声传播损失随距离的变化曲线［声速剖面如图 2.25（a）所示，各底质参数见表 2.3］。可见，在直达声区（该仿真条件下为 0～4km），不同类型底质条件下，水声传播损失几乎没有差异，底质对水声传播几乎没有影响；在声影区（该仿真条件下为 4～45km），声能量主要来自声波的海底反射，不同类型底质条件下，水声传播损失差异大，底质对水声传播影响大；在会聚区（该仿真条件下为 45km 附近），各类型底质对应的传播损失曲线较为集中，底质对水声传播影响较小。

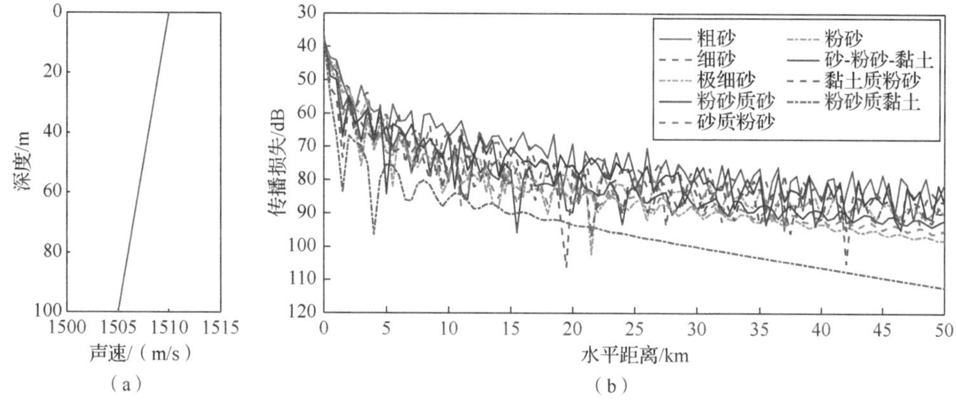

图 2.24　浅海条件下典型海底底质对水声传播的影响（彩图附书后）

仿真条件：海深为 100m，声源深度为 50m，接收深度为 60m，频率为 500Hz

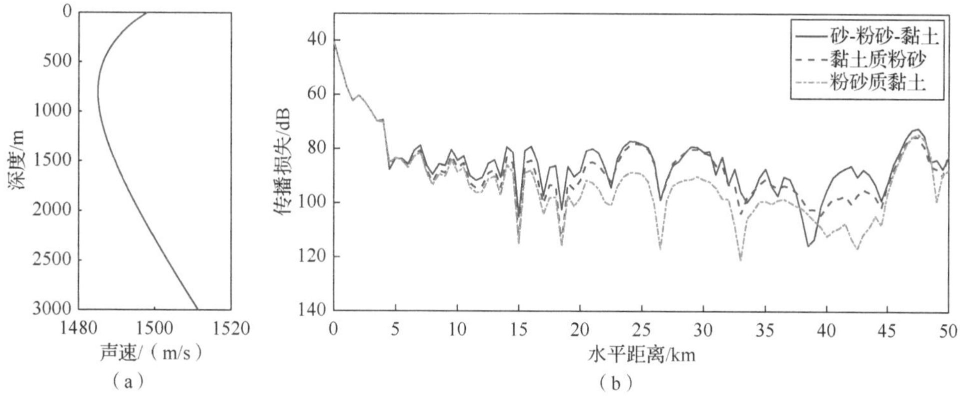

图 2.25　深海条件下典型海底底质对水声传播的影响

仿真条件：海深为 3000m，声源深度为 50m，接收深度为 200m，频率为 500Hz

综上，海底底质对水声传播的影响具有累积效应，即随着声波与海底接触次数增加，海底底质对水声传播的影响增大。在声波主要依靠海底反射传播的浅海环境以及深海声影区，海底底质对水声传播影响较大，而在深海会聚区和直达声区影响较小。

2.3.4　底质声学数据获取

水声学中的海底声学数据获取通常将海底边界等效为水声传播模型输入的地声参数模型。完整的地声参数模型一般包括对水下声传播有重要影响的随深度变化的压缩波速度、剪切波速度、压缩波吸收系数、剪切波吸收系数、密度剖面。水声工程应用中，对于海底底质类型的取样以及调查方法主要包括取样分析、原位测量、遥感法或多手段联合等，以获取海底地声参数值。

1. 取样分析

海底取样分析是一种直接测量海底声学特征参数的手段，可获取海底表面以下不同深度沉积物的特征，如重力取样一般可获得 5m 以内的沉积层样本、活塞式则可采取 7～20m 的沉积层样本。实际操作中，取样分析法利用抓斗、柱状取样器等设备采集海底沉积物和岩石的样品，取样后在船上进行初步分析和处理，之后在实验室做进一步分析，如分析沉积物的颗粒大小及分布状况，根据一定的准则计算中值粒径、平均粒径等统计参数。在得到沉积物的中值粒径、平均粒径后，可利用经验公式计算水声传播模型所必需的声学参数。取样分析结果的精度在很大程度上取决于取样仪器设备、保管措施、分析方法、实验室分析人员的操作能力和专业水平。取样分析不可避免会受到取样设备、压力变化、运输等因素对原始沉积层样本的影响，实际的分析结果可能与实际沉积物特性有一定出入。

2. 原位测量

原位测量方法的提出主要目的是规避取样分析方法本身可能引起的测量误差，将声学换能器和接收装置直接深入沉积层，通过分析接收高频声信号时延等特征，对沉积层在原位状态和应力条件下的声学特性进行测量。早在 20 世纪 70 年代，美国学者通过安装在取样管上的压缩波测量设备测量采样的沉积层纵波声速[58]。常用的原位测量设备一般可以测量几十厘米之内沉积层声学特性，美国研究者开发了可以测量海底表面以下数米沉积层的声速和吸收系数剖面的测量系统[59]。我国也启动了相关的国家 863 计划，目前已研制了沉积层特性的原位测试系统[60]。由于原位测量技术的声源信号频率一般都比较高，测量的沉积层声学特性需要经过外推和等效才能用于工作频率较低的声呐性能预报中。

3. 遥感法

取样分析或原位测量技术需要昂贵、复杂的实验设备，其在海上实验中布放受海洋状况和海底底质类型（硬质海底很难取得有效样本）等影响，很费时且具有空间测量范围局限的缺点（只能获取离散点上的样本数据）。由于海底边界的空间分布和缓慢时变性，使得通过直接测量方法来获得海底的空间和时间平均特性非常困难，声遥感技术则可以获取大尺度的海洋环境信息，比直接测量技术具有更高的效率。遥感法底质声学数据获取又称为地声参数反演。地声参数遥感测量技术的开展可以追溯到 20 世纪 80 年代，其主要原则是通过一定的求解算法调整地声模型的参数来最大限度地匹配接收的声场信息特征，而最优匹配的参数组合则作为地声参数的解应用到声呐性能预报等水声工程中。下面按照求解算法、接收基阵形式以及声源形式对遥感地声参数测量技术进行简单的梳理。

1）按求解算法分类

按求解算法不同，遥感法底质声学数据获取可以分为解析法、寻优法、序贯估计法等。

解析法和摄动法曾用于最初的地声参数估计问题求解中，这些算法主要适用于一维的海底类型或者分层情况简单的海底模型，关于这些研究的数值仿真和海上实验数据分析的结果在一些早期文献综述里可以找到[61]。由于地声参数求解问题的高非线性，解析法或摄动法逐渐淡出学者的兴趣范围，近年来只有 Hermand 等[62]在 2006 年左右尝试利用简正波或抛物方程和反向传播算法“解析”地求解海底声学系数，但适用的海洋环境类型有限。

由于计算机技术的快速发展和优化算法的涌现，基于优化算法的匹配场（matching field processing, MFP）地声参数反演在很长一段时间内都是水下声学的研究热点[63]。美国学者 Gerstoft[64]将 MFP 地声参数反演问题划分为海底声学参数化、准确的地声参数模型，具有全局搜索能力的优化算法和对反演结果的可信度分析。一般来讲，常规的 MFP 技术通常利用遗传算法、模拟退火算法、蚁群算法或混合优化算法，最大化匹配实验数据和模拟数据实现对海底声学参数的估计，该求解过程一般要耗费大量的计算资源和时间。

近年来，学者逐渐将序贯估计法、贝叶斯统计理论以及深度学习技术应用到地声参数反演中来[65]。序贯估计法主要解决传统 MFP 技术无法实时/准实时处理数据的瓶颈，实现对海底声学参数的空间分布规律的表征；贝叶斯统计理论可提供反演问题的完整解（后验概率密度），通过分析参数的后验概率分布可以估计声学参数值和不确定性；深度学习技术作为先进的机器学习技术，已被水声研究者应用到沉积物分类和浅海海底声学参数估计中。

2）按接收基阵形式分类

地声参数反演结果的准确性在一定程度上取决于接收基阵的构成和形式，通常采用的接收基阵（传感器）形式主要包括垂直阵和水平阵，后续也有用单传感器和矢量传感器等。

海洋声层析和地声参数遥感测量多数利用多水听器组成垂直接收基阵，以获取声场的空间分布信息来进行地声参数的估计，但垂直阵的机动性不强、海上布放和回收操作复杂。具有高机动性和易部署的水平接收基阵逐渐被用于地声参数获取的研究中。为了比较垂直阵和水平阵在地声参数反演中的性能，Chapman 等[66]在地声参数反演的标准模型上进行了相关测试，测试结果表明，垂直阵和水平阵的大多数情况下的结果一致，但在环境随距离变化的环境模型下，水平阵显示出很强的优势，相似的结论在实际海试数据中也得到了印证。鉴于拖曳线列阵的便携性以及可以获得海洋海底声学参数空间分布规律的优势，逐渐成为地声参数反演中常用的接收基阵。后来有很多学者利用少元稀疏接收基阵甚至单水听器都取得了很好的地声参数反演结果[67]。相比于传统的标量水听器，矢量水听器可同时共点测量水中的声标量场和矢量场，提供了更多的声场信息，也被学者用于地声参数反演应用中[68]，理论分析结果和实验结果均证实，联合处理声压场和矢量场可以获得比单独利用声压场更准确的反演结果。

3）按声源形式分类

按声源形式不同，遥感法底质声学数据获取可以分为有源地声参数反演和无源地声参数反演两大类。其中，有源地声参数反演是指利用主动声源开展的地声参数反演，而无源地声参数反演是利用环境噪声或船舶等平台的辐射噪声开展的地声参数反演。

在早期的地声参数反演应用中，由于信号能量和信号形式的可控性特点，主动声源被广泛用于地声参数测量中，常用的主动声源形式有换能器发射的单频或宽频信号、气枪和爆炸声源等脉冲信号。主动声源由于维护和成本的原因不能长期进行监测，另外，过于频繁利用主动声源也会对海洋生物带来巨大影响，因而利用海洋中已经存在的声源（风成噪声、海洋生物噪声，海上船只辐射噪声等）进行地声参数估计越来越受到学者的重视。如环境噪声的垂直指向性、能量反射系数和频域等特性均被成功用于地声参数反演中[69]，空中飞行器的辐射噪声接近和离开水听器的多普勒效应也被用于估计沉积层的声速参数[70]，再如航船噪声的时域特征、频域特征以及宽带噪声干涉结构也被用于地声参数反演中[71,72]。

2.4　声 速 剖 面

声速及其测量方法和手段一直是水声研究的基本问题，海水中的声速表现出明显的时变空变性，声速的垂直变化远大于水平变化，声速随深度的变化曲线称为声速剖面，声速剖面对声呐探测具有重要的影响。

2.4.1　海水中的声速

海水中的声速是最基本的海洋声学特性，是影响水声传播的重要物理量。声速通常是指平面波的相速度，与密度、可压缩性有关，可以表示为$c = 1/\sqrt{\rho K_a}$，其中，ρ为密度，K_a为绝热压缩系数（简称压缩系数）。而密度、可压缩性与海水的静压力、盐度以及温度有关，因此，海水中的声速c是海水温度T、盐度S以

及深度 z（静压力）的函数。温度增加，压缩系数减小，而密度变化不明显，因而声速为温度的递增函数；盐度增加，压缩系数减小，密度增加，但压缩系数减小量大于密度的增量，因而声速为盐度的递增函数；静压力增加，压缩系数减小，声速也为静压力的递增函数，即声速随温度、盐度和深度的增加而增加。

声速随海水温度、盐度和深度的变化关系难以用解析式来表达，通常用经验公式描述。经验公式是对大量实验数据拟合的结果。迄今为止，已有很多学者给出了声速的经验公式和相应的适用范围[30,31]，尽管经验公式的复杂程度差别较大，如威尔逊（Wilson）的经验公式包含 23 项，梅德温（Medwin）的经验公式只包含 6 项，实验表明，只要在适用范围内使用，不同的经验公式都有足够的精度。式（2.13）为常用的经验公式之一：

$$c = 1449.2 + 4.6T - 0.055T^2 + 0.000029T^3 + (1.34 - 0.01T)(S - 35) + 0.016z \quad (2.13)$$

大洋中，盐度每变化 1‰，声速变化约为(1.40 ± 0.1)m/s；海深每变化 10m，声速变化为 0.165～0.185m/s，可见在深海条件下海深引起的声速变化将是十分可观的；在 1～10℃、10～20℃、20～30℃范围内，温度每变化 1℃，相应的声速变化分别为 4.446～3.635m/s、3.635～2.734m/s、2.734～2.059m/s，可见温度对声速的影响最显著[6]。

2.4.2　声速剖面效应

20 世纪 20 年代初，人们发现回声测距仪出现一种神秘的不可靠性：早上往往工作得很正常，可以接收到良好的回波信号，可是一到下午，回波就变得很微弱，甚至根本接收不到。这就是有名的“下午效应”，其原因主要是上午海水温度的垂直分布比较均匀，到了下午，由于太阳光的照射，海水表面的温度升高，而表面以下的温度变化不大，使得声速剖面为负梯度，由于声波总是向声速小的方向弯曲，回声测距仪发射的主动信号就向海底传播，而使得目标处于声影区中，这是声速剖面效应影响水声传播的经典现象。

声速剖面具有明显的时变性，“下午效应”主要反映了其时变特性中的日变化，而图 2.26 为我国南海北部某海域实测记录的声速剖面的月变化，每一条声速剖面代表了该海域位置声速剖面的月平均，可以看出声速剖面具有明显的时变性。

海水中的声速除了有季节性变化和周、日变化等时变性，还具有明显的空变性。声速会随着海深和距离发生变化，对于大部分海域，声速的垂直梯度约为水平梯度的 1000 倍，即声速的垂直变化远大于其水平变化，一般用声速剖面来表征声速随海深的非均匀变化规律。声速随深度变化的快慢称为声速梯度，表征了水声传播条件的优劣。当梯度值为正值，称为正梯度分布，表示声速随深度增加，为负值则称为负梯度分布，表示声速随深度减小。

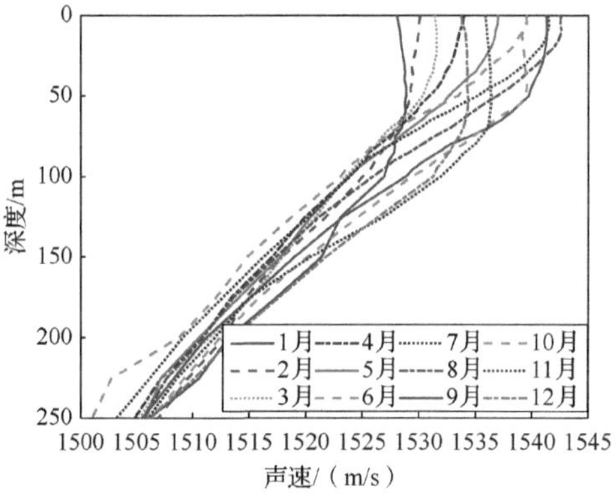

图 2.26　我国南海北部某海域声速剖面的月变化（彩图附书后）

浅海声速剖面受到很多因素的影响，变化较大，呈现明显的季节特征。在温带海域的冬季，浅海大多为等温层，形成等声速剖面或弱正梯度声速剖面，通常称之为良好水文条件；在夏季，多为温度负梯度，从而形成负梯度声速剖面，甚至跃变层，通常称弱负梯度声速剖面为中等水文条件，而跃变层声速剖面为恶劣水文条件。图 2.27 为南海某海域实测的典型夏季声速剖面和冬季声速剖面。

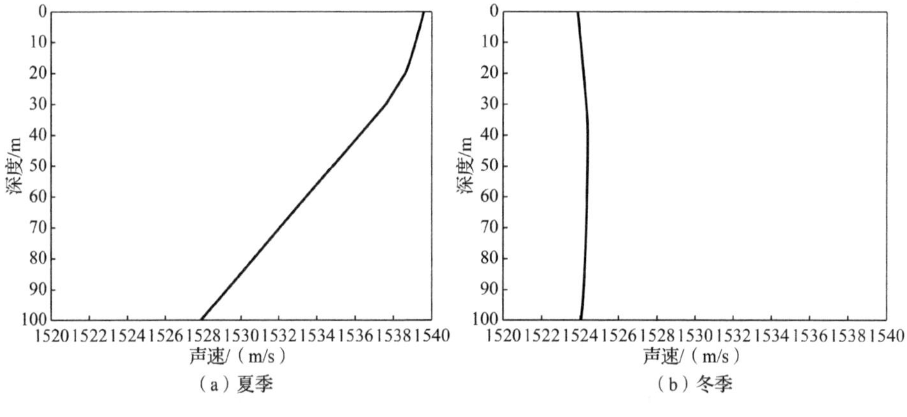

图 2.27　南海某海域实测的典型夏季声速剖面和冬季声速剖面

典型的深海声速剖面具有声道结构，图 2.28 为深海温度和声速剖面关系示意图[30]。深海中，海洋表面受到阳光照射和风浪搅拌的共同作用，形成表面等温层，也称混合层，层内温度较高。在表面等温层之下，存在一个声速变化的过渡区域，称为温跃层，层内温度随深度逐渐下降，声速呈现负梯度分布。在深海内部，水温较低且稳定，基本不随时间和深度变化，形成深海等温层，层中声速呈正梯度分布[30]。

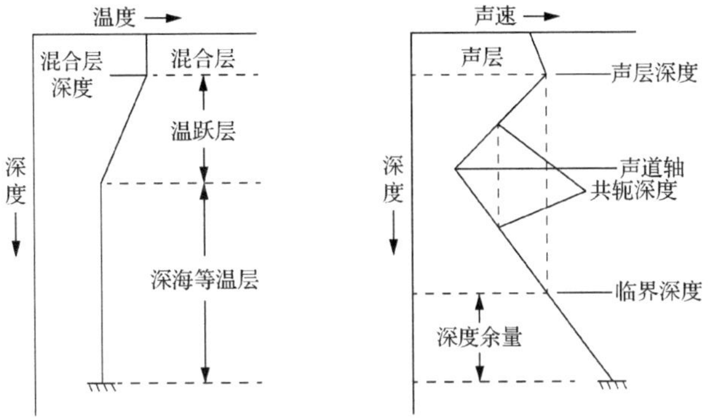

图 2.28　深海温度和声速剖面关系示意图

实测的我国南海海域声速剖面如图 2.29 和图 2.30 所示。其中，图 2.29 为夏季深海声速剖面图，图 2.30 为冬季深海声速剖面图，可见冬季深海声速剖面的表面有约 70m 的表面等温层。

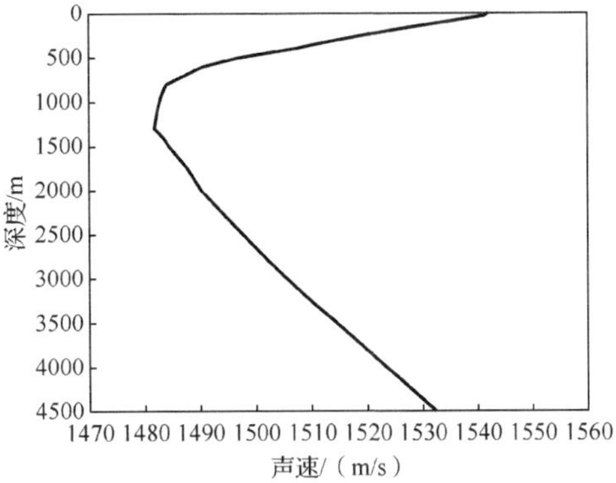

图 2.29　实测夏季深海声速剖面图

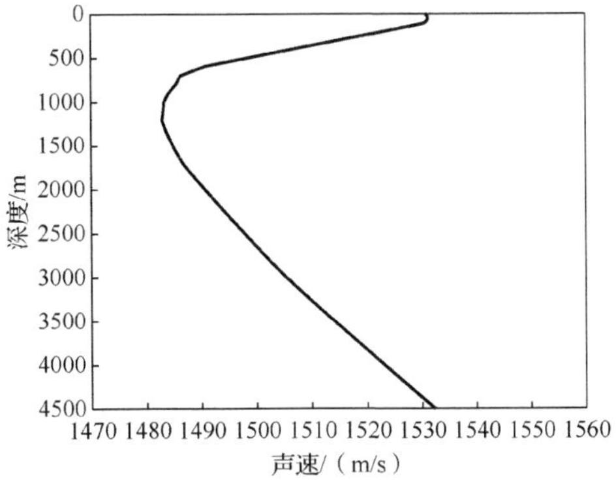

图 2.30　实测冬季深海声速剖面图

声速剖面对海洋中的水声传播有着重要影响，图 2.31 为浅海三种典型声速剖面条件下的传播损失图。可见，声波在等声速和弱负梯度声速剖面条件下可以较远距离传播，而在跃变层声速剖面条件下声波不能远距离传播，这是由于在跃变层（强负梯度）的影响下，声波向下折射，以较大掠射角在海底反射，声能量在短距离内急剧衰减。一般情况下，只需考虑声速垂直分布（声速剖面）对声呐探测的影响，但对于远距离探测的低频声呐，还需要考虑声速水平变化对探测的影响。

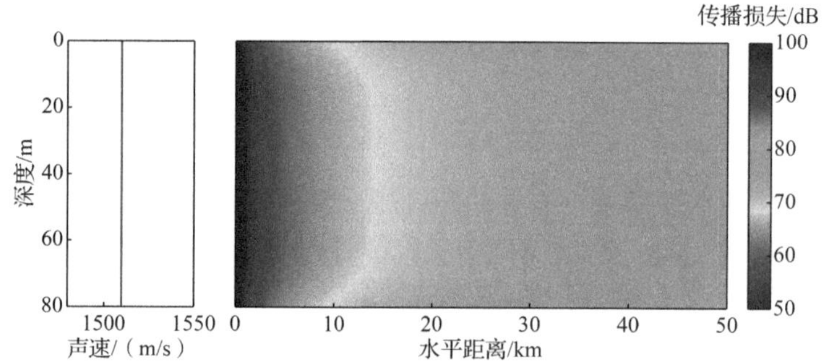

（a）等声速梯度剖面条件下的传播损失

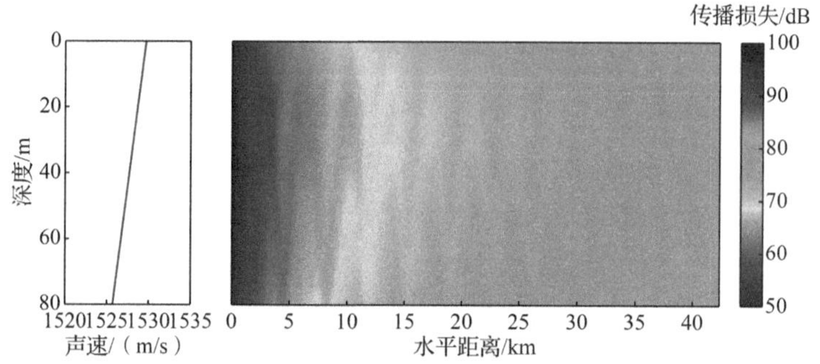

（b）弱负梯度声速剖面条件下的传播损失

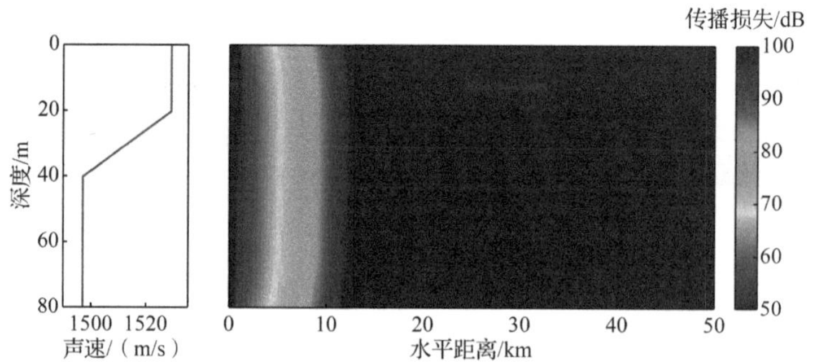

（c）跃变层声速剖面条件下的传播损失

图 2.31　浅海三种典型声速剖面条件下的传播损失（彩图附书后）

仿真条件：海深为 80m，声源深度为 30m，底质为粉砂，声波频率为 500Hz

2.4.3　声速剖面数据获取

声速剖面数据的获取方法主要可以分为直接测量法、间接测量法和遥感反演法等三大类。其中，直接测量法是利用声速仪直接测量获取不同深度处的声速值构成声速剖面，而间接测量法是利用投弃式温盐深仪/温盐深仪等水文测量仪器获取温度、盐度随静压力（深度）的变化规律，进而利用经验公式获得声速剖面，而遥感反演法是利用声学传感器或阵列测量的数据结合一定的反演模型对水中声速剖面进行估计的方法。

1. 直接测量法

直接测量法通常利用收发换能器在固定的距离内测量声速，同时以压力传感器及温度补偿装置测量水深。根据获取声速的方法不同，通常又分为环鸣法、脉冲叠加法、驻波干涉法以及相位法等[73]。这里简单介绍最常用的环鸣法和相位法。

目前声速仪大多数采用环鸣法的原理制成。发射换能器产生的脉冲在海水中传播一定距离后被接收换能器接收，经过放大整形鉴别后产生一个触发信号，立即触发发射电路。这样的循环不断进行，就可以得到一个触发脉冲序列。忽略循环过程中的电声延迟，得到的重复周期时间可认为是通过固定距离的时间，由此计算得到海水声速。而相位法也是一种常用方法，通过测量收发信号的相位差，计算固定频率的波长，从而获得声速。相位法的优点是可以避免环鸣法每一次循环中电声和声电转换带来的误差。随着信号处理技术的发展，对相位测量的精度不断提高，该方法的测量精度也不断提高。

2. 间接测量法

间接测量法通常是利用声速与温度、盐度、压力等参数间的经验关系来进行声速估计的。由于目前还没有明确确定声速与上述其他物理量之间确切的解析表达关系，因此间接测量法所使用的表达式通常为实验统计得到的经验公式。其中，陈-米勒罗（Chen-Millero）经验模型[74]是一种被广泛采用的声速经验模型，联合国教科文组织、美国国家海洋和大气局与我国国家标准《海洋调查规范》均推荐使用该模型[75,76]。

针对上述间接参数的测量，从测量方式来划分，可分为投弃式和自容式两种。投弃式设备是一次性使用仪器，具有快速、低成本等特点，典型仪器有投弃式温深仪（expendable bathythermograph, XBT）、投弃式温盐深仪（expendable conductivity temperature depth profiler, XCTD）等。而自容式设备需用缆绳吊放方式将仪器下放水底并回收，典型仪器有温深仪（bathythermograph, BT）、温盐深仪（conductivity temperature depth profiler, CTD）等。从所测量的间接信息来说，XBT/BT 主要通过相应的传感器测量温度、深度信息，而 XCTD/CTD 主要测量温度、盐度、深度等信息。

3. 遥感反演法

遥感反演法的核心思想是通过非接触式的测量信息对水中声速剖面进行估计，而目前所利用的信息多源于声学传感器采集得到。根据 Snell 定律，声波在水中传播过程中受声速剖面分层影响而可能发生折射现象，从而改变入射方位角、传播路线等信息，许多学者也是基于此现象开展声速剖面的反演研究。

声速反演主要分为两种研究思路：①在声速剖面重构模型［如经验正交函数[77]（empirical orthogonal function, EOF）］的基础上结合声呐阵接收到声波的方位到达角（direction of arrival, DOA）和到达时间（time of arrival, TOA）信息对声速剖面进行估计[78-83]。例如，沈远海等[78]与郑广赢等[79]分别利用垂直线列阵和水平线列阵接收声源信号，对 EOF 的系数进行估计，进而得到声速剖面信息；胡军等[80]、张志伟等[81]和丁继胜等[82]在 EOF 重构声速剖面的基础上，分别利用神经网络、模拟退火算法、最小二乘算法等对声速剖面进行预测。②在 Snell 定律的基础上利用声呐阵接收到声波的 DOA 和 TOA 信息对声速剖面进行估计 [83,84]。例如，阚光明等[84]以实测的误差声速剖面作为初始值，利用多波束测深声呐测量得到的 TOA、DOA 以及空间位置等信息，通过广义线性反演得到声速剖面。而 Xu 等[85]仅利用多波束测深声呐基阵表面声速数据以及测量的 TOA 和 DOA 信息，基于稀疏重建原理实现了声速剖面的反演。

2.5 中尺度现象

根据特征空间尺度，可以将海洋动力学特征分为大尺度特征、中尺度特征和小尺度特征。划分准则没有标准，但一般可认为大于 100km 为大尺度，100m～100km 范围的为中尺度，小于 100m 的为小尺度[86]。对于声呐探测，中尺度特征影响显著，重要的中尺度特征有中尺度涡旋、海洋锋和海洋内波。中尺度特征搅乱了海水介质的垂直分层性质，通过对关键性的水层声速剖面的影响而显著影响了海洋中的水声传播特性[87]，造成了水下声场的起伏。

2.5.1 中尺度涡旋

1. 概念

海洋中尺度涡旋是指时间尺度在几十到几百天，空间尺度在几十到几百千米的海洋涡旋，其能量要比背景流场高出一个量级甚至更多。中尺度涡旋是上层海洋中一个显著的中尺度现象，在海洋动力过程中扮演着重要的角色。中尺度涡旋就像一个巨大漏水的水桶携带着不同于周围环境的海水在海洋中移动，对海洋的动能输运、热盐输运、化学物质输运以及营养物质输运起到重要作用。

中尺度涡旋按照自转方向可以分为两种主要类型：①按逆时针旋转的气旋式涡旋，为冷水团，其中心海水自下向上运动，涡旋内部水温比周围海水温度低，称为冷涡；②按顺时针旋转的反气旋式涡旋，为热水团，其中心海水自上向下运动，携带上层的暖水进入下层冷水中，涡旋内部水温比周围水温高，称为暖涡[88]。

2. 对水声传播的影响

早期，由于获取中尺度涡旋的三维结构较难，前人主要通过构造理想涡旋模型来获得涡旋的三维结构[89-92]，结合水声传播模型，分析涡对声信号传播的影响；也有个别海上实验调查中尺度涡旋对水声传播影响；目前，丰富的海洋环境实测数据与分析数据[93-95]，为研究中尺度涡旋对水声传播的影响提供了更为丰富的手段[96]。

中尺度涡旋会使声速剖面在不同距离上呈现出较为明显的随距离变化的特征，如图 2.32 所示，该图为墨西哥湾流（Gulf Stream）产生的暖涡声速剖面随距离的变化[97]，涡旋中心位置为（40° N，60° W），距离涡心的水平间距分别为 0km、12.5km、25.0km、37.5km、50.0km、75.0km、100.0km、125.0km、201.0km。

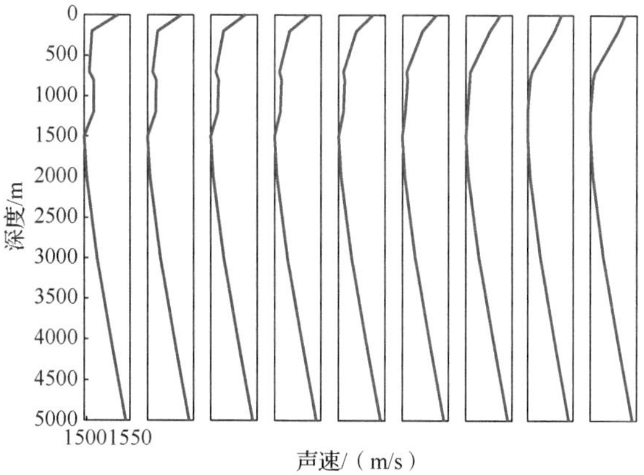

图 2.32　墨西哥湾流产生的暖涡声速剖面随距离的变化

该类型声速剖面对声线的传播途径与水声传播能量将产生相应的影响。图 2.33 为对比有无暖涡情况下的水声传播损失伪彩图。其中，图 2.33（a）为无暖涡存在的情况，图 2.33（b）为有暖涡存在的情况。可见，暖涡的存在改变了声线传播路径，无暖涡存在时声能量在 500m 深度附近存在声能的远距离传播区域，而暖涡存在使该区域消失。

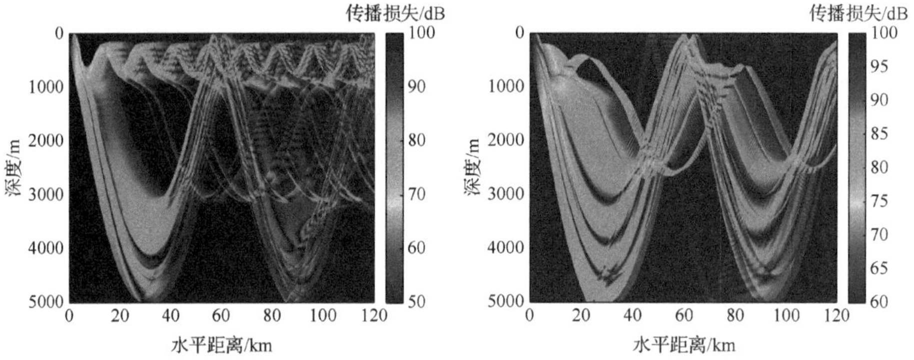

（a）无暖涡情况　（b）有暖涡情况

图 2.33　有无暖涡的水声传播对比（彩图附书后）

学者会采用相关的声场计算模型来研究中尺度涡旋对水声传播的影响，要求水声传播模型能够实现声速剖面随距离相关的计算。例如，在三维情况下，有学者采用抛物方程近似程序（For3D）来研究中尺度涡旋对水声传播的影响，如图 2.34 所示[96]，其中，图 2.34（a）为涡旋温度水平分布示意图，图 2.34（b）为涡旋存在下的三维水声传播损失图。

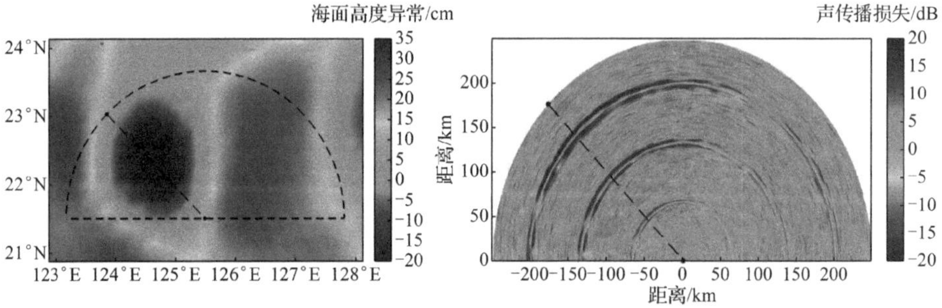

（a）涡旋温度水平分布示意图　（b）三维声传播损失图

图 2.34　涡旋对三维水声传播的影响（彩图附书后）

2.5.2　海洋锋

1. 概念

海洋锋一般指在海洋中具有特性明显不同的两种以上水体间的狭窄过渡带。在海洋锋中各种海洋环境参数，如温度、盐度、密度、速度、颜色、叶绿素等，均具有明显的水平梯度。在能量（包括动能、位能和温盐能等）产生与消衰过程中，出现水平差异的海区，才能形成锋[14]。与涡旋的水平面分布特征不同，海洋锋一般具有非封闭的结构，其最明显的就是它的垂直结构特征：锋区等温线分布在垂直深度上剧烈变化，呈现出倾斜的形式[87]。图 2.35 给出了一个典型的海洋锋面的垂直分布结构，图中数字表示海水温度。

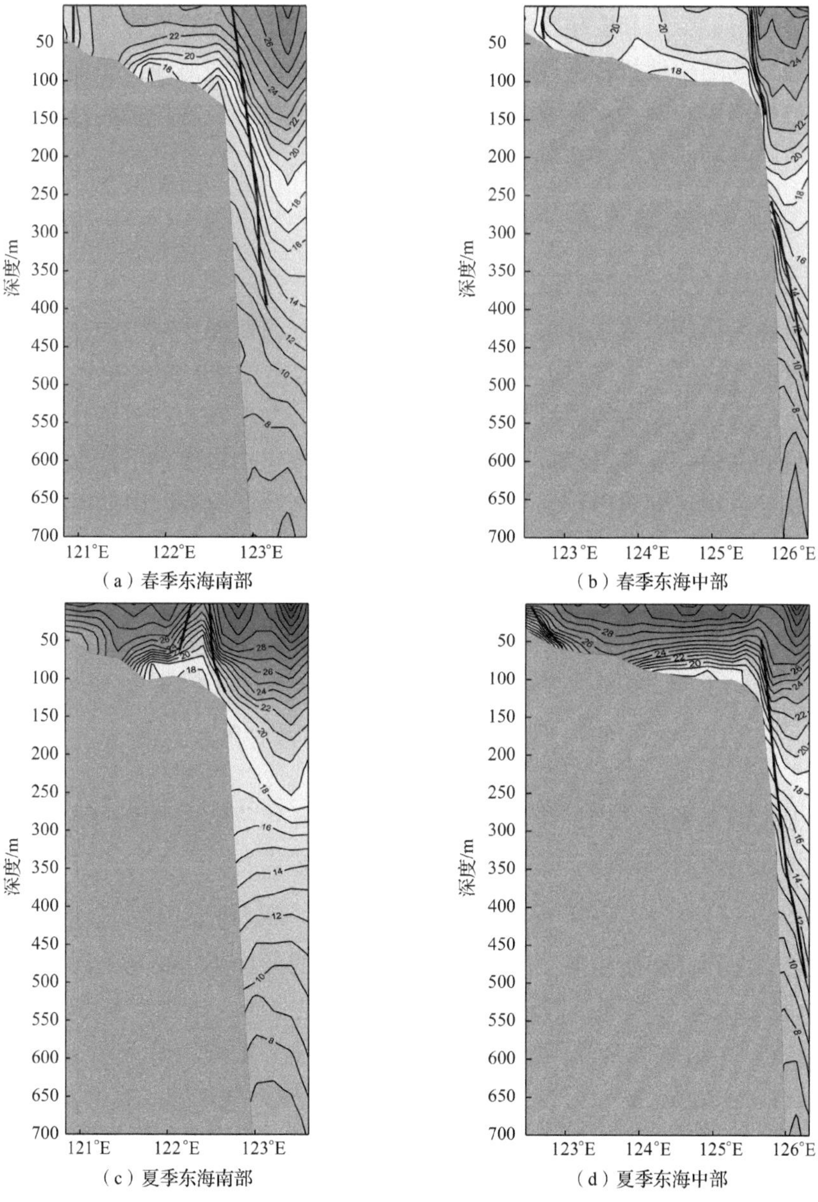

（a）春季东海南部　（b）春季东海中部

（c）夏季东海南部　（d）夏季东海中部

图 2.35　典型海洋锋面的垂直分布结构

海洋锋普遍存在于全球海洋中，早在 1976 年，Cheney 等[98]就报道了全球 43 条主要海洋锋的大致分布。关于海洋锋的成因及效应的科学研究工作始于 19 世纪中期，1858 年美国海洋学家莫里曾把海洋锋描述为一种“奇异的海洋现象”；1975 年，纽迈耶提出锋是“两股海流相互碰撞和争斗的现象”[14]。海洋锋可以存在于海洋表层、中层和底层，常可分为以下 6 类：①行星尺度锋；②强西边界流的边缘锋；③陆架坡折锋；④上升流锋；⑤羽状锋；⑥浅海锋。长期以来，人们在海洋锋的形成和消亡机制、时空分布特性、数值模拟、海洋锋判别与预报等方面进行了广泛的研究，并得到了相关规律性结论。

2. 对水声传播的影响

1）海洋锋二维声速参数化特征模型

由于锋区两侧的水文环境差别明显，使得锋区两侧的声速剖面往往有很大差别，这对水声传播产生重要影响，如导致远距离水声传播时间的变化、声道轴或/和会聚区的移动以及射线路径的水平折射等现象。温度锋或声速锋在水平方向上通常表现为大的温度梯度或声速梯度，其主要参数包括锋区水平宽度、水平变化梯度、锋区影响深度范围等。海洋锋的二维参数化温度场特征模型可表示为[99]

$$T(r,z)=T_0(z)+m(r)(T_i(z)-T_0(z)) \tag{2.14}$$

式中，r 和 z 分别为水平与垂直方向坐标；T 为温度剖面；T_0 为初始距离上的温度剖面；T_i 为距离 r 上的温度剖面；m 为融合函数，其表达式为

$$m(r,a)=\frac{1}{2}+\frac{1}{2}\tanh\left(2\pi\left(\frac{r}{R}\right)^{10^a}-\pi\right) \tag{2.15}$$

其中，R 为两条剖面之间的距离；融合参数 a 的变化范围为-1.5～1.5。因此，可以给出声速剖面的海洋锋二维参数化特征模型表达式为[100]

$$c(r,z)=c_1(z)+m(r)(c_2(z)-c_1(z)) \tag{2.16}$$

式中，c_1 为海洋锋初始距离上的声速剖面；c_2 为海洋锋终止距离上的声速剖面。根据式（2.16）可以构建不同环境下的海洋锋声速分布。如图 2.36 所示，其中，图 2.36（a）中实线为海洋锋初始距离上的声速剖面，虚线为海洋锋终止距离上的声速剖面；图 2.36（b）为该海洋锋声速随距离和深度变化的二维剖面。

对于更精细的结构模拟，根据文献[101]中的理想特征模型，在给定位置 (x,y) 处，深度 z 上的声速结构可以表示为

$$c(z)=c_b+(c_f-c_b)\phi(z) \tag{2.17}$$

式中，c_f 与 c_b 分别为层表与层底的声速；$\phi(z)$ 为该点层中声速的变化情况，可以通过分段拟合得到。

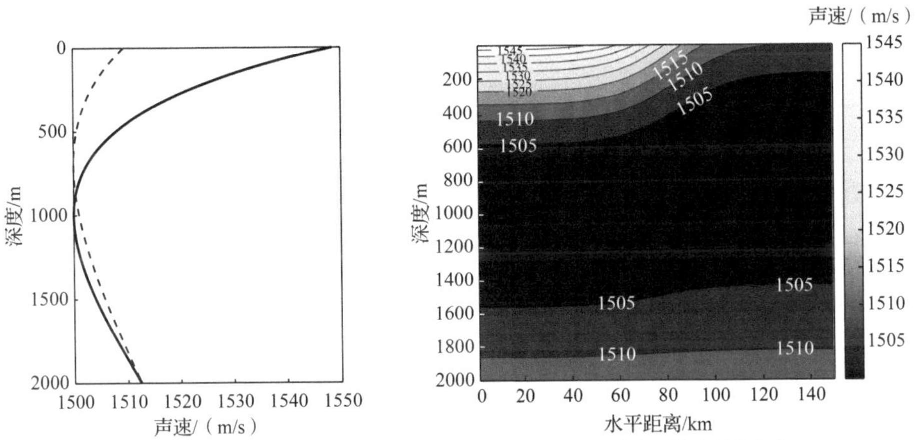

（a）初始距离与终止距离上声速剖面　（b）声速剖面随空间的变化

图 2.36　海洋锋二维参数化特征模型示例

2）海洋锋对水声传播的影响

海洋锋的存在将引起接收声强的变化，Rousseau[102]使用射线模型研究了深海浅层海洋锋短距离水声传播规律，发现声强总的变化将大于 6dB；菅永军等[103]通过收集黑潮锋区断面实测温盐深数据，得到了锋面的声速分布，通过二维抛物方程模型仿真发现，当声源在 50m 深和频率为 150Hz 的条件下，对水声传播损失影响最大达 20dB。

海洋锋的存在会引起深海会聚区距离产生变化，李玉阳等[104]利用抛物方程仿真研究发现，声波从锋区冷水侧向暖水侧传播时，会聚区距离增大、深度下压，反之由暖水侧向冷水侧传播时，会聚区距离减小、深度上抬。

海洋锋将引起三维水声传播的水平偏转，Weinberg 等[105]应用射线追踪方法研究了水平偏转效应，发现水平偏转角将超过 1°；南明星等[106]利用 Harpo 程序开展研究，发现声线从进入锋区开始就会发生明显的偏转，水平偏转角随着距离的增加会变大，最大值达到 1° 左右。

经过与实测数据的比对，Liu 等[107]研究发现海洋锋对水声传播的影响应考虑三维效果，使用三维模型仿真得到的结果与实验数据相比更为吻合，如图 2.37 所示。

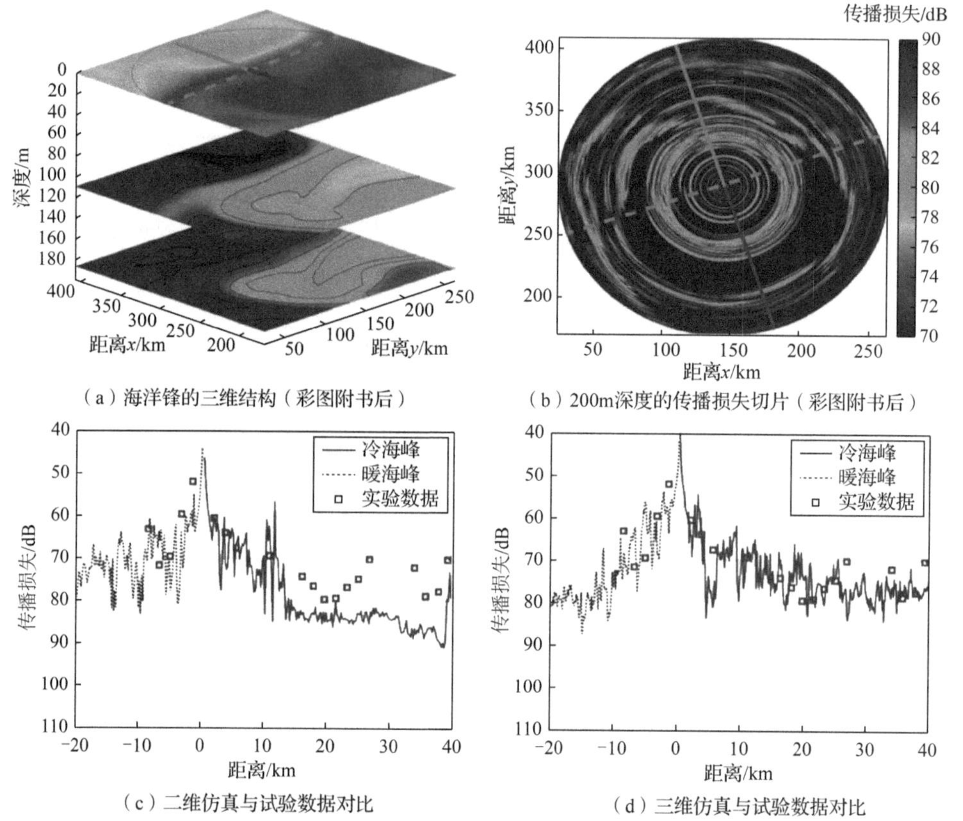

（a）海洋锋的三维结构（彩图附书后）

（b）200m深度的传播损失切片（彩图附书后）

（c）二维仿真与试验数据对比

（d）三维仿真与试验数据对比

图 2.37　海洋锋对水声传播的影响

2.5.3　海洋内波

1. 概念

海洋内波是指在密度稳定层的海水中所产生的、最大振幅出现在海面以下的波动[108]。按照地域来划分，可以分为深海大洋内波与浅海内波，其中深海大洋内波包括大洋惯性内波、高频随机内波与内潮波；浅海内波包括内潮波、非线性内波与小振幅线性内波等。其中非线性内波又称为孤立子内波[109]。内波对潜艇航行、海洋平台安全、声呐性能等均具有较大的影响。

2. 对水声传播的影响

内波将影响声传播损失与相位。1975 年，Tappert[110]使用抛物方程模型仿真了二维情况下线性内波对水声传播带来的影响，发现内波对 100Hz 声波的传播损失会产生 5～30dB 的巨大影响。1976 年，Desaubies[111,112]研究了大洋线性内波对高频水声传播中声压相位产生的扰动，发现相位扰动接近 ω^{-3}（ω 为角频率）规律，并发现低阶内波模态对相位扰动起主要作用。利用 For3D 程序仿真如图 2.38 所示的连续椭圆余弦波（cnoidal wave, CN）环境，可以得到水声传播损失如图 2.39 所示。从图中可以看到，没有内波时，声场具有典型的跃层分布特性，内波出现的时候，声能散布到整个水层当中。

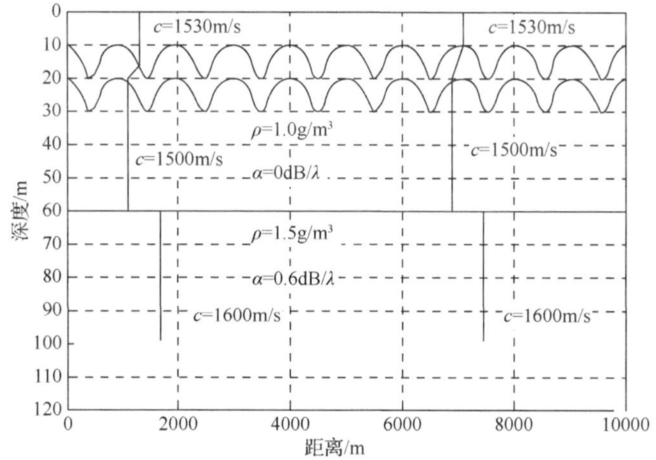

图 2.38　连续 CN 影响下的声速剖面示意图

dB/λ表示每波长的级差衰减分贝数

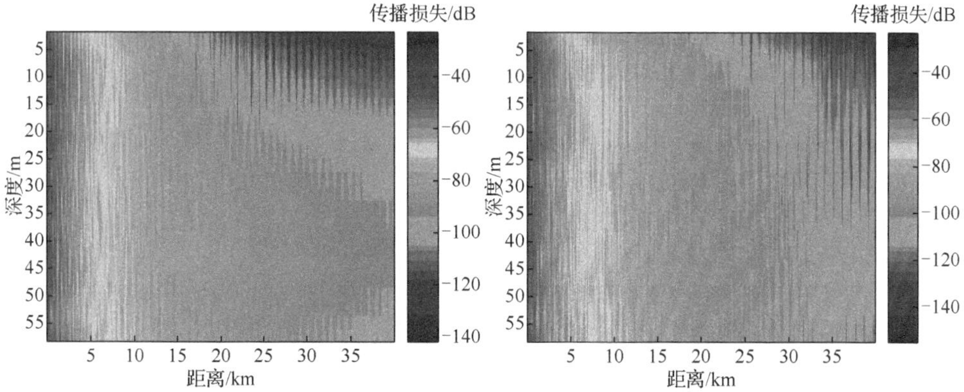

（a）没有内波的情况　（b）有内波的情况

图 2.39　连续 CN 影响下的水声传播损失分布（彩图附书后）

内波将影响声信号的传播时间。1994 年，Colosi 等[113]使用抛物方程模型仿真了加勒特-芒克（Garrett-Munk，GM）谱模型下的声场，分析了内波对水声传播时间带来的偏移作用。1996 年，Lynch 等[114]利用简正波与射线研究了内波以及内潮波对水声传播到达时间带来的扰动特性。2014 年，Li 等[115]分析了黄海内波对水声传播时间扰动的影响。

直至目前，关于内波对水声传播影响的研究仍在不断深入中，如近年来我国学者对内波影响下的水声传播统计特性[116]、内波存在下的声场建模方法[117]、内波对声矢量场的影响[118]等多个方面开展了深入研究。

2.6 小　结

本章首先概述了深海、浅海的差异性，然后对地形、底质、声速剖面等影响水声传播的海洋环境要素一一做了介绍，并讨论了它们的特性、声学影响以及数据获取方法，最后简述了中尺度涡旋等三种中尺度现象及其对水声传播的影响。上述海洋环境要素与声波在海洋中的传播密切相关，海洋环境要素的数据获取和建模将对后面水声传播模型预测结果的准确性具有重要影响，从而影响声呐系统动态效能计算的准确性。

参 考 文 献

[1] 中国大百科全书[M/OL]. 3 版. 北京：中国大百科全书，2021[2022-06-04]. https://www.zgbk.com/.

[2] 蔡锋, 曹超, 周兴华, 等. 中国近海海洋：海底地形地貌[M]. 北京：海洋出版社, 2013.

[3] Jensen F B, Kuperman W A, Porter M B, et al. Computational Ocean Acoustics[M]. New York: Springer, 2011.

[4] 范时清. 大陆边缘和大洋盆地[J]. 地球, 1983(2): 2-3.

[5] Ainslie M . Principles of Sonar Performance Modelling[M]. Berlin: Springer, 2010.

[6] 陶春辉, 王东, 金翔龙, 等. 海底沉积物声学特性和原位测试技术[M]. 北京：海洋出版社, 2006.

[7] 刘伯胜, 雷家煜. 水声学原理[M]. 2 版. 哈尔滨：哈尔滨工程大学出版社, 2010.

[8] Shepard F P. Submarine Geology[M]. 3rd ed. New York: Harper & Row, 1973.

[9] 杨子赓. 海洋地质学[M]. 济南：山东教育出版社, 2004.

[10] 徐世芳. 地震学辞典[M]. 北京：地震出版社, 2000.

[11] 冯士筰, 李凤岐, 李少菁. 海洋科学导论[M]. 北京：高等教育出版社, 1999.

[12] Barr S M. Structure and tectonics of the continental slope west of southern Vancouver Island[J]. Canadian Journal of Earth Sciences, 1974, 11(9): 1187-1199.

[13] 唐盟, 马劲松, 王颖, 等. 1947 年中国南海断续线精准划定的地形依据[J]. 地理学报, 2016, 71(6): 914-927.

[14] 《海洋大辞典》编辑委员会. 海洋大辞典[M]. 沈阳: 辽宁人民出版社, 1998.

[15] 鲍才旺, 薛万俊. 南海深海平原海山、海丘分布规律及形成环境[J]. 海洋学报, 1993, 15(6): 83-90.

[16] 许力以, 周谊. 百科知识数据辞典[M]. 青岛: 青岛出版社, 2008.

[17] 李整林, 杨益新, 秦继兴, 等. 深海声学与探测技术[M]. 上海：上海科学技术出版社, 2020.

[18] Northrop J, Loughridge M S, Werner E W. Effect of near-source bottom conditions on long-range sound propagation in the ocean[J]. Journal of Geophysical Research, 1968, 73(12): 3905-3908.
[19] Dosso S E, Chapman N R. Measurement and modeling of downslope acoustic propagation loss over a continental slope[J]. The Journal of the Acoustical Society of America, 1987, 81(2): 258-268.
[20] Tappert F D. The parabolic approximation method[J]. Wave Propagation & Underwater Acoustics, 1977, 70: 224-287.
[21] Tappert F D, Spiesberger J L, Wolfson M A. Study of a novel range-dependent propagation effect with application to the axial injection of signals from the Kaneohe source[J]. The Journal of the Acoustical Society of America, 2002, 111(2): 757-762.
[22] Chiu L, Lin Y T, Chen C F, et al. Focused sound from three-dimensional sound propagation effects over a submarine canyon[J]. The Journal of the Acoustical Society of America, 2011, 129(6): EL260.
[23] 张青青, 李整林, 秦继兴, 等. 南海海域跨海沟环境的声场会聚特性[J]. 声学学报, 2020, 45(4): 458-465.
[24] Nutile D A, Guthrie A N. Acoustic shadowing by seamounts[J]. The Journal of the Acoustical Society of America, 1979, 66(6): 1813-1817.
[25] 张泽众, 骆文于, 张仁和, 等. 深海海底山环境下的声传播[J]. 声学技术, 2016, 35(6): 146-149.
[26] 胡治国, 李整林, 秦继兴, 等. 深海海底斜坡环境对声传播规律的影响[J]. 中国科学: 物理学 力学 天文学, 2016, 46(9): 18-27.
[27] 赵建虎, 欧阳永忠, 王爱学. 海底地形测量技术现状及发展趋势[J]. 测绘学报, 2017, 46(10): 1786-1794.
[28] 吴自银, 等. 高分辨率海底地形地貌——探测处理理论与技术[M]. 北京：科学出版社, 2017.
[29] 李海森, 周天, 徐超. 多波束测深声呐技术研究新进展[J]. 声学技术, 2013, 32(2): 73-79.
[30] Etter P C. 水声建模与仿真 (第 3 版) [M]. 蔡志明, 等译. 北京: 电子工业出版社, 2005.
[31] Ainslie M A. 声呐性能建模原理[M]. 张静远, 颜冰, 译. 北京: 国防工业出版社, 2015.
[32] Carmichael S R. Handbook of Physical Properties of Rocks (Vol. Ⅱ) [M]. Boca Raton: CRC Press, 1982.
[33] Jensen F B, Kuperman W A, Porter M B, et al. Computational Ocean Acoustics[M]. New York: AIP Press, 1994.
[34] Christensen N I, Salisbury M H. Structure and constitution of the lower oceanic crust[J]. Reviews of Geophysics, 1975, 13(1): 57-86.
[35] Assefa S, Sothcott J. Acoustic and petrophysical properties of seafloor bedrocks[J]. SPE Formation Evaluation, 1997, 12(3): 157-163.
[36] Hamilton E L. V_p/V_s and Poisson's ratios in marine sediments and rocks[J]. The Journal of the Acoustical Society of America, 1998, 66(4): 1093-1101.
[37] Krumbein W C, Sloss L L. Stratigraphy and Sedimentation[M]. 2nd ed. San Francisco: Freeman, 1963.
[38] Folk R L. A review of grain-size parameters[J]. Sedimentology, 1966, 6(2): 73-97.
[39] Hamilton E L. Geoacoustic Models of the Sea Floor[M]. New York: Springer, 1974.
[40] Hampton L. Physics of Sound in Marine Sediments[M]. New York: Plenum Press, 1974.
[41] Hamilton E L. Compressional-wave attenuation in marine sediments[J]. Geophysics, 1972, 37: 620.
[42] 汪德昭, 尚尔昌. 水声学[M]. 2 版. 北京: 科学出版社, 2013.
[43] 刘志杰, 殷汝广. 浅海沉积物分类方法研讨[J]. 海洋通报, 2011, 30(2): 194-199.
[44] 赵东波. 常用沉积物粒度分类命名方法探讨[J]. 海洋地质动态, 2009, 25(8): 41-44.
[45] Shepard F P. Nomenclature based on sand-silt-clay ratios[J]. Journal of Sedimentary Petrology, 1954, 24(3): 151-158.
[46] Folk R L, Andrews P B, Lewis D W. Detrital sedimentary rock classification and nomenclature for use in New Zealand[J] . New Zealand Journal of Geology and Geophysics, 1970, 13(4): 937-968.

[47] Simons D G, Snellen M. A Bayesian approach to seafloor classification using multi-beam echo-sounder backscatter data[J]. Applied Acoustics, 2009, 70 (10): 1258-1268.

[48] Rosa L A S. Seafloor characterization of the historic area remediation site using angular range analysis[J]. University of New Hampshire, 2007: 1-40.

[49] Galparsoro I, Borja Á, Legorburu I, et al. Morphological characteristics of the Basque continental shelf (Bay of Biscay, northern Spain); their implications for integrated coastal zone management[J]. Geomorphology, 2010, 118: 314-329.

[50] Jr Cutter G R. Seafloor habitat characterization, classification, and maps for the lower Piscataqua River estuary[D]. Durham: University of New Hampshire, 2005: 1-25.

[51] Bellec V, Wilson M, Bøe R, et al. Bottom currents interpreted from iceberg ploughmarks revealed by multibeam data at Tromsøflaket, Barents Sea[J]. Marine Geology, 2008, 249: 257-270.

[52] Kloser R J, Penrose J D, Butler A J. Multi-beam backscatter measurements used to infer seabed habitats[J]. Continental Shelf Research, 2010, 30: 1772-1782.

[53] Simons D G, Snellen M. A comparison between modeled and measured high frequency bottom backscattering[J]. The Journal of the Acoustical Society of America, 2008, 123(5): 5309-5314.

[54] Huang Z, Siwabessy J, Nichol S, et al. Predictive mapping of seabed cover types using angular response curves of multibeam backscatter data: testing different feature analysis approaches[J]. Continental Shelf Research, 2013, 61-62: 12-22.

[55] Goffa J A, Jenkins C J, Williams S J. Seabed mapping and characterization of sediment variability using the usSEABED data base[J]. Continental Shelf Research, 2008, 28(4-5): 614-633.

[56] 徐超. 多波束测深声呐海底底质分类技术研究[D]. 哈尔滨: 哈尔滨工程大学, 2014.

[57] Hamilton E L. Geoacoustic modeling of the sea floor[J]. The Journal of the Acoustical Society of America, 1980, 68(5): 1313-1340.

[58] Tucholke B E, Shirley D J. Comparison of laboratory and in situ compressional-wave velocity measurements on sediment cores from the western North Atlantic[J]. Journal of Geophysical Research: Solid Earth, 1979, 84(B2): 687-695.

[59] Turgut A, Yamamoto T. In situ measurements of velocity dispersion and attenuation in New Jersey Shelf sediments[J]. The Journal of the Acoustical Society of America, 2008, 124(3): EL122-EL127.

[60] 丁忠军, 刘保华, 刘忠臣. 海洋沉积物多参数原位探测微探针研究[J]. 电子测量与仪器学报, 2009, 23(12): 44-48.

[61] Frisk G V. Inverse methods in ocean bottom acoustics[J]. The Journal of the Acoustical Society of America, 1987, 82(S1): S110.

[62] Hermand J P, Meyer M, Asch M, et al. Adjoint-based acoustic inversion for the physical characterization of a shallow water environment[J]. The Journal of the Acoustical Society of America, 2006, 119(6): 27-31.

[63] Baggeroer A B, Kuperman W A. An overview of matched field methods in ocean acoustics[J]. IEEE Journal of Oceanic Engineering, 1993, 18(4): 401-424.

[64] Gerstoft P. Inversion of seismoacoustic data using genetic algorithms and aposteriori probability distributions[J]. The Journal of the Acoustical Society of America, 1994, 95(2): 770-782.

[65] Carrière O, Hermand J P. Sequential Bayesian geoacoustic inversion for mobile and compact source-receiver configuration[J]. The Journal of the Acoustical Society of America, 2012, 131(4): 2668-2681.

[66] Chapman N R, Chin-Bing S, King D, et al. Benchmarking geoacoustic inversion methods for range dependent waveguides[J]. IEEE Journal of Oceanic Engineering, 2003, 28(3): 320-330.

[67] Siderius M, Nielsen P L, Gerstoft P. Range-dependent seabed characterization by inversion of acoustic data from a towed receiver array[J]. The Journal of the Acoustical Society of America, 2002, 112(4): 1523-1535.

[68] 李风华, 孙梅, 张仁和. 由矢量水听器阵反演海底地声参数[J]. 哈尔滨工程大学学报, 2010, 31(7): 895-902.

[69] Buckingham M J. A new shallow-ocean technique for determining the critical angle of the seabed from the vertical directionality of the ambient noise in the water column[J]. The Journal of the Acoustical Society of America, 1987, 81(4): 938-946.

[70] Buckingham M J, Giddens E M, Simonet F. Inversion of the propeller harmonics from a light aircraft for the geoacoustic properties of marine sediments[J]. Acoustic Sensing Techniques for the Shallow Water Environment: Inversion Methods and Experiments, 2006: 257-263.

[71] Koch R A, Knobles D P. Geoacoustic inversion with ships as sources[J]. The Journal of the Acoustical Society of America, 2005, 117(2): 626-637.

[72] Chapman N R, Dizaji R M, Kirlin R L. Inversion of geoacoustic model parameters using ship radiated noise[J]. Acoustic Sensing Techniques for the Shallow Water Environment: Inversion Methods and Experiments, 2006: 289-302.

[73] 张宝华, 赵梅. 海水声速测量方法及其应用[J]. 声学技术, 2013, 32(1): 24-28.

[74] Chen C, Millero F J. Speed of sound in seawater at high pressures[J]. The Journal of the Acoustical Society of America, 1977, 62(5): 1129-1135.

[75] 黄辰虎, 陆秀平, 王克平, 等. 联合 XBT 和 WOA13 模型盐度信息的深水走航声速准确确定[J]. 海洋通报, 2016, 35(5): 554-559.

[76] 赵辰冰, 张锁平. 利用数据分析声速剖面的研究[J]. 声学技术, 2013, 32(5): 151-153.

[77] Bjornsson H, Venegas S A. A manual for EOF and SVD analysis of climatc data[R]. CCGCR Report, 1997.

[78] 沈远海, 马远良, 屠庆平, 等. 浅水声速剖面的反演方法与实验验证[J]. 西北工业大学学报, 2000, 18(2): 212-215.

[79] 郑广赢, 黄益旺. 微扰法声速剖面反演改进算法[J]. 哈尔滨工程大学学报, 2017, 38(3): 372-377.

[80] 胡军, 肖业伟, 张东波, 等. 声速剖面反演预测方法[J]. 海洋科学进展, 2019, 37(2): 245-254.

[81] 张志伟, 暴景阳, 肖付民, 等. 利用模拟退火算法反演多波束测量声速剖面[J]. 武汉大学学报, 2018, 43(8): 1234-1241.

[82] 丁继胜, 周兴华, 唐秋华, 等. 多波束勘测声速剖面场的 EOF 表示方法[J]. 武汉大学学报, 2007, 32(5): 446-449.

[83] 孙文川, 暴景阳, 金绍华, 等. 多波束海底地形畸变校正与声速剖面反演[J]. 武汉大学学报, 2016, 41(3): 349-354.

[84] 阚光明, 刘保华, 王揆, 等. 基于多波束声线传播的声速剖面反演方法[J]. 海洋科学进展, 2006, 24(3): 379-383.

[85] Xu W, Zhang M J, Zhang H Q. Sparse-increment iteration-based sound velocity profile estimation with multi-beam bathymetry systems[C]//OCEANS 2012, 2012: 1-5.

[86]董昌明, 蒋星亮, 徐广珺,等. 海洋涡旋自动探测几何方法、涡旋数据库及其应用[J]. 海洋科学进展, 2017, 35(4): 439-453.

[87] 刘清宇. 海洋中尺度现象下的声传播研究[D]. 哈尔滨：哈尔滨工程大学, 2006.

[88] 程天际, 艾锐峰, 张建伟, 等. 基于射线理论的海洋中尺度涡与水声传播耦合建模研究[J]. 装备学院学报, 2015, 26(6): 114-119.

[89] Watson J G. Deep-ocean dynamics for environmental acoustics models[J]. The Journal of the Acoustical Society of America, 1976, 60(2): 355-364.

[90] Henrick R F, Siegmann W L, Jacobson M J. General analysis of ocean eddy effects for sound transmission applications[J]. The Journal of the Acoustical Society of America, 1977, 62(4): 860-870.

[91] Baer R N. Calculations of sound propagation through an eddy[J]. The Journal of the Acoustical Society of America, 1980, 67(4): 1180-1185.

[92] 李佳讯, 张韧, 陈奕德, 等. 海洋中尺度涡建模及其在水声传播影响研究中的应用[J]. 海洋通报, 2011, 30(1): 37-46.

[93] Nysen P A. Sound propagation through an East Australian Current eddy[J]. The Journal of the Acoustical Society of America, 1978, 63(5): 1381-1388.

[94] 张旭, 张健雪, 张永刚, 等. 南海西部中尺度暖涡环境下汇聚区声传播效应分析[J]. 海洋工程, 2011, 29(2): 83-91.

[95] Akulichev V A, Bugaeva L K, Yu N M, et al. Influence of mesoscale eddies and frontal zones on sound propagation at the Northwest Pacific Ocean[J]. The Journal of the Acoustical Society of America, 2012, 131(4): 3354.

[96] 阮海林, 杨燕明, 牛富强, 等. 中尺度冷涡对水下声传播的影响[C]//2018 年全国声学大会论文集 B 水声物理, 2018.

[97] Porter M B. Bellhop3D user guide[EB/OL]. [2022-01-08]. https://usermanual.wiki/Document/Bellhop3D20User20Guide202016725.1524880335/html.

[98] Cheney R E, Winfrey D E. Distribution and Classification of Ocean Fronts[M]. [S.l.]: US Naval Oceanographic Office, 1976.

[99] Carriere O, Hermand J P. Feature-oriented acoustic tomography for coastal ocean observatories[J]. IEEE Journal of Oceanic Engineering, 2013, 38(3): 534-546.

[100] Liu Y Y, Chen W, Chen W, et al. Reconstruction of ocean front model based on sound speed clustering and its effectiveness in ocean acoustic forecasting[J]. Applied Sciences, 2021, 11(18): 8461.

[101] 卢晓亭, 濮兴啸, 李玉阳,等. 我国周边海域典型海洋锋特征建模研究[J]. 海洋科学, 2013, 37(6): 37-41.

[102] Rousseau T H. Acoustic propagation through a model of shallow fronts in the deep ocean[J]. The Journal of the Acoustical Society of America, 1982, 72(3): 924-936.

[103] 菅永军, 张杰, 贾永君. 海洋锋区的一种声速计算模式及其在声传播影响研究中的应用[J]. 海洋科学进展, 2006, 24(2): 166-172.

[104] 李玉阳, 笪良龙, 晋朝勃, 等. 海洋锋对深海会聚区特征影响研究[C]//泛在信息社会中的声学——中国声学学会 2010 年全国会员代表大会暨学术会议论文集, 2010.

[105] Weinberg N L, Clark J G. Horizontal acoustic refraction through ocean mesoscale eddies and fronts[J]. The Journal of the Acoustical Society of America, 1980, 68(2): 703-705.

[106] 南明星, 杨廷武, 丁风雷. 海洋锋区的三维声线轨迹分析[J]. 声学技术, 2003, 22(4): 279-281.

[107] Liu J Q, Piao S C, Zhang M H, et al. Characteristics of three-dimensional sound propagation in Western North Pacific Fronts[J]. Journal of Marine Science and Engineering, 2021, 9(9): 1035.

[108] 熊武一. 军事大辞海[M]. 北京：长城出版社, 2000.

[109] 马树青. 浅海孤立子内波对声传播的影响[D]. 哈尔滨：哈尔滨工程大学, 2011.

[110] Tappert F D. Calculation of the effect of internal waves on oceanic sound transmission[J]. The Journal of the Acoustical Society of America, 1975, 58(6): 1151-1159.

[111] Desaubies Y J F. Acoustic phase fluctuations induced by internal waves in the ocean[J]. The Acoustical Society of America Journal, 1976, 60(4): 795-800.

[112] Desaubies Y J F . On the scattering of sound by internal waves in the ocean[J]. The Journal of the Acoustical Society of America, 1978, 64(5): 1460-1469.

[113] Colosi J A, Flatte S M, Bracher C. Internal-wave effects on 1000-km oceanic acoustic pulse propagation: simulation and comparison with experiment[J]. The Journal of the Acoustical Society of America, 1994, 96(1): 452-468.

[114] Lynch J F, Jin G L, Pawlowicz R, et al. Acoustic travel-time perturbations due to shallow-water internal waves and internal tides in the Barents Sea Polar Front: theory and experiment[J]. The Journal of the Acoustical Society of America, 1996, 99(2):803-821.

[115] Li F, Guo X Y, Hu T, et al. Acoustic travel-time perturbations due to shallow-water internal waves in the Yellow Sea[J]. Journal of Computational Acoustics, 2014, 22(1): 1440003.

[116] 胡平, 彭朝晖, 李整林. 南海北部海域内波环境下声传播损失起伏统计特性[J]. 声学学报, 2022, 47(1): 1-15.

[117] 张泽众, 骆文于, 庞哲, 等. 孤子内波环境下三维声传播建模[J]. 物理学报, 2019, 68(20): 161-168.

[118] 祝捍皓, 肖瑞, 朱军, 等. 三维浅海环境下孤立子内波对低频声能流的传播影响[J]. 声学学报, 2021, 46(3): 365-374.

第3章　水声传播特性及建模

当人们意识到海洋声传播对指导反潜作战具有重要作用时，各国海军开始对海洋声传播研究投入大量人力和物力，支持了水声相关建模，尤其是水声传播建模的发展。随着海洋声学模型研究的深入，水声传播模型不仅可以用于预测声呐性能，而且在声呐系统设计与改进，以及复杂海洋环境的声学反演及层析等方面都发挥了巨大作用。

3.1　典型水声传播特性

海水声速剖面是影响海洋中声传播的主要因素之一，通常在不同海域表现出一定的典型性。根据声速剖面和海深的典型特征及水平变化情况，本节从深海、浅海、水平非均匀区域三个方面讨论典型水声传播特性。

3.1.1　深海

深海中典型的水声传播主要包括直达声传播、海底弹射、表面波导传播、深海声道传播、会聚区传播、可靠声路径传播等。

1. 直达声传播

直达声是指未经海面和海底反射，直接到达接收器的声波，传播损失较小。图3.1给出了声源深度50m时深海中的典型声速剖面和传播损失伪彩图。为了更加清晰地观察到直达声，计算时不考虑海面和海底的反射声。

根据Snell定律，水中声波在声速变化的影响下发生折射。由图3.1可见，直达声区域范围与声源和接收器的相对深度有关，相对深度越大，直达声区域范围越大，直达声区域边界在“深度-距离”平面上呈“碗状”分布。当接收深度为50m、100m、500m、1000m时，直达声区域半径分别约为3.4km、4km、6.8km、9.6km。在直达声区域，水中声波只有几何扩展损失和海水吸收，传播损失相对较小，且直达声区域水平连续，在声呐有效作用范围内不存在探测盲区，有利于声呐对目标的探测以及后续的跟踪识别。然而，对于舰艇平台的声呐，由于其工作深度较浅，直达声区域范围较小，无法通过直达声实现对目标的远距离探测。

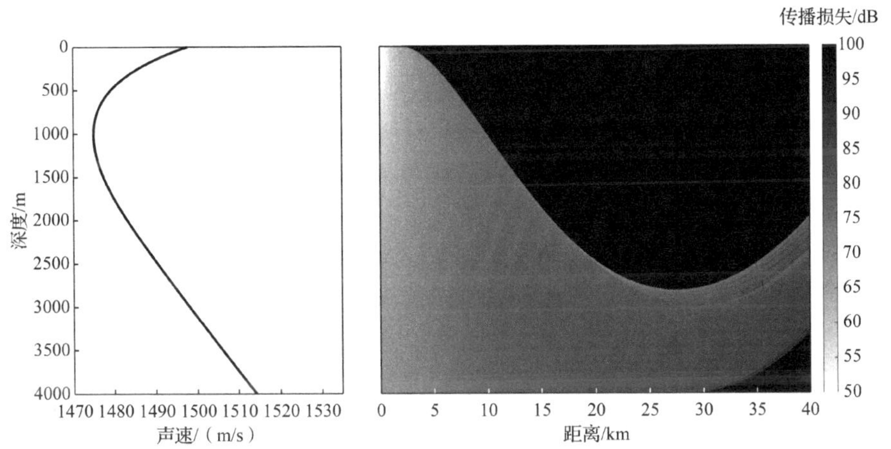

图 3.1　声源深度 50m 时的声速剖面和传播损失伪彩图

2. 海底弹射

海底弹射现象，即声线经海底反射传播的现象，是在深海和浅海中普遍存在的，在深海中主要受海底特性和海深影响，一般海底越“软”，海深越深，传播损失越大（与海底反射损失及声波束的几何扩展有关）。现代水声探测装备广泛应用了海底弹射水声传播，其主要优势是可以通过控制声波的出射角探测几何影区（会聚区和直达波探测之间的盲区）内任意位置的目标，在特定条件下可探测几千米至二三十千米（声线一次海底弹射范围内）[1]。图 3.2 给出了声源深度 20m 时深海海底弹射水声传播图，海底声速取 $c_b = 1570\text{m/s}$，密度取 $\rho = 1.65\text{g/cm}^3$，左图为仿真采用的声速剖面，右图为相应的传播损失图，可见，300m 深度 34km 以内传播损失在 84dB 以内，如果声呐优质因数大于 84dB，则可以有效探测到影区目标。

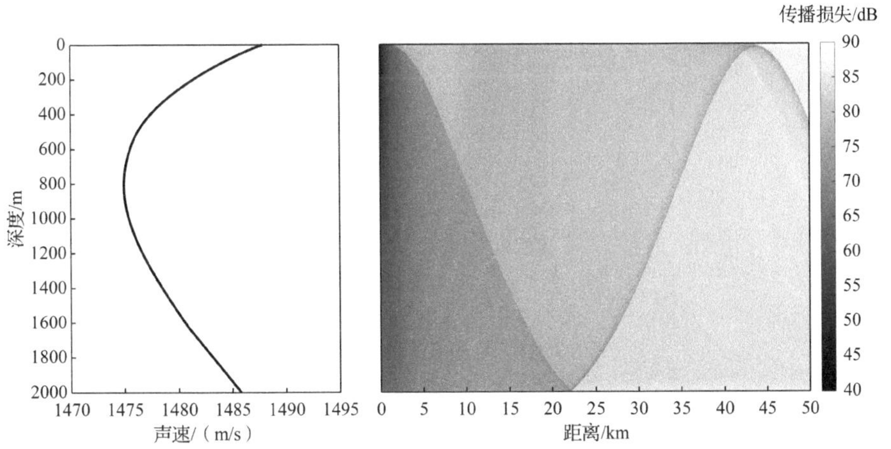

图 3.2　海底弹射声传播图

3. 表面波导传播

海洋中远距离水声传播是通过各种形式的海洋波导进行的，即水声传播受到边界限制。在海洋中波导的边界就是海面、海底或者局部最大或最小声速所在深度平面。表面波导的传播是受到海面及混合层深度所在平面限制，此时在混合层以内的波导内由于压力影响，导致声速剖面出现正梯度。

在表面波导内，小角度出射的声线经折射或表面反射向远处传播，大角度出射的声线经向下折射后离开表面波导，在混合层深度之下会出现声影区，即没有折射或表面反射声线到达，表面波导水声传播示意图如图 3.3 所示，表面波导厚度为 100m，声源深度为 25m。值得注意的是声影区并非不存在声能量，常常会被衍射声波和/或表面散射声波照亮。在表面波导传播过程中，陷落其中的声能量会逐渐泄漏进入更深的跃变层，泄漏量可以由经验泄漏系数表征[2]：

$$\alpha_L = 3.3S \cdot \left(\frac{f}{H}\right)^{1/2} \tag{3.1}$$

式中，α_L 为经验泄漏系数（dB/m）；f 为声波频率（kHz）；H 为表面波导的深度（m）；S 为海况级数。可见，泄漏量随海面粗糙度（海浪高度）、波导厚度、跃变层中的声速梯度以及声频率而变化。

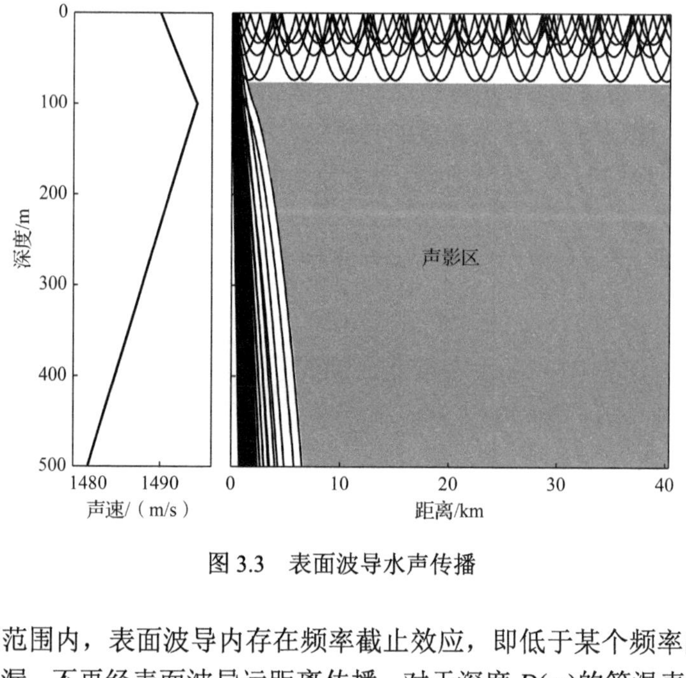

图 3.3　表面波导水声传播

在低频范围内，表面波导内存在频率截止效应，即低于某个频率的声信号从表面波导泄漏，不再经表面波导远距离传播。对于深度 D(m)的等温表面层，可以给出截止频率[2]：

$$f_0 \simeq \frac{1500}{0.008D^{3/2}} \tag{3.2}$$

图 3.3 中厚度 100m 的表面波导，截止频率大约 187.5Hz。一般来说，50m 以浅的表面波导是常见的，但是截止频率较高，表面散射衰减较大；而 100m 以深的表面波导截止频率较低，但是它们并不常见。

4. 深海声道传播

图 3.4 借助 Munk 声速剖面理论公式[3]，给出了深海典型声速剖面图。其中，左图为表面波导不存在时的典型深海声速剖面，右图为表面波导存在时的典型深海声速剖面，深海声道轴深度均为 1000m。图 3.4 中，深海中最小海水声速对应的深度称为深海声道轴，深海声道轴以下与温跃层上边界声速相等的声速对应的深度称为临界深度，临界深度以下至海底的深度称为深度余量。

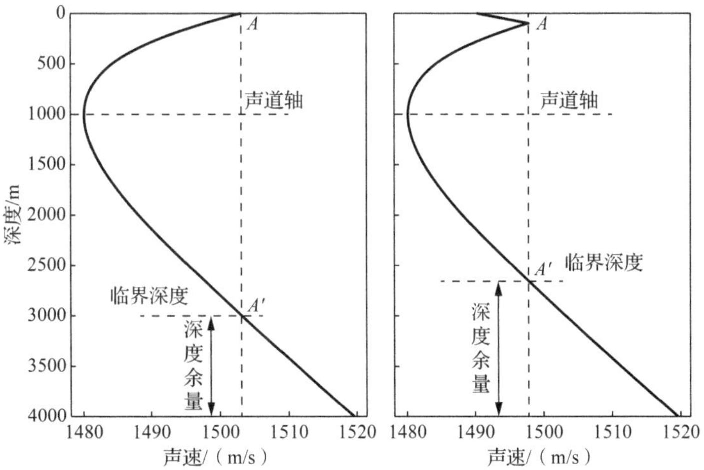

图 3.4　深海典型声速剖面

在深海声道中，声道上下边界处声速相等，深度范围如图 3.4 中 *AA′* 所示，其剖面中存在的最小声速使海洋表现得像一个凸透镜：在最小声速所在深度以上和以下的声射线经折射作用弯向最小声速深度的方向，即声道轴方向。因此，由深海声道中声源出射的一部分声射线可以不经海面、海底反射传播，因其不受反射衰减的影响，甚至可以传播几千千米。深海声道传播示意如图 3.5 所示，声源深度为 1000m。

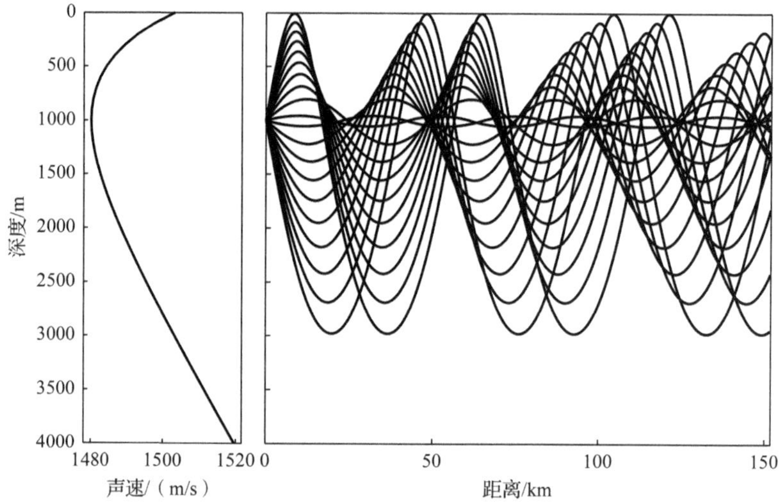

图 3.5　深海声道传播

在深海声道传播中，根据 Snell 定律，陷落在声道内的能量与声道内全折射声线最大出射角度成正比。对于声道轴处的声源，由 Snell 定律可直接得到深海声道传播声源最大开角 $\theta_{\max}=\arccos(c_x/c_{\max})$，其中，$c_x$ 是声道轴处声速，$c_{\max}$ 是声道轴与海面（通常是混合层下界面）之间的最大声速。一般来说，深海声道传播声源最大开角在中纬度处最大（±15°），并随纬度升高减小[4]。

值得注意的是，根据 Snell 定律，在深海声道中，不同声速剖面下常见的声线路径为如下三种形式：①海面-海底反射路径、全折射路径（深海声道扩展到全海深）；②海面-海底反射路径、折射-海面反射路径、全折射路径（声速剖面中存在深度余量，如图 3.4 中左图所示）；③海面-海底反射路径、折射-海底反射路径、全折射路径（非完全深海声道）。另外，深海声道传播中应考虑海水声吸收[2]。

5. 会聚区传播

海面附近声源出射的向下传播及经海面反射后向下传播的一部分声线经深海折射后多次重复出现在海面附近并形成较高强度声场的一种传播现象，被称为会聚区传播，如图 3.6 所示。会聚区传播现象可追溯到 20 世纪 60 年代，Hale[5]首次在文献中指出在实验中观察到的会聚区传播是由全折射声线及折射-海面反射声线组成的。另外，根据 Snell 定律，深海折射声线的存在要求海底声速 c_b 大于声源处声速 c_s，因此海底深度应大于图 3.4 中的 A'，也就是说，声速剖面中应存在深度余量。

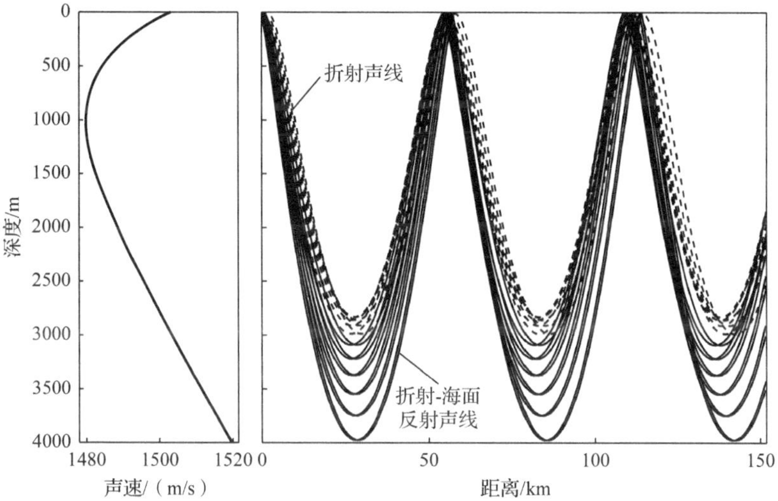

图 3.6 会聚区传播（声源 20m）

会聚区传播引起重视的原因是可以借此在远距离获得声强高且低失真的声信号。另外，当声源的位置满足以下两个条件时可以获得陡峭无扰动的会聚区：

（1）声源放置在海面附近，使波束内的声线尽可能平行。

（2）声源放置跃变层而不是混合层内，有效避免表面波导传播。

当声速剖面是双线性（即声速剖面上下层分别由负正梯度线性剖面组成）时，不难发现，水平出射声线的会聚区距离可表示为[6]

$$R_{\mathrm{CZ}} = 2c_0 \sin\theta_1 \left(\frac{1}{|g_1|} + \frac{1}{|g_2|} \right) \tag{3.3}$$

式中，$\theta_1 = \arccos(c_1 / c_0)$ 是声道轴深度处射线角度，c_0 和 c_1 分别是海面和声道轴处声速；g_1、g_2 是声速梯度。对于北大西洋典型声速剖面来说，将式（3.3）推广到双波导情形下，如图 3.7 所示，根据 Tolstoy 等[6]提出的方法，可以得到

$$R_{\mathrm{CZ}} = 2c_0 \left(\frac{\sin\theta_1}{|g_1|} + \frac{\sin\theta_1 - \sin\theta_2}{|g_2|} + \frac{\sin\theta_3 - \sin\theta_2}{|g_3|} + \frac{\sin\theta_3}{|g_4|} \right) \tag{3.4}$$

其中，分层界面处的射线角度由式（3.5）给出：

$$\theta_i = \arccos\left(\frac{c_i}{c_0} \right) \tag{3.5}$$

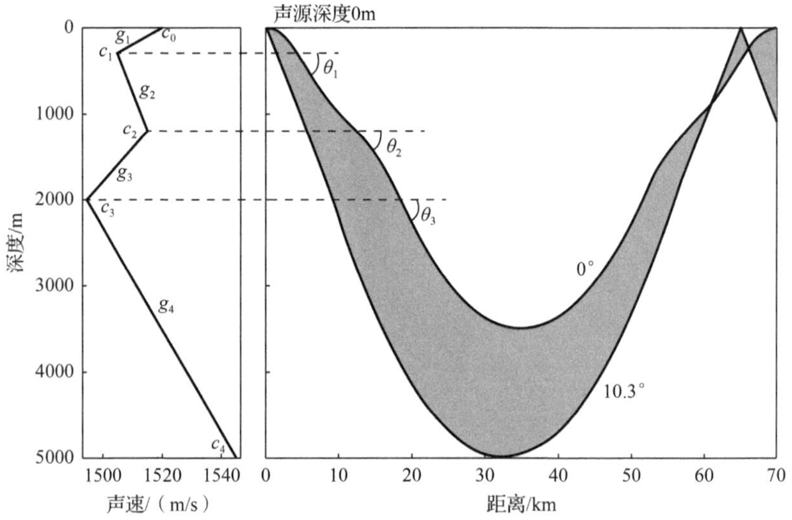

图 3.7　双波导线性声速剖面（4 分层海洋模型）的会聚区传播

6. 可靠声路径传播

当接收节点位于临界深度以下，近表面声源与接收节点的直达路径[1]，或者，声源位于临界深度以下，近表面接收节点与声源之间的直达路径[7]，均被称为可靠声路径，如图 3.8 所示。

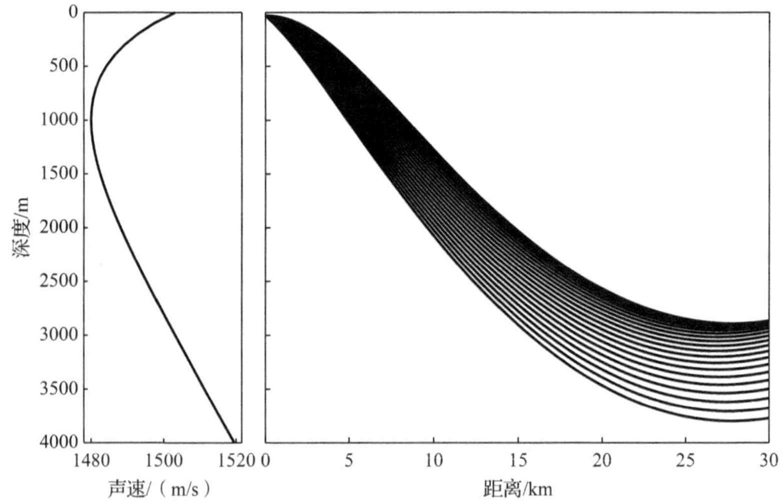

（a）声源位于近海面

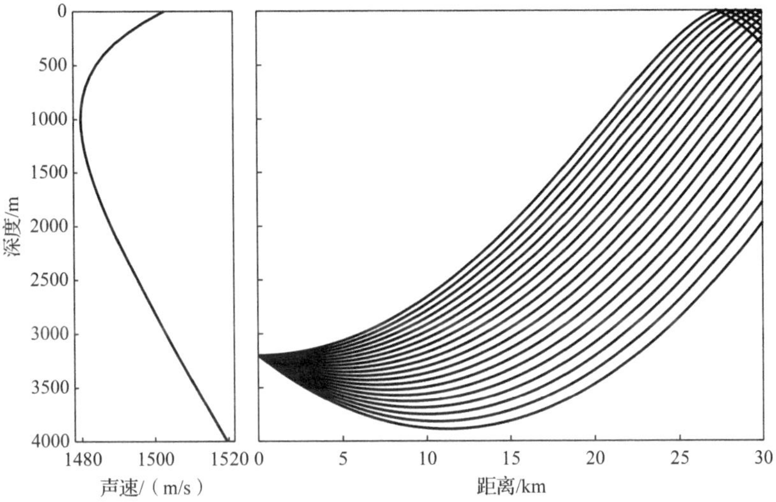

（b）声源位于临界深度以下

图 3.8　可靠声路径传播

可靠声路径的“可靠性”主要体现在以下两个方面：①直达路径不受海面、海底反射效应影响，直达波能量较强；②声速起伏对其水声传播影响较小。第一个方面主要要求声速剖面中存在深度余量；第二个方面则主要是声线经过海洋上层时掠射角较大[1]。

3.1.2　浅海

浅海中声速剖面主要有负梯度、等声速及温跃层，这意味着远距离水声传播只能通过海底反射路径进行。因此，最重要的射线路径主要包括折射-海底反射、海面反射-海底反射。典型的浅海声传播环境是深度 200m 以内的大陆架海域。图 3.9 为负梯度、等声速、温跃层三种水文条件下的浅海声传播图，声源深度为 50m。

尽管浅海声传播从理论到实验都得到了大量的研究，但是由于影响远距离水声传播的海面、海体及海底特性都是随时空变化的，因此在预测远距离水声传播时往往不能得到令人满意的结果。在浅海传播时，中低频（<1kHz）主要受到海底反射损失的影响，而高频要考虑海底散射损失的影响。考虑到声线在冬季等声速环境下比夏季负声速梯度环境下与海底作用更少，如图 3.9 所示，因此，冬季浅海声传播条件相对较好。

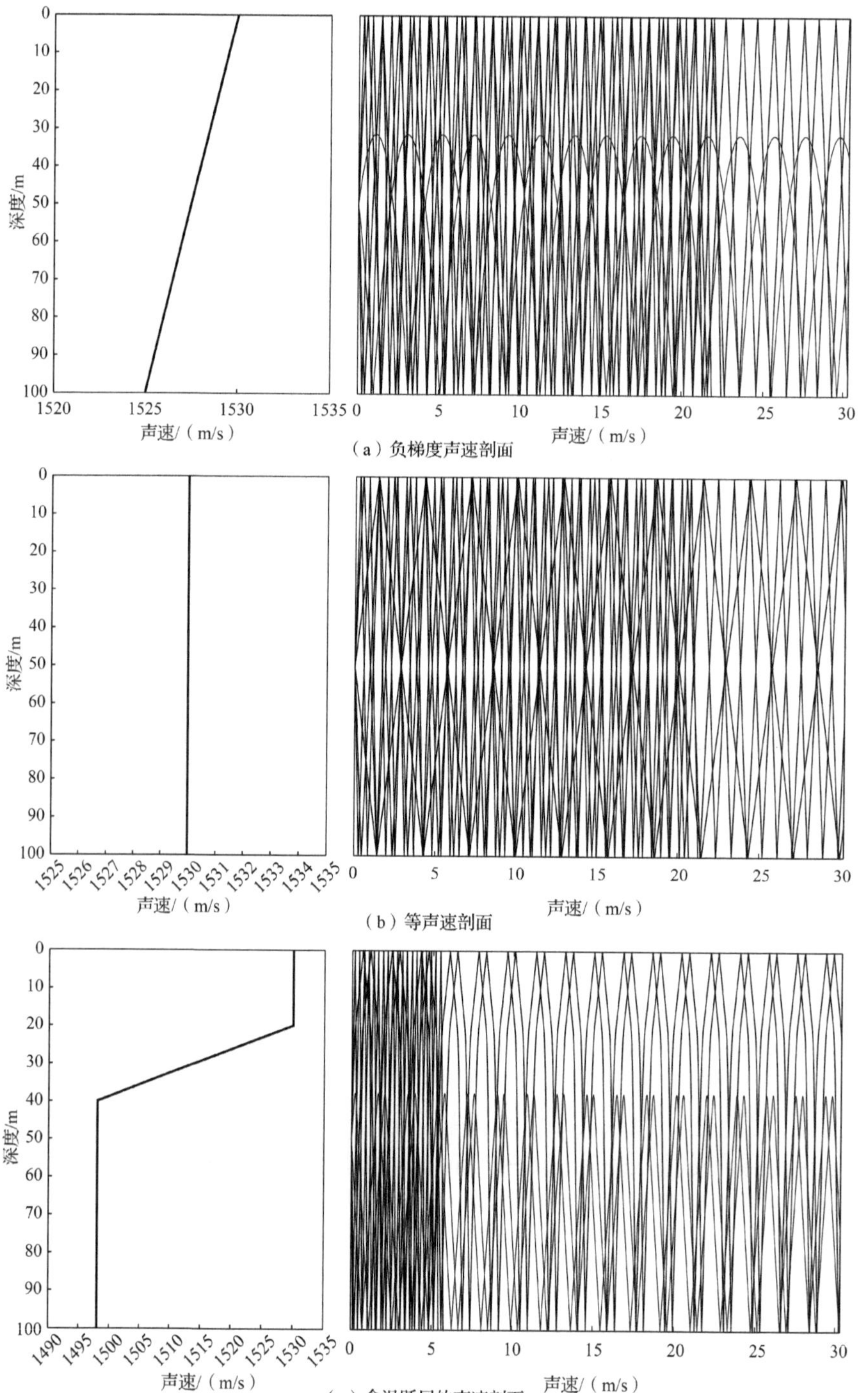

（a）负梯度声速剖面

（b）等声速剖面

（c）含温跃层的声速剖面

图 3.9　浅海声传播

波导水声传播的一个普遍性质就是存在低频截止效应。在等声速浅海波导中，声源出射的声线直接进入海底的临界频率可表示为[8]

$$f_0 = \frac{c_w}{4D_0\sqrt{1-(c_w/c_b)^2}} \tag{3.6}$$

式中，c_w是海水声速；c_b是海底声速；D_0是浅海深度。

波导水声传播的另一个普遍性质就是存在最优传播频率。因为随着频率增加，体积和散射损失增加，而随着波长增加，波导陷落的声能量减小（低频截止效应）。在浅海，最优频率与海深强相关（$f_{\text{opt}} \propto D_0^{-1}$），与声速剖面也存在一定相关性，但与海底类型的相关性较弱。一般来说，100m 海深时的最优频率在 200～800Hz 的范围内[9]。

3.1.3 水平非均匀海域

在 3.1.1 小节和 3.1.2 小节讨论了声速剖面$c(z)$及海深d不随水声传播路径变化的情况，即认为海洋是水平分层的，与距离无关，尽管在大多数海洋环境中，该假设下的水声传播模型都可以给出较好的近似结果，但海洋是十分复杂的水声传播介质，如声速$c(x,y,z)$、海深$d(x,y,z)$等对水声传播影响显著的因素都是空间甚至时间变化的函数，因此有时很有必要考虑海洋声波导特性随水平距离变化的情形，即水平非均匀区域，尤其是在考虑如下几种情形时：

（1）在声波沿大陆坡进行上下坡传播的沿海区域。

（2）在声波跨中尺度现象进行传播的区域，如海洋锋面、内波、黑潮、涡旋等区域。

（3）在声波跨几千千米传播的情形，特别是声沿经线方向，跨不同纬度传播时。

因此，在水声传播建模中同时考虑海洋的水平变化就显得十分必要，也就需要考虑声场随水平距离变化的二维及三维建模。垂直剖面下地形对水声传播的影响在第 2 章中已经得到较清晰的阐述，在此不再讨论。本小节主要通过三维楔形地形作用下声线的水平弯曲及声线通过墨西哥湾流涡时的折射情况说明海洋环境随空间位置变化时对水声传播的影响，如图 3.10 和图 3.11 所示。

在图 3.10 中声速剖面不变，从图 3.10（b）中可以看出，由于沿 x 轴平行方向地形不对称引起了声场沿 x 轴方向不对称，可见地形的三维变化对声场有相当大的影响，而造成不对称的主要原因是沿 x=0 左右出射的声线经海底反射后向深度较大一侧水平弯曲，如图 3.10（a）所示。图 3.11 中海底地形平坦，但由于水声传播路径上海水中存在墨西哥湾流涡，结果引起了声速在水平距离上出现较大变化，如图 3.11（a）所示，可以看到随水平距离的变化，声速剖面中的双波导逐渐合并，使陷落在上波导中的声线向下折射，如图 3.11（b）所示。因此，可以看到当声速剖面或地形在水平方向出现剧烈起伏时对水声传播的影响异常显著，此时就应该考虑距离相关或三维水声传播模型对声场进行预报。

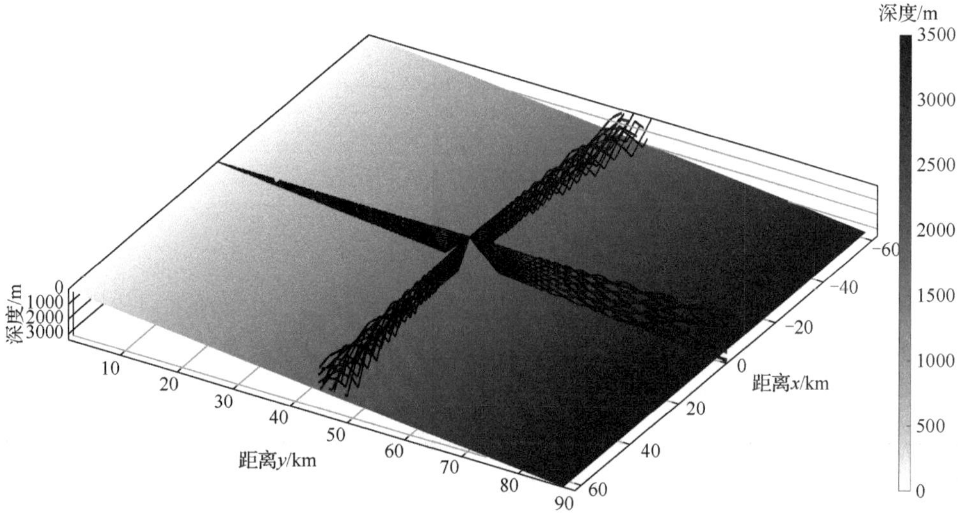

（a）声线在楔形大陆坡上传播

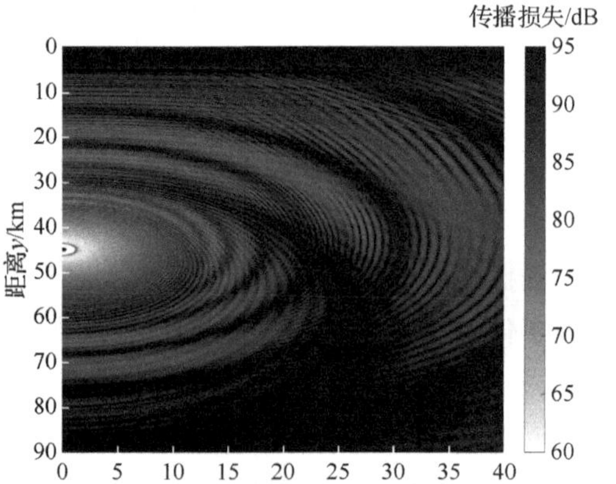

（b）接收深度100m时的水平声场

图 3.10　200Hz、声源深度 20m 时楔形地形水声传播

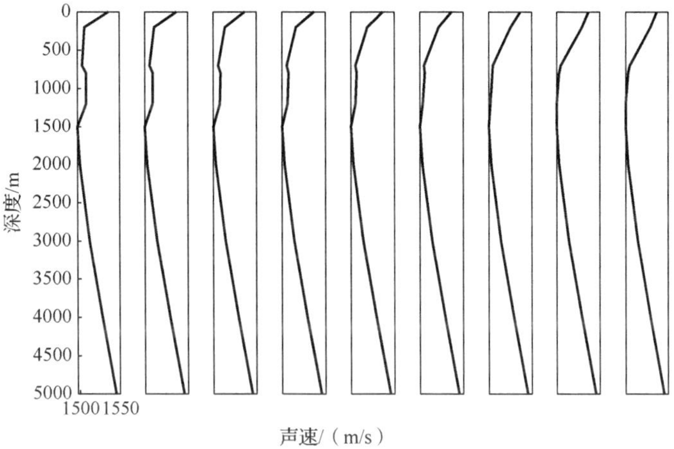

（a）跨墨西哥湾流涡的声速剖面

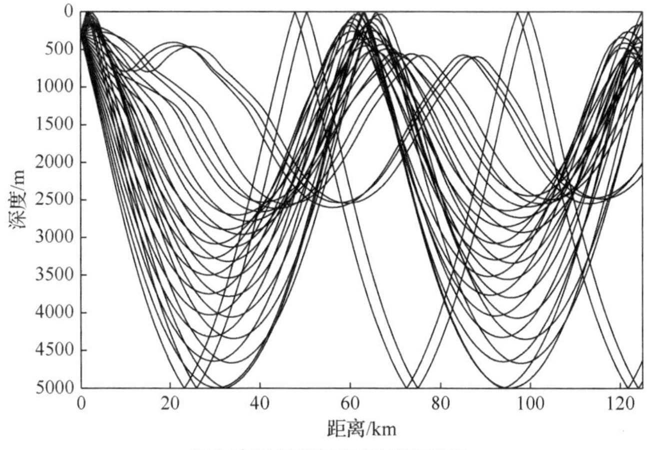

（b）跨墨西哥湾流涡的声线传播

图3.11　经墨西哥湾流涡的声速剖面声线传播（声源深度300m，声源频率50Hz）

3.2　水声传播建模

所有水声传播数学模型的理论基础都是波动方程。海洋中水声传播建模工作最早是第二次世界大战期间由反潜战中预测声呐性能的实际问题推动的，早期传播模型利用源于波动方程的射线技术来映射那些海洋环境中主要水声传播路径的射线，然后借助水声传播路径预测相应的声呐探测区域[7]。

此后几十年间随着声场建模技术的成熟，涌现了大量基于不同方法的传播模型，其中最常用的主要包括射线模型、波数积分模型、简正波模型、抛物方程模型、有限差分模型、有限元模型等。但有限元及有限差分模型直接求解亥姆霍兹方程，网格划分间隔要求是波长的几分之一，计算量庞大[10]，因此本节主要讨论射线模型、波数积分模型、简正波模型和抛物方程模型。如果没有特别引用，本节相关推导均参照《计算海洋声学》[8]。

3.2.1　水声传播建模理论基础

1. *波动方程*

在理想流体中，可以由流体力学及压强与密度之间的绝热关系推导声压的波动方程，若对绝热状态方程进行线性近似处理，同时保留流体动力方程中的一阶项，则可得到声压的线性波动方程：

$$\frac{\partial \rho'}{\partial t} = -\nabla \cdot (\rho_0 \boldsymbol{v}) \tag{3.7}$$

$$\frac{\partial \boldsymbol{v}}{\partial t} = -\frac{1}{\rho_0} \nabla P'(\rho) \tag{3.8}$$

$$\frac{\partial P'}{\partial t} = c^2 \left(\frac{\partial \rho'}{\partial t} + \boldsymbol{v} \cdot \nabla \rho_0 \right) \tag{3.9}$$

式中，$P = P_0 + P'$、$\rho = \rho_0 + \rho'$ 分别是有声波通过时的压强、密度，P_0、ρ_0 分别是无声波通过时的压强、密度。若 ρ_0 是常数，式（3.9）也可以写为

$$P' = \rho' c^2 \tag{3.10}$$

考虑到海洋变化的时间尺度远大于水声传播的尺度，假设介质特性 ρ_0 和 c^2 不随时间变化。对式（3.7）取时间的偏导数且对式（3.8）取散度，然后交换求导顺序并结合式（3.9）可得到声压的波动方程：

$$\rho \nabla \cdot \left(\frac{1}{\rho} \nabla P \right) - \frac{1}{c^2} \frac{\partial^2 P}{\partial t^2} = 0 \tag{3.11}$$

式（3.11）及下文省去了变量 P'、ρ' 中的符号 $()'$。如果介质中密度不随空间变化，式（3.11）可以写为标准的波动方程形式：

$$\nabla^2 P - \frac{1}{c^2} \frac{\partial^2 P}{\partial t^2} = 0 \tag{3.12}$$

波动方程中的 c 是声速，即声波传播的速率。

另外，可以取式（3.7）的散度及式（3.8）关于时间的偏导数，结合式（3.9）可以得到质点振速的波动方程：

$$\frac{1}{\rho}\nabla(\rho c^2\nabla\cdot\boldsymbol{v})-\frac{\partial^2\boldsymbol{v}}{\partial t^2}=0 \tag{3.13}$$

该式涉及密度及声速的空间导数，因此很少使用。

通过速度与位移间的运动学关系 $\boldsymbol{v}=\partial\boldsymbol{u}/\partial t$ ，可得到位移势的波动方程：

$$\nabla^2\psi-\frac{1}{c^2}\frac{\partial^2\psi}{\partial t^2}=0 \tag{3.14}$$

其中，位移势定义为

$$\boldsymbol{u}=\nabla\psi \tag{3.15}$$

与式（3.12）一样，式（3.14）也仅在介质密度不变时有效。但是，介质中密度的离散变化可以通过密度不变区域间的恰当边界条件处理。对于这样的问题，边界条件要求压强和位移连续，但势不要求连续。

结合位移与速度之间的运动学方程、式（3.7）、式（3.9）及式（3.15），可以根据位移势得到声压：

$$P=-K\nabla^2\psi \tag{3.16}$$

式中，K 是体积模量，

$$K=\rho c^2 \tag{3.17}$$

式（3.16）是理想的线性弹性流体的本构方程。结合式（3.14）～式（3.17），可以得到声压的另一种表达式：

$$P=-\rho\frac{\partial^2\psi}{\partial t^2} \tag{3.18}$$

2. 声源表示

水中声波是通过自然或人为的方式，借助受迫质量注入的形式产生的，但在质量守恒方程（3.7）中省略了相应的受迫项，因此之后的波动方程中也未加考虑。然而，可以随时加入受迫项，得到非齐次波动方程，例如，对于声压来说，

$$\nabla^2 P-\frac{1}{c^2}\frac{\partial^2 P}{\partial t^2}=f(\boldsymbol{r},t) \tag{3.19}$$

式中，$f(\boldsymbol{r},t)$ 表示质量注入，是一个时间空间的函数。位移势与速度波动方程的非齐次形式也可以通过相同方式得到。

3. 亥姆霍兹方程

由于式（3.19）中的拉普拉斯算子与时间无关，因此波动方程可以通过频率-时间傅里叶变换对将波动方程的维数化简为仅包含空间变量的三维形式：

$$f(t)=\frac{1}{2\pi}\int_{-\infty}^{\infty}f(\omega)\mathrm{e}^{-\mathrm{i}\omega t}\mathrm{d}\omega \tag{3.20}$$

$$f(\omega)=\int_{-\infty}^{\infty}f(t)\mathrm{e}^{\mathrm{i}\omega t}\mathrm{d}t \tag{3.21}$$

得到频域波动方程，或亥姆霍兹方程：

$$(\nabla^2+k^2(\boldsymbol{r}))p(\boldsymbol{r},\omega)=f(\boldsymbol{r},\omega) \tag{3.22}$$

式中，$k(\boldsymbol{r})$ 是角频率为 ω 时介质的波数，

$$k(\boldsymbol{r})=\frac{\omega}{c(\boldsymbol{r})} \tag{3.23}$$

由于拉普拉斯算子 ∇^2 在笛卡儿坐标系、圆柱坐标系及球坐标系中的展开形式不同，相应地在其中的亥姆霍兹方程也不同。为简便起见，下面仅给出不同坐标系中的拉普拉斯算子展开形式。

笛卡儿坐标系：$\nabla^2 f=\dfrac{\partial^2 f}{\partial x^2}+\dfrac{\partial^2 f}{\partial y^2}+\dfrac{\partial^2 f}{\partial z^2}$

柱坐标系：$\nabla^2 f=\dfrac{1}{r}\dfrac{\partial}{\partial r}\left(r\dfrac{\partial f}{\partial r}\right)+\dfrac{1}{r^2}\dfrac{\partial^2 f}{\partial\theta^2}+\dfrac{\partial^2 f}{\partial z^2}$　　(3.24)

球坐标系：$\nabla^2 f=\dfrac{1}{r^2}\dfrac{\partial}{\partial r}\left(r^2\dfrac{\partial f}{\partial r}\right)+\dfrac{1}{r^2\sin\theta}\dfrac{\partial}{\partial\theta}\left(\sin\theta\dfrac{\partial f}{\partial\theta}\right)+\dfrac{1}{r^2\sin^2\theta}\dfrac{\partial^2 f}{\partial\phi^2}$

应该指出，尽管亥姆霍兹方程（3.22）相比完整的时间空间波动方程更容易求解，但是需要进行逆傅里叶变换才能得到时域结果。然而，由于海洋中声学相关的应用大都是处理窄带声信号的，因此亥姆霍兹方程成为大多数数值方法的理论基础，包括射线方法、波数积分（wavenumber integration, WI）方法、简正波（normal wave, NM）方法及抛物方程（parabolic equation, PE）方法。

4. 传播模型分类及其关系

尽管水声传播模型可根据所利用的理论方法分类，但一种模型可以混合使用不同理论方法，如能流法同时利用了射线及简正波方法，因此不存在简明的分类方法[7]。

另外，还可根据模型是否能处理随水平距离变化的环境将其进一步细分。环境不随水平距离变化是指模型假设海洋水平分层，海洋环境特性仅是深度的函数。环境随水平距离变化意味着海洋的某些特性除了是海洋深度的函数外还是海洋水平距离及方位角的函数。在海洋声传播中，随水平距离变化的特性通常是声速和海底地形，但也可能包含海况、声吸收及海底底质类型的水平变化[7]。

综上，对本书要讨论的水声传播模型方法——射线方法、波数积分方法、简

正模态方法及抛物方程方法可进行如图 3.12 所示的分类及总结[7]。各水声传播模型以亥姆霍兹方程为基础，通过假设解的形式获得简化形式，之后进行数值求解。

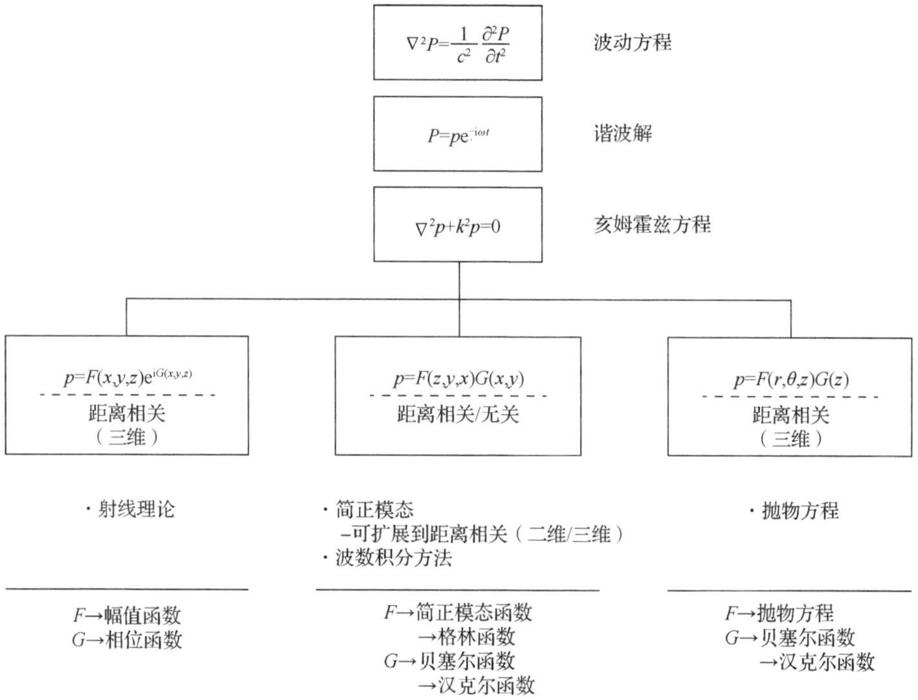

图 3.12　传播模型理论方法分类总结

3.2.2　二维水声传播建模

1. 射线方法

射线方法在水声中使用多年，实际上，早在 20 世纪 60 年代早期，水声传播建模方法主要包括简正波方法和射线方法，而射线方法是主流方法。射线方法的推导起点是亥姆霍兹方程，在笛卡儿坐标系某一点 $\boldsymbol{x}=(x,y,z)$ 处的亥姆霍兹方程可表示为

$$\nabla^2 p+\frac{\omega^2}{c^2(\boldsymbol{x})}p=-\delta(\boldsymbol{x}-\boldsymbol{x}_0) \tag{3.25}$$

式中，$c(\boldsymbol{x})$ 是声速；ω 是位于 $\boldsymbol{x}_0$ 处的角频率；$\delta(\boldsymbol{x}-\boldsymbol{x}_0)$ 表示位于 $\boldsymbol{x}_0$ 处的瞬态点声源。

为获得射线方程，假设亥姆霍兹方程解的形式是

$$p(\boldsymbol{x})=\mathrm{e}^{\mathrm{i}\omega\tau(\boldsymbol{x})}\sum_{j=0}^{\infty}\frac{A_j(\boldsymbol{x})}{(\mathrm{i}\omega)^j} \tag{3.26}$$

式中，τ 是声线传播时间。该式被称为射线级数，一般情况下是发散的，但在某些情形下，是亥姆霍兹方程解的渐近近似。

对射线级数取拉普拉斯算子，得到

$$\nabla^2 p=\mathrm{e}^{\mathrm{i}\omega\tau}\left((-\omega^2|\nabla\tau|^2+\mathrm{i}\omega\nabla^2\tau)\sum_{j=0}^{\infty}\frac{A_j}{(\mathrm{i}\omega)^j}+2\mathrm{i}\omega\nabla\tau\cdot\sum_{j=0}^{\infty}\frac{\nabla A_j}{(\mathrm{i}\omega)^j}+\sum_{j=0}^{\infty}\frac{\nabla^2 A_j}{(\mathrm{i}\omega)^j}\right) \tag{3.27}$$

将式（3.27）代入亥姆霍兹方程（3.25），令 ω 幂次相同的项相等，可获得下列关于 $\tau(\boldsymbol{x})$ 和 $A_j(\boldsymbol{x})$ 的方程：

$$\begin{aligned}&O(\omega^2):|\nabla\tau|^2=c^{-2}(\boldsymbol{x})\\&O(\omega):2\nabla\tau\cdot\nabla A_0+(\nabla^2\tau)A_0=0\\&O(\omega^{1-j}):2\nabla\tau\cdot\nabla A_j+(\nabla^2\tau)A_j=-\nabla^2 A_{j-1},j=1,2,\cdots\end{aligned} \tag{3.28}$$

其中，关于 $\tau(\boldsymbol{x})$ 的 $O(\omega^2)$ 方程称为程函方程，其余的关于 $A_j(\boldsymbol{x})$ 的方程都称为强度方程。

前面已经将线性偏微分方程变换为一个非线性方程（程函方程）与一组线性偏微分方程（强度方程）。但是在射线模型推导中，一般只保留射线级数中的第一项，因此得到的结果是高频近似的。在实际应用中，所谓的高频应满足关系[7]：

$$f>10\frac{c}{H} \tag{3.29}$$

式中，f 是频率；H 是波导深度（即海深）；c 是声速。式（3.29）是经验公式，要求海深大于 10 倍波长，当满足要求时可以得到基本令人满意的计算结果。

接下来给出射线轨迹方程，因为 $\nabla\tau$ 是垂直波前的向量，因此可通过如下微分方程定义射线轨迹 $\boldsymbol{x}(s)$，引入声速 c 的目的是因为切向量的长度 $|\mathrm{d}\boldsymbol{x}/\mathrm{d}s|$ 是单位 1：

$$\frac{\mathrm{d}\boldsymbol{x}}{\mathrm{d}s}=c\nabla\tau \tag{3.30}$$

因为函数 τ 是未知的，因此应消去函数 τ 以得到只与已知量相关的轨迹方程，取式（3.30）关于弧长 s 的微分并结合程函方程，得到最终射线轨迹方程：

$$\frac{\mathrm{d}}{\mathrm{d}s}\left(\frac{1}{c}\frac{\mathrm{d}\boldsymbol{x}}{\mathrm{d}s}\right)=-\frac{1}{c^2}\nabla c \tag{3.31}$$

在柱坐标系中，(r,φ,z) 为其中某一点，假设声场关于 z 轴对称，则式（3.31）可写为一次常微分方程组的形式：

$$\begin{aligned}\frac{\mathrm{d}r}{\mathrm{d}s}&=c\xi(s), & \frac{\mathrm{d}\xi}{\mathrm{d}s}&=-\frac{1}{c^2}\frac{\partial c}{\partial r}\\ \frac{\mathrm{d}z}{\mathrm{d}s}&=c\zeta(s), & \frac{\mathrm{d}\zeta}{\mathrm{d}s}&=-\frac{1}{c^2}\frac{\partial c}{\partial z}\end{aligned} \tag{3.32}$$

式中，$c(r,z)$ 是海洋声速，$(r(s),z(s))$ 是水平距离-深度平面内射线的轨迹。在位置 (r_0,z_0) 以出射角 $\alpha\in[-\pi/2,\pi/2]$ 出射的射线满足的初始条件是

$$\begin{aligned}r&=r_0,\quad \xi=\frac{\cos\alpha}{c(0)}\\ z&=z_0,\quad \zeta=\frac{\sin\alpha}{c(0)}\end{aligned} \tag{3.33}$$

在曲线坐标系下求解程函方程及第一个强度方程，可得到

$$\tau(s)=\tau(0)+\int_0^s\frac{1}{c(s')}\mathrm{d}s' \tag{3.34}$$

$$A_0(s)=A_0(0)\left|\frac{c(s)J(0)}{c(0)J(s)}\right|^{1/2} \tag{3.35}$$

式中，J 为雅可比行列式。

可以看到，射线方法是基于曲线坐标系推导得到的，因此最后生成的声场网格是曲线网格。然而在实际使用中，常常希望得到基于矩形网格的声场，因此一种简单可行的方法就是沿每条射线构建波束把曲线网格插值为矩形网格。

基于几何波束方法的射线声场计算有如下的一般形式：

$$p^{\text{beam}}(s,n)=A^{\text{beam}}(s)\phi(s,n)\mathrm{e}^{-\mathrm{i}\omega\tau(s)} \tag{3.36}$$

式中，s 是沿中心射线的弧长；$\tau(s)$ 是沿射线的传播时间；n 是接收节点距波束中心射线的法向距离。可以看到 $A^{\text{beam}}(s)$ 和 $\phi(s,n)$ 定义了波束的形状，其中 $A^{\text{beam}}(s)$ 是波束中心射线的幅度，由式（3.35）给出，常见的几何波束如下。

（1）“帽形”波束：

$$\phi(s,n)=\begin{cases}\dfrac{W(s)-n}{W(s)}, & n\leqslant W(s)\\ 0, & \text{其他}\end{cases} \tag{3.37}$$

（2）高斯波束：

$$\phi(s,n)=\mathrm{e}^{-\left(\frac{n}{W(z)}\right)^2} \tag{3.38}$$

注意，最终形成的高斯波束包含的能量相对较大，为保持能量守恒，应相应减小中心射线幅度。

最后，射线模型计算声场复声压是基于本征射线对接收节点的贡献求和得到的，计算方法包含相干、半相干和不相干：

$$\begin{aligned}&\text{相干：}p^{(C)}(r,z)=\sum_{j=1}^{N(r,z)}p_j^{\text{beam}}(r,z)\\&\text{不相干：}p^{(I)}(r,z)=\left(\sum_{j=1}^{N(r,z)}|\,p_j^{\text{beam}}(r,z)|^2\right)^{1/2}\\&\text{半相干：}p^{(S)}(r,z)=\left(\sum_{j=1}^{N(r,z)}S(\theta_0)\,|\,p_j^{\text{beam}}(r,z)|^2\right)^{1/2}\end{aligned}\tag{3.39}$$

式中，$S(\theta_0)$ 是射线出射角的函数，用以加权射线的幅度；$N(r,z)$ 是达到本征接收节点的本征射线数。显然，相干式给出了声场详细的干涉结构，不相干式给出的是平滑的声场结果，而半相干式是前两式的折中，保留对详细环境信息不敏感的特征，平滑不期望出现的其他特征。

2. *波数积分方法*

在水声中，波数积分方法经常被称为快速场方法（fast field program, FFP），主要是由于早期通过快速傅里叶变换（fast Fourier transform, FFT）进行谱积分计算。但是，现在谱积分计算时利用了很多不同的积分方法，因此用波数积分描述这一方法更加合适。

波数积分方法适用于环境不随水平距离变化或水平分层的环境，如图 3.13 所示，所有界面都是水平的，且层内的环境特性仅仅是深度的函数。波数积分技术的实现原理是：在水平分层的环境中，结合边界条件可以准确得到层内声场的积分表示。另外，波数积分不仅仅可以处理理想的分层均匀流体，还可以处理声速随深度变化或介质是弹性介质的情况。

环境水平分层时，在二维坐标系中，其中某一点表示为 (r,z)，若通过 z 轴的声源均匀分布，那么声场与方位角 φ 无关。而在各向同性介质中，考虑声源所在的第 m 层，若时间相关项为 $\mathrm{e}^{-\mathrm{i}\omega t}$，那么通过位移势 $\psi_m(r,z)$ 表达的声场满足如下亥姆霍兹方程：

$$(\nabla^2+k_m^2(z))\psi_m(r,z)=f_z(z,\omega)\frac{\delta(r)}{2\pi r}\tag{3.40}$$

式中，$k_m(z)$ 是第 m 层介质的波数，

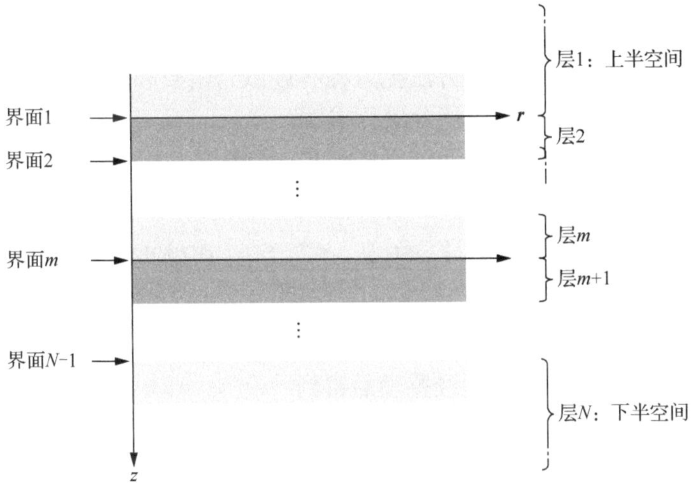

图 3.13　水平分层环境

$$k_m(z) = \frac{\omega}{c(z)} \tag{3.41}$$

而在无源分层介质中，声场必须满足式（3.40）对应的齐次方程，即式（3.40）中 $f_z(z,\omega)=0$ 的情形。对式（3.40）进行汉克尔变换：

$$F_0(k_r) \equiv \mathcal{H}_0\{f(r)\} \equiv \int_0^\infty r f(r) \mathrm{J}_0(k_r r)\mathrm{d}r \tag{3.42}$$

式中，J_0 是第一种 0 阶贝塞尔函数，并通过性质

$$\mathcal{H}_0\left\{\frac{1}{r}\frac{\mathrm{d}}{\mathrm{d}r} r \frac{\mathrm{d}f(r)}{\mathrm{d}r}\right\} = -k_r^2 \mathcal{H}_0\{f(r)\} \tag{3.43}$$

得到分离出深度的波动方程：

$$\left(\frac{\mathrm{d}^2}{\mathrm{d}z^2} - (k_r^2 - k_m^2(z))\right)\psi_m(k_r,z) = \frac{f_z(z)}{2\pi} \tag{3.44}$$

根据线性微分方程理论，式（3.44）的通解是

$$\psi_m(k_r,z) = \hat{\psi}_m(k_r,z) + A_m^+(k_r)\psi_m^+(k_r,z) + A_m^-(k_r)\psi_m^-(k_r,z) \tag{3.45}$$

式中，$A_m^+(k_r)$ 和 $A_m^-(k_r)$ 是由层间界面条件确定的未知系数。式（3.44）的特解 $\hat{\psi}_m(k_r,z)$ 可以是自由空间声源产生的声场。在确定未知系数及角频率 ω 之后，任意水平距离 r 处的声场可以通过计算逆汉克尔变换得到。

3. 简正波方法

简正波方法与波数积分方法虽然基于相同的理论基础，但是各自计算微分方程的方法不同，前者通过围线积分方法把方程解近似为留数和的形式，而后者直接利用数值积分方法对解析得到的积分进行求解。

在二维坐标系(r,z)中，当z轴通过点声源时，若声速、密度仅是深度的函数，亥姆霍兹方程可表示为

$$\frac{1}{r}\frac{\partial}{\partial r}\left(r\frac{\partial p}{\partial r}\right)+\rho(z)\frac{\partial}{\partial z}\left(\frac{1}{\rho(z)}\frac{\partial p}{\partial z}\right)+\frac{\sigma^2}{c^2(z)}p=-\frac{\delta(r)\delta(z-z_z)}{2\pi r} \tag{3.46}$$

接下来通过变量分离方法求解式（3.46）。假设式（3.46）对应的齐次方程解为$p(z)=\varPhi(r)\varPsi(z)$，代入齐次方程经整理后得到

$$\frac{1}{\varPhi}\left(\frac{1}{r}\frac{\mathrm{d}}{\mathrm{d}r}\left(r\frac{\mathrm{d}\varPhi}{\mathrm{d}r}\right)\right)+\frac{1}{\varPsi}\left(\rho(z)\frac{\mathrm{d}}{\mathrm{d}z}\left(\frac{1}{\rho(z)}\frac{\mathrm{d}\varPsi}{\mathrm{d}z}\right)+\frac{\omega^2}{c^2(z)}\varPsi\right)=0 \tag{3.47}$$

式（3.47）中左侧两项括号内的部分分别是r和z的函数。因此，式（3.47）成立的唯一条件就是加号两侧分别等于常数，用$\pm k_{rm}^2$表示。整理加号右侧微分项可得

$$\rho(z)\frac{\mathrm{d}}{\mathrm{d}z}\left(\frac{1}{\rho(z)}\frac{\mathrm{d}\varPsi_m(z)}{\mathrm{d}z}\right)+\left(\frac{\omega^2}{c^2(z)}-k_m^2\right)\varPsi_m(z)=0 \tag{3.48}$$

假设边界条件是

$$\varPsi(0)=0,\quad \frac{\mathrm{d}\varPsi}{\mathrm{d}z}\bigg|_{z=D}=0 \tag{3.49}$$

该边界条件表示表面$z=0$是真空（压强为0）、底部$z=D$（D为波导的最大海深）是完全刚性的。

式（3.48）是经典的施图姆-刘维尔特征值问题（假设$\rho(z)$和$c(z)$是实函数），因此存在归一化的完备正交集$\{\varPsi_m(z)\}$满足式（3.48），任何函数可以被表示为正交模态$\varPsi_m(z)$的和。因此，声压可被分解为

$$p(r,z)=\sum_{m=1}^{\infty}\varPhi_m(r)\varPsi_m(z) \tag{3.50}$$

将式（3.50）代入式（3.46），并结合$\varPsi_m(z)$的性质：

$$\begin{aligned}&\int_0^D\frac{\varPsi_m(z)\varPsi_n(z)}{\rho(z)}\mathrm{d}z=0,\quad m\neq n\\&\int_0^D\frac{\varPsi_m^2(z)}{\rho(z)}\mathrm{d}z=1\end{aligned} \tag{3.51}$$

对式（3.46）两端做模态积分$\int_0^D\varPsi_m(z)\mathrm{d}z$，整理得到

$$\frac{1}{r}\frac{\mathrm{d}}{\mathrm{d}r}\left(r\frac{d\Phi_n(r)}{\mathrm{d}r}\right)+k_{rn}^2\Phi_n\left(r\right)=-\frac{\delta(r)\Psi_n(z_z)}{2\pi\rho(z_z)} \tag{3.52}$$

式（3.52）是一个标准方程，其解可由汉克尔函数给出：

$$\Phi_n(r)=\frac{\mathrm{i}}{4\rho(z_z)}\Psi_n(z_s)H_0^{(1,2)}(k_m r) \tag{3.53}$$

因为$r\to\infty$时声源辐射的能量为 0，同时考虑到时间因子取为$\mathrm{e}^{-\mathrm{i}\omega t}$，所以在式（3.53）中选择第一种汉克尔函数$H_0^{(1)}$。综上，可以得到

$$p(r,z)=\frac{\mathrm{i}}{4\rho(z_z)}\sum_{m=1}^{\infty}\Psi_m(z_z)\Psi_m(z)H_0^{(1)}(k_{rm}r) \tag{3.54}$$

对汉克尔方程进行渐近近似，式（3.54）可写为

$$p(r,z)\simeq\frac{\mathrm{i}}{\rho(z_s)\sqrt{8\pi r}}\mathrm{e}^{-\mathrm{i}\pi/4}\sum_{m=1}^{\infty}\Psi_m(z_s)\Psi_m(z)\frac{\mathrm{e}^{\mathrm{i}k_{rm}r}}{\sqrt{k_m}} \tag{3.55}$$

由于在推导过程中通过假设的理想边界条件得到了具有完备正交解的施图姆-刘维尔方程，因此在许多海洋声学问题中都不能得到式（3.55）的结果。在实际情况中，甚至是在最简单的海洋环境中，最后得到的也是不能形成完备正交集的奇异问题。假设介质空间密度不变，下面给出更普适的结果。经围线积分计算，可得到式（3.46）的解，如式（3.56）所示：

$$p(r,z)=\int\sum\frac{\Psi_m(z_z)\Psi_m(z)}{k_z^2-k_m^2}H_0^{(1)}(k_r r)\cdot k_r\mathrm{d}k_r+\int_{C_{\mathrm{EJP}}} \tag{3.56}$$

围线积分表示在水体中传播的（陷落）离散模态，而分支切割积分$\int_{C_{\mathrm{EJP}}}$与连续模态谱相关，表示在海底中传播的模态以及严重衰减的模态，在射线理论中对应大于临界角的掠射角入射到海底的射线，因此，分支切割积分$\int_{C_{\mathrm{EJP}}}$经常被忽略，尤其是水声传播的水平距离远大于海水深度条件下[7]。

4. *抛物方程方法*

抛物波动方法的开创性工作可追溯到 20 世纪 40 年代中期，那时莱昂托维奇（Leontovich）和福克（Fock）将抛物方程方法用于预测大气中无线电波的传播[11]。到了 20 世纪 70 年代早期，Hardin[12]将抛物方程方法用于水下传播建模中，也就是说，用抛物方程代替式（3.22）对应的椭圆方程。

抛物方程方法是通过分解微分算子得到抛物形式的出射波波动方程，从而得到一个可以高效求解的初值问题。在距离无关的环境中分解微分算子得到的是关

于出射波的精确结果，而在距离相关的环境中的声场则可以通过求解一组距离无关环境中的解来近似。

抛物方程推导的起点是式（3.46）对应的齐次方程，假设介质密度不变，环境是关于 z 轴对称的，即与方位角坐标 φ 无关，则亥姆霍兹方程可写为

$$\frac{\partial^2 p}{\partial r^2}+\frac{1}{r}\frac{\partial p}{\partial r}+\frac{\partial^2 p}{\partial z^2}+k_0^2 n^2 p=0 \tag{3.57}$$

式中，$k_0=\omega/c_0$ 是参考波数；$n(r,z)=c_0/c(r,z)$ 是折射率。

假设式（3.57）的解是

$$p(r,z)=\psi(r,z)H_0^{(1)}(k_0 r) \tag{3.58}$$

式中，$H_0^{(1)}(k_0 r)$ 是第一种汉克尔函数；$\psi(r,z)$ 是随水平距离缓慢变化的包络函数。

$k_0 r \gg 1$ 时满足贝塞尔微分方程

$$\frac{\partial^2 H_0^{(1)}(k_0 r)}{\partial r^2}+\frac{1}{r}\frac{\partial H_0^{(1)}(k_0 r)}{\partial r}+k_0^2 H_0^{(1)}(k_0 r)=0 \tag{3.59}$$

的汉克尔函数一般被近似为如下的渐近形式：

$$H_0^{(1)}(k_0 r)=\sqrt{\frac{2}{\pi k_0 r}}\mathrm{e}^{\mathrm{i}\left(k_0 r-\frac{\pi}{4}\right)} \tag{3.60}$$

将式（3.58）代入二维亥姆霍兹方程（3.57），并利用式（3.59）给出的汉克尔函数性质，可得

$$\frac{\partial^2 \psi}{\partial r^2}+\left(\frac{2}{H_0^{(1)}(k_0 r)}\frac{\partial H_0^{(1)}(k_0 r)}{\partial r}+\frac{1}{r}\right)\frac{\partial \psi}{\partial r}+\frac{\partial^2 \psi}{\partial z^2}+k_0^2(n^2-1)\psi=0 \tag{3.61}$$

之后进行远场近似，即 $k_0 r \gg 1$，并结合式（3.60）的结果得到如下波动方程：

$$\frac{\partial^2 \psi}{\partial r^2}+2\mathrm{i}k_0\frac{\partial \psi}{\partial r}+\frac{\partial^2 \psi}{\partial z^2}+k_0^2(n^2-1)\psi=0 \tag{3.62}$$

接下来，基于算子理论推导抛物方程。相比标准的抛物近似方法，该方法首先对算子分解得到平方根算子，然后借助对平方根算子的近似得到宽角的抛物方程。首先定义两个算子：

$$P=\frac{\partial}{\partial r},\quad Q=\sqrt{n^2+\frac{1}{k_0^2}\frac{\partial^2}{\partial z^2}} \tag{3.63}$$

因此，可以将方程（3.62）改写为

$$(P^2+2\mathrm{i}k_0 P+k_0^2(Q^2-1))\psi=0 \tag{3.64}$$

之后根据

$$(P + \mathrm{i}k_0 - \mathrm{i}k_o Q)(P + \mathrm{i}k_o + \mathrm{i}k_o Q)\psi - \mathrm{i}k_o[P,Q]\psi = 0 \tag{3.65}$$

将式（3.64）分解为出射波与入射波分量，其中

$$[P,Q]\psi = PQ\psi - QP\psi \tag{3.66}$$

是算子 P 和 Q 的交换子。对于距离无关介质来说，$n \equiv n(z)$，则两个算子可交换，因此式（3.65）中的最后一项等于零。之后假设由 $n(r,z)$ 决定的距离相关因素（声速）很弱，因此可以忽略式（3.65）中的交换子项。选择方程的出射波分量，可以得到

$$P\psi = \mathrm{i}k_0(Q-1)\psi,\quad \frac{\partial \psi}{\partial r} = \mathrm{i}k_0\left(\sqrt{n^2 + \frac{1}{k_0^2}\frac{\partial^2}{\partial z^2}} - 1\right)\psi \tag{3.67}$$

式（3.67）是单向波动方程，也就是没有考虑声场的后向散射。需要注意的是：①如果环境不随距离变化，式（3.67）就是远场近似下的精确解；②式（3.67）是随水平距离演进的，在设计算法时可以在水平距离方向上对声场步进求解。

最后，讨论基于帕德级数展开的平方根算子近似。为了讨论方便，简记如下：

$$\varepsilon = n^2 - 1,\qquad \mu = \frac{1}{k_0^2}\frac{\partial^2}{\partial \varepsilon^2},\qquad q = \varepsilon + \mu \tag{3.68}$$

因此，式（3.63）给出的平方根算子可写作

$$Q = \sqrt{1+q} \tag{3.69}$$

式（3.69）经帕德级数展开后可写作

$$\sqrt{1+q} = 1 + \sum_{j=1}^{m} \frac{a_{j,m} q}{1 + b_{j,m} q} + O(q^{2m+1}) \tag{3.70}$$

式中，m 是展开式中的项数，并且有

$$a_{j,m} = \frac{2}{2m+1}\sin^2\frac{j\pi}{2m+1} \tag{3.71}$$

$$b_{j,m} = \cos^2\frac{j\pi}{2m+1} \tag{3.72}$$

将式（3.70）代入式（3.67），可以得到一个基于帕德近似的超宽角抛物方程：

$$\frac{\partial \psi}{\partial r} = \mathrm{i}k_0\left(\sum_{j=1}^{m}\frac{a_{j,m}\left(n^2 - 1 + \dfrac{1}{k_0^2}\dfrac{\partial^2}{\partial z^2}\right)}{1 + b_{j,m}\left(n^2 - 1 + \dfrac{1}{k_0^2}\dfrac{\partial^2}{\partial z^2}\right)}\right)\psi \tag{3.73}$$

然后，就可以借助有限差分或有限元技术进行数值求解得到相应的声场。

注意，帕德近似是通过减小声线大角度出射时预测声场与实际声场间的相位误差得到宽角抛物方程的。但有得必有失，更高的精度就需要付出更大的计算代价。Collins 已经指出在大多数海洋声传播问题中，$m \leqslant 5$ 时就可以给计算结果提供足够的精度[13]。

3.2.3 三维水声传播建模

在 3.2.2 小节谈到波数积分只能处理水平分层的二维情景，所以在此仅谈论射线方法、简正波方法以及抛物方程方法的三维情景。从现有的二维传播模型角度来说，到三维问题的一个直接扩展就是沿有不同声速剖面和地形的方位重复运行二维模型。之后，结合不同方位的径向结果，通过插值即可得到声场的三维结果。此类方法被称为 N×2D 方法，但是该方法忽略了三维空间的水平折射。下面考虑方位耦合（即存在水平折射）的情况。

1. *射线方法*

射线方法从二维推广到三维，主要就是将射线轨迹方程（3.31）在三维笛卡儿坐标系中将射线轨迹方程（3.31）表示为关于点 (x,y,z) 的一次微分方程，与二维情景基本相同[14]。基于波束方法的射线声场计算有如下一般形式：

$$p(s,m,n) = A(s)\phi(s,m,n)\mathrm{e}^{-\mathrm{i}\omega\tau(s)} \tag{3.74}$$

式中，s 是沿中心射线的弧长；$\tau(s)$ 是声线传播时间；(m,n) 是接收节点距波束中心射线的法向矢径。可以看到 $A(s)$ 和 $\phi(s,m,n)$ 定义了波束的形状。

射线轨迹方程（3.31）在三维笛卡儿坐标系中关于点$(x,\ y,\ z)$的一次微分方程是

$$\begin{aligned}
&\frac{\mathrm{d}x}{\mathrm{d}s} = c\xi(s), \quad \frac{\mathrm{d}\xi}{\mathrm{d}s} = -\frac{1}{c^2}\frac{\partial c}{\partial x} \\
&\frac{\mathrm{d}y}{\mathrm{d}s} = c\eta(s), \quad \frac{\mathrm{d}\eta}{\mathrm{d}s} = -\frac{1}{c^2}\frac{\partial c}{\partial y} \\
&\frac{\mathrm{d}z}{\mathrm{d}s} = c\zeta(s), \quad \frac{\mathrm{d}\zeta}{\mathrm{d}s} = -\frac{1}{c^2}\frac{\partial c}{\partial z}
\end{aligned} \tag{3.75}$$

式中，$c(x,y,z)$ 是海洋声速；$(x(s),y(s),z(s))$ 是三维空间内的射线轨迹。在位置 (x_s,y_s,z_s) 分别以倾斜角和方位角 α 和 β 出射的射线初始条件是

$$
\begin{aligned}
x &= x_s, \quad \xi = \frac{1}{c(0)}\cos\alpha\cos\beta \\
y &= y_s, \quad \eta = \frac{1}{c(0)}\cos\alpha\sin\beta \\
z &= z_s, \quad \zeta = \frac{1}{c(0)}\sin\alpha
\end{aligned} \tag{3.76}
$$

2. 简正波方法

首先，给出笛卡儿坐标系中某一点 (x, y, z) 的亥姆霍兹方程：

$$
\rho\nabla\cdot\left(\frac{1}{\rho}\nabla p\right)+\frac{\omega^2}{c^2(x,y,z)}p=-\delta(x)\delta(y)\delta(z-z_s) \tag{3.77}
$$

接下来，寻求如下形式的解：

$$
p(x,y,z)=\sum_m \Phi_m(x,y)\Psi_m(x,y,z) \tag{3.78}
$$

式中，$\Psi_m(x,y,z)$ 是局部模态。将其代入亥姆霍兹方程并使用正交算子

$$
\int(\cdot)\frac{\Psi_n(x,y,z)}{\rho}\mathrm{d}z \tag{3.79}
$$

可以得到

$$
\begin{aligned}
&\frac{\partial^2\Phi_n}{\partial x^2}+\frac{\partial^2\Phi_n}{\partial y^2}+k_m^2(x,y)\Phi_n+\sum_m A_{mn}\Phi_m \\
&+\sum_m 2B_{mn}\frac{\partial\Phi_m}{\partial x}+\sum_m 2C_{mn}\frac{\partial\Phi_m}{\partial y}=-\delta(x)\delta(y)\delta(z-z_s)
\end{aligned} \tag{3.80}
$$

式中，

$$
\begin{aligned}
A_{mn} &= \int\left(\frac{\partial^2}{\partial x^2}+\frac{\partial^2}{\partial y^2}\right)\Psi_m\frac{\Psi_n}{\rho}\mathrm{d}z \\
B_{mn} &= -B_{nm}=\int\frac{\partial\Psi_m}{\partial x}\frac{\partial\Psi_n}{\partial\rho}\mathrm{d}z \\
C_{mn} &= -C_{nm}=\int\frac{\partial\Psi_m}{\partial y}\frac{\Psi_n}{\rho}\mathrm{d}z
\end{aligned} \tag{3.81}
$$

此处假设密度 $\rho(z)$ 仅依赖深度 z，进行绝热近似，也就是，忽略耦合项 A_{mn}、B_{mn} 及 C_{mn} 的贡献。最后，得到水平折射方程：

$$\frac{\partial \Phi_n}{\partial x^2}+\frac{\partial^2 \Phi_n}{\partial y^2}+k_m^2(x,y)\Phi_n=-\Psi_n(z_s)\delta(x)\delta(y) \tag{3.82}$$

使用局部简正模态，消除了问题中的 z 维，获得了在横向坐标 x 和 y 方向的亥姆霍兹方程。水平波数 $k_{rn}(x,y)$ 给出了等效折射率，式（3.82）是一个二维的亥姆霍兹方程，因此可以按照 3.2.2 小节给出的射线、波数积分、抛物方程或简正波方法求解。

3. 抛物方程方法

三维抛物方程方面的相关工作是在 20 世纪 80 年代早期由 Baer[15]、Perkins 等[16]及 Siegmann 等[17]进行的。本节将按照 3.2.2 小节的思路概述三维抛物方程的实现。

首先，给出柱坐标系中某一点 (r,φ,z) 的三维亥姆霍兹方程：

$$\frac{1}{r}\frac{\partial}{\partial r}\left(r\frac{\partial p}{\partial r}\right)+\frac{1}{r^2}\frac{\partial^2 p}{\partial \varphi^2}+\frac{\partial^2 p}{\partial z^2}+\frac{\omega^2}{c^2(r,\varphi,z)}p=0 \tag{3.83}$$

取出射波形式的解：

$$p(r,\varphi,z)=\psi(r,\varphi,z)H_0^{(1)}(k_0 r) \tag{3.84}$$

式中，k_0 是预定义的参考波数。将式（3.84）代入三维亥姆霍兹方程（3.83），利用式（3.59）与式（3.60），可以得到关于 $\psi(r,\varphi,z)$ 的波动方程：

$$\frac{\partial^2 \psi}{\partial r^2}+2\mathrm{i}k_o\frac{\partial \psi}{\partial r}+\frac{1}{r^2}\frac{\partial^2 \psi}{\partial \varphi^2}+\frac{\partial^2 \psi}{\partial z^2}+k_o^2(n^2-1)\psi=0 \tag{3.85}$$

该式是式（3.62）在三维环境中的推广。

按照 3.2.2 小节的方法，进一步将式（3.85）分解为出射与入射波分量，容易得到表示出射波分量的三维抛物波动方程：

$$\frac{\partial \psi}{\partial r}=\mathrm{i}k_0\left(\sqrt{n^2+\frac{1}{k_0^2}\frac{\partial^2}{\partial z^2}+\frac{1}{(k_0 r)^2}\frac{\partial^2}{\partial \varphi^2}}-1\right)\varphi \tag{3.86}$$

就像之前讨论的二维问题一样，为了简化数值计算必须对平方根算子进行近似处理。

将式（3.86）中的拟微分算子简记为

$$Q=\sqrt{1+q_z+q_\varphi} \tag{3.87}$$

式中，q_z 为深度算子；q_φ 为方位算子，具体表达式如下：

$$q_z = (n^2 - 1) + \frac{1}{k_0^2}\frac{\partial^2}{\partial z^2}, \qquad q_\varphi = \frac{1}{(k_0 r)^2}\frac{\partial^2}{\partial \varphi^2} \tag{3.88}$$

可以看到，三维环境是通过折射率$n(r,\varphi,z) = c_f / c(r,\varphi,z)$来表示的，$c_f$是参考声速；同时应注意到深度算子$q_z$有与 3.2.2 小节相同的形式，而方位算子$q_\varphi$解释了水平折射。

仍然与二维情景相同，使用没有交叉项的帕德级数扩展：

$$\sqrt{1 + q_z + q_\varphi} \simeq 1 + \sum_{j=1}^{m}\frac{a_{j,m}q_z}{1 + b_{j,m}q_z} + \sum_{j=1}^{m}\frac{a_{j,m}q_\varphi}{1 + b_{j,m}q_\varphi} \tag{3.89}$$

近似平方根算子，此处m是展开式中的项数，且有

$$a_{j,m} = \frac{2}{2m+1}\sin^2\frac{j\pi}{2m+1} \tag{3.90}$$

$$b_{j,m} = \cos^2\frac{j\pi}{2m+1} \tag{3.91}$$

式（3.89）的近似中没有考虑深度算子和方位算子的交叉项，是文献[18]中讨论的大部分三维抛物方程求解器的基础。在弱三维环境中，方位算子和深度算子交叉项对声场计算结果的相对影响较小，借助式（3.89）的近似，可以用于分析三维水声传播效应，但在强三维环境中，交叉项对声场计算结果有较明显影响，因此在声场建模时需着重考虑。

最后，给出基于帕德近似的超宽角抛物方程实现，将式（3.89）代入一般形式的抛物方程（3.86）可得

$$\frac{\partial \psi}{\partial r} = \mathrm{i}k_0\left(\sum_{j=1}^{m}\frac{a_{j,m}q_z}{1 + b_{j,m}q_z} + \sum_{j=1}^{m}\frac{a_{j,m}q_\varphi}{1 + b_{j,m}q_\varphi}\right)\psi \tag{3.92}$$

在关于深度及方位角的帕德和公式中包含的项数足够时，式（3.92）可以近似任意宽角的情形，但是覆盖角度范围的加大将要求比二维情形大得多的计算资源，因此有时可能在甚低频声场中进行全角度覆盖的计算。

3.3　水声传播模型自适应优选

3.3.1　水声传播模型的适用范围

海洋环境复杂多变，声呐功能各异、工作频段不同、作用距离不等，而不同的水声传播模型有各自的适用范围。如前所述，通过有限差分或有限元方法求解远距离声场时对计算量的要求是难以想象的，因此通过各种近似方法发展了多种多样的声场建模方法，在分析具体的声呐系统动态效能计算问题时，应根据具体

情况选择最优的水声传播模型。如对于作用距离较近的中高频声呐，可以认为海洋环境是近似水平无关的，而对于低频远距离声呐，海洋环境的水平非均匀性就不容忽视；再如战前筹划对水声传播模型预报声场的时效性要求就没有战中筹划的高。不同场景下最适用的水声传播模型不同，因此需要清楚不同传播模型的适用范围，以便于灵活运用。

总的来说，衡量是否“最优”主要包括水声传播预报的精度和计算速度两个方面，只是不同场景下，两者的权重不同。

为选择最优的水声传播模型，常常需回答如下三个问题：深海还是浅海、高频还是低频、距离相关还是距离无关。Jensen 等[19,20]基于此给出了一个非常有用的分类方案，如表 3.1 所示。

（1）在水声学中，浅海是指水声传播过程中与海底有很强交互作用的海域，但一般认为浅海的最大海深是 200m。

（2）500Hz 的频率阈值似乎没有根据，但是其的确反映了如下事实：大于 500Hz 时，大多数基于波动理论的模型计算量太大；小于 500Hz 时，基于射线理论的模型计算得到的结果不太可靠。

（3）实心圆是指计算速度快且计算结果可靠；半实心圆是指计算速度较慢或者计算结果精度较低；空心圆是指计算速度慢或者计算结果不可靠。

表 3.1　水声传播模型适用范围[19]

模型类型	浅海				深海			
	低频		高频		低频		高频	
	距离无关	距离相关	距离无关	距离相关	距离无关	距离相关	距离无关	距离相关
射线理论	○	○	◑	●	◑	◑	●	●
简正波理论	●	◑	●	◑	●	◑	◑	○
波数积分理论	●	◑	●	◑	●	◑	◑	◑
抛物方程理论	◑	●	○	○	◑	●	◑	◑

注：●表示既物理适用又计算可用；○表示有精度上或运行上速度的限制；◑表示既不适用又不可行

3.3.2　自适应水声传播计算方法

由于波数积分方法是对积分方程进行精确计算，计算量大，计算速度较慢，通常作为标准问题的解，用于其余模型计算精度的对比，因此目前工程应用中常用的水声传播计算模型主要包括射线模型、简正波模型和抛物方程模型三类。为了使动态效能计算能适用于不同的作战场景、海洋环境和声呐装备，将三类模型组合使用是合理的。根据不同场合下对水声传播计算速度和精度的不同要求，对不同模型进行优选。实际中，如果采用人工优选的方式，不仅影响效率，而且对传播模型使用者的专业知识背景要求高，但实际中使用者往往是声呐兵，过高的专业知识背景常较难达成。因此，将射线模型、简正波模型和抛物方程模型等三类模型有机整合，嵌套成一个综合水声传播模型，并且模型选择时无须人工干预，实现自动优选很有必要。

由表 3.1 可见，射线模型适用于高频声场的计算，可以用于距离相关海域也可以用于距离无关海域，在频率较低或者海深较浅时，存在声场计算不准确的问题；简正波模型需要在复平面内寻找特征根，适用于浅海低频声场的计算，而在高频深海环境中，由于寻找根的个数会很多，计算量会大大增加，在处理与距离有关的环境时，要考虑各简正波之间的耦合，计算速度较慢；抛物方程模型适用于低频浅海的声场建模问题，比较适用于距离有关环境的水声传播计算，而在处理深海或高频水声传播问题时，由于网格划分要足够密，计算时间大大增加。

“海深-频率”自适应水声传播建模方法如图 3.14 所示。首先，根据输入的海洋环境参数中海深、声速剖面是否随距离变化做出选择：若为距离有关情况，则选择抛物方程和射线模型；若为距离无关情况，则选择射线模型和简正波模型；针对距离有关情况，根据海深和频率的乘积大小做进一步选择，即最小海深与频率之积大于 15000 时（即海深大于 10 倍波长），射线模型作为优选模型，否则优选抛物方程模型；针对距离无关情况，同样根据海深和频率的乘积大小做进一步选择，即海深与频率之积大于 15000 时，射线模型作为优选模型，否则优选简正波模型。该方法通过在多个水声传播模型上面增加模型优选模块，简单方便地解决了不同场景下自动优选最佳水声传播模型的问题，可有效平衡水声传播模型的计算速度和精度，有效地提高水声环境的快速预报能力。

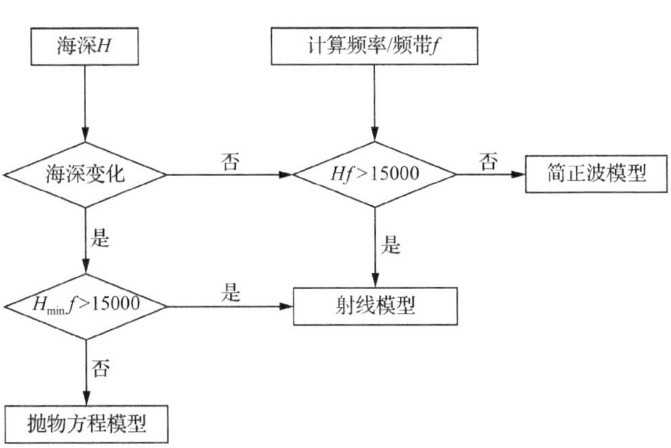

图 3.14　“海深-频率”自适应水声传播建模流程

H_{min}为最小海深

上述模型优选方法在平衡计算速度和精度方面比较粗放，采用了固定的阈值大小。实际中，针对声呐系统动态效能计算的某个具体应用场合，可以根据水声传播预报精度要求和时效性要求，结合被分配硬件资源多少，以精度和速度为优化的目标函数，给出模型优选的条件，如图 3.15 所示。

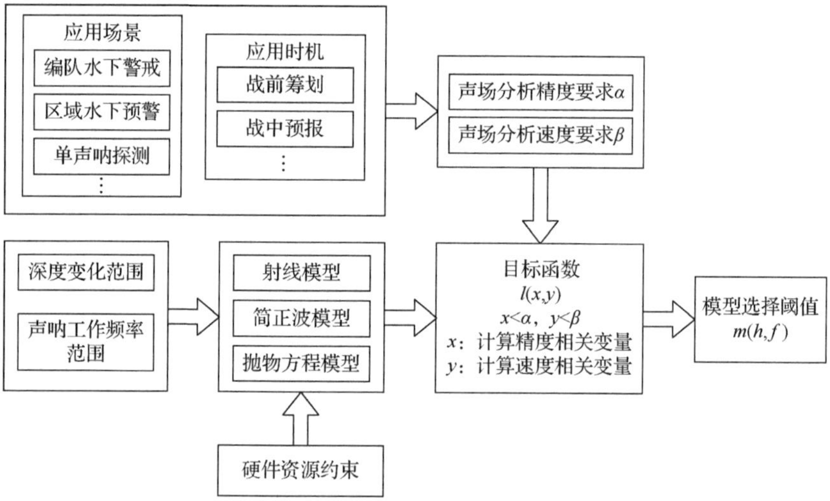

图 3.15　模型自适应选择研究框图

3.4　水声传播数据获取

水声传播数据的获取可直接服务于声呐系统动态效能计算，也可以服务于用于动态效能计算的水声传播模型的校验，是研究海洋中声传播特征和规律的基础性工作。除水声传播测量本身外，水声传播数据获取工作还包括基础声学测量和同步海洋环境调查。基础声学测量包括声源级测量和背景噪声级测量，可为在现场参考确定恰当的数据获取方案并为后续的数据分析提供基本依据；同步海洋环境调查包括对海况、风、浪、洋流、水文、海底地形地貌和底质、水深、周边航船分布情况等同步要素调查，为水声传播数据处理分析提供环境参数和边界条件[21]。

3.4.1　测量手段和方法

水声传播测量设备主要包括发射设备、接收设备。发射设备是用于产生水声信号的设备，一般用于水声传播损失测量的声源有定深爆炸声源和人工声源两类。定深爆炸声源可定深产生宽带声信号，主要指标有工作深度和定深爆炸声源当量。

人工声源从工作方式又可分为定点吊放发射声源和拖曳发射声源两种，其主要技术要求有工作频段、声源谱级、最大工作深度、发射信号形式，发射声源的声源级、指向性和频带范围应满足测量要求。人工声源由信号源、匹配器、功率放大器和发射换能器等组成。信号源产生的电信号经功率放大器放大，再经匹配器进行阻抗匹配后输入到发射换能器，并转换成声信号辐射到水中。常见的人工声源有低频拖曳声源、中高频拖曳声源、空气枪声源和深拖宽频发射声源等。

接收设备包括水听器（阵列）、多通道滤波放大器、多通道数据采集记录系统等。水听器（阵列）可根据实际情况，设计成无线水声浮标阵、水声潜标阵和舰载吊放阵等形式。水听器（阵列）的主要技术指标有测量频率范围内的起伏，声压灵敏度，水听器工作频段、水平指向性不均匀性、垂直指向性不均匀性，水听器的等效噪声谱级和耐压情况以及阵元数等。多通道滤波放大器的主要指标有通带内频响起伏、通带外最小衰减、各通道信号幅度和相位一致性。多通道数据采集记录系统的频带宽度和动态范围也要满足水声传播测量的要求。

水声传播测量包括双船测量和船标结合测量两种方式。在测量前须对设备进行标定和校准，以保证测量数据的准确性。

双船测量示意图如图 3.16 所示。双船测量步骤如下[21]。

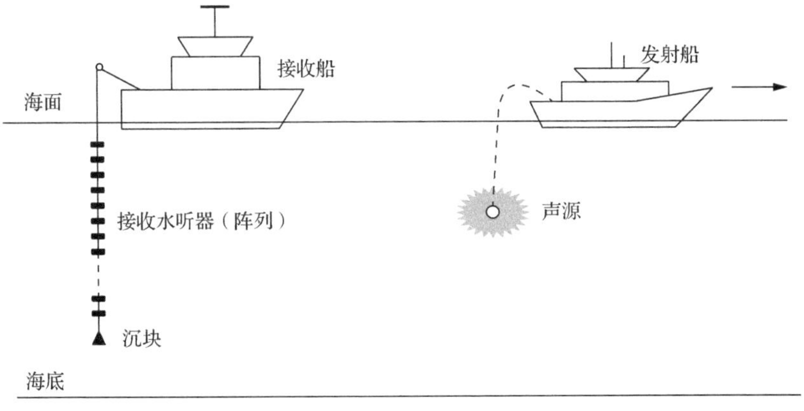

图 3.16　双船测量示意图

（1）接收船、发射船到达测量海区就位点，接收船漂泊或抛锚，发射船漂泊。

（2）接收船布放水下声接收系统，并记录海洋环境参数及接收节点位置。

（3）发射船按预定航向航行，在预定距离点上依次发射信号，并测量航行断面上的海深、声速剖面等海洋环境参数，记录发射节点位置。

（4）接收船接收并记录信号。

（5）根据任务要求，人工声源在同一位置发射多组相同信号，信号样本数应满足统计平均处理要求。

（6）测量结束后回收设备。

船标结合测量示意图如图 3.17 所示。船标结合测量步骤如下[21]。

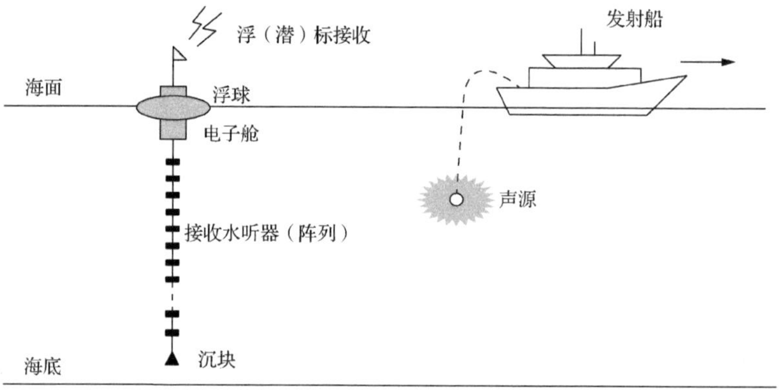

图 3.17　船标结合测量示意图

（1）发射船到达测量海区就位并测量环境参数。

（2）发射船按预定位置布放浮（潜）标接收水听器（阵列），并记录该点的海洋环境参数和位置。

（3）发射船按预定航向航行，在预定距离点上依次发射信号，并测量航行断面上的海深、声速剖面等海洋环境参数，记录发射节点位置。

（4）发射船接收并记录浮（潜）标接收水听器（阵列）通过无线电（或卫星）传回的设备工作状态及浮（潜）标位置等信息。

（5）根据任务要求，人工声源在同一位置发射多组相同信号，信号样本数应满足统计平均处理要求。

（6）测量结束后回收设备。

值得注意的是，采用双船测量方式时，接收船应关闭主、辅机，使用静音电机对设备供电。应调节接收端增益和量程，避免出现信号过小或限幅。使用定深爆炸声源时，为求得其声源级，应确保爆炸冲击波、气泡一次脉冲和界面反射声波在时域上可以分离，以便求出冲击波和一次脉冲的总声能。发射船和接收船有关信息应按照规范的表格现场记录。

水声传播数据测量的过程中，除需要记录水听器（阵列）接收数据、测量船只导航雷达数据和船舶自动识别系统（automatic indentification system, AIS）数据外，测量现场声源和接收端的工作参数、关键设备标志性状态切换、海洋环境重要条件变化、行船状态和典型事件等现场数据也需要按照规范进行记录，这些现场数据是测量数据分析处理的重要输入条件。

3.4.2 数据处理

选取有效的接收信号样本，按照任务要求选取合适的信号长度，并选择合适的处理带宽进行滤波，信号样本信噪比需足够高（大于 6dB），对滤波后的信号进行能量积分得到电压有效值，并根据接收系统的通道增益和水听器灵敏度等计算出有效声压或声强，再按任务要求计算水声传播损失，具体计算公式如下：

$$\mathrm{TL}(i)=\mathrm{SL}_p(i)-L_p(i) \tag{3.93}$$

式中，$\mathrm{TL}(i)$ 为第 i 个频带传播损失（dB）；$\mathrm{SL}_p(i)=10\lg I_1(i)$；$L_p(i)=10\lg I_r(i)$；其中，$I_1(i)$ 为第 i 个频带内离声源等效声中心 1m 处的声强，$I_r(i)$ 为第 i 个频带内水听器处的声强。

宽带传播损失按式（3.94）计算：

$$\mathrm{TL}_W=\mathrm{SL}_p-L_p \tag{3.94}$$

式中，TL_W 为宽带频带传播损失；$\mathrm{SL}_p=10\lg I_1$；$L_p=10\lg I_r$，其中，I_1 为离声源等效声中心 1m 处的声强，I_r 为水听器处的声强。

3.5 小　　结

本章首先描述了深海和浅海中一些典型的水声传播模式，然后从波动方程出发，分二维和三维介绍了射线、简正波、抛物方程等水声传播建模方法，简述了各水声传播模型的适用范围，在此基础上，提出了适用于不同环境和场景的自适应水声传播计算方法，最后介绍了水声传播数据获取方法。不同水声传播模型在计算精度和计算速度上各有优势，如何根据实际应用场景选择合适的水声传播模型对声呐系统动态效能计算是至关重要的。

参 考 文 献

[1] 段睿. 深海环境水声传播及声源定位方法研究[D]. 西安: 西北工业大学, 2016.

[2] Urick R J. Principles of Underwater Sound[M]. 3rd ed. New York: McGraw-Hill, 1983.

[3] Bjørnø L. Applied Underwater Acoustics[M]. Amsterdam: Elsevier, 2017.

[4] Urick R J. Sound Propagation in the Sea[M]. Arlington: Defense Advanced Research Projects Agency, 1979.

[5] Hale F E. Long-range sound propagation in the deep ocean[J]. The Journal of the Acoustical Society of America, 1961, 33(4): 456-464.

[6] Tolstoy I, Clay C S. Ocean Acoustics[M]. New York: McGraw-Hill, 1966.

[7] Etter P C. Underwater Acoustic Modeling and Simulation[M]. Boca Raton: CRC Press, 2018.

[8] Jensen F B, Kuperman W A, Porter M B, et al. Computational Ocean Acoustics[M]. New York: Springer, 2011.

[9] Jensen F B, Kuperman W A. Optimum frequency of propagation in shallow water environments[J]. The Journal of the Acoustical Society of America, 1983, 73(3): 813-819.

[10] Wang L S, Heaney K D, Pangerc T, et al. Review of underwater acoustic propagation models[R]. NPL Report AC 12, 2014.

[11] Brekhovskikh L M, Lysanov Y P, Beyer R T. Fundamentals of Ocean Acoustics[M]. New York: Springer, 1991.

[12] Hardin R H. Applications of the split-step Fourier method to the numerical solution of nonlinear and variable coefficient wave equations[J]. SIAM Review (Chronicles), 1973, 15(1): 423.

[13] Collins M D. Applications and time-domain solution of higher-order parabolic equations in underwater acoustics[J]. The Journal of the Acoustical Society of America, 1989, 86(3): 1097-1102.

[14] Porter M B. Beam tracing for two-and three-dimensional problems in ocean acoustics[J]. The Journal of the Acoustical Society of America, 2019, 146(3): 2016-2029.

[15] Baer R N. Propagation through a three-dimensional eddy including effects on an array[J]. The Journal of the Acoustical Society of America, 1981, 69(1): 70-75.

[16] Perkins J S, Baer R N. An approximation to the three-dimensional parabolic-equation method for acoustic propagation[J]. The Journal of the Acoustical Society of America, 1982, 72(2): 515-522.

[17] Siegmann W L, Kriegsmann G A, Lee D. A wide-angle three-dimensional parabolic wave equation[J]. The Journal of the Acoustical Society of America, 1985, 78(2): 659-664.

[18] Sturm F. Numerical study of broadband sound pulse propagation in three-dimensional oceanic waveguides[J]. The Journal of the Acoustical Society of America, 2005, 117(3): 1058-1079.

[19] Jensen F B. Numerical models of sound propagation in real oceans[C]//OCEANS 1982, 1982: 147-154.

[20] Jensen F B, Schmidt H. Review of Numerical Models in Underwater Acoustics, Including Recently Developed Fast-Field Program[M]. [S. l.]: SACLANT ASW Research Centre, 1984.

[21] 刘清宇, 宋俊, 王平波, 等. 海洋声学调查[M]. 北京: 兵器工业出版社, 2018.

第 4 章　背景干扰特性及建模

4.1　噪　　声

噪声是海洋环境中普遍存在的背景声场，是主动声呐和被动声呐均面临的背景干扰。声呐主要利用信号的相关性和噪声的不相关性，最大限度地抑制噪声增强信号，从而实现从背景干扰中检测出目标并估计目标的参数。因此，研究噪声场特性与研究信号场特性同样重要。对于声呐而言，主要的噪声干扰包括海洋环境噪声、平台自噪声和拖曳流噪声等类型，一般从噪声级、频谱特性、指向性、相关特性、时变空变特性等方面开展研究。本节在了解噪声干扰特性的基础上，关注噪声建模和噪声数据获取，主要为了在声呐系统动态效能计算时，对声呐的噪声背景进行预报或现报。

4.1.1　噪声干扰特性

声呐的噪声干扰主要分为海洋环境噪声、平台自噪声和拖曳流噪声三类。对于舰艇载声呐，噪声背景主要由海洋环境噪声和平台自噪声组成；对于拖曳声呐，噪声背景主要由海洋环境噪声和拖曳流噪声组成；对于岸基声呐、潜浮标系统等，噪声背景主要为海洋环境噪声。图 4.1 为噪声干扰的分类及各种声源要素简示[1]。

1. *海洋环境噪声*

海洋环境噪声是水声信道中的一种干扰背景场，是海洋中任意海域、任意深度、任意时刻均普遍存在的声背景，它是除去海洋中所有可分辨的噪声源后所“剩下”的那部分声音，是周围所有方向传到水听器处的噪声[2]。

在声呐发展的起初，海洋环境噪声的研究没有得到重视，到第二次世界大战时，人们才认识到其研究价值。对环境噪声展开研究的一个重要实际需求是声学水雷的出现，环境噪声级决定了水雷的点火门限。随着被动声呐的发展，环境噪声得到了更全面、更广泛的研究。

研究海洋环境噪声的第一个方面是从能量的角度出发，关注的是环境噪声级，主要指功率谱大小；第二个方面是从抗干扰的角度出发，关注环境噪声的时空特性，包括噪声的时变空变特性、时空相关特性、水平垂直指向性等，充分挖掘信号和噪声的时空特性差异，最大限度抑制干扰，更好地检测目标信号；第三个方面是环境噪声研究的逆问题，由于海洋环境噪声与海况、海底特性、声速剖面、内波等海洋特性密切相关，通过测量海洋环境噪声的大小、时空特性可反演海洋环境参数。对于声呐系统动态效能计算来说，主要关心海洋环境噪声的噪声级大小及其时空分布。

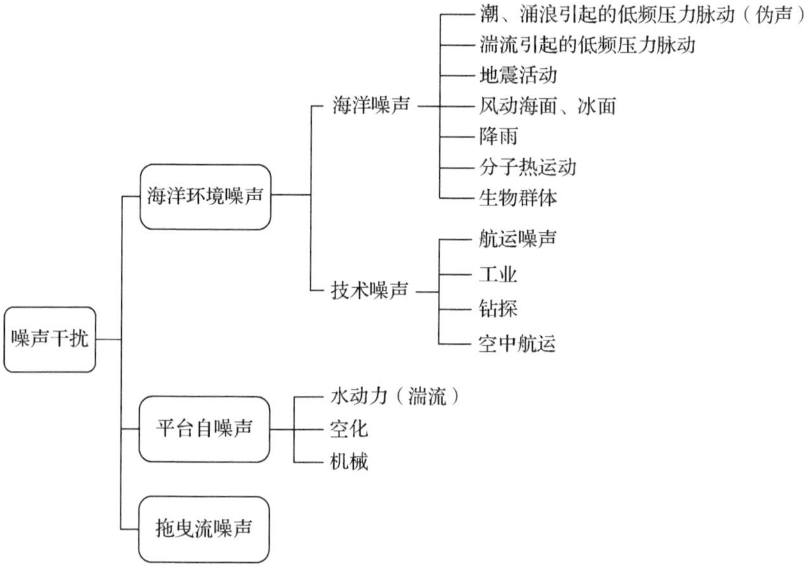

图 4.1　噪声干扰的分类及各种声源要素简示

1）海洋环境噪声大小表征

环境噪声级是声呐方程中的一个重要物理量，通常用 NL 表示，是指用无指向性水听器测得的环境噪声的声强（以 dB 表示），如式（4.1）所示，其中，I_N 为水听器工作带宽内的噪声总强度，I_0 为参考声强，通常以均方根声压等于 1μPa 的平面波声强为参考声强。虽然环境噪声级经常在不同的带宽中测得，但常常把所测的噪声级折算到 1Hz 带宽时的值，并称为环境噪声谱级。

$$\mathrm{NL}=10\lg\frac{I_N}{I_0} \tag{4.1}$$

2）主要噪声源和频谱特性

海洋中有大量噪声源，可以分为自然噪声源和人为噪声源。其中，自然噪声源包括海底地震和火山爆发、海面风浪、降雨、海洋生物活动等，而人为噪声源主要有海上航运、石油勘探、各种军用声呐的使用、其他工业噪声等。

海洋环境噪声级随着频率的升高而降低，即频率越高，噪声级越低，在谱的不同区域具有不同的频谱斜率和不同特征。在低频段，环境噪声听起来像低沉的隆隆声；在高频段，听起来像不成调的煎炸、爆裂发出的嗞嗞声。主要由于不同区域内的频谱，其噪声源的一个或几个超过其他源而占主导地位，而不同的噪声源由于成因不同，其特征也不同。

图4.2是尤立克[2]给出的一个典型的深海谱的例子。该深海谱分成了5个频段，频段划分作为一个参考，每个频段之间的界限不是严格不变的。

频段 1（小于 1Hz)：噪声主要产生于潮汐或波浪运动造成的较大幅度的水静压力的改变，或者是海底板块活动产生地震，并释放能量。

频段 2（1～20Hz)：噪声主要产生于大洋湍流形成一种不规则水流引起的一种不规则压力变化，与风速也有微弱的联系，谱特点为-10～-8dB/oct 的斜率。

频段 3（20～500Hz)：噪声主要产生于远处航行的各种航船，谱特点为斜率较小且可变，形成谱的“高原”地带。

频段 4（500Hz～50kHz)：噪声主要产生于风对海面的作用，包括波浪破碎、风产生的流噪声等，谱特点为-6～-5dB/oct 的斜率。

频段 5（大于 50kHz)：噪声主要产生于分子热运动，是水分子无规则的热运动产生的高频扰动，谱特点为 6dB/oct 的正斜率，这种分子热噪声随空时变化不大。

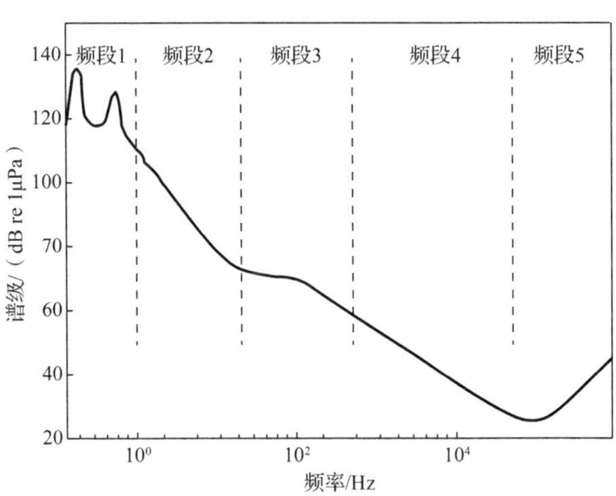

图 4.2　深海环境噪声频谱图

对于声呐的工作频带内，一般认为航船噪声和风成海面噪声是其中最重要的两种噪声源，其能量主要集中在 10Hz～10kHz 的频段上。频率在 50～500Hz 十倍频段内，远处航船是主要噪声源，这些航船离水听器可能有数十千米，甚至上百千米；在几百赫兹至 10kHz 的频段上，风成海面噪声是主要的噪声源。两种噪声源之间并没有明确的界限，每个频带内哪种噪声源占据主导地位与风速大小和航船情况有关。对于声呐系统动态效能计算中的环境噪声预报而言，可以采用不同条件下的典型环境噪声平均谱，如图 4.3 所示，该深海环境噪声谱曲线是由 Wenz[3] 分析了大量的实测数据的基础上总结得到的曲线，称为 Wenz 曲线（1bar=10^5Pa）。

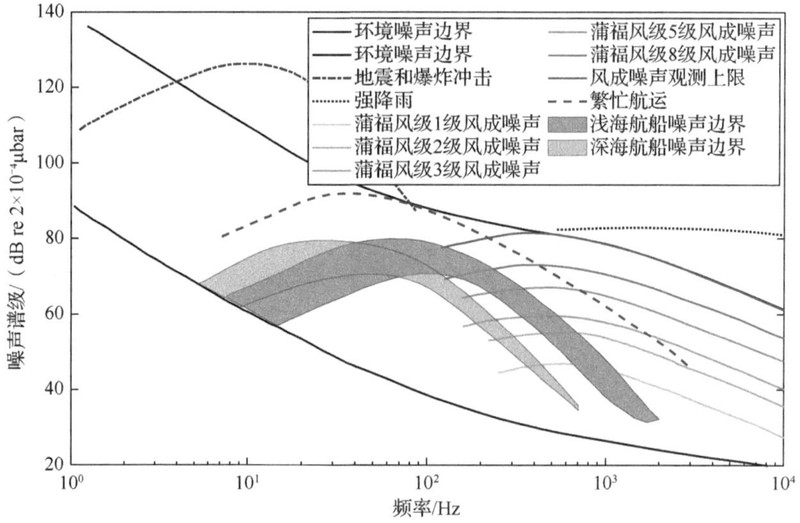

图 4.3　Wenz 曲线（彩图附书后）

与深海相比，港口、海湾、近海等浅海区域的海洋环境噪声时变空变特性显著（在不同时间和不同地点存在显著的不同），海洋环境噪声的变化大。主要噪声源为航船及工业噪声、风成噪声和生物噪声等。不考虑航船噪声、工业噪声等情况，即海洋环境噪声主要由风成噪声决定，当风速相同时，不管是浅海还是深海，不同区域的环境噪声级是相当的；当航船噪声是海洋环境噪声的重要组成部分时，如果航船和风速情况一样，那通常浅海要比深海安静，原因是浅海相对恶劣的传播条件影响了远处航船噪声的远距离传播；但通常来说，浅海的噪声级要比深海的高，主要是由于很多情况下浅海海域的航船密度、工业噪声、生物噪声等比深海大。

Piggott[4]是进行浅海海洋环境噪声研究的典型代表学者之一，在位于加拿大东部的浅海大陆架上进行了为期一年的环境噪声级的测量，基于大量实验数据的分析，绘制了 3kHz 以下多种风速下的平均海洋环境噪声谱，如图 4.4 所示，他首次提出了环境噪声谱级与海表面风速的对数存在线性关系。

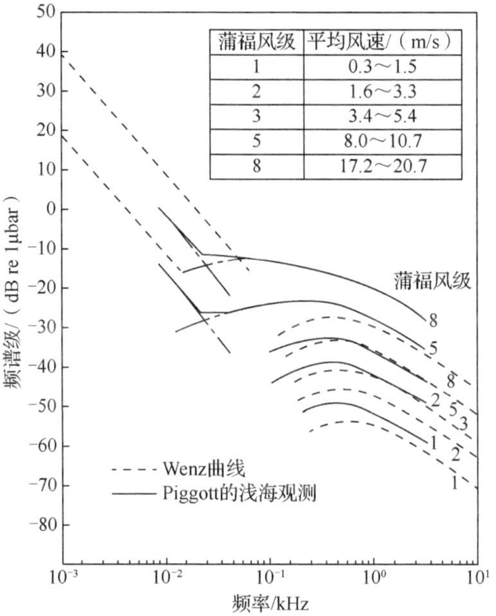

图 4.4　Piggott 绘制的不同风速下浅海环境噪声谱级曲线[4]

此外，台风、降雨等间歇源会在短期内影响海洋局域的海洋环境噪声级[5-8]。图 4.5 为利用潜标系统实测获得的海洋环境噪声随不同降雨条件的变化情况。可以看出，降雨主要影响几百赫兹以上频段的噪声级大小，不仅增加了海洋环境噪声级，还使频谱斜率被“拉平”，尤其是暴雨条件下，噪声谱接近于白噪声。

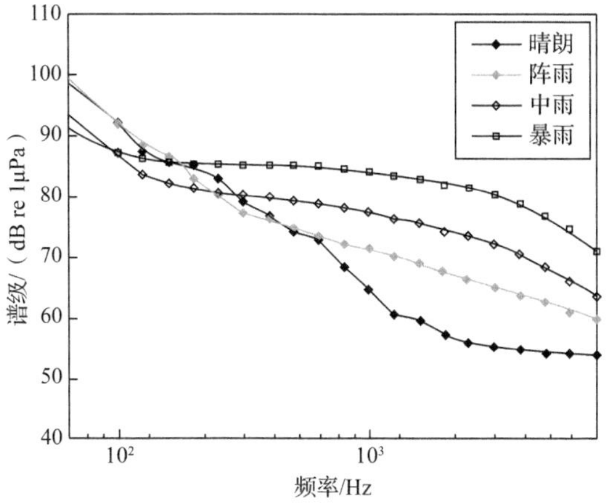

图 4.5　不同降雨条件下的海洋环境噪声级[7]

由于航运量快速增长、海洋开发等工业活动的增加、气候等自然环境的变化，海洋环境噪声从开始研究至今已发生了很大变化，海洋环境噪声级的统计平均值已明显上升，这也成为了除舰艇的目标辐射噪声不断降低外，给被动声呐带来重大挑战的另一个因素。如 Ross 对 1950～1975 年间，由航船引起的低频海洋环境噪声变化做了分析，分析结果表明在这25年间低频海洋环境噪声级已升高了 10dB（平均增速 0.4dB/a）甚至更多（平均增速 0.55dB/a）[9]；Andrew 等[10]将 1994～2001 年与 1963～1965 年间美国加利福尼亚中部海域海洋环境噪声测量数据做了对比分析，结果表明，在约 30 年的时间内 10～80Hz、200～300Hz 频段的噪声级升高约 10dB，而 100Hz 的噪声级升高了约 3dB。

3）时间起伏

实际测量结果表明，任何固定位置的环境背景噪声级都是随时间变化的。可以理解这种易变性是由于风速、降雨量、航船密度和吨位等噪声源的易变性及海洋信道条件的易变性引起的。这种变化涵盖了很宽的尺度，从最快的如转瞬即逝的波浪破碎，到极慢的如船舶航运的长期变化或者天气的长期变化等。浅海的起伏特性比深海显著。噪声的变化可以用噪声的起伏谱来表示，它是频率的函数，描述了单位频带内的功率起伏。

噪声的时间变化特性一般分为三个时间尺度来讨论：短周期变化、中等周期变化和长周期变化。短周期变化包括几秒到几分钟的变化，短周期内环境背景是高斯幅度分布。中等周期变化，时间从几分钟扩展到几周，对较长时期内噪声起伏特征都是采用测量级相对于平均声级的标准偏差来表征。长周期变化涵盖季节性的或更长周期的变化，包括水声传播条件的季节变化和船舶数量的变化等，如 Walkinshaw 用一个海底水听器在百慕大和巴哈马群岛观测了四年，得到冬季环境噪声比夏季高 7dB 的结论[11]；如上述 Piggott[4]获得的浅海环境噪声谱冬季比夏季高 3.5dB，这种季节性的变化主要是因为冬季水声传播条件比夏季好；再如上述 Ross[9]分析的 1950～1975 年航船引起的低频海洋环境噪声变化。图 4.6 为 2020 年 5 月 15 日至 5 月 31 日在南海中南部某海域实测获得的环境噪声中等周期变化图，图中噪声谱级为环境噪声 1h 的平均结果，测量深度约 3700m。

4）空间分布特性

海洋环境噪声的空间分布特性主要包括环境噪声的指向性和与深度的关系两方面。

在早期的研究中，由于测量手段和认知的限制，海洋环境噪声被当作是各向同性的，但海洋环境噪声的噪声源组成和分布、海洋信道特点以及实际数据的测量分析，均表明环境噪声是各向异性的，即其噪声级的水平指向性和垂直指向性是非均匀的。

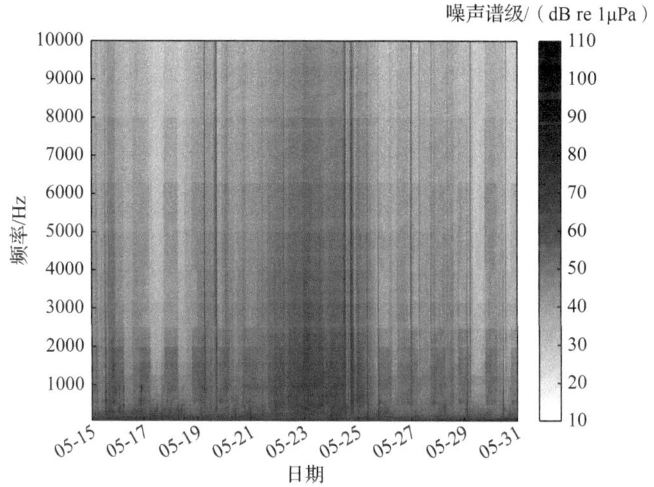

图 4.6　南海中南部某海域实测获得的环境噪声中等周期变化图

水平指向性的变化是无常的，特别是在低频区，这与航船的分布、种类和工况等有密切关系。图 4.7 为 2014 年夏季利用 16 元圆环阵在南海实测获得的 50～1000Hz 频带的环境噪声水平指向性图。从结果可以看出，低频噪声在 30°、220°方向存在明显的水平性。

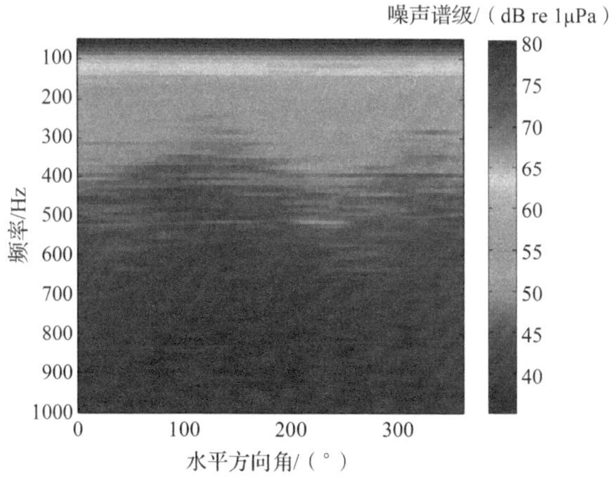

图 4.7　实测获得的南海某海域的环境噪声的水平指向性图（彩图附书后）

垂直指向性的典型测量结果如图 4.8 所示[12]。该图是自然噪声的极坐标图，是由 Axelrod 等[12]将海底水听器单位立体角内接收的声强 $I_N(\theta)$ 作为角度 θ 的函数画出的。当频率为 112Hz 时，水听器接收的水平方向噪声比垂直方向的更大一些，这一现象随风速的增大而减弱；当频率为 1414Hz 时，水听器接收的垂直方向噪声比水平方向的更大一些，这一现象随风速的增大而增强。分析原因，主要是因为低频噪声大部分是由远处的航船噪声通过水平途径到达水听器，而高频噪声主要来自接收水听器正上方的局部海域[12]。

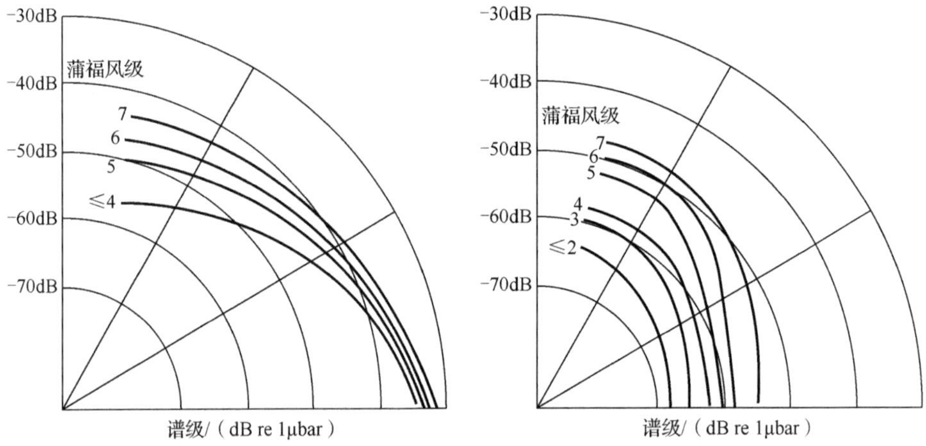

（a）112Hz　　（b）1414Hz

图 4.8　海底水听器测得环境噪声在不同频率的垂直分布

在探潜声呐的工作频段内，当海洋环境噪声主要为风成噪声时，噪声的深度特性不明显；当海洋环境噪声主要为航船噪声时，深度特性则受到由声速剖面、海底地形等共同决定的水声传播条件的影响，如 Morris[13]在太平洋东北部开阔海域开展的环境噪声级深度特性研究，图 4.9 给出了此次实验中的声速剖面、水听器布放深度和多个频率下 1/3oct 内的平均噪声级的深度分布。结果表明，临界深度以上，低频段噪声级随深度增加略微减小，500Hz 处，风成噪声占主导，噪声级随深度变化不明显，而在临界深度以下，由于本身大部分声波能量被限制在声道轴中，加上声波与海底的交互作用，使得噪声级很快减小，海洋环境趋于安静。

2. 平台自噪声

航船噪声可以分为船舶辐射噪声和自噪声，两者既有区别又有联系。船舶辐射噪声是声呐探测所利用的信息源，而自噪声是影响声呐探测的干扰源之一。虽然两者的噪声源是相同的，均包含机械噪声、螺旋桨噪声和水动力噪声，某些条件下，可以用自噪声结果来估计辐射噪声值，但由于传播途径、各噪声源占比不同等原因，两者表现出的谱特性是有差别的，辐射噪声是远场噪声，自噪声是近场噪声，与船舶辐射噪声用声源级描述不同，描述自噪声的基本量是测量点处的噪声声压级。三种噪声源的产生机理和特性将在 5.1 节详细描述，此处只关注差异性。比如，水动力噪声，尤其是流噪声在自噪声中所起的作用远大于其在辐射噪声中的作用。

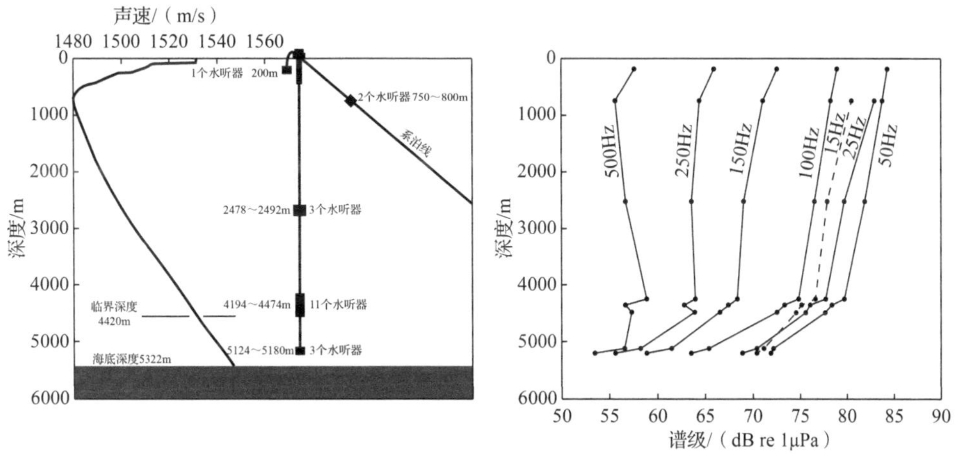

（a）声速剖面和水听器深度示意图　　（b）噪声级深度分布结果

图 4.9　太平洋东北部开展的环境噪声级深度分布测量实验[13]

图 4.10 为自噪声组成图。其中，螺旋桨噪声作为船舶最主要的水下噪声源，它通过水介质直接传播或者经由海面、海底反射传播后，从透声窗进入声呐基阵部位。一般来说，螺旋桨噪声对声呐自噪声强度的影响，随着航速的 5～6 次方增大。当船舶航速较高或者螺旋桨工作深度较浅时，螺旋桨会出现空化，所产生的空化噪声成为声呐自噪声的主要分量。水面舰艇和近水面航行的潜艇螺旋桨对自噪声产生影响的三条途径中直接传播和水面反射传播的作用大致相同，大于海底反射传播的作用，当海域较浅时，海底反射的作用会增大。

对于水动力噪声，船舶运动时，声呐导流罩表面产生湍流边界层，边界层的压力脉动激励声呐导流罩壳体振动并辐射噪声。声呐自噪声的水动力分量强度随着航速增大约与航速的 5～6 次方成正比。一般在 10kn 航速以上水动力噪声将成为自噪声的主要分量。

对于机械噪声，船舶机械设备的振动通过基座等支撑构件和管路等非支撑构件传递到船舶结构上，同时在舱室内产生空气噪声。结构振动一方面通过船体结构直接传播到声呐罩附近，引起声呐罩壳壁振动并在罩内产生噪声；另一方面，船体结构振动直接向水中辐射噪声，同时舱室空气噪声也激励艇体结构在水中产生辐射噪声，它们通过水介质传播并通过透声窗影响到声呐基阵。机械设备引起的声呐自噪声大致与航速的 1～2 次方成正比。由于船舶设备众多，不同位置、不同功率的设备对声呐自噪声影响的程度和途径也不同。离声呐基阵较远的设备，振动沿船体传播的衰减较大，其影响主要以水中的声传播途径为主；而离声呐基阵较近的设备是产生声呐导流罩壳壁振动的主要原因。

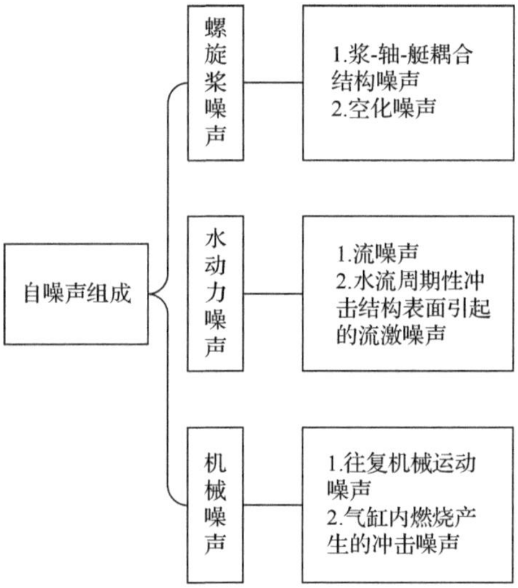

图 4.10　自噪声组成

实测数据表明，一般低航速和低频段，平台自噪声以机械噪声为主，而在高航速和高频段，水动力噪声和螺旋桨噪声是其自噪声的重要组成部分。三种噪声对自噪声的影响程度以及航速和频率范围取决于船舶类型、吨位、工况、航行深度、声呐安装部位、设备布置、外形和结构设计等。

综上，平台自噪声到达水听器的路径很多而且可变，主要包括机电设备和螺旋桨产生的结构振动加速度通过艇体到达声呐基阵，螺旋桨噪声从水中直接或通过海面、海底及附近的反射散射体反射作用到声呐基阵，机械噪声从水中直接或通过海面、海底及附近的反射散射体反射作用到声呐基阵，水流流经水听器、导流罩、安装支架、艇体外壳时所构成的水动力噪声，内部空气噪声直接作用于声呐基阵等。图 4.11 为声呐舷侧阵部位噪声传播途径示意图[14]。水面舰艇自噪声的传播途径除没有海面反射路径外，其余是相似的。

舰艇自噪声的频谱由连续谱和线谱组成，一般线谱分布在几百赫兹以下的低频段（潜艇线谱分布频段更低），而连续谱在低频较平坦，到某个频点后，自噪声随着频率的增加，以-6dB/oct 的速率衰减，不同的平台，这个频率拐点的位置是不同的。图 4.12 为某舰艇的自噪声频谱图（连续谱）[15]，更普适的连续谱图如图 4.13 所示，用谱图平台区声压谱级 A 和拐点 f_0 两个参数即可描述自噪声的连续谱。现代舰艇自噪声的连续谱得到了较好控制，噪声控制水平主要体现在线谱的数量、幅度和频率分布上。

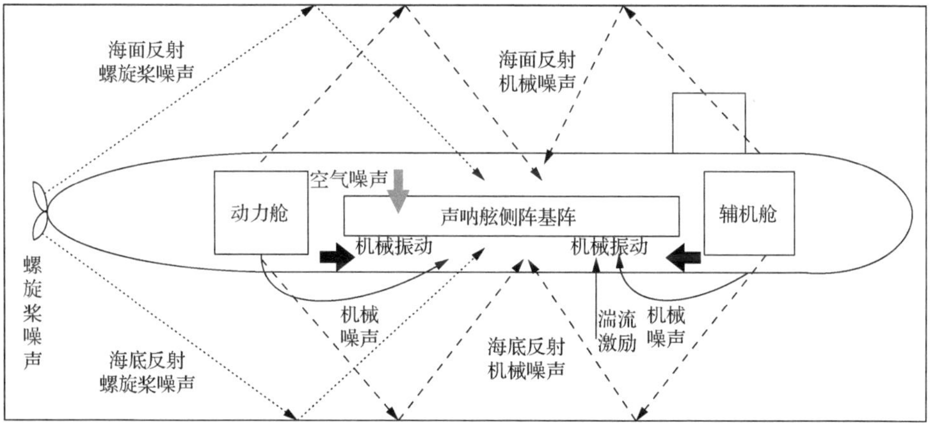

图 4.11　声呐舷侧阵部位噪声传播途径示意图

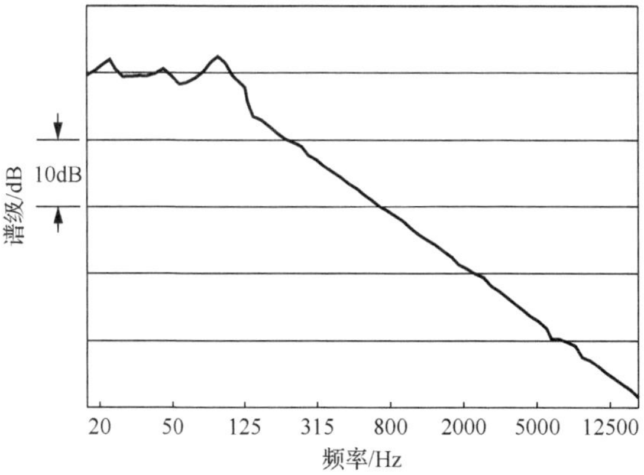

图 4.12　某舰艇的自噪声频谱图

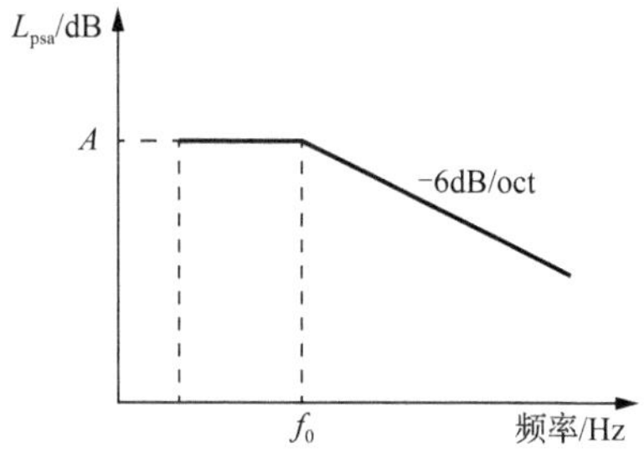

图 4.13　舰艇自噪声连续谱简化图

舰艇不同部位的自噪声不同，一般舰艇首部导流罩内是舰艇最安静的地方，而舰艇舷侧部位的自噪声就要高得多，可以高出十几分贝甚至更多。一般潜艇上沿着艇体的不同部位分布安装了振动传感器，用来实时监测艇体不同部位的自噪声情况，反映各种设备、机械、附件、螺旋桨等的异常状况。图 4.14 为某潜艇自噪声声压级沿艇体的分布曲线[15]。舰艇自噪声沿船体的分布是查找噪声源、论证设计声呐布置是否合理的依据。潜艇的自噪声还与下潜深度有关，一般来说，同样工况下自噪声随着下潜深度的增加而减小。

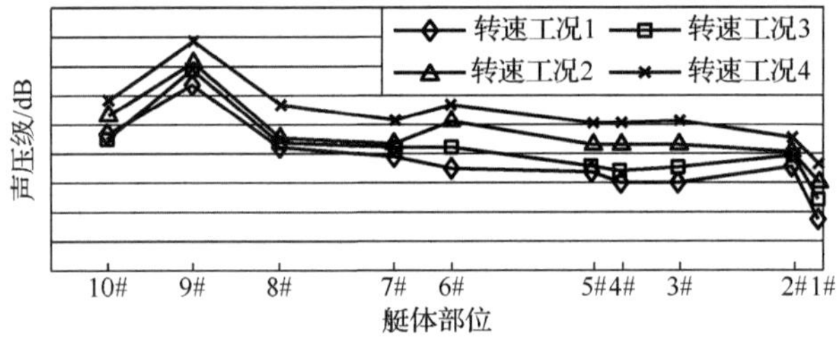

图 4.14　某潜艇自噪声声压级沿艇体的分布曲线

在舰艇首部，在低航速时，一般 2kn 左右，其自噪声级很低，此时声呐背景噪声基本为海洋环境噪声；随着航速增加，自噪声缓慢增加，主要由机械噪声和螺旋桨噪声组成；随着航速继续增加，自噪声将随航速急剧增加，此时，自噪声主要由螺旋桨噪声和流噪声组成，表现出螺旋桨噪声和流噪声随速度变化的规律。某驱逐舰声呐自噪声随航速的变化规律如图 4.15 所示[2]，图中的横坐标为航速，纵坐标为相对于 2 级海况下的自噪声级，即 2 级海况的自噪声级为 0dB。从图中可以看到，当驱逐舰很低速航行时（2kn 及以下），自噪声级接近海洋环境噪声，当航速大于等于 15kn 时，自噪声以大约 1.5dB/kn 的速度快速增加。潜艇的自噪声也是随着航速的增加而增加的，早期潜艇的自噪声规律与上述驱逐舰的相似，当航速增加到螺旋桨开始空化的航速时（临界速度），自噪声上升率达 1.5～2dB/kn，但随着减振降噪技术的提升，螺旋桨空化的临界速度提高，潜艇的自噪声随航速增加的速率减缓[15]。

3. 拖曳流噪声

拖曳线列阵声呐由于可变深、探测频率低、尺寸不受舰艇长度限制、受舰艇平台干扰小等优势，近些年来被重视并得到快速发展。对于拖曳线列阵声呐此类平台外声呐，其背景噪声与平台声呐差别较大，因此独立讨论。拖曳线列阵声呐背景噪声主要包括拖曳流噪声、拖船平台辐射噪声、海洋环境噪声等部分组成。其中，拖船平台辐射噪声为半远场干扰，通过合理的拖缆长度设计、拖船干扰抑制信号处理等手段，一般不作为主要的背景干扰。因此，拖曳流噪声成为了拖曳线列阵声呐的主要干扰，尤其是在低频和高拖速下。

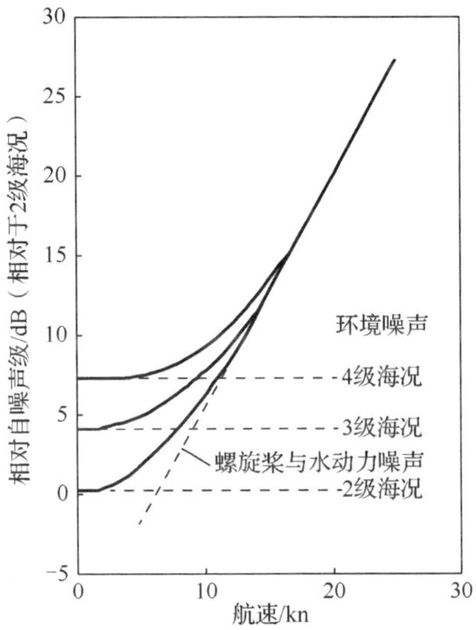

图 4.15　某驱逐舰声呐自噪声随航速的变化规律

拖曳流噪声主要指声呐被拖曳时受到的流噪声干扰。当拖线阵和海水发生相对运动时，会在水听器护套外表面产生海水的湍流脉动，这种激励会形成流噪声。根据产生机理的不同，流噪声的噪声源可以分为两类：一类是拖缆护套外表面湍流边界层（turbulent boundary layer, TBL）中的脉动压力（简称噪声源 1），主要是因为湍流表面的涡脱落及微尺度运动；另一类是拖缆涡流散发和尾缆尾流不稳定所引起的拖缆和尾缆的振动（简称噪声源 2），此类振动虽经隔振段有很大衰减，但仍会引起声阵段的振动。其中，噪声源 1 有两种传播途径，一是压力起伏的迁移峰直接传递，二是经护套耦合激励的二次辐射，低频情况下，第二种传播途径起主要作用；噪声源 2 产生三种传播形式的声波，一是在护套内液体介质中传播的呼吸波，二是结构共振模态产生的再辐射，三是在护套壁内传播的扩展波[16,17]。

拖曳流噪声谱级总体上随着频率的增高而降低，如图 4.16 所示，低频时拖曳流噪声强，对声呐的影响大，在百赫兹以后大约以 7～9dB/oct 的速度下降，衰减速度高于海洋环境噪声。拖曳流噪声的大小与拖线阵拖曳速度、护套直径厚度及材料、水听器类型和大小、水听器安装方式等均有密切关系，尤其是拖曳速度，拖曳速度每增加一倍，其功率谱增加 20dB 以上。相比于较高频段，200Hz 以下低频处的流噪声降噪更困难。

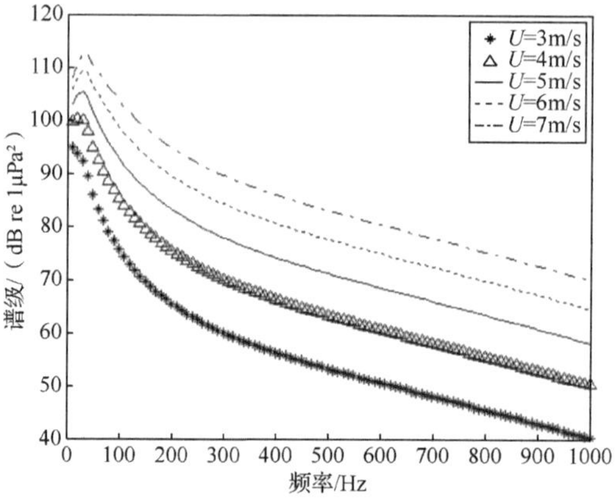

图 4.16　不同拖曳速度下流噪声自功率谱示意图[18]

4.1.2　噪声建模

1. 总噪声级

当噪声源不止一个时，总噪声背景是对有贡献的噪声源按强度相加。如果噪声级的单位采用谱级（以1μPa为参考的dB），总噪声级 P_T 可由式（4.2）计算：

$$P_T = 10\lg\left(\sum_{i=1}^{N} 10^{P_i/10}\right) \tag{4.2}$$

式中，P_i 是第 i 个噪声源的噪声级；N 为有贡献的噪声源的个数。式（4.2）表示将每个噪声源的噪声级 P_i 转换成强度后求和，再将强度之和转换为 dB 单位。例如，某声呐接收的环境噪声级为 P_1，平台自噪声级为 P_2，则该声呐的背景干扰总噪声级 P_T 为

$$P_T = 10\lg(10^{P_1/10} + 10^{P_2/10}) \tag{4.3}$$

同样，如果某声呐在某海域某时间的风成噪声为 P_3，航船噪声为 P_4，则该声呐的环境噪声干扰总噪声级 P_t 为

$$P_t = 10\lg(10^{P_3/10} + 10^{P_4/10}) \tag{4.4}$$

2. 环境噪声模型

环境噪声模型分为两类：第一类是物理模型，主要从波动理论、射线理论和抛物方程等角度，研究分布于无限大平面上噪声源的声场传播，用于分析接收场的相关系数、指向性、阵增益等；第二类是源级模型，从噪声的物理成因出发，可以从风成噪声发生机理研究噪声源级，也可以通过大量数据测量和拟合，得到

噪声源级的经验公式。声呐系统动态效能计算主要关注噪声级大小的预报，因此在此主要介绍第二类模型。

1）风关噪声模型

（1）Piggott 经验公式。

根据 Piggott[4]、Chapman 等[19]的研究结果，风关噪声谱级与海面风速的关系可表示为对数风速的线性函数。Piggott 根据浅海测量的噪声数据，频率为 8.4Hz～3kHz，得出了噪声经验公式：

$$\mathrm{NL}(f)=100+A(f)+20n(f)\lg V+7n(f) \tag{4.5}$$

式中，V 是风速（m/s）；$\mathrm{NL}(f)$是噪声谱级（dB），参考级为 1μPa；$A(f)$是与季节相关的参数，

$$A(f)=\begin{cases}-58.5, & 1\sim4\text{月}\\ -62, & 5\sim12\text{月}\end{cases} \tag{4.6}$$

$n(f)$是与频率相关的参数，取值为

$$n(f)=\begin{cases}2.1, & f\leqslant 50\text{Hz}\\ 2.23-(0.9/350)f, & 50\text{Hz}<f\leqslant 400\text{Hz}\\ 1.2, & f>400\text{Hz}\end{cases} \tag{4.7}$$

该经验公式既可以利用风速进行噪声谱级的预报，也可以用于利用测量的环境噪声谱级来反演风速的大小。图 4.17 和图 4.18 分别为利用该公式得到的风关噪声谱级随频率的变化曲线和风关噪声谱级随风速的变化曲线。

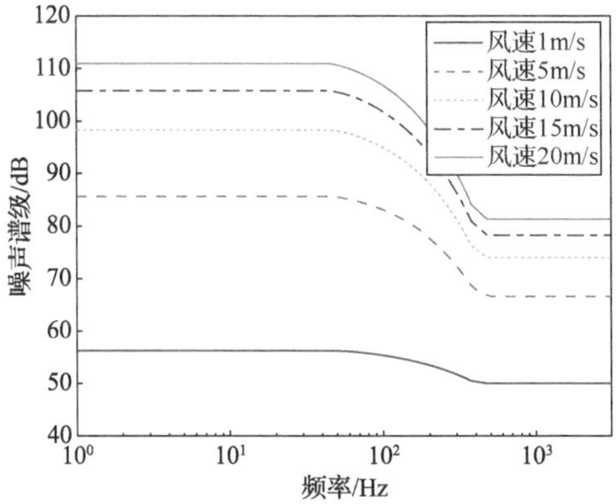

（a）

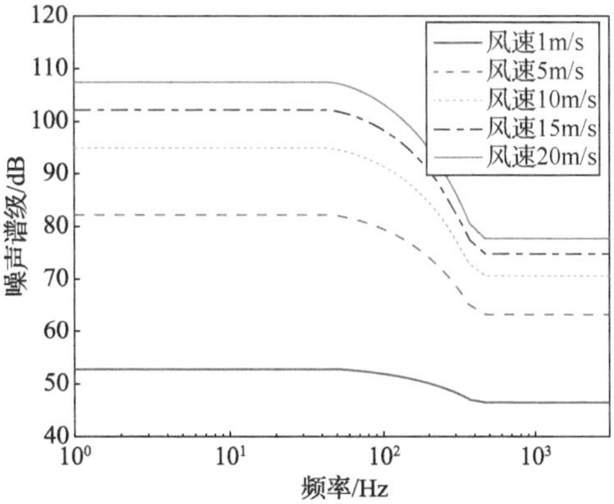

（b）

图 4.17　风关噪声谱级随频率的变化曲线（彩图附书后）

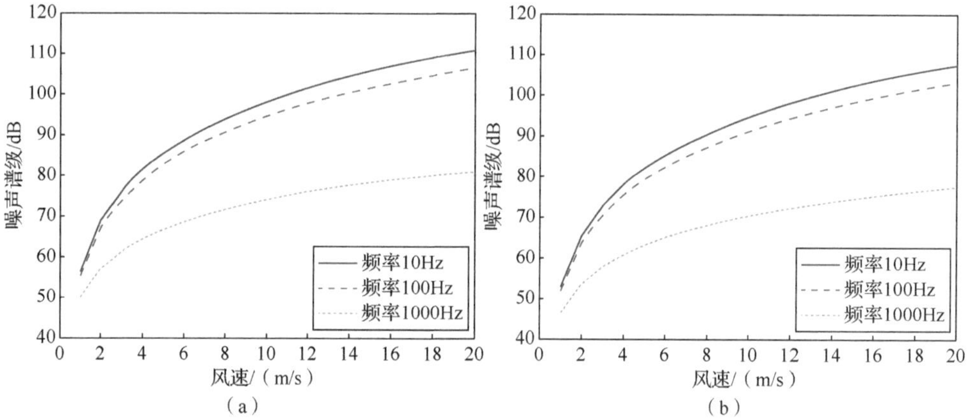

图 4.18　风关噪声谱级随风速的变化曲线

（2）Wilson 经验公式。

Wilson 将噪声源级表示为“白帽指数”和频率的函数，如式（4.8）所示：

$$\mathrm{SL}(v,f)=C\cdot R(v)\cdot S(f) \tag{4.8}$$

式中，$R(v)$ 被称为“白帽指数”，是指海表面被波浪破碎产生的“白帽”覆盖的百分比，$R(v)$ 是风速的函数，可以表示为[20,21]

$$R(v)=\begin{cases}0, & v<9\mathrm{kn}\\ v^3/1749.6-v^2/81+1.5v/4.32, & 9\mathrm{kn}\leqslant v<30\mathrm{kn}\\ R(30)(v/30)^{1.5}, & v\geqslant 30\mathrm{kn}\end{cases} \tag{4.9}$$

其中，v 表示风速，当风速从 10kn 增加至 30kn，“白帽指数”从 2.8%增加至 14.7%；$S(f)$ 为频率因子，满足 $S(f)=0.03537f^{1/2}$，频率的单位为 Hz；常数 C 满足 $10\lg C=66.187\mathrm{dB(re\ 1\mu Pa)}$，$C$ 和 $S(f)$ 均通过大量实测数据分析得到。

Wilson 指出了噪声级与噪声声源级概念的差异，并给出深海中偶极子噪声源的声源级 SL 与噪声级 NL 的关系，即 $\mathrm{NL}=\pi\mathrm{SL}$ [22]。表 4.1 给出了不同风速下 10～1000Hz 的偶极子噪声源级的参考值。

表 4.1　Wilson 模型风成噪声源级

风速/kn	噪声源级/[dB re 1μPa²/(Hz · m²)]					
	10Hz	20Hz	50Hz	100Hz	500Hz	1000Hz
10	47.0	47.0	49.0	50.0	49.0	48.0
20	59.0	59.5	61.5	62.7	61.7	61.7
30	64.4	65.0	68.1	69.0	66.5	65.0
40	69.5	70.5	72.0	71.5	69.5	68.0

续表

风速/kn	噪声源级/[dB re 1μPa²/(Hz·m²)]					
	10Hz	20Hz	50Hz	100Hz	500Hz	1000Hz
50	73.0	74.0	75.0	73.5	70.9	69.4
60	75.0	76.0	76.2	74.7	72.3	70.6

以上源极是在偶极源条件下得到的。对于单极子噪声源的声源级SL_m，当声源深度为z时，其与偶极子声源级SL可通过如下关系进行转换，k为波数。

$$\mathrm{SL}(z=0)=\mathrm{SL}_m\times(2kz)^2 \tag{4.10}$$

利用以上结果，风成噪声级可以表示为[23]

$$\mathrm{NL}=\mathrm{SL(Wilson)}+\mathrm{K/I\ level} \tag{4.11}$$

式中，SL为Wilson模型得到的噪声源级；K/I level为在单位噪声源级条件下通过K/I模型得到的噪声级。

2）航船噪声模型

航船噪声的产生机理复杂，物理模型表征困难。因此，通常直接测量航船的噪声源级，并与船长、吨位、航速等易获取的因素相联系，得到航船噪声源级与这些因素的经验关系。Ross对第二次世界大战期间测量的大量航船噪声进行总结，得到了航船噪声源级与频率、航速、吨位、螺旋桨叶片数和螺旋桨转速等参数的关系[24]。后来又进行修正和改进[25]，并在环境噪声指向性模型（research ambient noise directionality, RANDI）3.1版本[26]中得到了应用。

1976年，Ross率先给出了以航速v和频率f为参数的航船噪声源级公式[24]，参考航速为10kn时，

$$L_{\mathrm{RO}}=190+53\lg\frac{v}{10}-20\lg f \tag{4.12}$$

参考航速为15kn时，

$$L_{\mathrm{RO}}=199+53\lg\frac{v}{15}-20\lg f \tag{4.13}$$

并于1987年对其进行了细化和发展，加入了船长对源级的影响[25]，如下：

$$L_{\mathrm{RO}}(f,v,l_z)=L_{\mathrm{so}}(f)+60\lg(v/12)+20\lg(l_s/300)+\mathrm{d}f\mathrm{d}l+3.0 \tag{4.14}$$

式中，v是航速（kn）；l_s为船长（ft，1ft=3.048×10^{-1}m），

$$\mathrm{d}f=\begin{cases}8.1, & 0.00\leqslant f\leqslant 28.4\\ 22.3-9.77\lg f, & 28.4<f\leqslant 191.6\\ 0, & f>191.6\end{cases} \tag{4.15}$$

$$\mathrm{d}l=l_s^{1.15}/3643.0 \tag{4.16}$$

特别指出的是，$L_{so}(f)$ 定义为标准船只（$v=12, l_s=300$）的源级，

$$L_{so}(f)=\begin{cases}-10\lg(10^{-1.06\lg f-14.34}+10^{3.321\lg f-21.425}), & f\leqslant 500\text{Hz}\\ 173.2-18.0\lg f, & f>500\text{Hz}\end{cases} \tag{4.17}$$

该模型是目前为止使用最为广泛的模型，也是噪声模型 RANDI 中采用的航船源级形式。

得到航船噪声源级后，若有贡献的航船噪声源有 n 个，其中第 i 个航船噪声源级为 NL_i，该源级到测量点的传播损失为 TL_i，则根据叠加原理，航船噪声总声级可以表示为

$$\mathrm{NL}=10\lg\left(\sum_{i=1}^{n}10^{(\mathrm{NL}_i-\mathrm{TL}_i)/10}\right) \tag{4.18}$$

3. 平台自噪声预报模型

声呐平台自噪声预报是个复杂的问题，目前主要是在对机械噪声、螺旋桨噪声和水动力噪声分别预报的基础上，通过能量叠加实现平台自噪声的预报。下面简介各分量的预报方法。

1）机械噪声

预报机械噪声的方法主要包括有限元方法、统计能量法。核心是建立全船流固耦合有限元、统计能量分析声学仿真计算模型，施加机械设备激励载荷后求解得到设备运行引起的声呐平台区域噪声。

2）螺旋桨噪声

螺旋桨噪声又可分为螺旋桨直发声和螺旋桨非定常力激起的艇体结构辐射噪声，这两种噪声对声呐平台自噪声均有贡献，预报方法也有所不同。螺旋桨直发声一般采用计算流体力学（computational fluid dynamics, CFD）方法，螺旋桨非定常力激起的艇体结构辐射噪声一般采用有限元方法。需注意的是，螺旋桨非定常力是在求解螺旋桨直发声时同步获取的。

3）水动力噪声

预报水动力噪声主要采用 CFD 和有限元结合的方法，通过 CFD 方法求得作用于声呐平台导流罩和周围结构上的流体脉动压力，再施加在有限元流固耦合模型上求解得到流体脉动压力引起的声呐平台区域噪声。一般情况下，声呐平台导流罩的流体脉动压力是引起声呐平台内水动力噪声的主要因素，因此，此处的有限元流固耦合模型可以是声呐平台区域的局部模型。

4. 拖曳流噪声预报模型

国内外许多学者对湍流边界层（TBL）压力起伏激励下的拖线阵管内水听器

流噪声做了很多研究[16-18,27-30]，也给出了不少流噪声建模方法和预报模型。研究表明，利用波数-频率谱分析法对弹性柱壳在压力起伏激励下的振动和声进行了流、振动和声的统一处理，导出拖线阵套管内噪声场的一般表达式，进而对流噪声进行预报和特性研究，比较符合实际情况[17,18]。拖曳流噪声建模涉及三个问题：一是套管外壁 TBL 压力起伏激励；二是套管管壁以及管内充液结构的传递函数；三是套管内水听器响应面的位置、形状和排列。

1）理论模型

将拖线阵护套当成无限长弹性柱壳来建模，物理模型示意图如图 4.19 所示，模型为只与轴向 z 和径向 r 有关的二维模型。

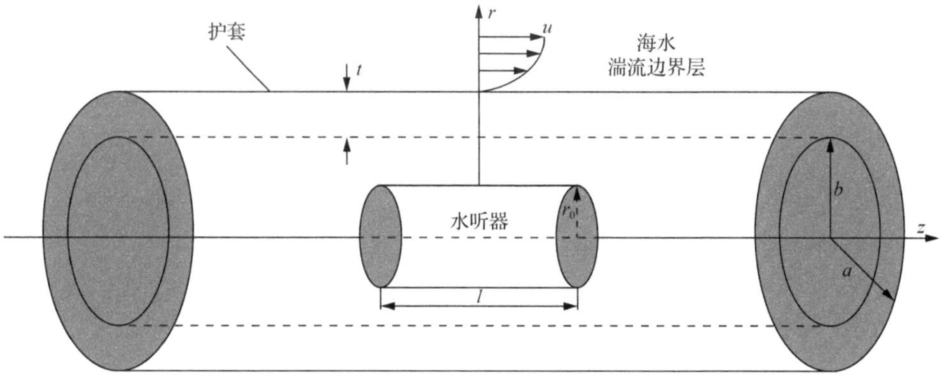

图 4.19　物理模型示意图

该模型成立的前提条件有：一是护套足够长，可以忽略护套两端的影响，由于阵长比湍流的特征尺度大很多，该条件一般可以满足；二是湍流充分发展，TBL 压力起伏认为沿周向空间上均匀，时间上平稳；三是整个系统为线性系统，满足线性叠加原理。

若将作用在护套表面的压力起伏表示为 $p(z,t)$，系统的传递函数表示为 $h(z,r,t)$，则套管内随机压力场 $G(z,r,t)$ 可以表示为

$$G(z,r,t)=p(z,t)*h(z,r,t) \tag{4.19}$$

式中，符号“*”表示卷积。$p(z,t)$ 可以做波数-频率谱分解为

$$p(z,t)=\iint_{-\infty}^{+\infty}s(k_z,\omega)\mathrm{e}^{\mathrm{i}(k_z z-\omega t)}\mathrm{d}k_z\mathrm{d}\omega \tag{4.20}$$

式中，p 和 s 都是随机函数。$h(k_z,r,\omega)$ 是系统传递函数的波数-频率谱分量。因此，随机压力场 $G(z,r,t)$ 可以表示为

$$G(z,r,t)=\iint_{-\infty}^{+\infty}s(k_z,\omega)h(k_z,r,\omega)\mathrm{e}^{\mathrm{i}(k_z z-\omega t)}\mathrm{d}k_z\mathrm{d}\omega \tag{4.21}$$

利用随机压力场$G(z,r,t)$时空相关函数与互谱密度的关系，可以推导得到单水听器接收的流噪声自功率谱表达式如下：

$$\Phi_0(\omega)=\int_{-\infty}^{+\infty}\Phi(k_z,\omega)\,|T(k_z,\omega)|^2\left|\frac{\mathrm{J}_0(k_1 r)}{\mathrm{J}_0(k_1 b)}\right|^2|H(k_z)|^2\,\mathrm{d}k_z \tag{4.22}$$

式中，$\Phi(k_z,\omega)$是 TBL 压力起伏的时空相关函数的波数-频率谱；$T(k_z,\omega)$的物理意义是弹性护套传递函数；$\mathrm{J}_0(k_1 r)/\mathrm{J}_0(k_1 b)$为压力起伏在管内（$r<b$）沿径向的传播规律。$T(k_2,\omega)$与$\mathrm{J}_0(k_1 r)/\mathrm{J}_0(k_1 b)$的乘积表示$h(k_z,r,\omega)$[17,18]，即

$$h(k_z,r,\omega)=T(k_z,\omega)\frac{\mathrm{J}_0(k_1 r)}{\mathrm{J}_0(k_1 b)} \tag{4.23}$$

式中，$\mathrm{J}_0(k_1 r)$、$\mathrm{J}_0(k_1 b)$为第一类 0 阶贝塞尔函数，其中，k_1为压力起伏引起的噪声在护套管内流体中的径向空间波数，b为护套内径。$H(k_z)$为水听器的波数响应函数，如式（4.24）所示：

$$H(k_z)=\frac{\sin(k_z l/2)}{k_z l/2} \tag{4.24}$$

间距为d的N元水听器组接收的流噪声自功率谱可表示为

$$\Phi_0(\omega)=\int_{-\infty}^{+\infty}\Phi(k_z,\omega)\,|T(k_z,\omega)|^2\left|\frac{\mathrm{J}_0(k_1 r)}{\mathrm{J}_0(k_1 b)}\right|^2|H(k_z)|^2|A(k_z)|^2\,\mathrm{d}k_z \tag{4.25}$$

式中，$A(k_z)=\dfrac{\sin(Nk_z d/2)}{N\sin(k_z d/2)}$，其他变量的含义同式（4.22）。

从式（4.22）与式（4.25）可以看出，只要得到了 TBL 压力起伏的时空相关函数的波数-频率谱和护套传递函数的波数-频率谱，就可以求得流噪声场的自功率谱。

2）TBL 压力起伏模型

常用的压力起伏模型有 Corcos 压力起伏模型[31]和 Carpenter & Kewley 压力起伏模型[32]（简称 C&K 模型）等。其中，Corcos 压力起伏模型参数是根据实验中平板表面 TBL 压力起伏测量结果拟合出来的，而 C&K 模型是基于细长圆柱体外壁处 TBL 压力起伏拟合得出的。因此，相比于 Corcos 压力起伏模型，C&K 模型更符合实际情况，在拖线阵流噪声预报中精度更高。此处，只介绍 C&K 模型。

C&K 模型的表达式为[18,32]

$$\Phi(k_z,\omega)=\frac{c^2\rho^2u_*^3a^2((k_z a)^2+1/12)}{((\omega a-u_c k_z\omega)^2/(hu_*)^2+(k_z a)^2+1/q^2)^{2.5}} \tag{4.26}$$

式中，ρ为外部流体密度；a为护套外半径；u_c为迁移波速；u_*为 TBL 剪切速度。

u_c、u_*、c、h、q可由实验数据确定，根据文献可知：$u_c = 0.68U$（U为拖速），$u_* = 0.04U$，$c = 0.063$，$h = 3.7$，$q = 1.08$。国内学者利用大量实验数据，对式(4.26)中的参数进行了修正，修正后的参数为$c = 10$，$h = 3.7$，$q = 0.2$[18]。

3）护套传递函数

拖线阵护套对TBL压力起伏的传递特性直接影响护套内噪声场，多位学者开展相关研究[33,34]。

Walker[33]导出了护套管内填充流体介质时护套对流噪声声压的传递函数表达式：

$$T(k_z,\omega) = \frac{1}{\mathrm{J}_0(k_1 a) + \dfrac{2}{k_b^2 a^2} k_1 a \mathrm{J}_1(k_1 a)\alpha(k_z,\omega)} \tag{4.27}$$

式中，

$$\alpha(k_z,\omega) = \frac{\sigma_1^2 k_z^2}{(1-\sigma_1^2)(k_e^2 - k_z^2)} + \beta^4 k_z^4 + \frac{1-k_e^2 a^2}{1-\sigma_1^2} \tag{4.28}$$

k_b是呼吸波波数：

$$k_b^2 = \frac{2\rho_0 \omega^2 a}{Et} \tag{4.29}$$

k_e是护套扩展波波数：

$$k_e^2 = \frac{\omega^2 \rho_1 (1-\sigma_1^2)}{E} \tag{4.30}$$

β是与护套轴向弯曲强度有关的长度尺度：

$$\beta^4 = a^2 t^2 / (2(1-\sigma_1^2)) \tag{4.31}$$

其中，a是护套外半径；ρ_0是管内流体密度；E是护套的复弹性模量，$E = E_0(1 + \mathrm{i}\tan\delta)$；$\tan\delta$是材料的损耗因子；$t$是护套厚度（$t/R \ll 1$）；$\rho_1$是护套材料密度；$\sigma_1$是护套材料的泊松比。

Lindeman[35]得到的护套传递函数为

$$|T(k_z,\omega)|^2 = \left|\frac{k_b^2}{k_b^2 - k_z^2}\right| \tag{4.32}$$

式中，k_b如式（4.29）所示。

数值计算表明，护套材料存在吸收衰减时，Walker和Lindeman传递函数在低波数区基本一致。两者均可以用于护套传递特性的建模。

4.1.3 噪声数据获取

1. 海洋环境噪声的测量

1）数据测量手段和方法

海洋环境噪声是一种宽带随机信号，在短时间内可将它视为平稳随机过程。测量海洋环境噪声是个困难的问题。要正确地测量环境噪声，就必须消除所有的自噪声源，或至少要把它减小到对总声源级的贡献不显著才可。像钢缆的抖动、波浪对水听器电缆的冲击、电源的交流感应，甚至有时蟹类在水听器上爬行的自噪声源都必须去除。并且，必须使单艘船舶之类的可辨别的远处噪声源对噪声背景不产生影响。

测量海洋环境噪声主要有以下三类设备。

第一类是潜浮标设备。由水听器或水听器组、电子舱、减隔阵模块、锚系设备或沉块、浮体等组成，工作示意图如图 4.20（a）、（b）所示。通常具有长期、定点、连续测量的优点。一般来说，数据自容式记录，等回收后集中导出处理。也有像航空噪声测量浮标、漂流浮标等特殊形式，航空噪声测量浮标一般配合声呐探测浮标使用，是消耗性器材，浮标上水听器感知海洋环境噪声后采集放大转换成无线电信号实时传回飞机，飞机上接收处理得到环境噪声级，浮标到寿后自沉。漂流浮标被布放后，随海浪/洋流漂流，测量所处区域海洋环境噪声后，对数据在线处理，将处理后的海洋环境噪声数据、自定位数据、水听器深度信息等通过卫星实时发送至地面接收装置。

第二类是船载噪声测量设备。一般由沉块、带减隔振措施的水听器阵列、船载数据采集和存储设备等组成，工作示意图如图 4.20（c）所示。具有测量区域大、使用灵活、布放回收方便等优点。

第三类是利用岸基声呐或水下监测网络等非专用噪声测量装备获得海洋环境噪声。除具有长期、定点、连续测量等优点外，还可以直接实时为声呐装备服务。

环境噪声专用测量设备的测噪步骤如下[36]。

（1）调查船到达海洋环境噪声测量站位点停船，布放海洋环境噪声测量系统，并记录布放点全球定位系统（global positioning system, GPS）位置信息。

（2）测量系统布放成功后，即开始测量海洋环境噪声并将测量数据存储到存储设备中（潜浮标位于电子舱，船载噪声测量设备在船上）。

（3）在测量海洋环境噪声的同时，需测量和记录同步海洋环境信息。

（4）由于水下噪声随昼夜和季节性变化的时变特性显著，应根据需要在同一地点进行多次测量，通常情况不小于每小时测量一次，每次测量记录时间不小于 3min。

（5）测量结束后，对测量设备进行回收。

（6）将存储的噪声数据导出并进行分析处理，获得海洋环境噪声数据产品。

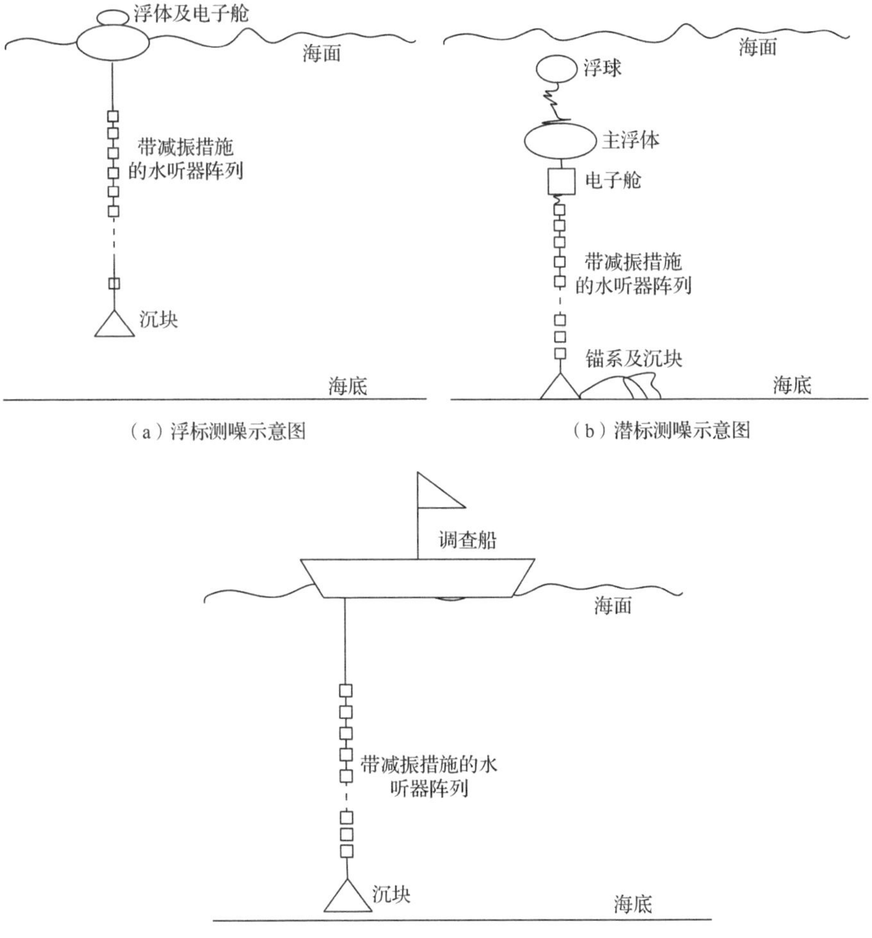

（a）浮标测噪示意图　（b）潜标测噪示意图

（c）船载测噪示意图

图 4.20　噪声测量设备工作示意图[36]

注意设备布放前详细记录相应的水听器灵敏度、放大器放大倍数、水听器阵列阵元位置及声学释放器码（仅对潜浮标系统）等相关信息。

同步海洋环境信息主要包括海面、水文、海底、周边航船情况等信息。其中，海面参数包括风速、风向、海况、降雨、风、浪等，利用风速仪测量海面风速、风向，利用波浪仪测量波高，利用雨量计记录降雨情况等；水文参数主要包括声速、温度、流速、流向，还包括利用 CTD、TD 和温度链等进行的定点水文调查，利用 XBT、XCTD 等进行的动态水文调查，以及利用海流计进行的流速、流向测量；海底参数包括海深、海底沉积层类型、海底底质声学特性参数等，海底底质声学特性参数包括沉积物声速、密度和吸收系数，测量手段见第 2 章；周边航船情况主要利用 AIS 记录或通过卫星遥感获取[36]。

2）数据处理方法

海洋环境噪声数据是一种无限长随机信号，短时间内（一般在几分钟内）可以认为是平稳随机过程，可以通过功率谱估计来分析海洋环境噪声级，信号处理步骤如下：

（1）噪声数据选取和预处理。截取有效接收信号，分析并剔除干扰信号，如可以判断的人工信号、已知的船舶干扰信号等。

（2）噪声数据分段和傅里叶变换。将预处理完的海洋环境噪声数据（滑动）截取分成 L 个数据段 $u_l, l=1,2,\cdots,L$，其中每个数据段的长度为 M，M 值的选取根据数据总长度，频率分辨率要求及平稳特性等来综合考虑，各数据分段之间可以根据需要有适当的重叠。

（3）分析计算环境噪声谱级。对每一段数据 u_l 进行频谱分析，并对所有 L 个数据段进行求和平均，去掉放大倍数、水听器灵敏度之后，得到需要的环境噪声谱级。

每段数据记为 $u_l(n)$，则其离散傅里叶变换为

$$U_{ik'}=\sum_{n=0}^{N-1}u_l(n)\exp\left(-\mathrm{i}\frac{2\pi}{N}k'm\right) \tag{4.33}$$

式中，$N \geqslant M$ 为快速傅里叶变换长度，则谱级为

$$\mathrm{SL}_k \equiv \mathrm{SL}(f_k)=10\lg\left(\frac{1}{L}\sum_{l=1}^{L}|P_{lk}|^2\right)-M_V-m,\quad k=1,2,\cdots,K \tag{4.34}$$

其中，$|P_{lk}|^2=\dfrac{1}{NM}\dfrac{2}{\Delta f}\sum_{k'=n_1}^{n_2}|U_{lk'}|^2$，$\Delta f=f_H-f_L$，$f_H=2^{1/6}f_k=(n_2-1)f_s/N$，$f_s$ 为采样率，f_k 为频带中心频率，$f_L=2^{-1/6}f_k=(n_1-1)f_s/N$，$M_V$ 为水听器灵敏度，m 为放大器的放大增益。

（4）计算 1/3oct 环境噪声带级和总声级。

1/3oct 环境噪声带级计算方法如下：

$$\mathrm{SL}_{1/3}(f_0)=10\lg\left(\Delta f_{1/3}\sum_k 10^{0.1\mathrm{SL}(f_k)}\right) \tag{4.35}$$

式中，$\Delta f_{1/3}$ 为以 f_0 为中心频率的 1/3 oct 带宽。指定带宽内的总声级可由式（4.36）得到：

$$\mathrm{SL}=10\lg\left(\sum_{k=1}^{K}10^{0.1\mathrm{SL}(f_k)}\mathrm{d}f\right) \tag{4.36}$$

式中，$\mathrm{d}f$ 为频率间隔；求和是在指定的频段内进行求和。

2. 平台自噪声的测量

平台自噪声是由安装在船舶船体上的无指向性水听器所接收到的由船舶自身动力装置、辅机设备和船体运动所产生的水中噪声。平台自噪声数据的测量并分析获取自噪声有效值、线谱、平均功率谱密度等特征，对于潜艇的声隐身性能常态化监视、舰艇载声呐论证和设计、声呐系统动态效能预报具有重要意义。

平台自噪声测量前要开展充分的准备工作。首先，需要充分了解被测舰艇总体和安装的主要机械和设备的特征，如舰艇的排水量、长度、型宽、吃水深度、动力装置类型、螺旋桨数、每个螺旋桨形状、桨叶数、每节航速的轴转速、所采取的减振降噪措施等，同时仔细检查并记录被测舰艇的状况及容易引起拍击、振动或空化的机械状况。其次，要在船舶上加装自噪声测量系统，包括水听器及相应的数据采集记录设备等，测量系统需要联调和校准，水听器安装方式主要有船壳外安装和船壳内安装，如图 4.21 所示。为了获得自噪声沿船体的分布特性，水听器应沿舰艇船体大致均匀分布，但在重要部位（如声呐平台、指挥台围壳等）和主要机电设备（如主电机、主变流机、柴油机、螺旋桨等）附近必须安装[15]。

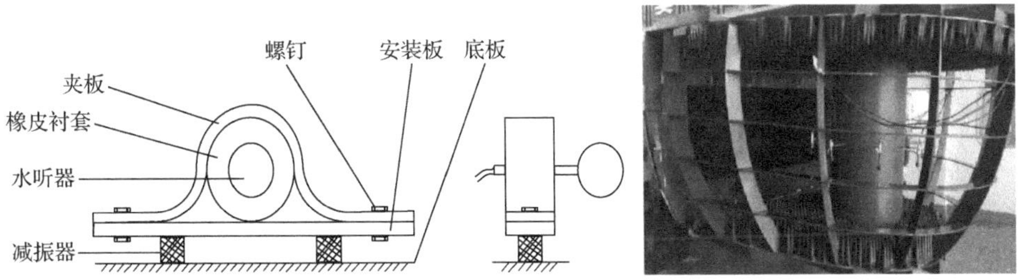

（a）船壳外安装方式[15]　　（b）声呐导流罩内安装方式

图 4.21　自噪声测量水听器安装方式

准备工作完成后，被测舰艇航行到实验海区，即可开始测量。根据需要，测量不同舰艇状态及工况下的自噪声，对于水面舰艇，主要是改变航行速度，对于潜艇，主要有水面、通气管、潜望及水下（不同深度）航行状态，几种主机（柴油机、主电机和经航电机等）不同转速的航行工况。被测舰艇以要求的状态和工况匀速直线航行，待状态稳定后，用数据采集记录设备同步记录多路自噪声信号，记录时间一般不小于 1min，测量信噪比应大于 6dB，并详细准确记录船舶状态与工况。为减少误差，同一状态与工况下自噪声应重复测量，且要求两次测量的宽带声压级差不大于 2dB，否则应补充测量[15]。

获得自噪声数据后，对数据开展频谱分析，获得自噪声的声压谱级、声压带级、1/3oct 频带声压级、线谱等数据产品。自噪声测量与分析的频率范围通常是 5Hz～20kHz，螺旋桨部位自噪声测量与分析的上限频率可扩展到 40kHz[15]。

3. 拖曳流噪声的测量

拖曳流噪声的实验测试方法主要有以下三种。

第一种在风洞或水洞中开展拖曳流噪声测量，被测模型和接收器位置固定，而水介质等流动，利用被测模型和水的相对运动，测试不同流速下的拖曳流噪声。该方法的缺点是设备的本地噪声大，影响测试数据的可信度。

第二种开展浮体实验。用一个流线型的浮体，并在浮体壁面上齐平安装平面水听器，实验时浮体置于深水中，然后使其自由上浮运动，从而测量流噪声。该方法没有机械噪声干扰，但上浮速度难以控制。

第三种在低背景噪声的开阔水域，利用轻便低噪声绞车，牵引缆绳拖动尾部挂有拖线阵实验样段和装有数据采集设备的无动力小艇平台，在拖动中实施流噪声测量[37]。典型的测试系统示意图如图 4.22 所示，该系统主要由绞车（包括电机、传动机构、滚筒和排缆机构）、绞车控制装置、导向装置、缆绳、无动力小艇平台、拖缆、被测拖线阵等组成。其中，拖速由绞车控制装置调节，采集系统和采集人员位于无动力小艇上，缆绳用于连接绞车和无动力小艇平台，因其相对密度小于水，加上拖曳平台和无动力小艇有高度差，故拖动时缆绳不在水下运动，也就不会影响测量结果。拖动分为启动加速、匀速、减速三个阶段，在匀速阶段进行数据采集。该方法具有拖速可调，使用方便；远离动力源，干扰小；采集设备靠近被测样段，信噪比高；可根据需要设定深度；被测样段较长，有利于样段表面充分湍流化等优点[37]，是目前常用的流噪声测试手段。

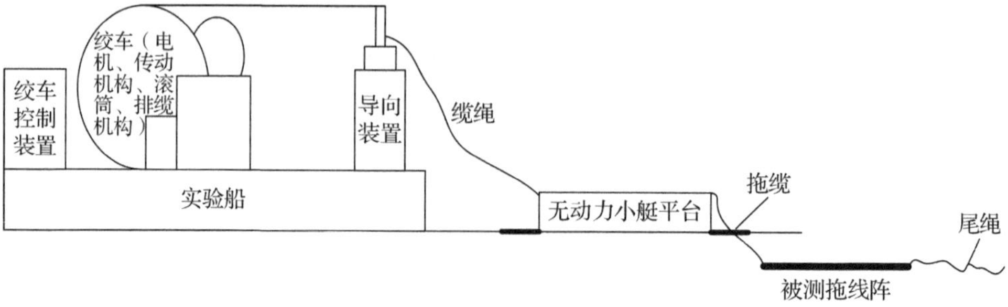

图 4.22　拖曳流噪声测试系统示意图

4.2　混　　响

混响是主动声呐特有的干扰，它与背景噪声共同组成了主动声呐的背景干扰。与海洋环境噪声不同，混响因伴随着主动声呐的信号发射而出现，混响的频谱特性与发射信号的相同，混响强度随水平距离和发射信号强度的变化而变化，其时变特性更明显。与海洋环境噪声相似，混响研究主要分为三个方面：一是从能量的角度研究混响的平均强度所遵循的规律；二是从抗混响的角度研究混响的时空频统计特性；三是混响的逆问题研究，即从测量的混响数据中反演海底参数、水文参数等环境信息。混响强度的衰减规律是主动声呐混响限制区的重要判据，也是主动声呐系统性能预报所关心的最基本问题之一。因此，对于声呐系统动态效能来说，本节主要从能量的角度关注混响干扰特性、仿真建模和数据获取等方面内容。

4.2.1　混响干扰特性

1. 混响的大小表征

由声学理论可知，当声波在传播途中遇到障碍物时，会在物体表面激发起次级声源，它们向周围介质中辐射次级声波，习惯上将这种次级声波统称为散射波。混响是声呐发射的声能遇到海洋中大量无规则散射体，散射体形成的散射波在声呐接收端叠加形成的，它紧跟在主动声呐的发射脉冲之后发生，像一阵长长的、由强变弱的、颤动的声响[2]。表征混响大小的直接物理量为等效平面波混响级，而影响混响级大小的另一个基本物理量为散射强度。

1）散射强度

散射强度是指在单位距离处被单位面积或单位体积所散射的强度与入射平面波强度比的分贝数表示[2]，即

$$S_{A,V} = 10\lg\frac{I_{\text{scat}}}{I_{\text{inc}}} \tag{4.37}$$

式中，I_{inc} 为入射平面波强度；I_{scat} 为单位面积或单位体积所散射的强度，是在远场测量后再折算到单位距离处的；S_A 为面积散射强度；S_V 为体积散射强度，而取分贝前的比值称为散射系数，即

$$S_{A,V} = \frac{I_{\text{scat}}}{I_{\text{inc}}} \tag{4.38}$$

2）等效平面波混响级

一般来说，主动声呐的发射声场具有指向性，海洋中的散射体分布也是非均匀的，致使混响声场一般是各向异性的。因此，需要引入等效平面波概念来定义混响的强度，即以激励相等电压输出的入射平面波强度来等效混响的强度。

设有水听器接收来自声轴方向的入射平面波，该平面波的声强为 I，水听器输出端的电压为 U，如将此水听器放置在混响场中，声轴对着目标（无目标时则对着发射端或接收端），若此时该水听器输出端的电压也为 U，则此混响场的等效平面波混响级 RL 为[2]

$$\mathrm{RL}=10\lg\frac{I}{I_{\mathrm{ref}}} \tag{4.39}$$

式中，I_{ref} 为参考声强，是参考声压值为 1 μPa 的平面波的声强。

2. 混响的分类

按照不同的原则混响有不同的分类方法。根据混响形成机理不同或散射源分布的不同，混响可以分为体积混响、层混响和界面混响。当散射源分布在水体中，如海洋生物、海水中的泥砂粒子、温度不均匀水团等海水不均匀性结构对声波散射后形成的混响称为体积混响；当散射体分布在某一局部水平层中称为层混响，比如海面附近气泡层、海底淤泥层、生物层、跃层本身非均匀性水团等；当散射体为分布在介质界面上的散射称为界面混响，包括海底混响和海面混响。在实际声呐设计中，一般将由风浪产生的海面附近气泡层散射引起的混响归为海面混响，而海底淤泥层引起的混响归为海底混响，而体积混响包含了水平非均匀散射层混响。因此，工程实际中，混响分为体积混响、海面混响和海底混响三类，体积混响的散射体是三维分布的，而海面混响和海底混响的散射体分布可以近似为二维分布。

根据发射、接收位置不同，可以将混响分为单基地混响和多基地混响。其中，单基地混响是指声呐发射、接收位置合置，混响是由反向散射形成的，而多基地混响（典型代表为双基地混响）是指声呐的接收位置与发射位置分置，混响主要由前向散射（指向接收端）形成的。单基地混响和多基地混响示意图如图 4.23 所示。

根据接收端、发射端与散射体的相对运动情况，可以将混响分为静态混响和动态混响。其中，接收端和发射端不机动，散射体与水听器之间的相对运动微弱情况下形成的混响称为静态混响，其多普勒频移及扩展小；而接收端或发射端机动，散射体与水听器之间的相对运动较明显情况下形成的混响称为动态混响，动态混响有一定程度的多普勒频移与扩展。

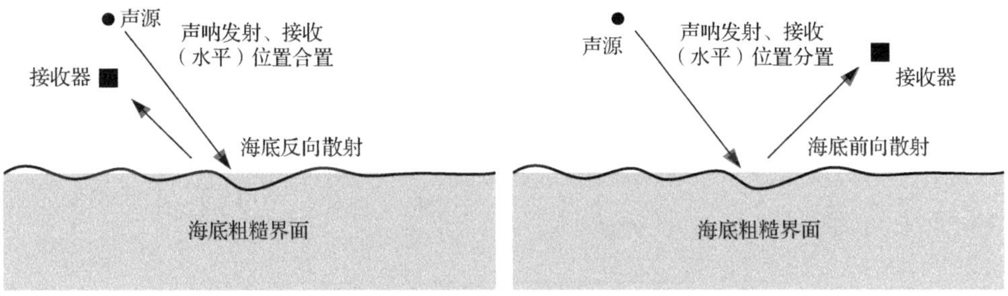

（a）单基地混响　　（b）多基地混响

图 4.23　单基地混响和多基地混响示意图

根据混响的时空相关特性，可以分为漫射混响和小平面散射混响[38]，其中，漫射混响由海洋波导的小尺度随机结构产生。例如，海面和海底的粗糙性以及海底的不均匀性，因其随机特性而具有相对较低的相关性，而小平面散射混响主要由海洋深度和海底基层特征的突然变化，如海山和断层等结构散射形成的，因其确定性特征，产生“类信号”的混响。

3. 混响特性

1）混响的时间特性

通常散射体在海中的分布是完全无规的，每个散射声波的相位也是随机的，因此作为大量的这种散射波叠加总和的混响，仍然是一个随机过程。海水中的混响信号的平均强度是随时间而衰减的，所以混响是非平稳的随机过程。

一般情况下，海洋中体积混响、海面混响、海底混响等三种混响都存在，只是不同时间以不同混响类型为主，时间对应距离，极近程以体积混响为主，近程以海面混响为主，中远程以海底混响或海面、海底多次反射混响为主。在深远海环境中，通常存在明显的声道效应，此时一般情况下海面混响以及体积混响对主动声呐的工作性能影响较为突出，而在浅海中海底混响的影响通常占据支配性的地位。不同混响随距离衰减速度不同，体积混响衰减最快，按距离的 4 次方衰减，层混响按距离的 3 次方衰减，界面混响衰减最慢，按距离的平方衰减。

图 4.24 为深海中爆炸声源所产生的混响强度随时间变化曲线[2]。由于接收位置近海面，因此爆炸声直达波过后紧接着就是海面混响，随后是体积混响，接着是海底-海面反射和海底混响，海底和海面二者间多次反射和散射形成了一个长而不规则的拖尾。

2）体积混响特性

体积混响主要由海洋生物散射形成[39]，其位置、散射强度、频率特性等，一般随着昼夜时间的改变、浮游生物和鱼类的生活习性而变化。

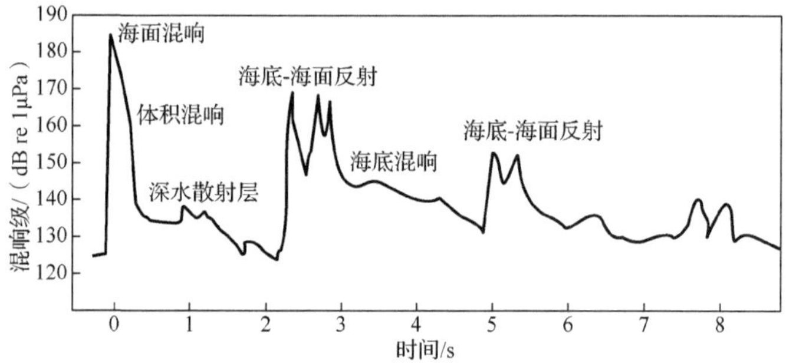

图 4.24　深海中爆炸声源典型混响强度曲线

不同工作频率的声呐受不同的海洋生物影响，当频率超过 30kHz 时，散射体主要为浮游生物，在 2～10kHz 的频段上，散射体主要为各种鱼类，鱼类长有鱼鳔，而鱼鳔在声学意义上相当于能在某个频率上共振的体内气泡，其共振频率的大小取决于鱼的大小和所处的深度[40]，鱼越大、深度越浅，共振频率越低。

体积散射强度具有深度分布特性。利用测深仪测量体积散射强度随深度的变化规律，测量表明，体积散射强度总体上随深度呈递减趋势，而在某些深度上，散射强度明显增大，这与海洋中生物的一般分布情况是一致的。体积散射强度明显增大（5～15dB）的深度被称为深水散射层（deap scattering layer, DSL）。图 4.25 为太平洋中两个海区内用 24kHz 声波测得的体积散射强度随深度的变化曲线[2]。从图中可以看出，体积散射强度一般在-100～-70dB，随深度增大的平均递减梯度约 1.64dB/100m（图中虚线所示），白天和夜晚的散射强度差别明显。

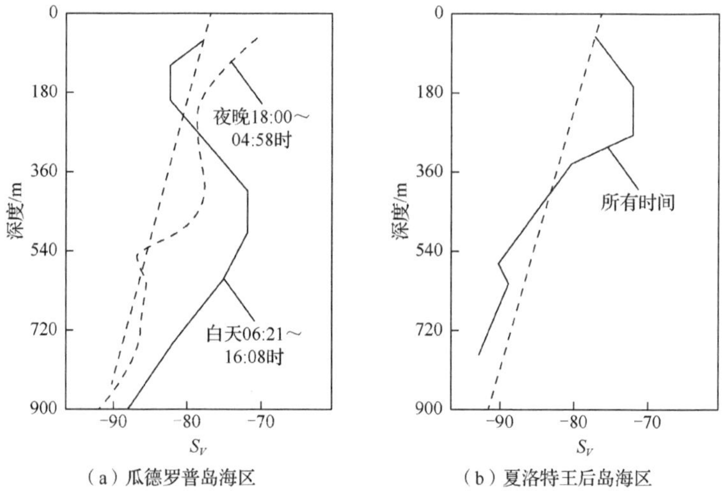

（a）瓜德罗普岛海区　　（b）夏洛特王后岛海区

图 4.25　太平洋中两个海区内测得的体积散射强度随深度的变化（声呐频率 24kHz）

DSL 存在于全球海洋中，通常出现深度上的昼夜迁移，白天的深度大于夜晚的深度（保持在层的深度上的光照相当），在日出和日落时分，DSL 的深度会发生快速的变化。中纬度地区，白天 DSL 在 180～900m，夜晚时则较浅；北极区，DSL 在冰盖下面。

体积散射强度具有频率分布特性。测量表明，在几十千赫兹的高频段内体积散射强度与频率没有明显的关系，而在较低的频率上，体积混响谱中有若干个变化很大的峰（共振频率），每个峰值对应海中不同的深度。不同深度上的峰值频率不同，这一点表明 DSL 有多层结构，大多数层在做昼夜移栖的同时，频谱亦发生改变[2]。不同海区之间，DSL 深度、强度和共振频率的变化可能很大。

3）海面混响特性

海面混响形成的机理主要包括两种，一是海面的不均匀性对声波的散射，二是波浪产生的气泡层对声波的散射。在不同的风速、频率、掠射角、海区情况下，两种机理起作用的程度是不同的。海面散射强度的特征能反映海面混响的特性，对海面散射强度已经开展了大量理论研究和海上实测工作[41-44]。研究表明，海面散射强度主要随掠射角、频率以及与风速相关的海面粗糙度而变化。

由于海面边界的多变性和复杂性，要建立一个切合实际的海面散射数学模型是困难的，学者通过理论研究、大量实验和数据分析，总结规律，得到了计算海面散射强度的经验公式。其中，Chapman 等[41]为综合考察散射强度与频率、风速和掠射角之间的关系进行了实验研究，分析了风速由 0kn 变化至 30kn、频率由 400Hz 变化至 6400Hz、掠射角不大于 40° 条件下的大量实测数据之后，得到了计算海面反向散射强度的经验公式：

$$
\begin{aligned}
S_s &= 3.3\beta \lg\frac{\theta}{30} - 42.4\lg\beta + 2.6 \\
\beta &= 158(vf^{1/3})^{-0.58}
\end{aligned}
\tag{4.40}
$$

式中，v 为风速（kn）；θ 为掠射角（°）；f 为频率（Hz）。

图 4.26 和图 4.27 是用经验公式（4.40）画出的海面散射强度随掠射角、频率和风速的变化曲线。其中，图 4.26（a）～（d）分别为频率为 500Hz、1000Hz、3000Hz、5000Hz 情况下散射强度随掠射角和风速的变化曲线，图 4.27（a）～（d）分别为掠射角为 5°、15°、25°、40° 情况下散射强度随频率和风速的变化曲线。从变化曲线可以看出，在该经验公式适用范围内，相同的频率和掠射角条件下，散射强度随风速的增大而增大；相同的频率和风速条件下，散射强度随掠射角的增大而增大，风速越大频率越高增加的速度越慢；相同的掠射角和风速条件下，频率越大散射强度越大，但是在低频和小掠射角时，散射强度随频率变化较大，而在高频和大掠射角时，散射强度随频率变化很小。

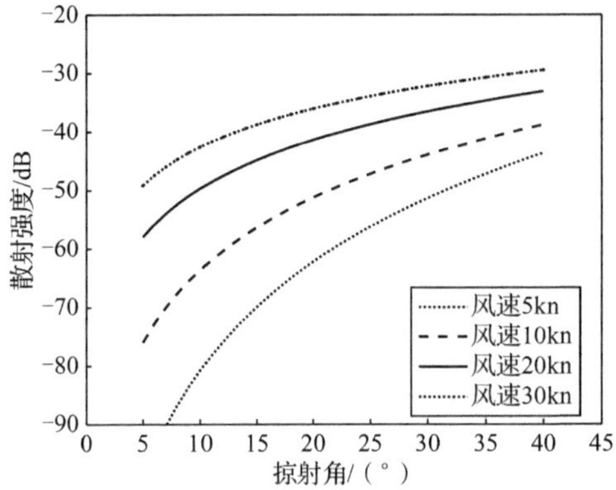

（a）频率为500Hz

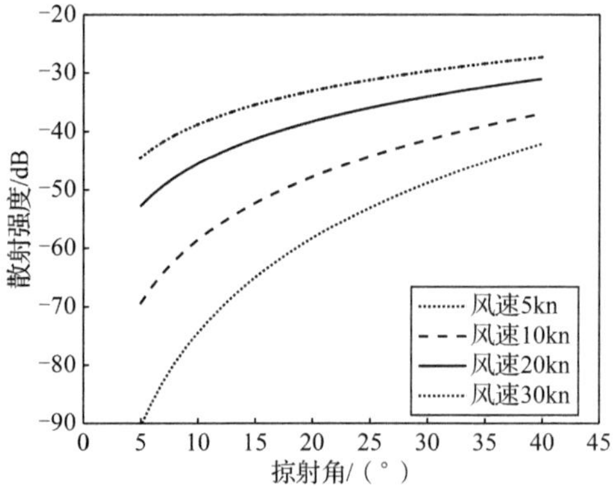

（b）频率为1000Hz

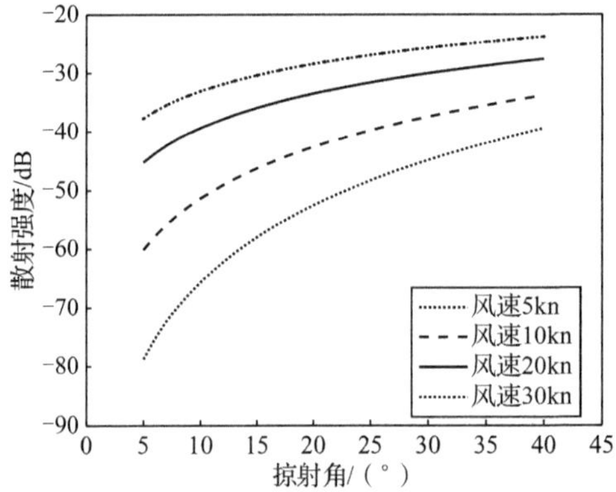

（c）频率为3000Hz

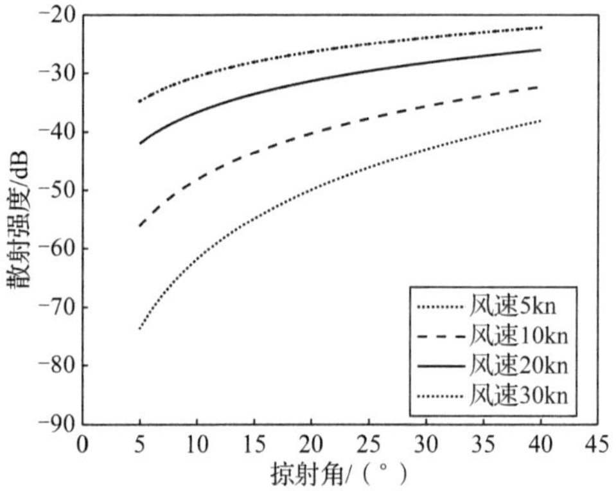

（d）频率为5000Hz

图 4.26　不同频率下海面散射强度随掠射角和风速的变化曲线

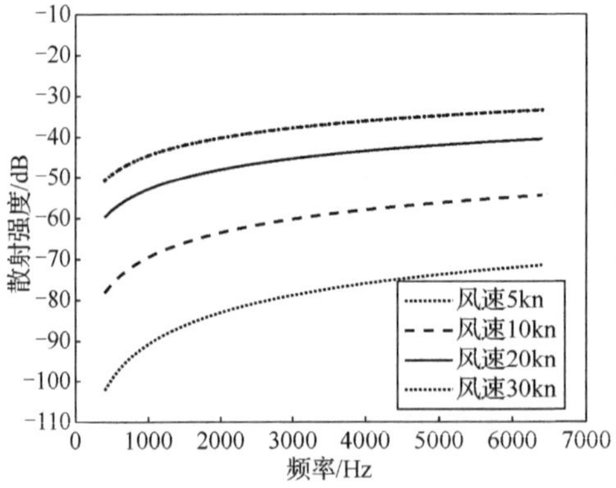

（a）掠射角为5°

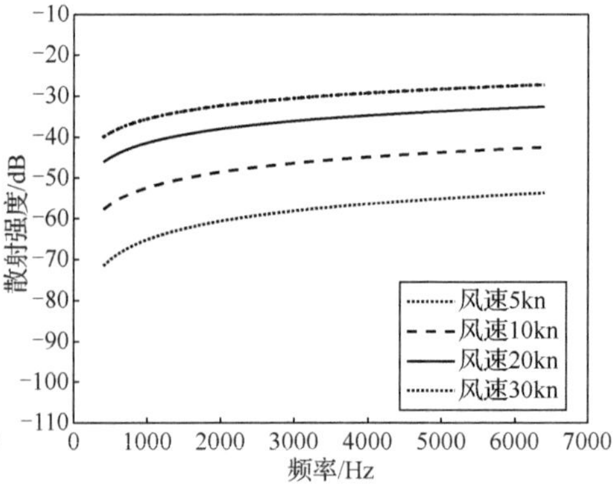

（b）掠射角为15°

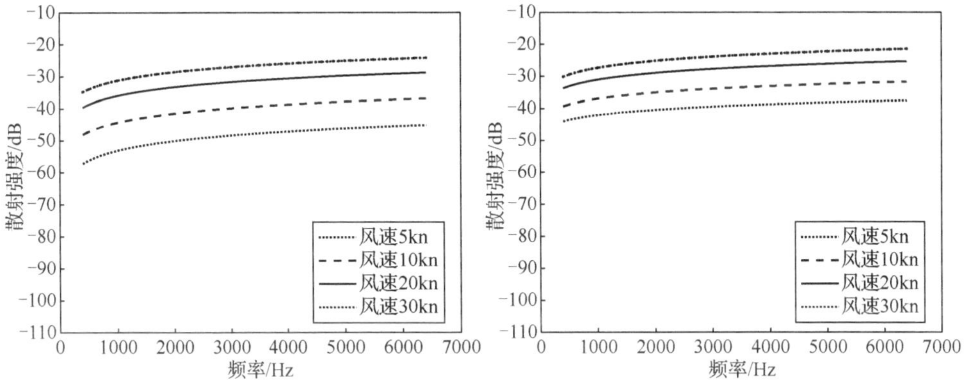

（c）掠射角为25°　　（d）掠射角为40°

图 4.27　不同掠射角下海面散射强度随频率和风速的变化曲线

由于主动声呐向低频探测发展，低频混响和散射特性研究得到格外重视。美国空间与海上系统司令部发起了临界海上测试（critical sea test, CST）海上测试项目，其目的之一是低频声散射参数测量，从 1988 年至 1993 年，共完成了不同海域 8 次细致的声散射测量，并开展了深入的研究[43,44]。测量的主要参数范围：风速 1.5～17.5m/s，海况 0～6 级，掠射角 5°～30°，频率 70～1000Hz。主要的研究结论[43]为：在频率-风速域，海面散射可以被划分为三个区域，如图 4.28 所示，在低风速（约 7m/s）所有频率上及高风速低频段（约 300Hz 以下），海面散射强度对频率和风速变化的依赖性不强，其散射机理为海空界面上的粗糙表面散射，可以采用微扰理论分析；在较高的风速（约 10m/s 及以上）和频率范围（300Hz 及以上），海面散射强度与频率和风速具有强相关性，其散射机理被认为是海表面气泡层的散射，强度可以用查普曼-哈里斯（Chapman-Harris）经验公式很好地预报；在两者之间为过渡区域，散射由两种机理共同作用，具体以哪种机理占优取决于具体的海洋环境，该区域的上边界和下边界曲线分别如式（4.41）和式（4.42）所示。

$$U_{下}=\begin{cases}21.5-0.0595f, & 50\leqslant f<240\\ 7.22, & 240\leqslant f\leqslant 1000\end{cases}\tag{4.41}$$

$$U_{上}=20.14-0.0340f+3.64\times10^{-5}f^2-1.330\times10^{-8}f^3\tag{4.42}$$

对动态效能计算来说，CST 项目的另外一个重要研究结论是仅用实时的风速不足以准确预报海面散射强度，还需要考虑短时的风速历史数据，海况、白帽指数、反向平均风速（2～4h 历史风速的平均）等均可以作为预测散射强度的参数[43]。

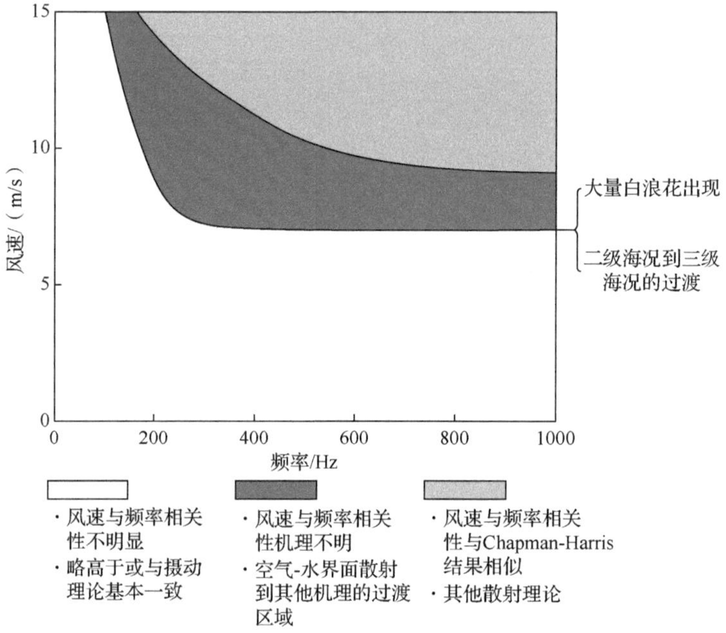

图 4.28 海面散射在频率-风速域的区域划分[43]

为更好地预报海面散射强度，Ogden 等[43]在大量测量和分析的基础上，提出了经验公式，如式（4.43）所示，其中，SS_t 为 Ogden 等提出的经验公式计算的散射强度，SS_{CH} 为利用 Chapman-Harris 经验公式计算的散射强度，如式（4.40）所示，SS_{pert} 为利用微扰理论计算的散射强度，如式（4.44）所示，α 为两种机理的占比系数，如式（4.45）所示，f_i 为当前声信号频率，U_i 为当前风速，U_{pert} 为当前频率下微扰理论对应的风速边界，U_{CH} 为当前频率下 Chapman-Harris 经验公式对应的风速。此经验公式的适用范围：频率 50～1000Hz，掠射角 0°～40°，风速 0～20m/s，在低于 1kHz 以下的频段上预报海面散射强度比 Chapman-Harris 经验公式更优。

$$SS_t = \alpha SS_{CH} + (1-\alpha) SS_{pert} \tag{4.43}$$

$$SS_{pert} = 10\lg\left(1.61\times10^{-4}\tan^4\theta\exp\left(-\frac{1.01\times10^6}{f^2U^4\cos^4\theta}\right)\right) \tag{4.44}$$

$$\alpha(f_i) = \frac{U_i - U_{pert}}{U_{CH} - U_{pert}} \tag{4.45}$$

4）海底混响特性

海底成分多样，分布形式相当复杂，从而形成不均匀底质散射。实际海底的不平整、底质参数的变化以及海底地形的起伏通常都大大超出了现有海洋声学模型所能刻画的范畴，且随着频率的不同而表现出多变的声学特性。所以，时至今日，仍有大量的专家学者致力于建立并不断完善海底的模型和描述。

海底或海底附近的散射体对声波的散射形成了海底混响，海底混响是浅海中混响的重要组成部分，其形成机理也主要包括两种，一是由海底粗糙起伏界面对声波的散射，二是不均匀底质对声波的散射。通过实验发现，到目前为止，在激发海底混响的过程中，两种机理对海底混响的贡献仍无法明确界定。

与海面一样，海底散射强度是影响海底混响的重要因素。当掠射角小于 45°时，海底反向散射强度与掠射角的关系可以用朗伯（Lambert）散射定律来描述。Lambert 散射定律是为了描述光在粗糙界面散射后能量在角度上的分配而提出的，根据 Lambert 散射定律，散射强度和掠射角正弦的平方成正比，如式（4.46）所示，其中，S_B 是海底散射强度，μ 是海底散射常数，$10\lg\mu=-27\text{dB}$，θ_i 为入射掠射角。

$$S_B=10\lg\mu+10\lg(\sin^2\theta_i) \tag{4.46}$$

其他散射方向上的散射强度近似为

$$S_B=10\lg\mu+10\lg(\sin\theta_i\cdot\sin\theta_z) \tag{4.47}$$

式中，θ_z 为散射掠射角。

除了上述表达式，一些基于物理声散射机制的理论模型也可在一定条件下近似为经验性表达关系，便于工程应用。例如，在海底界面大尺度不均匀波导环境中，小掠射角和基尔霍夫近似条件下的海底散射模型可以表示为[45]

$$S_B=10\lg\mu+10\lg\left(\sin\frac{\theta_i+\theta_z}{2}\right) \tag{4.48}$$

在海底界面小尺度不均匀波导环境中，小掠射角和基尔霍夫近似条件下的海底散射模型可以表示为[45]

$$S_B=10\lg\mu+10\lg\left(\sin\left(\cos^{-1}\frac{\cos\theta_i+\cos\theta_z}{2}\right)\right) \tag{4.49}$$

海底声散射总体上随着掠射角的增大而增加，但对于不同的海底类型和掠射角范围，海底散射强度和掠射角之间的函数关系则不同。海底声散射强度与发射脉冲长度不存在明显的相关性。虽然散射强度与海底沉积物颗粒粒径不存在明显变化规律，但对于不同类型的海底，声散射强度还是存在一些普遍的趋势，即砂质和岩石等硬质海底声散射强度一般大于黏土和粉砂等软质海底的声散射强度。

值得一提的是，在浅海混响平均强度预报中，经验散射模型对混响特性分析存在一定的局限性。这是因为最初的经验散射模型——Lambert 散射定律，是借鉴光学理论中提出的半无限自由空间中的散射模型，表征的是海底散射强度与平面波掠射角之间的关系，其结果在深海大掠射角的混响预报中可靠性较高。而到了浅海波导中，由于浅海强烈的多途和频散效应，决定海底混响特性的多是小于波导简正波临界角和小掠射角范围的小角度散射。后续研究表明，结合海底反射系数的三参数模型，将海底反射系数的相移参数等效代替地声参数，描述海底对声场的散射作用，简化了海底反向散射模型。在浅海，不同掠射角范围，海底对反向散射声场的强度特性和角度特性的贡献不同。掠射角较大时，海底对反向散射声场的影响主要体现在其角度特性；掠射角非常小时，海底的影响主要体现在海底散射的强度特性[45]。

海底混响包含传播—海底散射—再传播的过程，海底散射过程的表征决定了海底混响建模的适用性和鲁棒性。2006 年，在美国海军研究实验室召开的浅海混响建模研讨会上，确定了 20 个浅海混响建模标准问题，其中考虑了海面散射、海底粗糙界面散射、海底体积介质不均匀性散射、经验散射函数、不同水文剖面、不同海底地形等情况，可用于建立混响散射建模研究的基准问题以供参考。

以海底散射为例，图 4.29 分别给出 250Hz、1kHz、3.5kHz 在不同起伏海底条件下的海底散射强度的参考解。波导中的声源深度、接收器深度、海深以及水声环境参数如表 4.2 所示，其中，典型界面均方根高度 h 和相关半径 l 分别为 0.32m 和 400m，粗糙界面的均方根高度 h 和相关半径 l 分别为 0.14m 和 10m。显然，如果以海底起伏界面的均方根高度与相关半径之比来定义界面粗糙度的话，粗糙界面的粗糙度远大于典型界面。从图 4.29 中散射强度的对比可发现，粗糙界面的散射强度大于典型界面，即粗糙度越大，海底散射强度越强。另外，从两组图的比对不难看出，由海底粗糙起伏界面引起的海底散射，散射强度随着频率的增加而增大，随着掠射角的增加而增大。

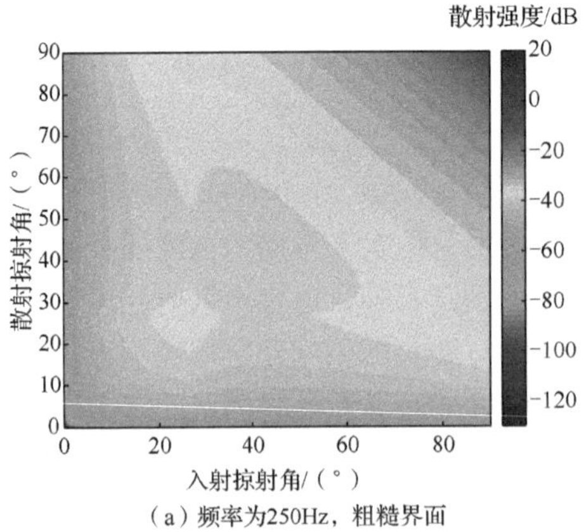

(a) 频率为250Hz，粗糙界面

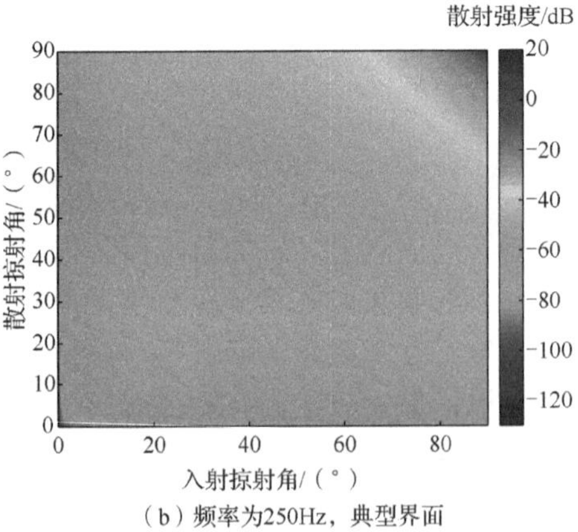

(b) 频率为250Hz，典型界面

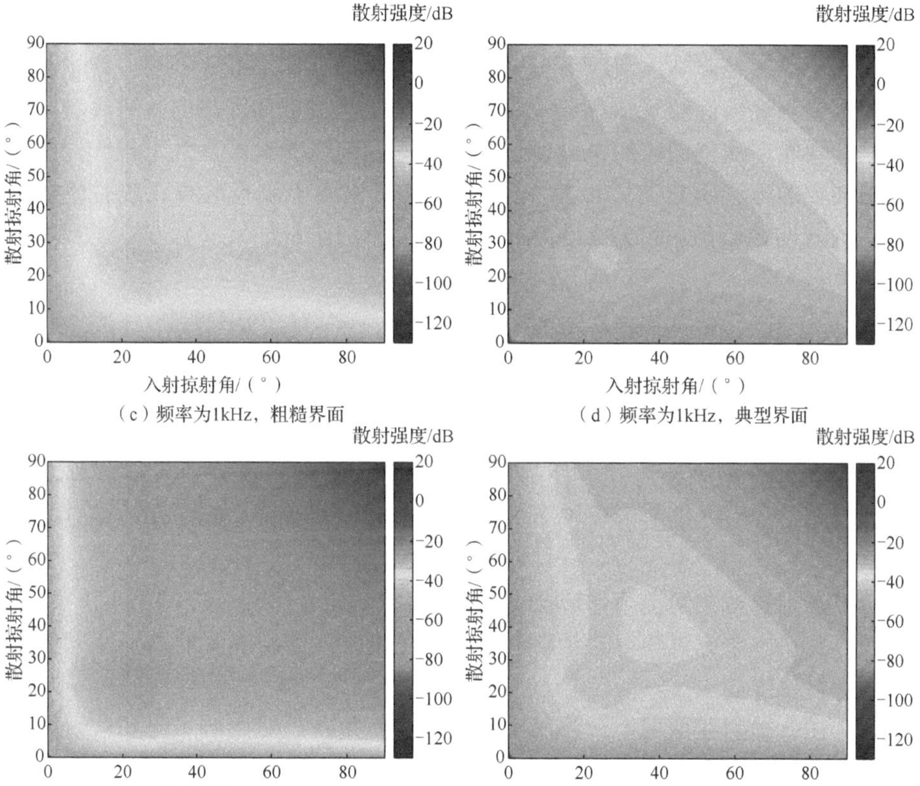

（c）频率为1kHz，粗糙界面　（d）频率为1kHz，典型界面

（e）频率为3.5kHz，粗糙界面　（f）频率为3.5kHz，典型界面

图 4.29　不同起伏海底条件下的海底散射强度随频率及入射掠射角的关系图（彩图附书后）

表 4.2　海底散射仿真波导环境参数

参数类型	数值
波导深度	50m
声源深度	15m
接收器深度	25m
海水密度	1024kg/m^3
海水声速	1500m/s
海底沉积层密度	2048kg/m^3
海底沉积层声速	1700m/s
海底吸收系数	0.5dB/λ
海底粗糙均方根高度 h	0.14m（粗糙界面） 0.32m（典型界面）
海底粗糙相关半径 l	10m（粗糙界面） 400m（典型界面）
风速	10m/s

注：dB/λ表示每波长的级差衰减分贝数

5）异地混响特性

相比于单基站声呐，双/多基地声呐在一定条件下具备抗干扰强、隐蔽性高、探测范围远等优势。当双/多基地主动声呐系统工作在浅海海域时，海底混响会严重影响其性能，欧美国家的 Jackson、Ellis 等先后从 20 世纪八九十年代开始对其进行了细致的理论研究[46-49]。其中，Ellis 等[49]论述了双基地海底散射模型，即将二维的背向经验散射函数 Lambert 定理扩展到三维，如式（4.50）、式（4.51）所示：

$$m_s = \mu \sin\theta_i \sin\theta_s + \nu(1+\Delta\Omega)^2 \exp(-\Delta\Omega/(2\sigma^2)) \tag{4.50}$$

$$\Delta\Omega = (\cos^2\theta_i + \cos^2\theta_z - 2\cos\theta_i\cos\theta_z\cos\phi)/(\sin\theta_i + \sin\theta_z)^2 \tag{4.51}$$

式中，散射模型的三个主要参数分别是 μ 为 Lambert 常数、ν 为海底界面的谱强度、σ 为大尺度不平整海底界面的均方根斜角。另外，θ_i 为入射掠射角，θ_z 为散射掠射角，ϕ 为三维散射情况下的水平方位角。从式（4.50）、式（4.51）可以看出：

（1）在小掠射角情况下，Lambert 常数直接决定了散射强度的大小。

（2）存在一个临界角，当掠射角大于此角度时，海底界面的谱强度 ν 的变化将影响散射强度的大小。

（3）在大掠射角情况下，海底大尺度粗糙斜角 σ 严重影响了海底散射强度的大小。

（4）总体上，在大掠射角入射时，海底界面散射（海底界面的谱强度 ν 和海底大尺度粗糙斜角 σ ）决定着海底散射强度，而在中小掠射角入射时，海底沉积层的体积散射决定着海底散射强度的大小。

同时，20 世纪 80 年代，苏联的科学家认为，对于大陆架过渡海域远距离的异地混响，其特性复杂，超出了当时理论建模所能实现的范畴，很难从理论上进行准确的建模预报。所以，当时的苏联研究人员在巴伦支海（Barents Sea），以及太平洋西北部的堪察加半岛（Kamchatka Peninsula）附近的大陆架过渡海域等其关心的海域进行了大量的收发分置远程海底混响实验[50,51]，希望通过大量的实验数据总结远距离异地混响的散射特性和强度衰减规律。采用的信号形式为连续波（continuous wave, CW）脉冲和爆炸声源，其中有的 CW 脉冲信号达到了几秒甚至几十秒。研究的频率范围从 40Hz 到 1000Hz。值得注意的是，苏联的大功率低频声源为实验提供了有力支撑。图 4.30 给出了在堪察加半岛附近海域的不同频率、不同海底深度时的混响强度衰减规律[51]。图 4.30（a）和（b）是两次实验数据的平滑平均结果，该实验中发射信号脉宽为 10s。图中曲线 1 和曲线 3 是频率为 600Hz 时，收发间距分别为 71km 和 34km，曲线 2 和曲线 4 则是频率为 850Hz 时，收发间距分别为 71km 和 34km 时的异地混响强度曲线。

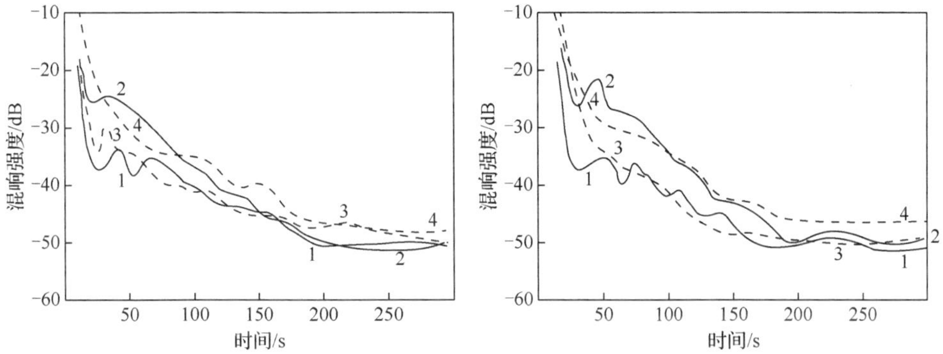

（a）试验结果1　　（b）试验结果2

图 4.30　堪察加半岛附近大陆架过渡海域的异地海底混响强度衰减规律

4.2.2　混响建模与预报

到目前为止，对海洋混响强度的建模预报主要沿着两条技术途径：单元散射模型和点散射模型。这种分类的物理本质是由散射体的尺寸 d 或线度 L 与声波波长 λ 之比决定的。海洋中各种不规则界面、不均匀分布散射体的尺寸 d 或线度 L 远小于声波的波长 λ，此时散射场的一阶量与声波频率的平方及散射体的体积成正比，此时可以采用单元散射模型。当散射体的尺寸 d 或线度 L 远大于声波波长 λ 时，散射场特性与频率无关，只和散射体的声学特性及其横截面有关，此时可以采用点散射模型。最为复杂的情况就是散射体尺寸 d 或线度 L 和声波波长 λ 在量级上可比，此时散射场是频率的复杂函数，且与散射体的声学特性、海洋介质、边界起伏等均密切相关。

点散射模型是基于统计方法，假定散射体随机地分布在整个海水介质或海洋波导的上下界面，因此混响级是通过对每个单独散射体的回波求和计算得到的。该方法适合用于高频混响强度的预报以及冰下大尺度起伏的混响计算。

单元散射模型假设散射体均匀地分布在整个海洋信道中，因此可以把海洋信道依据需要分成若干单元，每个单元中都含有大量的散射体。将每个单元的散射场进行叠加，进而得到总的平均混响强度随时间的变化规律。根据混响类型的不同，采用单位面积散射强度或单位体积散射强度。该方法在声呐性能仿真与评估预报中的应用最为普遍，因此声呐系统动态效能计算主要采用单元散射模型。在单元散射模型的框架下，最为常见的是基于经验散射函数混响模型和波动散射混响模型。

1. 单元散射理论模型

1）基本假设

混响的形成受很多因素影响，是个复杂的随机过程，为了实现对混响的理论建模，需要做简化假设，假设虽然采用了一些理想条件，但因抓住了主要因素，描述的混响基本符合实际情况。基本假设如下[2]：

（1）声线沿直线传播，除球面衰减外，其他衰减的原因都可不计，必要时可以计及海水的吸收损失。

（2）任一瞬间位于某一面积上或体积内的散射体分布总是随机均匀的，且每个散射体有相同的贡献。

（3）散射体密度足够大，以致在任一体元或任一面元上都有大量的散射体。

（4）声脉冲时间足够短，以致可以忽略面元或体元尺度范围内的传播效应。

（5）只考虑一次散射，即忽略由混响所产生的二次混响。

2）体积混响理论

考虑均匀分布着大量散射体的理想海水介质中，放置一发射器发射声波，发射器的指向性为$b(\theta,\varphi)$，单位距离处的轴向声强为I_0，即声源级为$\mathrm{SL}=10\lg I_0$，如图 4.31 所示，则在空间(θ,φ)方向上的声强即$I_0 b(\theta,\varphi)$，考虑(θ,φ)方向上的距离r 处有一体积为$\mathrm{d}V$ 的体积散射元，则根据前面的球面扩展基本假设，$\mathrm{d}V$ 处的入射声强$I_0 b(\theta,\varphi)/r^2$。

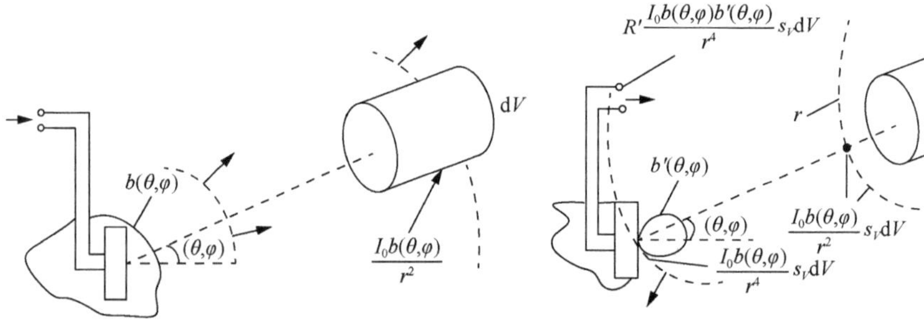

（a）发射　　（b）接收

图 4.31　体积散射图解

根据散射强度的定义，可以得到在返回声源的方向上离 $\mathrm{d}V$ 单位距离处的散射强度为$(I_0 b(\theta,\varphi)/r^2)s_V\mathrm{d}V$ （s_V 为体积散射元的散射系数），这一回波再次球面扩展至接收端（收发合置情况下亦即声源处），其声强衰减为$(I_0 b(\theta,\varphi)/r^4)s_V\mathrm{d}V$。而如果接收器的指向性为$b'(\theta,\varphi)$（若收发分时共用，则$b=b'$），若水听器灵敏度为$M$，则接收器输出端所产生的均方电压即$M^2(I_0/r^4)b(\theta,\varphi)b'(\theta,\varphi)s_V\mathrm{d}V$，因为散射体分布在整个空间中，所以作用于接收器的总散射强度为每个体元 $\mathrm{d}V$ 的贡献之和。若体元取得足够小，以致可用积分替代求和，则可得对接收器输出有贡献的声强为

$$I = M^2(I_0/r^4)\int_V s_V b(\theta,\varphi)b'(\theta,\varphi)\mathrm{d}V \tag{4.52}$$

根据先前的基本假设，每个散射体元有相同的贡献，因而 s_V 可从积分号中移出，进而体积混响的等效平面波混响级 RL 可表示为

$$\mathrm{RL}_V = 10\lg((I_0/r^4)s_V\int_V b(\theta,\varphi)b'(\theta,\varphi)\mathrm{d}V) \tag{4.53}$$

欲得到式（4.53）积分计算，首先讨论同一时刻对混响有贡献的体积表征。如图 4.32 所示，考虑收发合置（单基地）情况，并设发射和接收位置为 O 点，发射声信号的脉冲宽度为 τ，则根据球面扩展假设，该脉冲在海水中形成了一个厚度为 $c\tau$ 的扰动球壳层，它以声速 c 逐渐向远处传播。

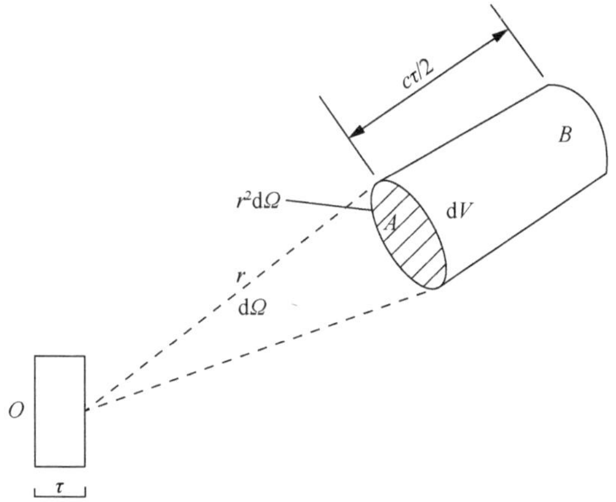

图 4.32　同一时刻对混响有贡献的体积表征示意

假设考虑在 t 时刻接收到的混响，由于脉冲不同位置的散射波要同时在 t 时刻（对应距离 $r = ct/2$ ）到达接收节点，因此先发射出去的脉冲“头部”在传播方向上要远一点，后发射出去的脉冲“尾部”在传播方向上要近一点。考虑到混响是反向散射波的叠加，因此在 t 时刻到达接收节点的脉冲“头部”和“尾部”的散射波路径在传播方向相差 $c\tau/2$。所以对体积混响有贡献的散射体壳层厚度为 $c\tau/2$。则取对体积混响有贡献的散射体球壳层中的微元，即体积散射元 $\mathrm{d}V$，可以表示为

$$\mathrm{d}V = r^2\frac{c\tau}{2}\mathrm{d}\Omega \tag{4.54}$$

式中，$\mathrm{d}\Omega$ 为换能器对体元 $\mathrm{d}V$ 所张的立体角。此处厚度 $c\tau/2$ 远小于距离 r，进而有

$$\mathrm{RL}_V = 10\lg((I_0/r^4)s_V \frac{c\tau}{2} r^2 \int_\Omega bb'\mathrm{d}\Omega) \tag{4.55}$$

式中，积分$\int_\Omega bb'\mathrm{d}\Omega$一般不易求得，对于体积混响而言，可将其解释为发射器-接收器合成指向性的等效束宽。如图 4.33 所示，设实际收发合成指向性bb'即图中闭合曲线，用在立体角ψ之内外相对响应分别为 1 和 0 理想指向性来代替实际的合成指向性bb'，则理想的等效束宽为

$$\int_\Omega bb'\mathrm{d}\Omega = \int_0^\psi 1\mathrm{d}\Omega = \psi \tag{4.56}$$

所以，可把立体角ψ看作理想指向性所张的角，在ψ内有最大响应，在ψ外无响应。显然，若收发皆无指向性，即$b = b' = 1$，则有

$$\psi = \int_0^\psi 1\mathrm{d}\Omega = \int_0^{2\pi}\int_{-\pi/2}^{\pi/2} \cos\theta \mathrm{d}\theta \mathrm{d}\varphi = 4\pi \tag{4.57}$$

则体积混响的等效平面波混响级RL_V可进一步表示为

$$\mathrm{RL}_V = 10\lg\left(\frac{I_0}{r^4} s_V \frac{c\tau}{2}\psi r^2\right) = \mathrm{SL} - 40\lg r + S_V + 10\lg V \tag{4.58}$$

式中，V称为体积混响的散射体积，即贡献于某时刻（对应距离为r处）体积混响的所有散射体所占体积，$V = \frac{c\tau}{2}\psi r^2$。由式（4.58）可知，混响强度与入射声强、散射系数、发射脉冲宽度、收发合成指向性的等效束宽成正比，如果不独立考察散射体积作用，则它还与距离的平方成反比。

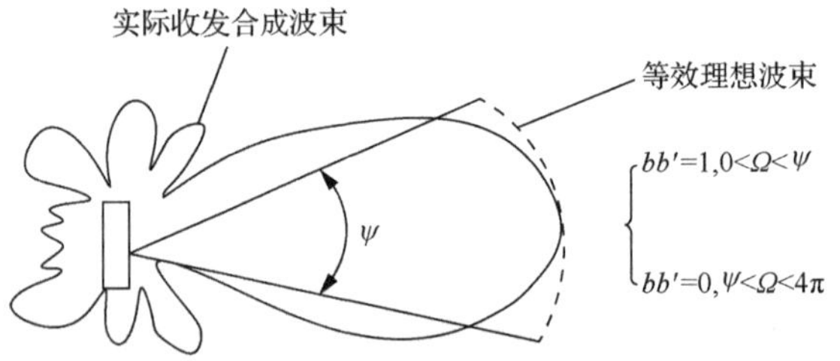

图 4.33　收发合成指向性与等效束宽

3）界面混响理论

界面混响主要包括海面混响和海底混响，其等效平面波级RL_A表达式的推导过程与上述体积混响的相似，此处直接给出结果：

$$\mathrm{RL}_A = 10\lg((I_0/r^4)s_A \int_A b(\theta,\varphi)b'(\theta,\varphi)\mathrm{d}A) \tag{4.59}$$

式中，$\mathrm{d}A$为散射界面的面元；s_A为散射界面的面积散射系数。

界面混响的散射体近似分布在平面上，与体元 dV 的求取过程相似，如图 4.34 所示。

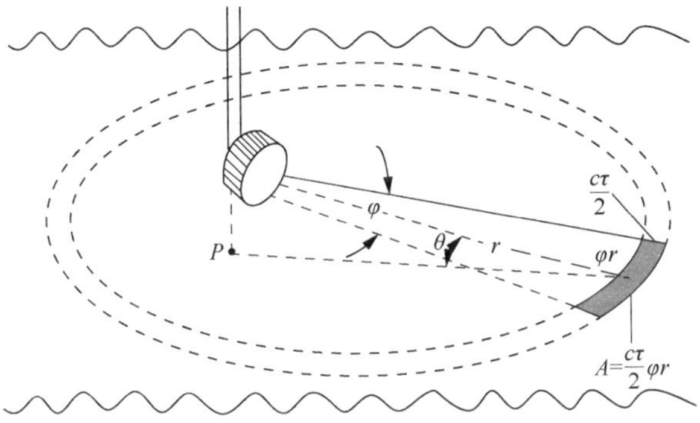

图 4.34　同一时刻对混响有贡献的面积表征示意

从散射平面内的一个圆环上取一小段 dA，而圆环的中心位于换能器的正上方（海面混响）或正下方（海底混响），可得

$$\mathrm{d}A=\frac{c\tau}{2}r\mathrm{d}\varphi \tag{4.60}$$

式中，$\mathrm{d}\varphi$ 为声源对 dA 所张的平面角。则混响级 RL_A 可表示为

$$\mathrm{RL}_A=10\lg\left((I_0/r^4)s_A\frac{c\tau}{2}r\int_0^{\pi/2}\int_0^{2\pi}b(\theta,\varphi)b'(\theta,\varphi)\mathrm{d}\varphi\mathrm{d}\theta\right) \tag{4.61}$$

在通常的声呐中，往往只关心较远距离上的目标回波和混响情况，此时 $r\gg h$（h 为收发换能器深度），近似于收发换能器指向性在 $\theta=0°$ 的水平剖面在起作用，所以有

$$\mathrm{RL}_A=10\lg\left((I_0/r^4)s_A\frac{c\tau}{2}r\int_0^{2\pi}b(0,\varphi)b'(0,\varphi)\mathrm{d}\varphi\right) \tag{4.62}$$

此时，与实际收发合成指向性等价的理想指向性的等效束宽为

$$\int_0^{2\pi}b(0,\varphi)b'(0,\varphi)\mathrm{d}\varphi=\int_0^{\Phi}1\mathrm{d}\varphi=\Phi \tag{4.63}$$

显然，等效束宽 Φ 是一平面角，当收发皆无指向性时，Φ 取最大值 2π，故有

$$\mathrm{RL}_A=10\lg\left(\frac{I_0}{r^4}s_A\frac{c\tau}{2}r\right)=\mathrm{SL}-40\lg r+S_A+10\lg A \tag{4.64}$$

式中，A 称为界面混响的散射面积，即贡献于某时刻（对应距离为 r 处）界面混

响的所有散射体所占面积，$A=\frac{c\tau}{2}r\Phi$。由式（4.64）可知，混响强度与入射声强、散射系数、发射脉冲宽度、收发合成指向性等效束宽成正比，如果不独立考察散射面积作用，则它还与距离的立方成反比。

2. 经验散射函数混响模型

混响分为两个传播过程和一个散射过程。其中声场能量从声源传播到散射区域，再从散射区域到接收节点的传播过程，可以用简正波的理论分析计算。每一阶简正波被分解成一对上行波和下行波。以收发合置情况下海底混响为例，在边界 z_b 处，以第 m 阶下行波为入射波的入射声场的表达式为

$$P_m^{\mathrm{imc}}=\sqrt{2\pi\mathrm{i}Z_m(z_s)A_m(z_b)\exp(\mathrm{i}(\xi_m r-\phi_m(z_b)))\frac{\mathrm{e}^{-\delta_m r}}{\sqrt{\xi_m r}}} \tag{4.65}$$

式中，$Z_m(z_s)$ 为声源深度 z_s 处的本征函数值；$A_m(z_b)$ 为海底深度处本征函数的幅度；ξ_m 为第 m 阶简正波本征值；δ_m 为第 m 阶简正波的吸收系数；ϕ_m 为海底深度第 m 阶简正波的反射相移。

同理，可以得到被散射元散射后以 n 阶简正波传播的声场的表达式为（接收器的深度为 z_r）

$$P_m^{\mathrm{scatt}}=\sqrt{2\pi\mathrm{i}}Z_n(z_r)A_n(z_b)\exp(\mathrm{i}(\xi_n r-\phi_n(z_b)))\frac{\mathrm{e}^{-\delta_n r}}{\sqrt{\xi_n r}} \tag{4.66}$$

该模型用经验散射函数来计算散射能量。为了得到接收器处声压场的值，必须还要得到散射函数的表达式：

$$g_{nn}=|g_{nn}|\exp(\mathrm{i}\phi_{mn}) \tag{4.67}$$

式中，g_{nm} 的幅度和相位由散射距离和方位角决定。由于在计算混响时都通常是对某一有限的散射区域，也就是依据经验散射函数求平均散射强度，所以在计算时忽略相位信息，即

$$S_{nm}=|g_{nm}|^2 \tag{4.68}$$

在远距离，式（4.68）的计算等同于由等效平面波的入射角 θ_m 和散射角 θ_n 计算等效平面波的散射函数：

$$S_{nm}=S(\theta_m,\theta_n) \tag{4.69}$$

式中，$\cos\theta_n=V_n/c_b$，c_b 是发生散射的边界上方的声速。对于比较特殊的反向散射情况，即 θ_m=θ_n 时，有很多理论或经验散射函数用于计算散射强度。例如，对

于 Lambert 散射定律，散射函数可以写为

$$S(\theta_m,\theta_n)=\mu\sin\theta_m\sin\theta_n \tag{4.70}$$

式中，μ 是经验散射系数。实际上，海底对声波散射作用的本质是将投射到海底的声能量在空间中进行了重新分配。以掠射角作为参量的 Lambert 散射定律是一种比较经典的散射函数的经验描述。它从理论上定量描述了海底散射把能量向空间重新分配的过程。

根据以上分析，由简正波海底混响理论可知，对于单频谐和点源，接收节点处的海底混响声压表达式为

$$P_{\text{rec}}=P_m^{\text{imc}}P_n^{\text{scatt}}\left|g_{nm}\right|\mathrm{e}^{\mathrm{i}\phi mn} \tag{4.71}$$

那么，接收节点处的海底混响强度可以写为

$$R(t)=\int I_0(\tau)\left|P_{\text{rec}}\right|^2\mathrm{d}A(r,\tau) \tag{4.72}$$

3. *波动散射混响模型*

与辐射问题类似，散射场可被视为粗糙界面或不均匀介质的再辐射声场，因此从理论上说，可以严格用积分方程的形式来表述。以积分方程解的一阶近似描述散射场的形式，这种方法被称为 Born 近似方法。该方法的一个基本前提是粗糙界面或者不均匀介质产生的散射声场远小于作用于粗糙界面或不均匀介质的入射声场，即积分方程解的一阶近似要远小于其方程解的本身。如果此假设不能满足，则需要加入高阶项的修正[52]。

在 20 世纪 80 年代，Ivakin 等[53,54]利用该方法对海底的不均匀介质声散射问题进行了求解，并由 Ivakin 在文献[55]中把该方法扩展到弹性海底介质中，考虑到在弹性介质中界面起伏和不均匀介质散射声场的影响很难区分开来，Ivakin[56]随后给出了包括起伏界面散射和不均匀介质散射的统一模型。最初，研究人员为了计算简单，将界面起伏和不均匀的散射区分开来[57-59]，而 Ivakin 认为界面散射是体积散射的特例，并把界面粗糙度表示为体积非均匀性，从而理论上给出了一个统一模型。需要指出的是，Ivakin 的理论模型缺乏高质量的低频小掠射角实验数据的支持。

声源位于 $\boldsymbol{r}_0$、接收节点位于 $\boldsymbol{r}$ 处时，那么其散射场可以写为[59]

$$\varPhi_s(\boldsymbol{r}_t,\boldsymbol{r}_0,f)=\iiint_{V_s}(k^2\chi_c\varPhi(\boldsymbol{r}_t,\boldsymbol{r}_0,f)G(\boldsymbol{r},\boldsymbol{r}_t,f)+\chi_d\nabla\varPhi(\boldsymbol{r}_t,\boldsymbol{r}_0,f)\nabla G(\boldsymbol{r},\boldsymbol{r}_t,f))\mathrm{d}V_t \tag{4.73}$$

式中，χ_c 为声速的不均匀变化；χ_d 为海底介质密度不均匀的变化；$G(\boldsymbol{r},\boldsymbol{r}_t,f)$ 为介质中点源的格林函数；$\boldsymbol{r}_t$ 为海底不均匀介质的空间坐标；$\varPhi(\boldsymbol{r}_t,\boldsymbol{r}_0,f)$ 为总声场，

是入射声场和散射声场之和：

$$\Phi(\boldsymbol{r}_t,\boldsymbol{r}_0,f)=\Phi_i(\boldsymbol{r}_t,\boldsymbol{r}_0,f)+\Phi_s(\boldsymbol{r}_t,\boldsymbol{r}_0,f)$$

$$\Phi_i(\boldsymbol{r}_t,\boldsymbol{r}_0,f)=(4\pi)^2G(\boldsymbol{r}_0,\boldsymbol{r}_t,f)$$

由此结果可以发现，该模型中空间散射微元在纵波声速上的变化等同于单极子散射，而在密度上的空间变化导致双极子散射。最后，根据介质不均匀变化的空间相关函数得到散射场的平均强度。

4. 典型混响强度预报

在 1～10kHz 的中频段范围，起伏海面引起的前向散射效应较为可观，加之远距离的波导传输效应，此时的起伏海面散射对浅海远程传播与混响（尤其是双/多基地混响）都有一定的影响。图 4.35 为结合经典的风浪谱模型——皮尔逊-莫斯科维茨（Pierson-Moskowitz）模型，采用波动散射混响模型，仿真给出的不同风速条件下海面混响的对比结果[60]。其中，两种风速分别为 10m/s 和 20m/s，平均强度为非相干结果，总混响强度为相干结果。

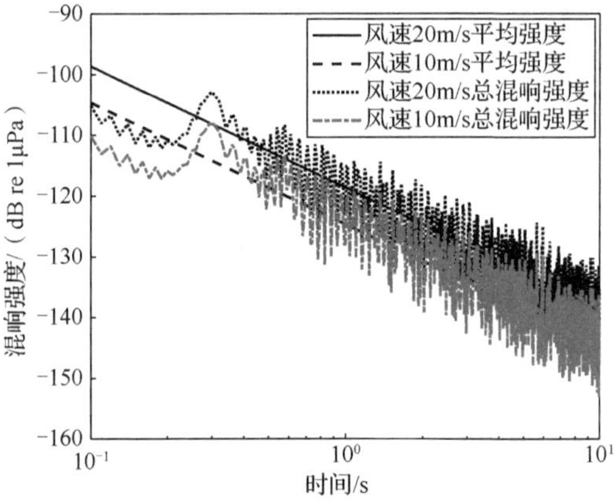

图 4.35　不同风速条件下的海面混响强度（相干及非相干）对比

图 4.36 为利用经验散射函数海底混响模型和波动理论海底混响模型预报的混响强度特性曲线[60]，其中声源频率 250Hz，仿真条件见表 4.3。从结果可以看出，两类理论模型均可以对混响强度的衰减规律进行理论预报，且预报的衰减趋势一致，但二者对界面散射强度值的预报略有差别，导致混响强度的绝对量级不同，这是对混响散射机制的预报原理不同导致的。

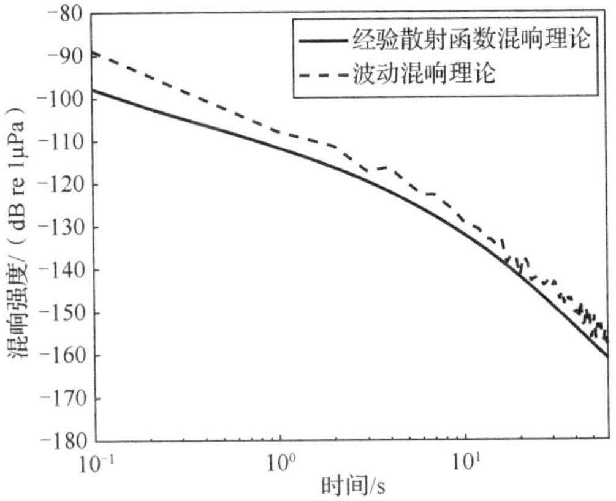

图 4.36　基于经验散射函数海底混响模型和基于波动理论海底混响模型的预报结果比对

表 4.3　混响预报仿真波导环境参数

参数类型	数值
波导深度	100m
声源深度	50m
接收器深度	50m
海水密度	$1024kg/m^3$
海水声速	1500m/s
海底沉积层密度	$2048kg/m^3$
海底沉积层声速	1700m/s
海底吸收系数	0.5dB/λ
海底粗糙均方根高度 h	0.32m（典型界面）
海底粗糙相关半径 l	400m（典型界面）
风速	10m/s

图 4.37 为利用耦合简正波模型开展本地混响、异地混响预报结果与实测异地混响强度特性衰减规律曲线的对比[60]。实验于 2011 年在我国南海海域开展，实验中收发水平间距 3km，采用宽带爆炸声源，声源采用 100m 定深爆炸，接收器深度为 50m。图中所示实测结果为以 1kHz 为中心频率的 1/3oct 窄带滤波的结果。

图 4.37 结果表明，与收发合置混响相比，对于异地混响，由于收发间距的拉开，波导的传播效应导致更大的传播损失，从而使得收发分置的海底混响弱于收发合置的海底混响，但随着散射距离增加，两种配置形式下的混响强度衰减规律将趋于一致。也就是说，对于浅海波导中的异地远距离海底混响，波导的传播效应十分明显，不可忽略。而在基线长度有限的情况下，其长度的变化对混响强度

的衰减规律影响并不大。而由于基线长度的不同所带来的传播效应，对混响强度特性的影响明显。

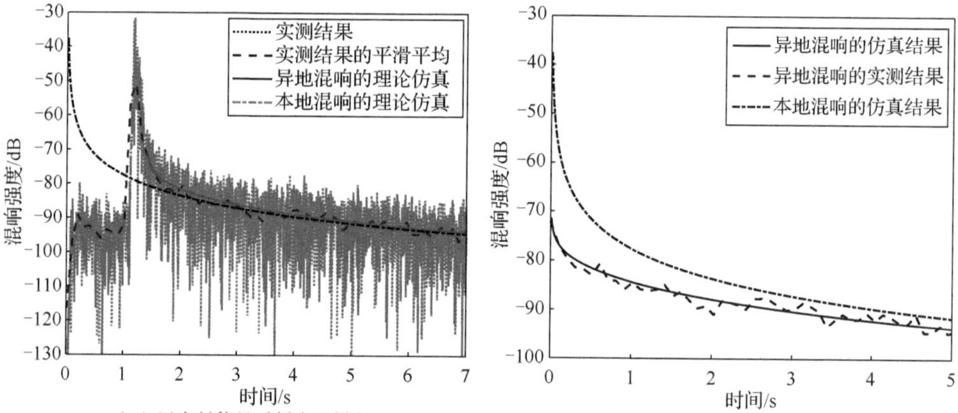

（a）以发射信号时刻为0时刻　　（b）以接收信号时刻为0时刻

图 4.37　我国南海海域实测的异地混响强度特性衰减规律曲线（海底混响）[60]

4.2.3　混响数据获取

海洋混响数据的获取是研究混响特征与规律的基础性工作，服务于主动声呐抗混响技术发展和混响限制下的声呐系统动态效能计算。规范性海洋混响数据获取一般称为混响调查，受限于装备和实验技术水平，目前主要针对静态混响进行。除了静态混响测量外，海洋混响调查还必须包含基础声学测量和同步海洋环境调查等内容。基础声学测量包括声源级测量与背景噪声级测量，主要是为了在现场参考确定恰当的混响数据采集方案和发射脉冲间隔，并为调查后的混响数据强度分析提供基本依据；同步海洋环境调查包括影响海洋混响时空频和统计分布特性及其变化规律的海况、风、水文、水深、海底地形地貌、海底底质及调查海区航船分布等同步要素调查，为混响数据分析处理提供环境参数和边界条件。

1. 混响数据测量

混响数据的测量方式主要包括单船调查和船标结合调查两种，其中，单船调查如图 4.38 所示，主要用于收发合置声呐的混响测量，船标结合调查如图 4.39 所示，主要用于收发分置声呐的混响测量，并且可以与水声传播调查结合进行。

以单船调查为例，混响测量的一般步骤如下[36]：

（1）选择开阔海域，标定声源级 SL。

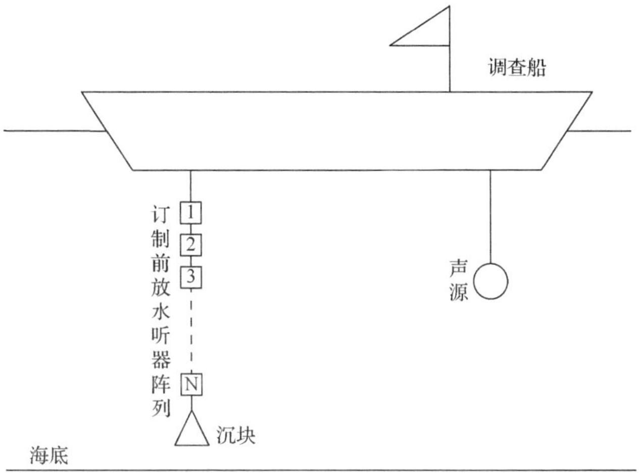

图 4.38　单船调查示意图

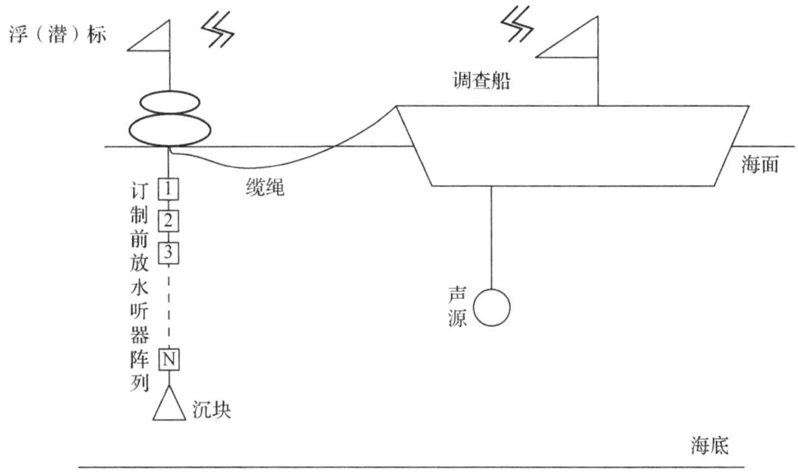

图 4.39　船标结合调查示意图

（2）调查船到达调查海区停车就位，关闭主、辅机，使用静音电机供电。

（3）进行同步海洋环境调查。

（4）测量背景噪声级 NL。

（5）由 SL、NL 等参数，估算各种信号形式（含各种当量爆炸声）下的强混响时间 T_r，以备后续确定发射间隔（即脉冲重复周期或投弹间隔）T_t 时使用。

（6）在调查船尾某一舷侧悬吊订制前放水听器阵列；在船尾另一舷侧悬吊发射声源，并准备爆炸声源。

（7）发射、接收设备参数调整与设置。选一种典型有规信号和一种典型爆炸声信号发射，按照T_r+T_0的间隔（T_0一般取 10s），发射 5～6 次。观察记录设备显示的接收信号波形，依据“部分通道混响波形尽量不过载、部分通道混响波形尽量不过小”的原则，或者“有前放水听器对应通道远程混响尽量明显，无前放水听器对应通道近程混响尽量不限幅”的原则，调整放大器增益和记录设备量程，并设置为连续记录。

如有必要，可采用两套记录设备（一套设备采用小增益以确保近程强混响不过载，另一套设备采用大增益以确保远程弱混响不过小），或两段式记录方法（一个脉冲间隔内采用小增益以确保近程强混响不过载，另一个脉冲间隔内采用大增益以确保远程弱混响不过小），以兼顾太大的混响动态范围。

在满足混响波形不过载且不过小的前提下，通过观察混响波形，得到目前信号形式的强混响时间粗测值，以此替代步骤中得到的强混响时间估算值，并参考二者之差，对其他信号形式的强混响时间一一予以调整，调整后的强混响时间标记为T_r'。

（8）信号发射与接收。首先，设置发射间隔使其满足$T_t \geqslant T_r'+T_0$。然后，依次发射各种脉宽、频带和形式的脉冲信号，包括发射不同当量的爆炸声信号，要求每种脉冲信号（包括爆炸声信号）发射 10 次以上。

（9）显著变化声源深度，重复步骤（8）。若存在跃变层，尽量设计跃变层上下两类深度。

（10）混响调查结束，收起声源与订制前放水听器阵列。

船标结合调查的混响测量步骤与上述混响测量步骤基本一致，区别在于：一是可设置多个船标布放间距重复以上步骤开展混响测量，以满足声呐不同收发分置间距的需求；二是由于船上看不到标上接收的数据情况，一般没有预发射调整参数的步骤，但要求更准确估计强混响时间，并且时间间隔余量T_0可以选取更大的数。

2. 声源级测量

声源级测量时，应选择适当海区进行。测量时的水域开阔度和深度、声源和水听器的入水深度和相互间的距离应保证满足自由场、远场测量条件。

声源级测量示意图如图 4.40 所示。

一般步骤如下[36]：

（1）调查船到达调查海区停车就位，关闭主、辅机，使用静音电机供电。

（2）布放标准水听器和发射声源（包括准备爆炸声源），测量并记录收发距离。

（3）接收一段背景噪声数据，观察波形，据此检查接收系统放大设备与记录设备状态，调整放大增益和记录设备量程，使得背景噪声波形幅度占记录设备的 1/5 量程左右。

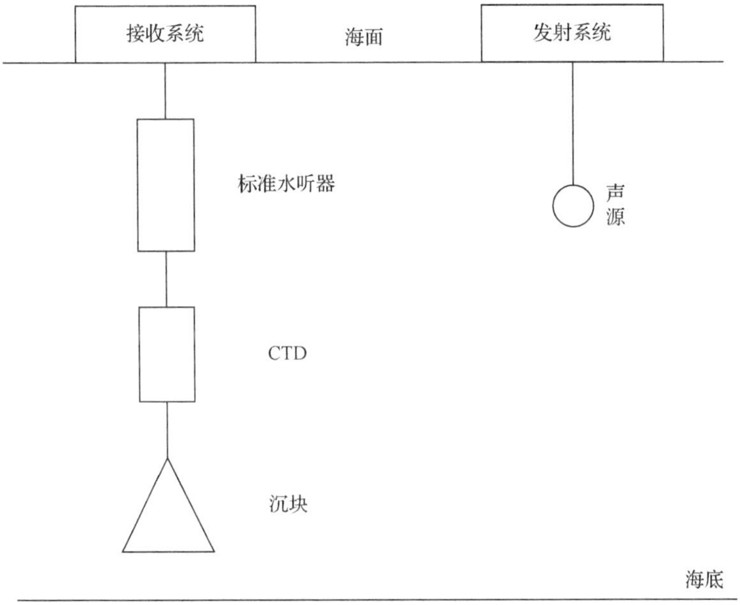

图 4.40　声源级测量示意图

（4）按次序发射各种形式、频带和脉宽的有规信号，以及各当量爆炸声信号，接收并记录下来。

（5）重复步骤（4）不少于 5 次，直到满足声源级测量的统计平均处理要求。

（6）计算声源级 SL。

3. 背景噪声级测量

调查船使用携带的海洋混响测量水听器阵列接收背景噪声，进行背景噪声级测量。水听器接收到的背景噪声主要是海洋环境噪声和平台自噪声。远程混响一般较弱，可能会被较强的背景噪声遮蔽。为更好地进行混响测量，应该采取措施尽量降低平台自噪声的影响。

一般步骤如下[36]：

（1）调查船到达调查海区停车就位，关闭主、辅机，使用静音电机供电。

（2）悬吊水听器阵列（单船调查时），或者布放浮（潜）标（船标结合调查时）。

（3）接收观察背景噪声数据波形（单船调查时），据此检查接收系统放大与记录设备状态，调整放大器增益和记录设备量程，使得背景噪声波形幅度占记录设备的 2/3 量程，清晰可辨。

（4）不发射信号，保持人员安静，接收 2min 以上背景噪声数据。

（5）重复步骤（4）不少于 5 次，直到满足背景噪声级测量的统计平均处理要求。

（6）计算指定频带内的背景噪声级 NL。

4. 同步海洋环境调查

混响调查时需要同步开展调查的海洋环境要素包括海况、风、水文、水深、海底地形地貌、海底底质。这是通用性的海洋调查内容，具体调查方法这里不予展开。

调查实施期间，还需要对调查海区周边航船分布情况展开调查，有关情况按照规范表格进行记录，每 10min 记录一次。

4.3 小　　结

作为声呐信号的背景干扰，噪声和混响限制了声呐性能。其中，噪声是主动声呐和被动声呐均有的背景干扰，主要分为海洋环境噪声、平台自噪声和拖曳流噪声三类；混响是主动声呐特有的干扰，主要分为海底混响、海面混响和体积混响。噪声和混响的建模与预报是声呐系统动态效能计算的重要组成部分。本章在简述噪声和混响分类的基础上，从频谱特性、时变空变特性、相关性等角度分析了噪声和混响干扰特性，阐述了噪声和混响的建模方法，最后对噪声和混响的数据获取方法进行了介绍。

参 考 文 献

[1] 汪德昭, 尚尔昌. 水声学[M]. 2 版. 北京: 科学出版社, 2013.

[2] 尤立克. 水声原理 (第 3 版) [M]. 洪申, 译. 哈尔滨: 哈尔滨船舶工程学院出版社, 1990.

[3] Wenz G M. Acoustic ambient noise in the ocean: spectra and sources[J]. The Journal of the Acoustical Society of America, 1962, 34(12): 1936-1956.

[4] Piggott C L. Ambient sea noise at low frequencies in shallow water of the Scotian Shelf[J]. The Journal of the Acoustical Society of America, 1964, 36(11): 2152-2163.

[5] 刘姗琪, 李风华. 台风对深海海洋环境噪声的影响[J]. 中国科学: 物理学 力学 天文学, 2016, 46(9): 094305.

[6] 陆瑶, 杨燕明, 文洪涛, 等. 东沙海域海洋环境噪声特性分析及其与风速的相关性研究[J]. 应用海洋学学报, 2016, 35(4): 567-574.

[7] 魏永星, 于金花, 李琦, 等. 实测海洋环境噪声数据谱级特性研究[J]. 海洋技术学报, 2016, 35(3): 36-39.

[8] Heindsmann T E, Smith R H, Arneson A D. Effect of rain upon underwater noise levels[J]. The Journal of the Acoustical Society of America, 2005, 27(2): 378-379.

[9] Ross D. Ship sources of ambient noise[J]. IEEE Journal of Oceanic Engineering, 2005, 30(2): 257-261.

[10] Andrew R K, Howe B M, MercerJ A, et al. Ocean ambient sound: comparing the 1960s with the 1990s for a receiver off the California coast[J]. Acoustics Research Letters Online, 2002, 3(2): 65-70.

[11] Walkinshaw H M. Low frequency spectrum of deep ocean ambient noise[J]. The Journal of the Acoustical Society of America, 1960, 32(11): 1497 (Abstract only).

[12] Axelrod E H, Schoomer B A, von Winkle W A. Vertical directionality of ambient noise in the deep ocean at a site near Bermuda[J]. The Journal of the Acoustical Society of America, 1965, 37(1): 77-83.

[13] Morris G B. Depth dependence of ambient noise in the northeastern Pacific Ocean[J]. The Journal of the Acoustical Society of America, 1998, 64(2): 581-590.

[14] 熊济时. 舷侧阵声呐平台结构振动自噪声预报方法研究[D]. 无锡: 中国舰船研究院, 2012.

[15] 王之程, 陈宗岐, 于沨, 等. 舰船噪声测量与分析[M]. 北京: 国防工业出版社, 2004.

[16] 汤渭霖. 拖曳线列阵噪声[M]. 哈尔滨: 哈尔滨船舶工程学院, 1991.

[17] 汤渭霖, 吴一. TBL 压力起伏激励下粘弹性圆柱壳内的噪声场: 噪声产生机理[J]. 声学学报, 1997, 22(1): 60-69.

[18] 王晓林, 王茂法. 拖线阵水听器流噪声预报与实验研究[J]. 声学与电子工程, 2006(3): 6-11.

[19] Chapman N R, Cornish J W. Wind dependence of deep ocean ambient noise at low frequencies[J]. The Journal of the Acoustical Society of America, 1993, 93(2): 782-789.

[20] Wilson J H. Low-frequency wind-generated noise produced by the impact of spray with the ocean's surface[J]. The Journal of the Acoustical Society of America, 1980, 68(3): 952-956.

[21] 刘伯胜, 雷家煜. 水声学原理[M]. 2 版. 哈尔滨: 哈尔滨工程大学出版社, 2010.

[22] Wilson J H. Wind-generated noise modeling[J]. The Journal of the Acoustical Society of America, 1983, 73(1): 211-216.

[23] Hamson R M. The modelling of ambient noise due to shipping and wind sources in complex environments[J]. Applied Acoustics, 1997, 51(3): 251-287.

[24] Ross D. Mechanics of Underwater Noise[M]. Oxford: Pergamon Press, 1976.

[25] Ross D. Mechanics of Underwater Noise[M]. Los Altos, CA: Peninsula Publishing, 1987.

[26] Breeding J E, Pflug L A, Bradley M, et al. Research ambient noise directionality(RANDI)3.1 physics description[R]. Naval Research Laboratory, Stennis Space Center, 1996.

[27] Shashaty A J. The effective lengths for flow noise of hydrophones in a ship-towed linear array[J]. The Journal of the Acoustical Society of America, 1982, 71(4): 886-890.

[28] Francis S H, Slazak M, Berryman J. Response of elastic cylinders to convective flow noise homogeneous,layered cylinders[J]. The Journal of the Acoustical Society of America, 1984, 75(1): 166-172.

[29] 吴一, 汤渭霖. TBL 压力起伏激励下粘弹性圆柱壳内的噪声场: 有限水听器和阵[J]. 声学学报, 1997, 22(1): 70-78.

[30] 王斌, 汤渭霖, 范军. 水听器非轴线布放时的拖线阵流噪声响应[J]. 声学学报, 1998, 33(5): 402-408.

[31] Corcos G M. Resolution of pressure in turbulence[J]. The Journal of the Acoustical Society of America, 1963, 35(2): 192-199.

[32] Carpenter A L,Kewley D J. Investigation of low wavenumber turbulent boundary layer pressure fluctuations on long flexible cylinders[C]//The Eighth Australasian Fluid Mechanics Conference, 1983.

[33] Walker C P. A model for the internal pressure response of a fluid filled, but otherwise empty towed array[R]. FTSS, Report, Ref CH552/SETAG/36, 1990.

[34] Cotterill P A. The low wavenumber wall pressure spectrum on a compliant cylindrical surface[J]. CNIT, La Defense, 1991: 365-374.

[35] Lindeman O A. Influence of material properties on low wavenumber turbulent boundary layer noise in towed array[J]. US Navy Journal of Underwater Acoustics, 1981, 31(2).

[36] 刘清宇, 宋俊, 王平波, 等. 海洋声学调查[M]. 北京: 兵器工业出版社, 2018.

[37] 顾振福, 刘孟庵, 程宏轩, 等. 一种测量拖线阵自噪声的系统[J]. 声学与电子工程, 1998(4): 14-18.

[38] Gerstoft P, Schmidt H. A boundary element approach to ocean seismoacoustic facet reverberation[J]. The Journal of the Acoustical Society of America 1991, 89(4): 1629-1642.

[39] Johnson H R, Backus R H, Hersey J B, et al. Suspended echo-sounder and camera studies of midwater sound scatterers[J]. Deep-Sea Research,1956, 3: 266-272.

[40] Love R H. Resonant acoustic scattering by swimbladder-bearing fish[J]. The Journal of the Acoustical Society of America, 1978, 64(2): 571-580.

[41] Chapman R P, Harris J H. Surface back scattering strengths measured with explosive sound sources[J]. The Journal of the Acoustical Society of America, 1962, 34(10): 1592-1597.

[42] McDaniel S T. Sea surface reverberation: a review[J]. The Journal of the Acoustical Society of America, 1993, 94(4): 1905-1922.

[43] Ogden P M, Erskine F T. Surface scattering measurements using broadband explosive charges in the Critical Sea Test experiments[J]. The Journal of the Acoustical Society of America, 1994, 95(2): 746-761.

[44] Ogden P M, Erskine F T. Surface and volume scattering measurements using broadband explosive charges in the Critical Sea Test 7 experiment[J]. The Journal of the Acoustical Society of America, 1994, 96(5): 2908-2920.

[45] 侯倩男, 吴金荣. 浅海小掠射角的海底界面声反向散射模型的简化[J]. 物理学报, 2019, 68(4): 044301.

[46] Ellis D D, Crowe D V. Bistatic reverberation calculations using a three-dimensional scattering function[J]. The Journal of the Acoustical Society of America, 1994, 95(5): 2441-2451.

[47] Williams K L, Jackson D R. Bistatic bottom scattering: model, experiments, and model/data comparison[J]. The Journal of the Acoustical Society of America, 1998, 103(1): 169-181.

[48] Caruthers J W, Novarini J C. Modeling bistatic bottom scattering strength including a forward scatter lobe[J]. IEEE Oceanic Engineering, 1993, 18(2): 123-131.

[49] Ellis D D, Haller D R. A scattering function for bistatic reverberation calculations[J]. The Journal of the Acoustical Society of America, 1987, 82(S1): S124.

[50] Guzhavina D V, Gulin É P. Experimental studies of low-frequency bistatic reverberation in a shallow sea[J]. Acoustical Physics, 2000, 46(6): 663-669.

[51] Guzhavina D V, Gulin É P. Experimental studies of low-frequency reverberation on the continental slope in the northwestern Pacific Ocean[J]. Acoustical Physics, 2001, 47(4): 398-404.

[52] Morse P M, Ingard K U. Theoretical Acoustics[M]. Princeton, NJ: Princeton University Press, 1986.

[53] Ivakin A N, Lysanov Y P. Underwater sound scattering by volume inhomogeneities of a bottom medium bounded by a rough surface[J]. Soviet Physics Acoustics, 1981, 27(3): 212-215.

[54] IvakinA N. Sound scattering by random inhomogeneities in stratified ocean sediments[J]. Soviet Physics Acoustics, 1986, 32(6): 492-496.

[55] Ivakin A N. Scattering from elastic sea beds: first-order theory[J]. The Journal of the Acoustical Society of America, 1998, 103(1): 336-345.

[56] Ivakin A N. A unified approach to volume inhomogeneities in stratified ocean sediments[J]. The Journal of the Acoustical Society of America, 1998, 103(2): 827-837.

[57] Lapin A D. Scattering of sound by a solid layer with rough boundaries[J]. Soviet Physics Acoustics, 1966, 12(1): 46-51.

[58] Lapin A D. Sound scattering at a rough solid surface[J]. Soviet Physics Acoustics, 1964, 10(2): 58-64.

[59] Kuperman W A, Schmidt H. Rough surface elastic wave scattering in a horizontally stratified ocean[J]. The Journal of the Acoustical Society of America, 1986, 79(6): 1767-1777.

[60] 高博. 浅海远程海底混响的建模与特性研究[D]. 哈尔滨: 哈尔滨工程大学, 2013.

第 5 章　水声目标特性及建模

水声目标特性主要包括水声目标辐射噪声特性和水声目标回波特性，前者是被动声呐的主要信息源，后者是从主动声呐发射的声波照射到目标后的回波或散射信号中提取的特征，是主动声呐探测和识别的主要依据。水声目标辐射噪声建模主要建立典型水中目标（如航行中的船舶目标）的辐射噪声特性随着不同工况变化的特性曲线，其特性主要包括辐射噪声的连续谱谱级、谱状、调制谱特征、低频线谱特征以及空间特性等；水声目标回波特性建模主要建立典型水中目标的目标回波特性随着不同目标类型和声呐工作频率变化的特性曲线，其特性主要包括目标强度及其空间分布特性等。

5.1　目标辐射噪声

目标辐射噪声在本章主要是指船舶辐射噪声。船舶有很多转动和往复运动的机械，是一个复杂的声辐射体。船舶辐射噪声是由船舶上机械运转和船舶运动产生并辐射到水中的噪声，由宽带连续谱和一系列线谱组成。本节主要讨论船舶辐射噪声的产生机理、基本特性、建模方法以及测量方法。

5.1.1　辐射噪声产生机理

船舶辐射噪声的噪声源主要有三类[1]：一是由船舶上各种机械设备产生的噪声，称为机械噪声；二是由不规则的水流流过航行的船舶产生的辐射噪声以及由水动力过程的变化产生的噪声，称为水动力噪声；三是一种混合型的噪声，称为螺旋桨噪声，螺旋桨是船舶上机械设备的一种，但由于其直接与水介质相互作用，产生噪声的方式有特殊性，在辐射噪声中的地位重要，因此单独讨论。下面就机械噪声、螺旋桨噪声及水动力噪声分别讨论。

1. 机械噪声

机械噪声是辐射噪声低频线谱的主要噪声源。船舶上各种机械设备在运行过程中产生振动，并通过底座或支架等多种路径传递到船体，并向海洋中辐射声波，从而产生了机械噪声。船舶上的机械设备种类繁多，主要有使船舶航行的主机和配套的推进装置、各种辅机以及复杂的管路、阀门、齿轮箱等。其中，主机包括往复式发动机、汽轮机、柴油机、主电机、经航电机等，推进装置包括转轴、轴承、减速器等，辅机包括主发电机、变流机、空调机、通风机及各种泵[2]。哪种机械设备对机械噪声起到主要作用，情况很复杂，需具体情况具体分析。对于水面舰艇而言，其主机通常是最强的机械噪声来源，柴油机噪声主要来源于活塞和曲柄轴，汽轮机噪声主要来源于辅助机械及齿轮机（减速齿轮）；对于电机推进的潜艇而言，电机噪声是主要的噪声来源[3]。

总的来说，机械噪声的产生方式主要有以下五种[3]。

（1）机械不平衡产生的噪声。由于机械设备的运动分为旋转式运动和往复式运动，运动时均会产生不平衡，因此，机械不平衡又可进一步分为旋转不平衡和往复不平衡两大类。其中，旋转不平衡是由材料或结构缺陷、负荷和温度引起的形变以及轴承偏离准线等原因引起的，对于给定的机械，其机械不平衡产生的辐射声功率随角速度的 4 次方而增加。往复不平衡主要是由于活塞在气缸内做往复运动产生的不平衡力和力矩，是低频振动的主要激励源。

（2）电磁力脉动噪声，主要指电机噪声，主要是由磁致伸缩和磁力变化产生。前者的频谱两倍于电源频率的基频和多个谐波组成，通常基频最强，即通常变压器的交流声；对于后者，在交流电机中，存在两类性质不同的磁力脉动，分别产生低频噪声和高频噪声，低频噪声是由于定子和转子之间径向吸力脉动而产生，频率两倍于电源的频率，且与电机转速无关，高频噪声与电驱和转子速度有关。

（3）机械部件碰撞噪声。有些机械设备，其运行时一部分金属部件会对另一部分金属表面重复地碰撞，重复碰撞会产生辐射噪声。碰撞产生的谱由与重复周期相关的单频分量的各次谐波组成，当谐波与结构共振频率符合时，会产生更强烈的振动。

（4）往复机活塞拍击噪声。活塞对气缸壁的碰撞引起的噪声即活塞拍击噪声，拍击主要是由于连杆的横向分力方向改变，使得活塞发生穿越气缸间隙的侧向运动而引起的。

（5）轴承噪声。轴承分为滑动轴承和滚珠轴承等类型。对于滑动轴承，由于润滑不良或滑动面加工不良形成凹凸产生振动而形成噪声；对于滚珠轴承，由于滚珠有缺陷或形状不规则、内外滚道上有部分形变、滚道固有振动等原因而产生噪声。

机械不平衡产生的噪声、电磁力脉动噪声和机械部件碰撞噪声等前三种机械噪声为线谱，噪声的主要成分为振动的基频及其谐波的分量；往复机活塞拍击噪声为线谱与连续谱的组合，其中线谱基频为曲轴旋转频率的谐波；轴承噪声主要为连续谱。因此，机械噪声是强线谱和弱连续谱的叠加。

2. 螺旋桨噪声

螺旋桨虽是推进机械的一部分，但它产生的噪声同机械噪声有不同的源和不同的频谱。机械噪声产生在船的内部，由各种传导和传播过程通过船体到达海水；而螺旋桨噪声产生在船体外面，是螺旋桨转动及船在水中航行引起的。

空化噪声是螺旋桨噪声的主要成分。当螺旋桨在水中转动时，在叶片的尖上和表面上产生低压或负压区。如果这个负压足够高，水就要自然破裂，小气泡形式的空穴开始出现。稍后，这些空化产生的气泡在湍流中或者在螺旋桨上就将破碎，并发出尖的声脉冲。由大量这种破碎的气泡产生的噪声是一种很响的“嘶嘶”声，存在这种噪声时，它往往是船舶噪声谱高频段的主要部分。由螺旋桨运动形成的空穴的产生和破碎称为螺旋桨空化[1]。

螺旋桨空化一般要经历空泡起始、空泡发展、空泡充分发展三个阶段。螺旋桨空化可分为两类：一类是叶尖涡流空化，是在螺旋桨叶片的尖上所形成的空穴，直接与旋转螺旋桨后面的涡流有关；另一类是叶片表面空化，产生空化的地方在螺旋桨叶片的前面或后面。两类噪声中，叶尖涡流空化已在实验室用模拟螺旋桨进行过测量，并分析了现场资料，它是一般螺旋桨的重要噪声源。空化噪声由连续谱和线谱两部分组成，以连续谱为主。由紧靠螺旋桨叶区域的大量瞬态空泡的崩溃和反弹产生连续谱，由螺旋桨附近区域中大量稳定空泡的周期性受迫振动产生线谱[3]。

叶片速率噪声和“唱音”也是螺旋桨噪声的重要组成部分。叶片速率噪声是由螺旋桨通过不均匀流体时周期性切割流体而产生的低频线谱噪声，其频率在1～100Hz 范围内；“唱音”是由于涡流激励螺旋桨叶片共振而产生的线谱噪声，其频率范围为 100～1000Hz。“唱音”与叶片材料性质有密切关系，所以选择合适的叶片材料和减小叶片的振动是降低“唱音”的主要措施。

3. 水动力噪声

不规则的和起伏的海流作用于航行船舶产生的噪声称为水动力噪声。水动力噪声的产生机理[4]：当潜艇、舰艇航行时，物面边界层由层流发展为湍流，层流边界层为稳定的流动，湍流边界层为时间和空间上随机变化的流动状态，湍流边界层内随机的速度扰动产生随机的脉动压力，这种附面的随机脉动压力一方面直接产生辐射噪声，另一方面激励物面弹性结构振动并产生辐射噪声。水中运动物体的速度马赫数较小，湍流脉动压力的直接声辐射可以忽略，而激励物面弹性结构振动产生的辐射噪声为主要水动力噪声。

一般来说，水动力噪声作为舰艇的三种主要噪声源之一，其强度随航速增加而迅速增加，辐射声功率正比于航速的 5～7 次方。低航速时它对辐射噪声的贡献往往被机械噪声和螺旋桨噪声所掩盖，航速较高时（10kn 以上），水动力噪声会在辐射噪声中占有一定比例，而且随着机械噪声和螺旋桨噪声的有效控制，水动力噪声的影响将会有所增大[4]。此外，在特殊情况下，如在结构部件或空腔被激励成线谱噪声的谐振源时，水动力噪声在线谱出现范围内成为主要的噪声源[1]。流噪声是水动力噪声的一种，其他水动力噪声还有航行船舶船首与船尾的拍浪声以及在主要循环水系统的入水口和排水口处的噪声等。

此外，除上述三类稳态辐射噪声外，船舶航行时还会产生瞬态噪声。瞬态噪声即短时间内出现的辐射噪声，其持续时间往往在毫秒级，具有时变性强、持续时间短、局部能量高等特点。产生瞬态噪声的情况较多，比如鱼雷发射盖板的开启和关闭，潜艇内部舱室、耐压及非耐压壳体上附着物的碰撞，机械设备（舵机、各种泵、空压机等）的突然启动或运转状态的变化（典型的有潜艇转向、加减速、变深等），以及艇员走动、喊话等。

5.1.2 辐射噪声特性

从上述船舶辐射产生机理分析可知，船舶辐射噪声的噪声源很多，组成复杂。通常情况下，水动力噪声产生的辐射噪声不重要，而机械噪声和螺旋桨噪声是主要的辐射噪声。这两种噪声哪一种更为重要，则取决于频率、航速和深度。

船舶辐射噪声在时域上是一个随机信号，在频域上表现为连续谱叠加上一系列线谱的形式，在频谱的低频区占优势的是线谱分量，这些线谱随频率的升高而不均匀地缩减。对于某一速度和深度下，存在着一个（临界）频率，比该频率低时，在频谱中占优势的是机器噪声和螺旋桨噪声的线谱分量，而比该频率高时，频谱在绝大多数情况下是螺旋桨空化噪声的连续谱。对于水面舰艇和潜艇来说，该频率粗略地在 100～1000Hz，不过要取决于具体的船只、它的速度和深度（如果是潜艇）。

线谱部分与推进系统、螺旋桨及辅机等有关，主要是机械噪声贡献的。辅机产生的线谱谐波分量在幅度、频率上是相对稳定的高频线谱，与航速无关；对于推进系统和螺旋桨产生的线谱，其幅度与频率随船舶的速度而变化，这些线谱的带宽一般比辅机线谱要宽，而且有周期性变化的频率分量。而高频连续谱主要是螺旋桨空化噪声的贡献。螺旋桨未发生空化时，船舶噪声的线谱是相当强的，当航速增加产生空化时，宽带噪声的强度会掩盖某些频率分量，与推进系统有关的线谱会向高频移动，此时以连续谱为主的螺旋桨空化噪声在总频谱中占优势。将出现空化时的速度称为舰艇的临界速度。

在低频段，空化噪声谱级随频率增加大约以 6dB/oct 的斜率增加（但在测量数据中，由于有其他噪声源，掩盖了正斜率段）；在高频段，其谱级随频率以大约 6dB/oct 或大约 20dB/dec 的斜率下降。在交界处，空化噪声谱有一个谱峰，谱峰频率取决于螺旋桨旋转产生空泡的情况，对于船舶和潜艇，这个峰通常位于 100～1000Hz 的十倍频程内。图 5.1 为在三种航速和深度情况下潜艇的典型空化噪声谱。可见，空化噪声随着速度的增加和潜艇深度的变小而变强，并且谱峰移向低频。这是因为在航行速度较低的情况下，螺旋桨转速较慢，空化形成的气泡较少，产生的空化噪声强度也较弱。在航速增加时，螺旋桨旋转加快，空化形成的气泡更大，气泡破裂产生的噪声幅度更大，也更偏向低频，同时航行深度变浅时，由于水压变低，同样导致空化气泡更大，因此与航速增加对空化噪声有相同的影响趋势。

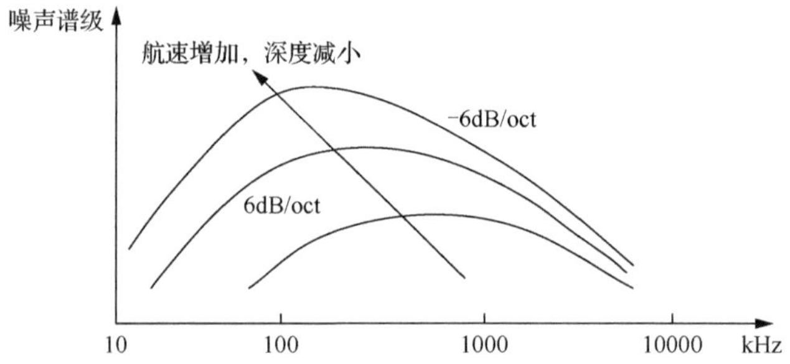

图 5.1　空化噪声谱随航速和深度的变化关系

除了空化噪声的连续谱外，水流流过螺旋桨还产生单频噪声分量。一种单频分量就是前面提到的螺旋桨叶片共振；另一种情况下，在频谱的低频段，因为螺旋桨叶片切割所有进入螺旋桨和在螺旋桨附近处的不规则流动，螺旋桨噪声含有频率为叶片速率倍数的线谱，称为叶片速率谱，其频率为

$$f_m = mns \tag{5.1}$$

式中，f_m 是叶片速率谱的 m 次谐波（Hz）；n 是螺旋桨叶片数；s 是螺旋桨转速（r/s）。

在螺旋桨附近有或无气泡的情况下可测到这些叶片谱线。在空化很充分的航速，谱线直接和空化过程有关。

对于不同类型的船舶辐射噪声频谱研究表明，具有基本相似的形状，图 5.2 是一艘船舶某工况辐射噪声频谱图，可见频谱是 3 根低频线谱和连续谱的叠加。大量测量和数据分析表明，船舶的连续谱有一峰值，其谱峰的上限因船舶类型而异，当频率低于谱峰频率时，频谱随频率变化较平直，只是略有提高，当超过谱峰频率时，呈 6dB/oct 的衰减趋势。低于谱峰的频段占有辐射噪声的绝大部分能量。不同船舶辐射噪声的线谱频率和幅度不同，这是船舶类型识别的主要特征。由于潜艇隐身技术的发展，其辐射噪声的线谱数和线谱幅度均得到了较好控制，同时线谱主要集中在低频（几十赫兹以下）[2]。

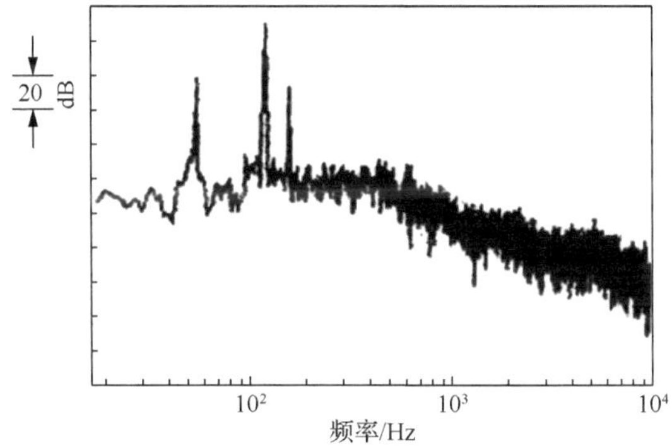

图 5.2　船舶辐射噪声频谱图

船舶的辐射噪声具有方向性，即辐射噪声的能量分布在空间上非均匀。不同类型的船舶，辐射噪声能量的空间分布与船舶类型、航速、吨位、关注频率等均有关系[5]。图 5.3 为三种不同类型的商船辐射噪声接收声级在三个频率上的通过特性曲线[5]。其中，图 5.3（a）为集装箱船，图 5.3（b）为散装货船，图 5.3（c）为成品油轮，商船的最近通过距离为 3km 左右。可见，三种商船的辐射噪声在空间上均为非对称的，并且这种非对称性在不同的频率上也不同，并且船尾方向的噪声级要高于船首方向 5～10dB[5]。

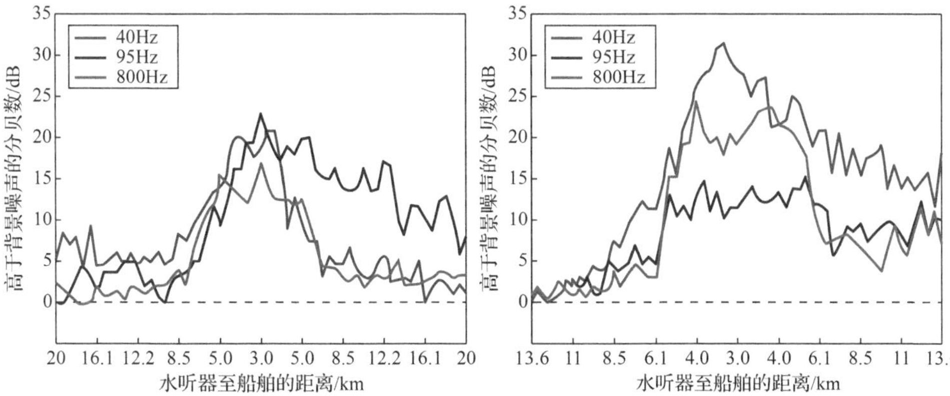

（a）集装箱船　　（b）散装货船

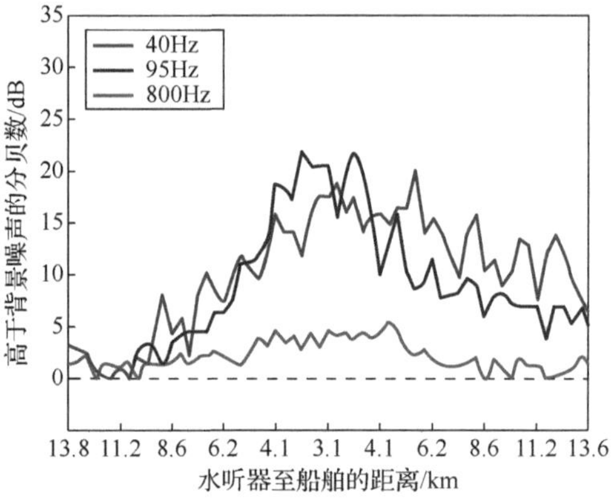

（c）成品油轮

图 5.3　三种商船接收声级通过特性（彩图附书后）

船舶辐射噪声能量空间分布可用声源级的指向性图来描述，图 5.4 为某货船不同方向辐射噪声的测量结果。其中，图 5.4（a）为该货船辐射噪声在 24Hz 频率的方向性，图 5.4（b）为辐射噪声在频带 340～360Hz 的方向性。该图为关于方位角和俯仰角的等值线图，圆周角度表示水平方位角，径向角度表示俯仰角，船首位于方位角 0° 方向，海底位于俯仰角-90° 方向。当频率为 24Hz 时，由于噪声源接近海面，低频辐射噪声的方向性接近偶极子指向性，辐射噪声能量随方位角变化较小；当频率为 340～360Hz 时，在船首和船尾方向，辐射噪声能量较小，在船侧靠近船首方向辐射噪声能量最大，这是由于船体和尾流的作用，船首和船尾方向的辐射噪声被遮挡和吸收[6]。

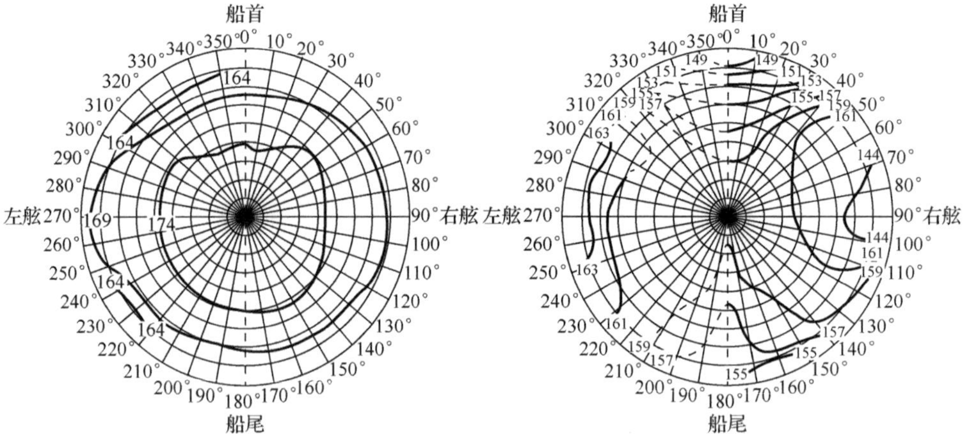

（a）24Hz辐射噪声方向性　　（b）340～360Hz辐射噪声方向性

图 5.4　某货船不同方向辐射噪声的测量结果[6]

为了更加直观地表示船舶辐射噪声能量空间分布特性，可以使用水平指向性图和垂直指向性图分别对其描述。水平指向性图是指距离被测船舶某一参考点等距离处测得的辐射噪声级与舷角的关系；垂直指向性图是指距离被测船舶某一参考点等距离处测得的辐射噪声级在与海平面垂直的平面内的空间分布。潜艇辐射噪声指向性示意图如图 5.5 所示[2]。从水平指向性图中可见，潜艇辐射噪声在正横方向最强，而在艏艉方向较弱，这同样是由于在艇首方向舰壳对主要噪声源有掩蔽效应，而艇尾方向尾流对声波有掩蔽效应。

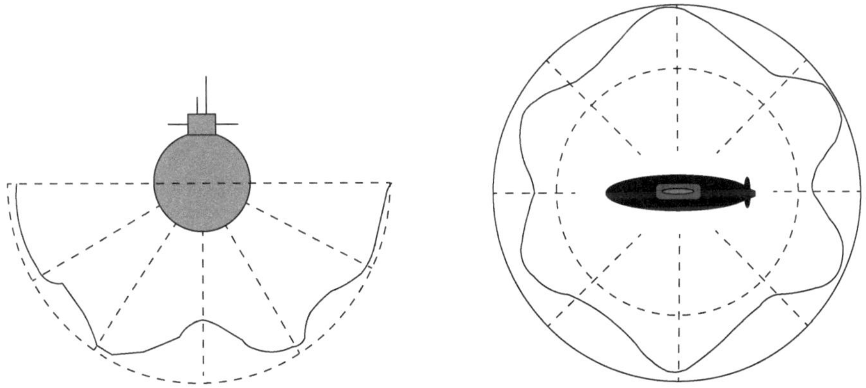

（a）垂直指向性　　（b）水平指向性

图 5.5　潜艇辐射噪声指向性示意图

5.1.3　辐射噪声建模

对于声呐系统动态效能计算来说，辐射噪声建模主要关注的是船舶的声源级和在不同频率上的声源谱级。如前所述，根据船舶辐射噪声连续谱的特点，可以用三个参数简化表示船舶的声源谱级，如图 5.6 所示，对于频率小于临界频率 f_0 的噪声成分的谱级不随频率变化，谱级为 L_{S0}，对于频率大于临界频率 f_0 的噪声成分的谱级随频率按照固定斜率 k 减小。根据船舶辐射噪声简化模型中可变参数的数量可以分为单参数模型、双参数模型和三参数模型[7]。

单参数模型中，仅低频（$f<100\text{Hz}$）恒定噪声谱级 L_{S0} 可变，临界频率 f_0=100Hz，高频（$f>100\text{Hz}$）衰减斜率 k=−6dB/oct，船舶辐射噪声谱级可以表示为

$$L_S(f)=\begin{cases}L_{S0}, & f_{\min}\leqslant f\leqslant 100\text{Hz}\\ L_{S0}-6\log_2(f/100), & 100\text{Hz}<f\leqslant f_{\max}\end{cases} \tag{5.2}$$

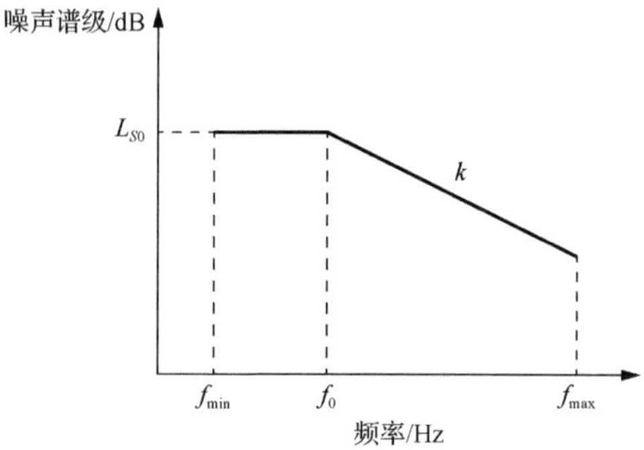

图 5.6 船舶辐射噪声简化模型

式中，$f_{\min}$ 和 $f_{\max}$ 分别表示频带上下限频率；L_{S0} 具有两种计算方法[7-9]：

$$L_{S0} = L_{[0.1,10]\text{kHz}} - 20 \tag{5.3}$$

$$L_{S0} = L_{1\text{kHz}} + 20 \tag{5.4}$$

式(5.3)由 Lurton[9]提出，$L_{[0.1,10]\text{kHz}}$ 是在 100Hz～10kHz 频段内的噪声级；式(5.4)由 Ross[8]提出，$L_{1\text{kHz}}$ 是在 1kHz 处的噪声谱级。实际应用中，多使用目标在 1kHz 处的噪声谱级计算 L_{S0}。

不同类型目标的临界频率存在差异，通常来说，水面舰艇的临界频率要高于潜艇的临界频率，双参数模型可以较为准确地简化表示不同类型目标的辐射噪声谱级。模型中参数 L_{S0} 和 f_0 可变，高频（$f > f_0$）衰减斜率 k=−6dB/oct，船舶辐射噪声谱级可以表示为

$$L_S(f) = \begin{cases} L_{S0}, & f_{\min} \leqslant f \leqslant f_0 \\ L_{S0} - 6\log_2(f / f_0), & f_0 < f \leqslant f_{\max} \end{cases} \tag{5.5}$$

L_{S0} 可以根据目标实测噪声谱级 $\text{RNL}(f)$ 由式（5.6）表示：

$$L_{S0} = \frac{\int_{f_{\min}}^{f_0} \text{RNL}(f)\mathrm{d}f}{f_0 - f_{\min}} \tag{5.6}$$

f_0 可通过对目标实测噪声谱级 $\text{RNL}(f)$ 最优化拟合求得，即

$$\min_{f_0} \int_{f_{\min}}^{f_{\max}} |\text{RNL}(f) - L_S(f)|^2 \, \mathrm{d}f \tag{5.7}$$

随着船舶工况发生改变，其辐射噪声谱级在不同频段发生不同的变化，三参数简化模型可以更好地描述船舶辐射噪声谱级。三参数模型中临界频率 f_0、低频（$f < f_0$）恒定噪声谱级 L_{S0}、高频（$f > f_0$）衰减斜率 k 均可变，通过调节三个参数对船舶辐射噪声谱级合理简化，辐射噪声谱级可以表示为[7]

$$L_S(f)=\begin{cases}L_{S0}, & f_{\min}\leqslant f\leqslant f_0\\ L_{S0}-k\log_2(f/f_0), & f_0<f\leqslant f_{\max}\end{cases}\tag{5.8}$$

式中，L_{S0} 可以由式（5.6）表示；f_0 和 k 可通过对目标实测噪声谱级 RNL(f) 最优化拟合求得，即

$$\min_{\{f_0,k\}}\int_{f_{\min}}^{f_{\max}}|\mathrm{RNL}(f)-L_S(f)|^2\,\mathrm{d}f\tag{5.9}$$

上述三个模型中，模型随着复杂程度的提高，对船舶辐射噪声谱级描述的准确性更好，需结合实际情况选择适当的模型对目标辐射噪声谱简化表示。

在仅掌握目标船舶物理参数的情况下，为了对船舶辐射噪声级进行评估和预测，学者通过对大量船舶噪声历史数据的分析，建立了船舶辐射噪声级与船舶物理参数（航速、船长等）的关系。

对第二次世界大战期间测得的大量航船噪声历史数据进行总结后，Ross[10]建立了与频率、航速、船长等参数有关的船舶辐射噪声预报模型（Ross 模型），并且在经过修正和改进后应用于环境噪声指向性模型 RANDI 3.1[11]。Ross 模型是目前广泛使用的模型，Ross 模型表达式已在第 4 章描述。

值得注意的是，自第二次世界大战以来，现代船舶的动力、推进装置及吨位等均发生了重大变化[12]，因此学者使用不同的现代船舶噪声数据集对 Ross 模型进行了验证，并提出了改进模型。

根据 Wittekind[13]的研究成果，仅依据航速和船长无法准确描述船舶辐射噪声谱级，其可以由船舶排水量、航速、排水系数、发动机质量、发动机减振措施等因素表示。依据噪声发生机理和特性可以将船舶辐射噪声分为低频螺旋桨噪声、中高频螺旋桨噪声和中频机械噪声三个主要成分。其中，低频螺旋桨噪声源级可表示为

$$\begin{aligned}&F_1=2.2\times10^{-10}f^5-2\times10^{-7}f^4+6\times10^{-5}f^3-8\times10^{-3}f^2+0.35f+125+A+B\\&A=80\lg\left(\frac{v}{v_{\mathrm{CIS}}}4c_B\right)\\&B=10\lg\left(\frac{\varDelta}{\varDelta_{\mathrm{ref}}}\right)^{\frac{2}{3}}\end{aligned}\tag{5.10}$$

中高频螺旋桨噪声源级可表示为

$$\begin{aligned}&F_2=5\ln f-\frac{1000}{f}+10+B+C\\&C=60\lg\left(\frac{v}{v_{\mathrm{CIS}}}1000c_B\right)\end{aligned}\tag{5.11}$$

中频机械噪声可表示为

$$\begin{aligned} F_3 &= 10^{-7} f^2 - 0.01 f + 140 + D + E \\ D &= 15\lg m + 10\lg n \end{aligned} \tag{5.12}$$

式中，f 为频率（Hz）；v 为航速（kn）；v_{CIS} 为空化临界速度；c_B 为排水系数，其定义为船舶入水体积与船舶总体积的比值；Δ 为排水量（t）；Δ_{ref} 为排水量参考值，取值为 10000t；m 为发动机质量（t）；n 为发动机运行个数；E 为发动机减振措施，若发动机弹性安装，$E=0$，若发动机刚性安装，E=15。

将 F_1、F_2、F_3 以能量的形式求和，船舶辐射噪声源级可表示为

$$L_S = 10\lg\left(10^{\frac{F_1}{10}} + 10^{\frac{F_2}{10}} + 10^{\frac{F_3}{10}}\right) \tag{5.13}$$

为了验证 Ross 模型对现代船舶噪声源级预测的准确性，MacGillivray 等[14]利用一组数据集对模型进行测试，并对 Ross 模型进行了改进。数据集包含了 2017 年在哈罗海峡和乔治亚海峡测得的 1862 条不同类型船舶辐射噪声数据，并记录了船舶 AIS、船长、航速等信息。测试结果表明，Ross 模型存在较大的预测误差。

改进模型保留了船舶辐射噪声源级与航速和船长的依赖关系，并在模型中考虑了船舶类型对船舶辐射噪声源级的影响，引入了修正的标准船舶噪声源级和参考速度。传统 Ross 模型对于不同类型的船舶均使用相同的参考速度($v_{\mathrm{ref}}=12\mathrm{kn}$)，而在改进模型中针对不同类型船舶使用不同的参考速度，改进模型的船舶辐射噪声源级表达式为

$$L_S(f,v,l,C) = L_{S0}(f,C) + 60\lg(v/v_C) + 20\lg(l/l_0) \tag{5.14}$$

式中，f 为频率（Hz）；v 为航速（kn）；l 为船长（ft）；C 为船舶类型；l_0 为参考船长（$l_0=300\mathrm{ft}$）；v_C 为参考航速，由船舶类型确定。标准船舶噪声源级 $L_{S0}(f,C)$ 也与船舶类型有关，表示为

$$L_{S0}(f,C) = K - 20\lg f_1 - 10\lg\left(\left(1-\frac{f}{f_1}\right)^2 + D^2\right) \tag{5.15}$$

式中，$f_1=\dfrac{480}{v_C}$（Hz）；$K=191$；$D=3$（对于游轮，$D=4$）。

对 100Hz 以下货船的标准噪声源级进行单独的表述：

$$\begin{aligned} L_{S0}(f<100,\text{货船}) = {} & K^{\mathrm{LF}} - 40\lg f_1^{\mathrm{LF}} + 10\lg f \\ & -10\lg\left(\left(1-\left(\frac{f}{f_1^{\mathrm{LF}}}\right)^2\right)^2 + (D^{\mathrm{LF}})^2\right) \end{aligned} \tag{5.16}$$

式中，$K^{\mathrm{LF}}=208$；$f_1^{\mathrm{LF}}=\dfrac{600}{v_C}$（Hz）；$D^{\mathrm{LF}}$ 取 0.8～1.0。

MacGillivray 等[14]根据实测数据计算得到 12 种船舶的参考速度，如表 5.1 所示。

表 5.1　不同类型船舶的参考速度

船舶类型 C	参考航速 v_C /kn
渔船	6.4
拖轮	3.7
军舰	11.1
休闲游艇	10.6
科学考察船	8.0
大型客船（船长>100m）	17.1
小型客船（船长≤100m）	9.7
散装货轮	13.9
集装箱船	18.0
滚装船	15.8
油轮	12.4
挖泥船	9.5
其他	7.4

Wales 等[15]提出了一种与船舶物理参数无关的船舶辐射噪声预报模型，模型具有有理谱的形式，通过逼近函数的线性组合实现对船舶辐射噪声预报，我们把此模型称之为有理谱模型（rational spectrum model），简称 RS 模型。

模型具有如下函数形式：

$$L_S(f,\delta,\boldsymbol{v},\boldsymbol{\eta})=\delta+\sum_{p=1}^{P-1}v_p\left(\beta_p\left(\frac{f}{\eta_p}\right)-\left\langle\beta_p\left(\frac{f}{\eta_p}\right)\right\rangle_F\right) \tag{5.17}$$

式中，f 为频率（Hz）；δ、$\boldsymbol{v}$、$\boldsymbol{\eta}$ 均为待求参数，δ 为与频率无关的声源级基准偏置，$\boldsymbol{v}$ 为逼近函数的加权系数，$\boldsymbol{\eta}$ 与逼近函数的频率变量有关；P 为参数向量 $\boldsymbol{v}$、$\boldsymbol{\eta}$ 的长度；$\langle\cdot\rangle_F$ 为在频带内关于频率的平均值；逼近函数 β_p 具有如下形式：

$$\beta_p(x)=\begin{cases}10\lg x^2, & p=1\\ 10\lg(1+x^2), & p>1\end{cases} \tag{5.18}$$

依据最小均方误差准则，结合实测船舶辐射噪声数据集可以求得参数 δ、$\boldsymbol{v}$、$\boldsymbol{\eta}$ 及其在数据集中的分布 $p(\delta)$、$p(\boldsymbol{v})$、$p(\boldsymbol{\eta})$，对于包含不同目标类型的数据集，模型参数分布 $p(\delta)$、$p(\boldsymbol{v})$、$p(\boldsymbol{\eta})$ 存在差异。

RS 模型可以依据已知的模型参数分布 $p(\delta)$、$p(\boldsymbol{v})$、$p(\boldsymbol{\eta})$ 对某一海域目标辐

射噪声分布进行预报，然而模型参数δ、$\boldsymbol{v}$、$\boldsymbol{\eta}$与目标具体物理参数无关，所以此模型无法依据目标物理参数对特定目标进行噪声级预报。

经计算，基于 RS 模型，船舶辐射噪声谱级期望值的表达式为

$$\overline{L}_S(f) = 230.0 - 10\lg f^{3.594} + 10\lg\left(\left(1+\left(\frac{f}{340}\right)^2\right)^{0.917}\right) \tag{5.19}$$

由于水面舰艇、潜艇的辐射噪声实测数据密级很高，研究人员获取困难，上述模型均通过民用船舶辐射噪声数据集获得，而现代军事目标与民用船舶的辐射噪声特性存在差异。此外，为了充分发挥主机的功率，提高船舶的灵活性，一些现代船舶采用可变螺距螺旋桨（controllable pitch propeller, CPP）。CPP 与传统的固定螺距螺旋桨噪声辐射规律不同，随着螺距的改变，空化现象以不同的形式发生在 CPP 叶片的不同区域，从而产生不同频率成分的辐射噪声[7]，而上述模型中没有针对 CPP 船舶考虑螺距对辐射噪声的影响。对于现代军事船舶及装配有 CPP 的船舶上述模型无法有效预测其辐射噪声谱级，在声呐系统动态效能计算中，需要依据实测数据对模型进行修正校准或重新建模。

5.1.4　辐射噪声测量

船舶辐射噪声测量是船舶辐射噪声特性研究和建模的基础性工作，测量结果一方面可直接用于水声目标噪声源级的计算，另一方面可用于目标辐射噪声的建模和模型校验，对被动声呐系统动态效能预报具有重要意义。

1. 测量设备与方法

船舶辐射噪声测量系统一般由水听器、测量放大器、数据采集器、船舶定位装置、导航装置等组成[2]，船舶定位装置用于实时测量船舶到测量水听器的距离，导航装置可以使船舶按照预定路线机动。根据测量对象、测量环境和测量目的的不同，水听器可以选取单个水听器或水听器阵列，单水听器具有成本低、布放灵活方便的优点，但对于低噪声的被测船舶，单水听器难以满足测试要求，而水听器阵列可以抑制背景噪声，获取空间增益，提高信噪比。水听器阵列一般选取水平线阵或垂直线阵，为了提高阵列的指向性，一些国家也使用平面阵和体积阵测量船舶的辐射噪声，例如美国的“海斯号”潜艇辐射噪声测量系统[16]。随着技术的发展，矢量水听器也用于船舶辐射噪声测量，矢量水听器可以同时共点获得声场的声压和质点振速信息，进而可以求得声强和声能流等物理量。矢量水听器具有一定的指向性，可以一定程度上抑制背景噪声[17]，可以用于低噪声船舶辐射噪

声测量。

测量船舶辐射噪声的基本方法是让待测船舶在水中布设的水声系统的适当距离处，按预定路线驶过，同时记录水声系统输出的电信号，并将测量结果折算到距离声源 1m 处，得到辐射噪声信号测量值[2]。船舶辐射噪声测量一般选取水域开阔、海面平静、海底起伏小、远离航道、背景噪声低的海域。在测量时，除了要记录辐射噪声信号外，还需要同步记录海区的水文、水深、海况等环境参数，船舶航行速度、航行深度（潜艇）等工况参数，以及船舶的排水量、吨位、长度、型宽、动力装置类型、螺旋桨数、桨叶数等船舶总体参数和机械参数，以便测量后的数据分析和处理。

测量船舶辐射噪声首先需要在实验海区布放水听器（阵列）并对海区环境参数（海况、水文等）进行测量记录。水听器（阵列）的布放方式有两种[2]：一是将水听器（阵列）固定在实验海区，把连接水听器（阵列）的电缆引到岸边的实验室，在实验室中对信号进行采集与处理；二是将水听器（阵列）由测量船携带到实验海区，临时布放在海中，将连接水听器（阵列）的电缆引到测量船上的实验室或经浮标利用无线电波发送到测量船上。第一种方式多用于专门的海上实验场，水听器（阵列）位置固定，便于船舶按照预定路线航行，而且可以较为精确地掌握海区环境信息并评估海区环境对测量结果的影响，因此测量精度较高，但是此方式维护成本较高。第二种方式，水听器（阵列）在海区布放的位置不易固定，但此方式具有灵活性高、成本低的优点。

根据测量目的的不同，可将水听器（阵列）按照一定形态布放在海区的不同位置。当测量船舶正横方向的噪声级时，可将单个水听器放置在与被测船舶等深的深度或布放一个水听器垂直阵列，让被测船舶从水听器（阵列）侧方通过；测量船舶龙骨下方的噪声级时，可将水听器阵列水平布放在海底，让被测船舶从水听器阵列上方通过。图 5.7 和图 5.8 分别表示测量水听器垂直和海底水平的布放方式。

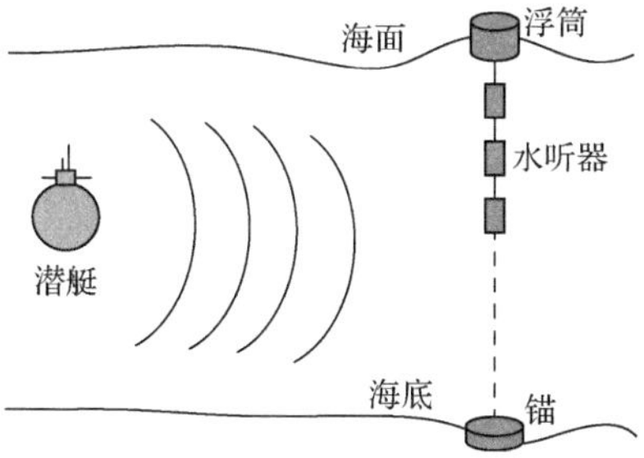

图 5.7　水听器阵列垂直布放[2]

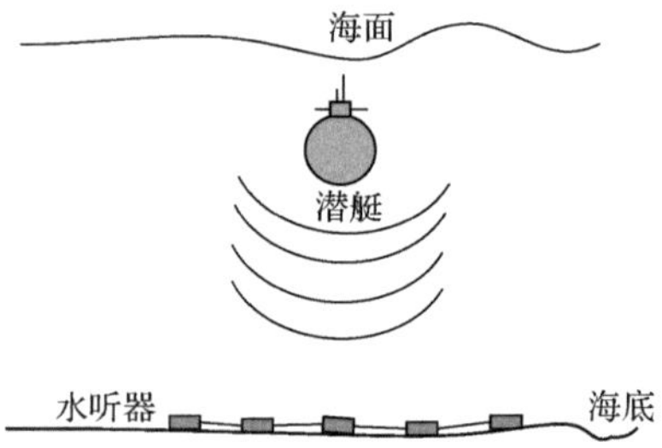

图 5.8　水听器阵列海底水平布放[2]

船舶的机动是船舶辐射噪声测量过程中的重要步骤，船舶的机动方式取决于测量精度、测量目的、海区环境等因素。船舶的机动方式主要有以下几种[2]：

（1）直线航行，待测船舶由远及近直线航行经过水听器（阵列）并驶离，这个过程中船舶保持匀速航行，此方式可以获得待测船舶完整的噪声通过特性。

（2）“8”字形航迹航行，待测船舶从方位中心分别以±40°方向，以一定的距离通过水听器阵列（“8”字形航迹），此方式可以用于船舶辐射噪声方向性测量。

（3）圆形航迹航行，船舶在不同的工况下（航速等）进行航行，航行路线是以水听器为圆心的圆形航迹，此机动方式可以用于船舶辐射噪声源的辨别。

（4）待测船舶关闭主机，船舶从水听器阵列上方通过，此方式可对船舶辅机进行噪声测量。

船舶距离水听器（阵列）的距离与被测船舶类型有关，对于噪声较高的大型水面舰艇，一般要求其与水听器（阵列）的距离大于 200m，而对于噪声较小的潜艇，通常要求其在距离水听器（阵列）30～100m 范围内通过。

2. 数据处理

在获取船舶辐射噪声测量数据后，需要对其辐射噪声源级和声源谱级进行计算。首先，按照任务要求，选取有效的、合适长度的信号样本，使用 Welch 方法计算其功率谱级 $I(f)$ [18]。然后，根据水听器灵敏度 $L_M(f)$ 及测量放大器增益 $L_K(f)$ 计算水听器处的声压谱级[19]：

$$L_p(f) = I(f) - L_M(f) - L_K(f) \tag{5.20}$$

根据待测船舶到水听器处的传播损失 $\mathrm{TL}(f,r)$ 可以得到船舶噪声的声源谱级为

$$L_s(f) = L_p(f) + \mathrm{TL}(f,r) \tag{5.21}$$

式中，r 为待测船舶到水听器的距离。

在计算传播损失 TL 时，为了简化计算，一般将船舶视作在等效位置处的点源，等效位置一般选在螺旋桨与船体之间[20]。当 r 较小时，利用球面波扩展规律可以较好地表示船舶辐射噪声随距离的变化，传播损失 TL 可以表示为

$$\mathrm{TL} = 20\lg\frac{r}{r_0} \tag{5.22}$$

式中，r_0 为基准距离 1m。

对于水面舰艇，螺旋桨等噪声源距离水面较近，由于海面对声波的反射效应（劳埃德镜），船舶辐射噪声随距离的变化不能简单地由球面波扩展规律表示，考虑海面反射效应的传播损失可以用式（5.23）表示[1]：

$$\mathrm{TL}(f,r) = 10\lg\frac{r^2}{2\left(1-\cos\dfrac{4\pi f z_s z_r}{c_{\mathrm{hm}} r}\right)} \tag{5.23}$$

式中，f 为声波频率；z_s 为声源深度；z_r 为水听器深度；c_{hm} 为平均声速。实际中，可以组合使用式（5.22）与式（5.23）进行传播损失 TL 的计算，频率较低时，劳埃德效应明显，式（5.23）可以更加准确计算 TL，在较高频率下，可采用球面波模型计算 TL [20]。

以上是基于简单的声波扩展规律传播损失计算方法，也可以结合实验海区测得的环境参数使用已有的水声传播模型（例如简正波模型）对待测船舶到水听器处的传播损失进行计算[18]，使用水声传播模型可以获得更准确的船舶辐射噪声测量结果。

为了分析船舶辐射噪声宽带谱特性，需要计算宽带声源级 L_{sw}，通常指定频带宽度为 1/3oct，1/3oct 宽带声源级 $L_{\mathrm{sw1/3oct}}(f_c)$ 可以由声源谱级 $L_s(f)$ 计算得到

$$L_{\mathrm{sw1/3oct}}(f_c)=10\lg\left(\sum_{i=1}^{I}10^{\frac{L_s(f_i)}{10}}\mathrm{d}f\right) \tag{5.24}$$

式中，f_c 为中心频率；$\mathrm{d}f$ 为频率间隔；I 为子带数。

5.2　声呐目标强度

当声波照射到目标上时，会发生反射、散射等物理过程，从而产生次级声波，主动声呐正是通过接收这种回波信号实现对目标的探测[21]。回波的强度是决定声呐有效作用距离的重要因素之一，其与目标的声反射（散射）本领密切相关，工程上，用目标强度描述目标声反射（散射）本领的大小。目标强度是主动声呐系统动态效能计算中的重要参数，本节首先介绍目标回波的产生机理，然后对典型

目标的目标强度特性、目标强度建模及测量进行讨论。

5.2.1 目标回波及产生机理

主动声呐工作时，将以全向或定向方式向水中发射声波，当声波在水中传播过程中遇到如潜艇、鱼雷及水雷等目标时，会在其表面激发起次级声波，这些次级声波称为目标回波。目标回波分布于目标的各个方向。其中，与入射声波反向的目标回波称为反向回波；与入射声波同向的回波称为前向回波[21]。对于收发合置的主动声呐，需要重点关注以不同角度入射目标的反向回波；而在多基地声呐应用场景中，声源与接收器分别位于目标的不同方位，因此其他方向的目标回波同样值得关注[22]。

目标回波的产生机理是复杂的，其一般由反射声波、散射声波、绕射声波等多种成分共同组成。在不同的场合，目标回波的各个成分对目标回波的贡献程度不同，这与声波入射角度、声波频率、目标形状、目标材质、目标结构等因素有关。目标回波主要由以下几种过程形成[1,21]。

（1）目标表面不规则性散射。

目标表面存在一些棱角、边缘、突起等不规则的结构，其曲率半径一般小于入射声波的波长。声波入射到这些结构表面时，会发生大量不规则的散射过程，此时目标回波主要由许多散射中心所产生的散射波共同组成。当目标表面只有少数散射作用较强的散射结构时，在目标回波信号的包络上可以看到它们所形成的亮点。大多数目标表面都存在不规则的散射结构，所以几乎所有的目标回波中都存在散射回波成分。以潜艇为例，艇首和艇尾的指挥室围壳、舵翼等附体都是潜艇上散射作用较强的散射结构。

（2）镜反射。

镜反射过程主要发生在曲率半径大于入射声波波长的目标的表面。假定目标是刚性的，且在声场中保持静止，根据波动理论，在镜反射过程中，声波入射至目标激发反射波，反射波和入射波的质点振速相互抵消。镜反射信号波形与入射波形具有较高的相关性，而且反射信号能量一般较高。对于潜艇、水雷等目标来说，声波从正横方向入射时，镜反射是目标回波产生的主要过程。

（3）声波透入目标内。

实际中，潜艇、水雷等常见的声呐目标不是一个绝对的刚性物体，入射声波可以透入目标，使目标产生复杂的形变，从而产生复杂的目标回波。

潜艇是一类具有复杂结构的水下目标，图 5.9 为潜艇的横断截面示意图，图中所示潜艇的外壳是双壳体结构，外围是薄钢板，内部是耐压舱。声波入射至潜艇时，一部分在潜艇表面发生反射和散射，另一部分会透入潜艇舱中，在潜艇内部的一些棱角等结构处产生回波。

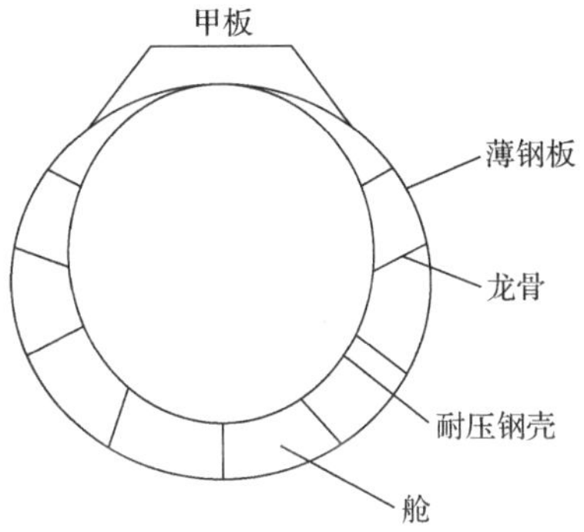

图 5.9　潜艇横断截面示意图

声波在潜艇内部产生的回波能量具有一定的方向性，当潜艇内存在耐压壳框架、舱结构等规则重复分布的结构时，这些结构的回波以相干的形式相互叠加或相互抵消，规则重复的结构与一个由多个声源组成的阵列作用类似，可以增强目标在一些方向上回波的能量。例如，潜艇在接近艇首和艇尾的两侧方向的回波能量较强。

（4）共振效应。

当声波以某些频率入射目标时，目标的一些固有的振动模式会被激发起来，导致目标产生共振效应。一般来说，目标的共振会增强回波的能量。目标的共振受到多种因素的影响，目标的结构、目标材料的力学参数、入射声波频率、入射声波脉冲宽度等都会对目标的共振产生影响[21]。

5.2.2　目标强度特性

目标强度（target strength, TS）是声呐方程中表征水中目标声学特性的参数，定义为

$$\mathrm{TS}=10\lg\left.\frac{I_r}{I_i}\right|_{r=1} \tag{5.25}$$

式中，I_r 是距目标声中心 r m 处的回声强度；I_i 是入射波强度。需要注意的是，目标强度的测量是在远场进行的，$I_r|_{r=1}$ 是按传播衰减规律将测量值换算至目标等效中心 1m 处后得到的。

目标强度特性是由目标和声信号特性决定的，具体来说，是由物体几何形状、体积大小、组成材料和表面结构等因素与声信号的频率、入射角和波束宽度等因

素决定的[23]。尽管由于军事上的需要，声呐目标的目标强度历来受到人们的关注，人们为此进行了大量的研究工作、取得了许多研究成果，但是由于军事上严格保密的原因，有关声呐目标强度值的实测资料公开发表极少，年代也比较久远。除特别注明引用外，本节仅根据现有资料[1,21]，对潜艇目标强度关于方位、频率、信号持续时间、深度和距离的变化做一般性讨论。

1. 随方位变化

潜艇目标的几何形状和内部结构是很不规则的，因此同一艘潜艇不同方位之间和同一方位不同潜艇之间的目标强度都存在较大的差异。然而，当观察不同潜艇的目标强度-方位测量关系曲线时，可以发现曲线的形状有共同的特征，可以抽象为如图 5.10 所示的“蝴蝶”图形，其具有下列特征。

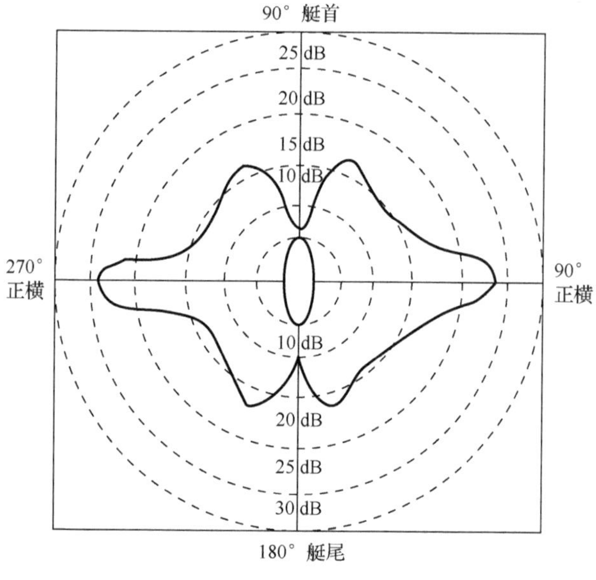

图 5.10　潜艇目标强度沿方位角变化的“蝴蝶”图形

（1）在潜艇左右舷的正横方向上，目标强度值最大，可达 25dB，是由艇壳的镜面反射引起的。

（2）在艇首和艇尾方向，目标强度取极小值，是由船壳和尾流的遮蔽效应引起的。

（3）在艇首和艇尾 20° 附近的旁瓣较邻区高出 1～2dB，可能是由潜艇舱室结构的内反射产生的，因为耐压壳外无压舱物和燃料柜的核动力潜艇的目标强度-方位图上并不存在这种旁瓣。

（4）在目标强度-方位图上其他方位曲线呈圆形，是由潜艇的复杂结构及其附属物产生的散射的多种叠加产生的。

2. 随频率变化

在第二次世界大战期间，研究人员曾试图确定目标强度的频率响应，并在 12kHz、24kHz 和 60kHz 频率处测量潜艇的目标强度，当时的结论是目标强度与其所处声场频率无关。现在借助数值仿真技术，可以详细研究目标强度与频率的关系，如图 5.11 所示，选取典型入射角（艏向 0°、舷侧 45°、正横 90°、舷侧 135°、艉向 180°）和典型声频段（1～30kHz），计算标准潜艇的目标强度，可以看到：

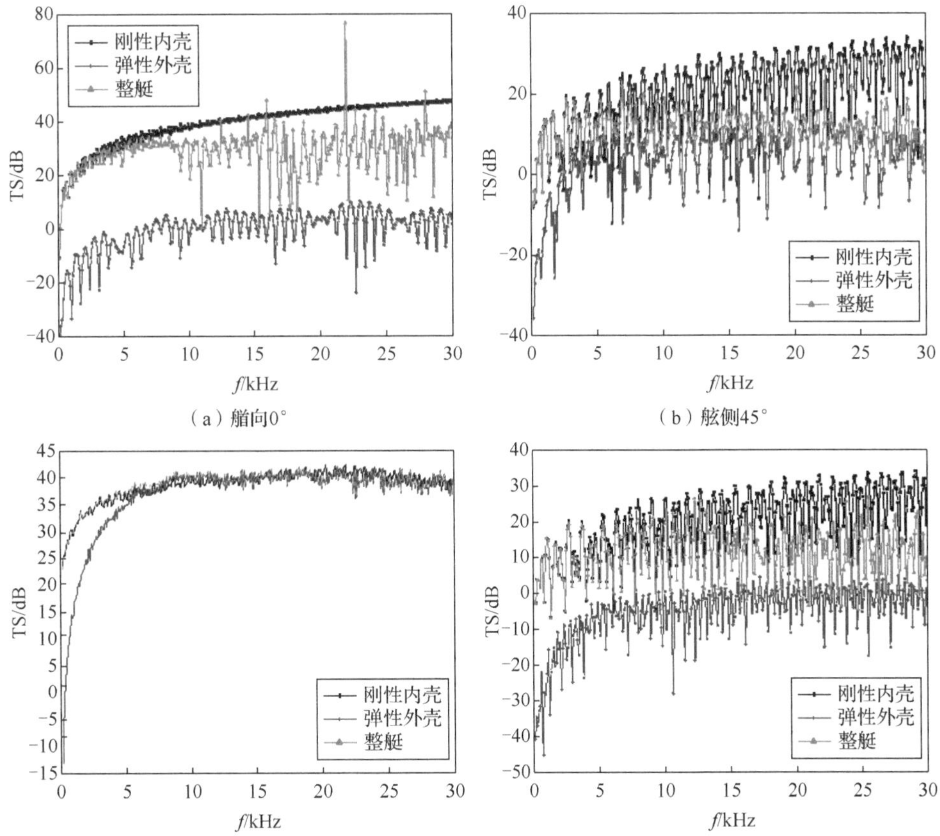

（a）艏向0°　　（b）舷侧45°

（c）正横90°　　（d）舷侧135°

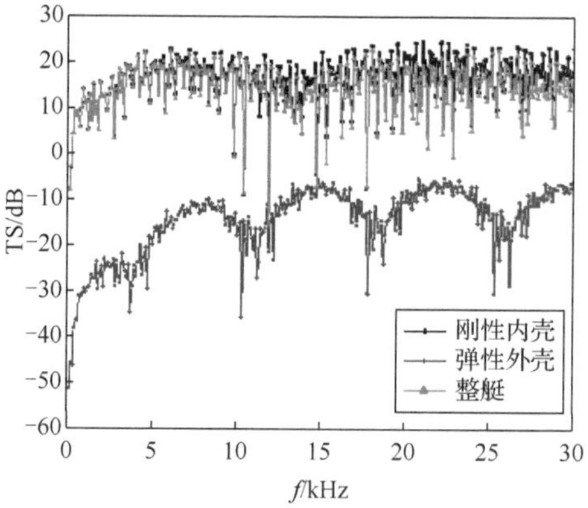

（e）艉向180°

图 5.11　标准潜艇模型在不同方位角下目标强度随频率的变化（彩图附书后）

（1）潜艇目标强度主要来自内层刚性壳体声散射贡献，低频段目标强度随频率升高而增大，10kHz 以上频段基本稳定，量值变化不明显，与第二次世界大战时结论一致。

（2）潜艇正横附近内外层壳体的声散射程度基本相当，动态范围小，两者之间的差值和变化幅度随舷角向艏艉两个端射方向变化而增大。

3. 随深度的变化

潜艇回声中包含潜艇尾流贡献的那一部分，而潜艇尾流是随潜艇航行深度变化的，因此航行深度不同时回声强度也有差别。除此之外，深度对潜艇回声的影响是潜艇深度变化时引起水声传播变化造成的，不是潜艇本身的变化造成的。

4. 随距离的变化

实验结果表明，近距离处潜艇目标强度测量值往往小于远距离处的测量值，其主要是两方面原因导致的：①当使用指向性声呐在潜艇近处测量目标强度时，由于声呐的指向性，声波束不能“照射”到潜艇的全部，仅有部分表面对回声有贡献；②有些物体的几何形状比较复杂，其回声强度随距离衰减的规律与点源不同。事实上，对于一个长度为 L 的柱体来说，在近距离上，其回声强度随距离的衰减服从柱面规律；在远距离上，其回声强度随距离的平方衰减；远近距离的过渡距离是 L^2/λ，λ 是声波长。当在远距离和近距离分别测量柱体的目标强度并将其归算到柱体声中心 1m 处时，其结果必然是远处测得的目标强度值大于近处的测量值。因此，潜艇目标强度测量时为得到稳定可靠的测量结果，应在远距离进行，即测量距离 r 要大于 L^2/λ。

5. 随脉冲宽度变化

潜艇是长形目标，因此可以预期其目标强度随脉宽的减小而降低，因为短脉冲不能照射到目标的全部，相当于潜艇的等效反射面积下降，如图 5.12 所示。在脉冲宽度 τ_0 足以使目标上各点在同一瞬时同时对回声产生贡献之前，目标强度必将随脉冲宽度 τ_0 的增大而增大：

$$\tau_0 = \frac{2l}{c} \tag{5.26}$$

式中，l 是目标在入射波方向上的长度；c 是声速。若目标长度为 L，在方位角 θ 时有 $l = L\cos\theta$。

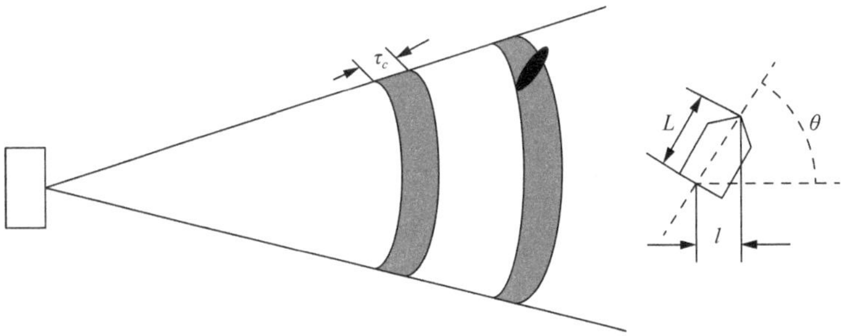

图 5.12 潜艇等效反射面积与发射脉冲宽度关系

上述脉宽减小效应在正横方向上测量潜艇目标强度时并不显著，因为此时目标在入射波方向上的长度很小，且镜面反射是形成回声的主要过程。

5.2.3 目标强度建模

目标强度预测是三维流体空间中受声波激励的目标的声散射问题，现有声散射问题的理论解法主要有积分方程方法、分离变量方法（瑞利简正级数解）、蠕波分析方法、共振散射理论和奇异点展开理论，其中后三种方法是在瑞利简正级数解基础上发展起来的。在积分方程方法中，将散射目标表面看作次级声源，结合基尔霍夫-亥姆霍兹积分方程将散射波表示成积分形式，原则上可应用于任意复杂形状的目标；而在分离变量等方法中，散射波表示为瑞利简正级数，进而可以得到目标散射方向性和形态函数等基本特性或瑞利级数经变换后研究回声幅度和散射形态函数存在共振现象，因此是揭示声散射物理过程的主要手段，但只能应用于那些表面能用正交曲线坐标表示的形状规则的目标，如球、无限长圆柱等。

实际工程中，目标一般都较为复杂，难以直接应用严格的理论求解散射声场、分析回声特性，因此相应出现了许多近似解法和数值解法，如亮点模型、板块元方法、T 矩阵方法、有限元/边界元方法等。T 矩阵方法的主要缺点是目标形状与所选的正交曲线坐标面相差越大误差越大，近年来已少有人研究。因此，本节主要讨论在研究水下目标散射回波特性时常采用的亮点模型和板块元方法，之后简述有限元方法在散射回波研究中的应用。

1. 亮点模型

“亮点”的概念源于光学，指的是光线在光滑的凸面上产生强反射的区域，在水声学中，亮点可以用于表示目标反射（散射）信号的等效发射节点。在高频条件下，复杂目标产生的回波可以近似为由多个亮点产生回波的叠加，根据回波产生的机理，可将亮点分为几何类亮点和弹性类亮点[24]。几何类亮点是真实存在的，其主要由目标的几何形状决定，例如光滑凸表面上的镜反射点、边缘、棱角等；弹性类亮点是一种假想的亮点，例如弹性目标的再辐射波，不存在明确的物理亮点，但根据声波传播的声程，可以认为它是由某一等效亮点发出的[21]。亮点模型是在入射声波为高频、窄带的条件下通过理论分析和实验研究得出的，此模型由于计算方便、物理概念清晰，在工程应用方面具有一定的价值。

合理假设目标散射问题服从线性声学的规律，将目标视作一个线性时不变系统，传递函数为 $H(\boldsymbol{r},\omega)$，入射声波 $p_i(\boldsymbol{r},\omega)$ 为系统输入，回波 $p_o(\boldsymbol{r},\omega)$ 为系统响应，则有[24]

$$H(\boldsymbol{r},\omega)=r\mathrm{e}^{-\mathrm{i}kr}\frac{p_o(\boldsymbol{r},\omega)}{p_i(\boldsymbol{r},\omega)} \tag{5.27}$$

或

$$p_o(\boldsymbol{r},\omega)=\frac{\mathrm{e}^{-\mathrm{i}kr}}{r}H(\boldsymbol{r},\omega)p_i(\boldsymbol{r},\omega) \tag{5.28}$$

式中，$\boldsymbol{r}$ 为声源到目标的矢径；r 为矢径的模；ω 为角频率；波数 $k=\dfrac{\omega}{c}$；c 为声速。式（5.28）中的因子 $\dfrac{\mathrm{e}^{-\mathrm{i}kr}}{r}$ 用来描述信道传输的影响。

对于实际目标，即使是刚性小球等简单目标，其传递函数 $H(\boldsymbol{r},\omega)$ 也是复杂的，而形状不规则的目标，甚至不存在严格解析的传递函数 $H(\boldsymbol{r},\omega)$。亮点模型中，在高频、窄带的条件下，单个亮点的传递函数可以表示为

$$H(\boldsymbol{r},\omega)=A(\boldsymbol{r},\omega)\mathrm{e}^{-\mathrm{i}\omega\tau}\mathrm{e}^{\mathrm{i}\phi} \tag{5.29}$$

式中，$A(\boldsymbol{r},\omega)$ 是目标幅度反射因子；τ 是时延，由亮点相对于某个参考点的声程 ξ 确定，$\tau=2\xi/c$；ϕ 是回波产生时的相位突变。上述三个参数分别与频率和声波入射角有关，这三个参数可以完全确定亮点传递函数的特性。

因此单个亮点的目标强度可以表示为

$$\begin{aligned}\mathrm{TS}&=10\lg|H(\boldsymbol{r},\omega)_{r=1}|^2\\&=10\lg|A(\boldsymbol{r},\omega)\mathrm{e}^{-\mathrm{i}\omega\tau}\mathrm{e}^{\mathrm{i}\phi}|^2\end{aligned} \tag{5.30}$$

使用亮点模型描述潜艇这样的复杂目标时，可将其回波视作组成该目标的子目标回波的叠加。首先，将目标在几何上分解成若干个简单子目标，如艇体、指挥台、翼等。然后，将每个子目标用简单几何形状近似，并得到解析的亮点传递函数 $H_i(\boldsymbol{r},\omega)$。最后，按线性叠加原理得到整个目标的亮点传递函数[21]：

$$H(\boldsymbol{r},\omega)=\sum_{i=1}^{N}A_i(\boldsymbol{r},\omega)\mathrm{e}^{-\mathrm{i}\omega\tau_i}\mathrm{e}^{\mathrm{i}\varphi_i} \tag{5.31}$$

式中，N 为目标的亮点总数。各亮点回波信号相干叠加，可以得到目标强度为

$$\mathrm{TS}=10\lg\left|\sum_{i=1}^{N}A_i(\boldsymbol{r},\omega)\mathrm{e}^{-\mathrm{i}\omega\tau_i}\mathrm{e}^{\mathrm{i}\varphi}\right|^2 \tag{5.32}$$

实际情况中，各亮点相位的随机性很大，因此有意义的是目标强度的平均值，即各亮点的贡献按能量叠加，因此可以得到亮点回波非相干叠加的目标强度[25]：

$$\mathrm{TS}=10\lg\left(\sum_{i=1}^{N}\left|A_i(\boldsymbol{r},\omega)\mathrm{e}^{-\mathrm{i}\omega\tau_i}\mathrm{e}^{\mathrm{i}\varphi_i}\right|^2\right) \tag{5.33}$$

2. 板块元方法

板块元方法是一种预报声呐目标回声特性的常用数值计算方法，其与各种精确的几何建模软件相结合，可以建立快速、精确的目标回声预报模型，其基本原理是：在积分方程方法基础上，通过基尔霍夫近似并借助一组平面板块元将散射场在目标曲面上的积分运算转化成代数运算，以实现散射声场快速准确的计算。

1）物理声学方法

在实际问题中，目标形状任意，有时候可能很复杂，分离变量方法失效，因此需借助积分方程方法讨论任意形状目标几何声散射，其中基尔霍夫近似是最常用的近似方法，在声学中也称为物理声学方法。

设声波从 M_1 点入射到表面，需要计算另一点 M_2 的散射声场，如图 5.13 所示，则用于散射问题的基尔霍夫-亥姆霍兹积分公式是[25-28]

$$\varphi_s(\boldsymbol{r}_2)=\frac{1}{4\pi}\int_s\left(\varphi_s(\boldsymbol{R})\frac{\partial}{\partial \boldsymbol{n}}\left(\frac{\mathrm{e}^{\mathrm{i}k\boldsymbol{r}_2}}{\boldsymbol{r}_2}\right)-\frac{\partial\varphi_s(\boldsymbol{R})}{\partial \boldsymbol{n}}\frac{\mathrm{e}^{\mathrm{i}k\boldsymbol{r}_2}}{\boldsymbol{r}_2}\right)\mathrm{d}s \tag{5.34}$$

式中，$\varphi_s(\boldsymbol{r}_2)$ 是半无限空间中矢径为 $\boldsymbol{r}_2$ 的散射势函数，是表面上 S 点处的 φ_s 值；$\boldsymbol{R}$ 是由坐标原点指向 S 点的向量； $\boldsymbol{n}$ 是表面 S 点处的外法线。因此，直接使用基尔霍夫-亥姆霍兹积分公式求解散射声场需同时给出 $\partial\varphi_s/\partial\boldsymbol{n}$ （法向振速）和目标表面的 φ_s （声压）。

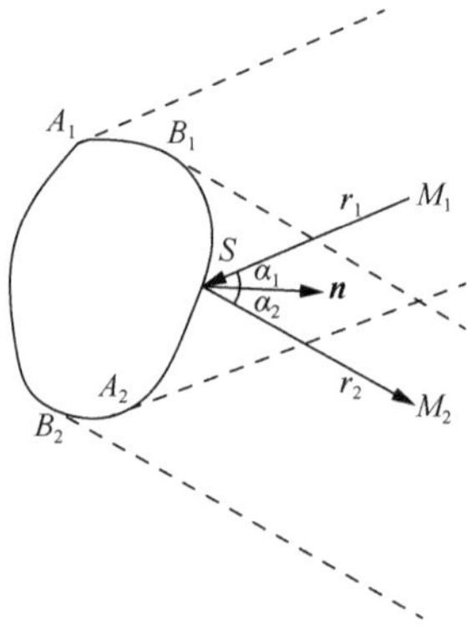

图 5.13　推导基尔霍夫近似的示意图

在工程应用中适用于高频（短波长）情况的基尔霍夫近似基于两个基本假设[29]：

（1）散射表面可以分成亮区和影区，亮区产生声波的散射，影区不产生声波的散射；

（2）亮区反射面的每个局部都可以看成平面，波的反射特性服从局部平面波反射规律，且目标表面满足刚性边界条件[28]：

$$\begin{cases}\varphi_s=\varphi_i\\ \dfrac{\partial(\varphi_s+\varphi_i)}{\partial\boldsymbol{n}}=0\end{cases} \tag{5.35}$$

式中，略去时间因子 $\mathrm{e}^{-\mathrm{i}\omega t}$ 入射波势函数是，$\varphi_i=(A/r_1)\mathrm{e}^{\mathrm{i}kr_1}$ 。将式（5.35）代入式（5.34）得到

$$\varphi_s=\frac{-A}{4\pi}\int_s\mathrm{e}^{\mathrm{i}k(r_1+r_2)}\left(\frac{\mathrm{i}kr_2-1}{r_1r_2^2}\cos\alpha_1+\frac{\mathrm{i}kr_1-1}{r_2r_1^2}\cos\alpha_2\right)\mathrm{d}s \tag{5.36}$$

式中，r_1、r_2 分别是点源和接收节点到目标表面矢径 $\boldsymbol{r}_1$、$\boldsymbol{r}_2$ 的模。原则上，式（5.36）适用于任意距离，不管近场还是远场。

2）目标强度计算

在通过板块元计算目标强度情景中，对第 m 个板块建立坐标系，选取目标 O 为坐标原点，选取板块的几何中心 C 为参考点，假设 Q 是板块上的任意点，如图 5.14 所示，其中 $\boldsymbol{r}_1=\boldsymbol{r}_T-\boldsymbol{r}_Q$，$\boldsymbol{r}_2=\boldsymbol{r}_R-\boldsymbol{r}_Q$，$\boldsymbol{R}_1=\boldsymbol{r}_T-\boldsymbol{r}_C$，$\boldsymbol{R}_2=\boldsymbol{r}_R-\boldsymbol{r}_C$，相应的单位向量是 $\boldsymbol{r}_{10}$、$\boldsymbol{r}_{20}$、$\boldsymbol{R}_{10}$、$\boldsymbol{R}_{20}$。

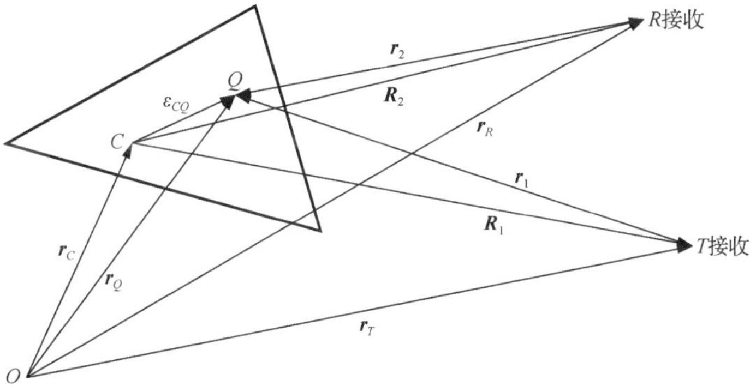

图 5.14　板块散射

（1）收发合置情况。

在收发合置情况下[25]，$\boldsymbol{r}_1=\boldsymbol{r}_2$，$\alpha_1=\alpha_2$，同时在远场时 $\boldsymbol{r}_R$ 和 $\boldsymbol{r}_1$ 可看作平行线，因此在指数上取 $\Delta r=r_1-r_R$，分母上取 $r\approx r_R$，于是式（5.36）可写作

$$\varphi_s=-\frac{\mathrm{i}kA}{2\pi}\frac{\mathrm{e}^{\mathrm{i}2kr_R}}{r_R^2}\int_s \mathrm{e}^{\mathrm{i}2k\Delta r}\cos\alpha\mathrm{d}s=-\frac{\mathrm{i}kA}{2\pi}\frac{\mathrm{e}^{\mathrm{i}2kr_R}}{r_R^2}\times I \tag{5.37}$$

于是面积分为

$$I=\int_s \mathrm{e}^{\mathrm{i}2k\Delta r}\cos\alpha\mathrm{d}s \tag{5.38}$$

因此收发合置时目标强度为

$$\mathrm{TS}=10\lg\frac{\sigma}{4\pi}=10\lg\left(\lim_{r_R\to\infty}\left(r_R^2\left|\frac{\varphi_s}{\varphi_i}\right|^2\right)\right)=20\lg\left|-\frac{\mathrm{i}k}{2\pi}I\right| \tag{5.39}$$

因此，目标强度的计算归结为面积分 I 的计算，而板块元方法本质上就是快速计算积分 I 的一种方法。首先，考虑 xOy 平面内一个平面多边形的散射，如图 5.15 所示，平面的法线 $\boldsymbol{n}_0=\boldsymbol{k}$，$\boldsymbol{r}_R$ 的单位向量 $\boldsymbol{r}_0=u\boldsymbol{i}+v\boldsymbol{j}+w\boldsymbol{k}$，面元所在点的矢径 $\boldsymbol{r}_Q=\boldsymbol{r}_R-\boldsymbol{r}_1=x\boldsymbol{i}+y\boldsymbol{j}$，则 $\boldsymbol{n}_0\cdot\boldsymbol{r}_0=w$，$\Delta r=\boldsymbol{r}_Q\cdot\boldsymbol{r}_0$，则由式（5.38）可以导出

$$I=\int_{s_0}\mathrm{e}^{2\mathrm{i}k(ux+vy)}w\mathrm{d}x\mathrm{d}y=w\sum_{n=1}^{3}\frac{\mathrm{e}^{2\mathrm{i}k(x_nu+y_nv)}(p_{n-1}-p_n)}{(u+p_{n-1}v)(u+p_nv)} \tag{5.40}$$

式中，$p_n = \dfrac{y_{n+1} - y_n}{x_{n+1} - x_n}$，定义 $p_0 = \dfrac{y_1 - y_3}{x_1 - x_3}$；$n$ 是多边形定点数；(x_n, y_n) 是多边形定点坐标。积分由代数求和给出，仅仅与多边形的顶点坐标、散射方向和表面反射系数有关。

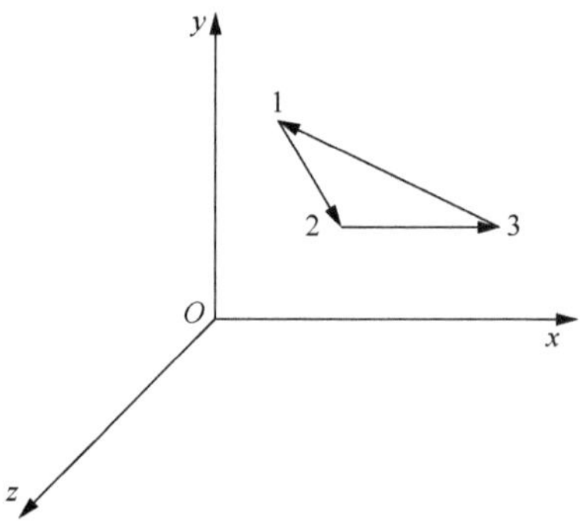

图 5.15　平面多边形图

对于复杂声呐目标，首先将曲面划分为如图 5.16 所示的许多小板块元，然后对板块元的散射声场求矢量和即可得到曲面散射声场的近似值。

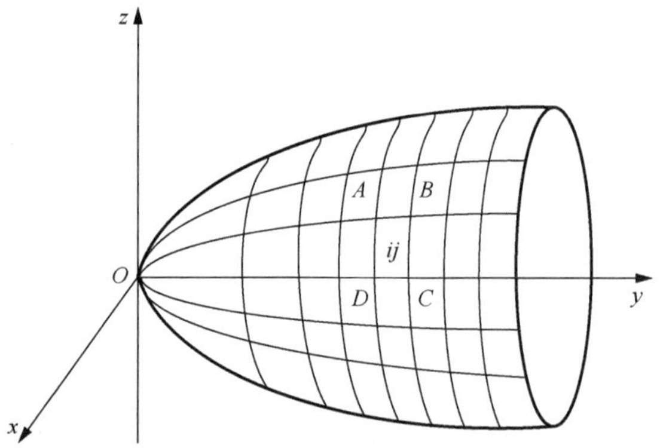

图 5.16　网格划分示意图

假设曲面划分为 $N \times M$ 个板块元 $\alpha_{i,j}$，则式（5.38）可以表示为

$$I = \sum_{\substack{i=1,2,\cdots,N \\ j=1,2,\cdots,M}} \int_{\alpha_{i,j}} \mathrm{e}^{\mathrm{i}2k\Delta r} \cos\alpha \mathrm{d}s \tag{5.41}$$

通过上述方法构造的板块元一般是三维的，而式（5.40）只在积分区域是二维平面时成立，因此要经过坐标变换，把三维板块变为二维，再结合式（5.40）

得到

$$I=\sum_{\substack{i=1,2,\cdots,N\\ j=1,2,\cdots,M}}\left(w\sum_{n=1}^{3}\frac{\mathrm{e}^{2\mathrm{i}k(x_n u_{ij}+y_n v_{ij})}(p_{n-1}-p_n)}{(u_{ij}+p_{n-1}v_{ij})(u_{ij}+p_n v_{ij})}\right)_{\alpha_{i,j}} \tag{5.42}$$

（2）收发分置情况。

通常将目标曲面划分为较小的板块元，因此假设入射声场是平面波，于是有如下近似：

对于振幅项，$r_1\approx R_1$，$\boldsymbol{r}_{10}=\boldsymbol{R}_{10}$，$r_2\approx R_2$，$\boldsymbol{r}_{20}=\boldsymbol{R}_{20}$，对于相位项，

$$r_1=R_1+\boldsymbol{R}_{10}\cdot\boldsymbol{\xi}_{RC}\text{，}\quad r_1=R_1+\boldsymbol{R}_{10}\cdot\boldsymbol{\xi}_{RC}$$

式中，$\boldsymbol{\xi}_{RC}=\boldsymbol{r}_C-\boldsymbol{r}_R$。令 $\boldsymbol{r}_0=\boldsymbol{r}_{10}+\boldsymbol{r}_{20}$，结合上述近似条件（5.36）整理可得[25]

$$\varphi_{sm}=\frac{-A\mathrm{i}k}{4\pi R_1R_2}\mathrm{e}^{\mathrm{i}k(R_1+R_2)}\mathrm{e}^{\mathrm{i}k\boldsymbol{r}_C\cdot\boldsymbol{r}_0}\int_s(\boldsymbol{n}_0\cdot\boldsymbol{r}_0)\mathrm{e}^{\mathrm{i}k\boldsymbol{\xi}_{CQ}\cdot\boldsymbol{r}_0}\mathrm{d}s \tag{5.43}$$

式中，$\boldsymbol{\xi}_{CQ}=\boldsymbol{r}_Q-\boldsymbol{r}_C$；$s$ 是 $\boldsymbol{r}_{10}$ 和 $\boldsymbol{r}_{20}$ 方向看去都为亮区的面积；$\boldsymbol{n}_0$ 是板块元的单位法向量。当入射波是

$$\varphi_i=\frac{A\mathrm{e}^{\mathrm{i}kR_1}}{R_1} \tag{5.44}$$

时，收发分置情况下目标强度可以定义为

$$\mathrm{TS}=10\lg\frac{\sigma}{4\pi}=10\lg\left(\lim_{r_0\to\infty}\left(R_2^2\left|\frac{\varphi_{sm}}{\varphi_i}\right|^2\right)\right)=20\lg\left|-\frac{\mathrm{i}k}{4\pi}I\right| \tag{5.45}$$

式中，$I=\mathrm{e}^{\mathrm{i}k\boldsymbol{r}_C\cdot\boldsymbol{r}_0}\int_s(\boldsymbol{n}_0\cdot\boldsymbol{r}_0)\mathrm{e}^{\mathrm{i}k\boldsymbol{\xi}_{CQ}\cdot\boldsymbol{r}_0}\mathrm{d}s=\mathrm{e}^{\mathrm{i}k\boldsymbol{r}_C\cdot\boldsymbol{r}_0}\cdot I'$。

对 $I'=\int_s(\boldsymbol{n}_0\cdot\boldsymbol{r}_0)\mathrm{e}^{\mathrm{i}k\boldsymbol{\xi}_{CQ}\cdot\boldsymbol{r}_0}\mathrm{d}s$ 计算时，先做坐标变换，新坐标建立如下：令 C 点是新坐标原点，$\boldsymbol{n}_0$ 为 z' 轴，$C\to1$ 的方向为 x' 轴，$z'\times x'$ 方向为 y' 轴，之后将各个矢量转化到新坐标系，例如：新坐标系下，$\boldsymbol{r}_0=a\boldsymbol{i}+b\boldsymbol{j}+c\boldsymbol{k}$，$\boldsymbol{\xi}_{CQ}=x\boldsymbol{i}+y\boldsymbol{j}$，$\boldsymbol{r}_C=x_C\boldsymbol{i}+y_C\boldsymbol{j}+z_C\boldsymbol{k}$。因此可得

$$\begin{aligned}I'&=\int_s\mathrm{e}^{\mathrm{i}k(x\boldsymbol{i}+y\boldsymbol{j})(a\boldsymbol{i}+b\boldsymbol{j}+c\boldsymbol{k})}(\boldsymbol{k}\cdot(a\boldsymbol{i}+b\boldsymbol{j}+c\boldsymbol{k}))\mathrm{d}x\mathrm{d}y\\&=\int_s c\mathrm{e}^{\mathrm{i}k(ax+by)}\mathrm{d}x\mathrm{d}y\\&=\int_s c\mathrm{e}^{\mathrm{i}(akx+bky)}\mathrm{d}x\mathrm{d}y\\&=\int_s c\mathrm{e}^{\mathrm{i}(ux+vy)}\mathrm{d}x\mathrm{d}y\end{aligned} \tag{5.46}$$

式中，$u=ka$；$v=kb$。则式（5.46）可离散写作[26,27]

$$I' = c\sum_{n=1}^{3} e^{i(x_n u + y_n v)} \frac{p_{n-1} - p_n}{(u + p_{n-1}v)(u + p_n v)} \tag{5.47}$$

在新坐标下，有

$$\boldsymbol{r}_C \cdot \boldsymbol{r}_0 = (x_C \boldsymbol{i} + y_C \boldsymbol{j} + z_C \boldsymbol{k})(a\boldsymbol{i} + b\boldsymbol{j} + c\boldsymbol{k}) = x_C a + y_C b + z_C c \tag{5.48}$$

因此，收发分置情况下目标强度为[26,27]

$$\mathrm{TS} = 20\lg\left|\frac{-ik}{4\pi} e^{ik(x_C a + y_C b + z_C c)} \cdot c\sum_{n=1}^{3} e^{i(x_n u + y_n v)} \frac{p_{n-1} - p_n}{(u + p_{n-1}v)(u + p_n v)}\right| \tag{5.49}$$

图 5.17 是对国际上最为常用的 Betssi Benchmark 潜艇模型和××潜艇在收发合置和收发分置两种情况下通过板块元方法计算的目标强度，计算频率选为 5kHz，收发分置选择的分置角为 10°。

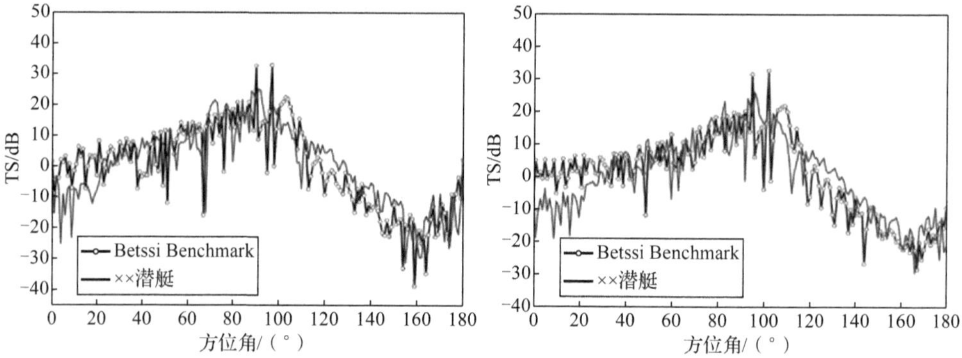

（a）收发合置情况，未敷瓦　　（b）收发分置情况，分置角为10°，未敷瓦

图 5.17　Betssi Benchmark 潜艇模型和××潜艇未敷设吸声覆盖层时的目标强度[25]

3. 有限元方法

有限元方法也是一种求解目标回波特性的常用方法，其原理是以变分原理为基础求解偏微分方程边值问题，将求解域分解成一系列较小的单元，然后建立每个单元的关系式，再将单元以一定的形式组合起来得到近似解。由于有限元方法可以通过网格划分的方式将求解结构离散化，因此其对于复杂形状物体的声场特性计算有着显著的优势；然而随着网格划分密集程度的增加，有限元方法的运算量也变得巨大。计算机运算和存储能力的快速发展大大提高了有限元方法的计算速度，使其广泛应用于声学问题的求解。

常用的有限元分析软件有 Virtual Lab、COMSOL、ANSYS 等，下面以 ANSYS 为例给出使用有限元方法求解声散射问题的具体求解过程，流程图如图 5.18 所示。

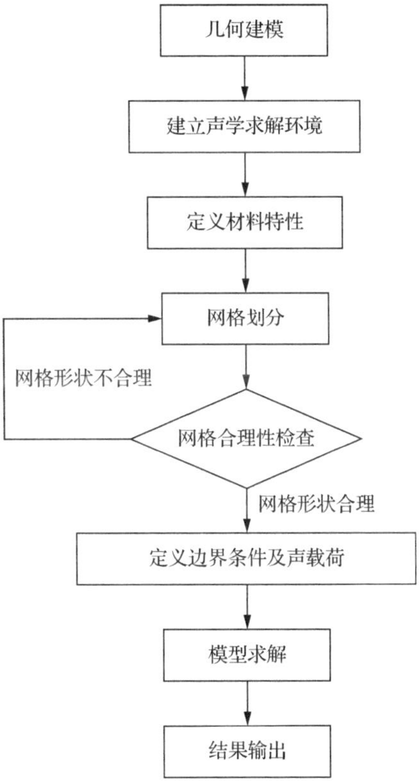

图 5.18　ANSYS 有限元方法计算流程图

其中，几何建模是一个定义问题求解区域的过程，几何模型包含流体区域、求解域边界、声源位置、散射体结构、流体-固体耦合界面等因素。建立声学求解环境的目的是满足自由场传播条件，需要在求解区域的边缘定义理想吸收边界条件。在网格划分前，需要对散射体的材料属性进行定义，包括声速、密度、弹性模量、泊松比等。此外，流体特性（密度、声速）也需要被定义。网格划分是求解有限元分析的重要步骤，网格划分是使用变分法求解散射微分方程中建立求解方程的过程，网格划分的合理性决定的有限元方法的准确性和计算速度。网格划分后，对边界条件、流体-固体耦合界面以及声源参数进行设置，其中声源参数包括信号类型、相位、频率等。最后，使用数值方法求解节点间方程、耦合方程和约束方程，得到声压分布等输出。

根据上述流程，使用 ANSYS 软件对 Betssi Benchmark 潜艇模型的目标散射特性进行分析，给出不同入射频率、不同网格划分精度条件下的目标强度计算结果，如图 5.19 所示，图中目标强度随声波入射角度的变化曲线是对离散的目标强度值拟合的结果。

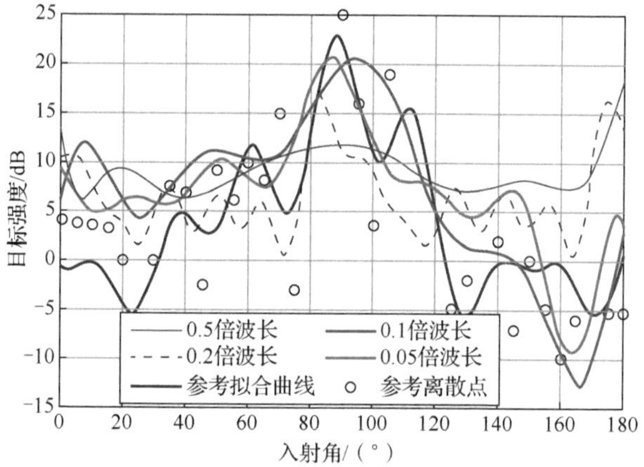

（a）声波入射频率200Hz

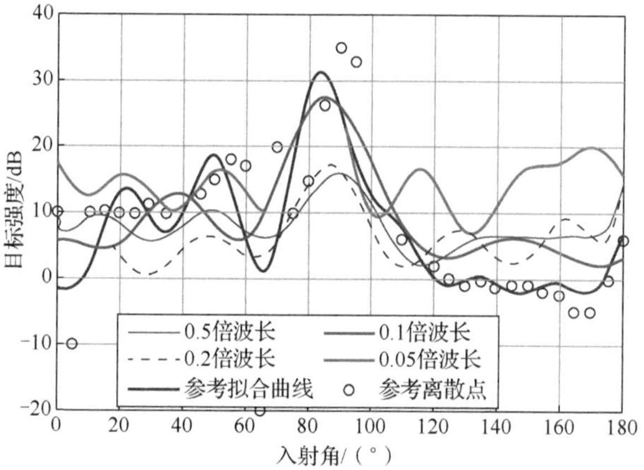

（b）声波入射频率1000Hz

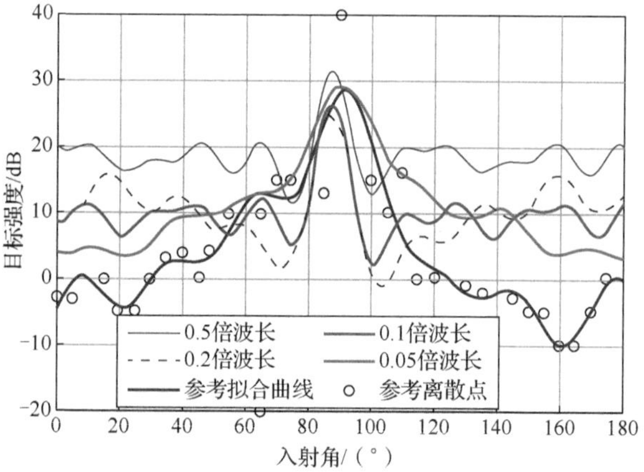

（c）声波入射频率4000Hz

图 5.19　不同网格划分精度下目标特性结果比较（彩图附书后）

由图 5.19 可知，网格划分密度影响了目标强度计算结果的准确性，在低频，网格划分精度对模型正横方向目标强度的计算结果影响较大，网格划分越精细，计算结果越接近参考值；在中低频，网格划分精度对不同方向的目标强度计算结果影响不同，网格划分精度较低时，目标在正横方向的目标强度远低于参考值，而网格划分精度过高时，正横到端射方向之间区域的计算结果存在较大误差；在中频，网格划分精度主要影响非正横方向的目标强度计算结果，网格划分精度越高，计算结果越接近参考值。

5.2.4　目标强度测量

目标强度的实验测量是目标强度建模和验模的基础。对于潜艇等大型目标，一般通过湖、海试进行现场测量。

目标强度测量要求目标和水听器分别需要位于声源辐射声场和目标散射声场的远场区域，而这一条件在湖泊或海上进行现场测量时是容易满足的。然而，由于海洋水声环境等因素的复杂性和不确定性，现场测量结果误差较大且实验难以重复。目前常见的目标强度现场测量方法有比较法、直接法、应答法[21]，这些方法在测量准确性和便利性方面各有优缺点。

1. *直接法*

直接法是一种目标强度测量的常规方法，测量方法示意图如图 5.20 所示，声源级为 SL 的指向性声源向目标发射脉冲声波，声波经目标反射返回水听器，回声级可以表示为[21]

$$\begin{aligned} \mathrm{EL} &= \mathrm{SL} - 2\mathrm{TL} + \mathrm{TS} \\ \mathrm{EL} &= 10\lg\frac{I_r}{I_0} \end{aligned} \tag{5.50}$$

式中，TL 为声源与待测目标之间的水声传播损失；TS 为待测目标强度；I_r 和 I_0 分别为水听器处的回波声强和参考声强。目标强度 TS 可以表示为

$$\mathrm{TS} = 10\lg\frac{I_r}{I_0} + 2\mathrm{TL} - \mathrm{SL} \tag{5.51}$$

直接法中，目标强度 TS 可由声源级、传播损失 TL 和回波声强 I_r 确定。然而，由于海洋环境的复杂性，精确的传播损失 TL 难以获得，从而影响了测量结果精度[21]。直接法测量法的优点是操作比较简单，不需要特殊仪器设备，可以用于多数声呐目标强度的测量。

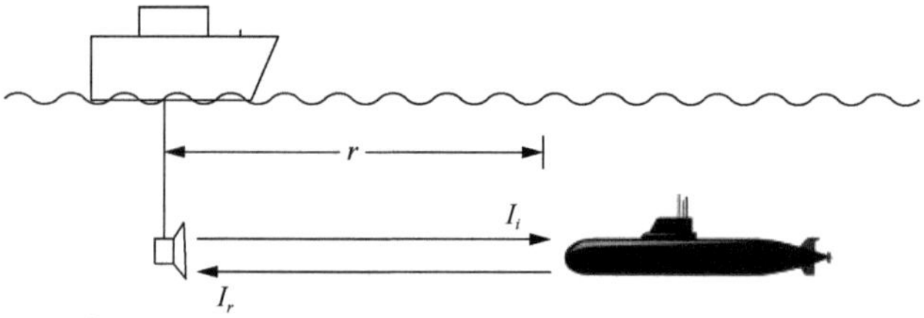

图 5.20　直接法测量方法示意图[21]

2. 比较法

比较法需要在相同的测量条件下测量并比较已知目标强度的参考目标和待测目标的回声级，测量方法示意图如图 5.21 所示[21]。

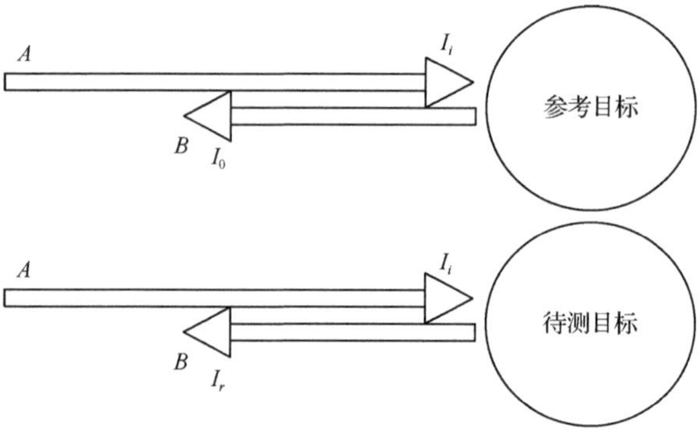

图 5.21　比较法测量方法示意图

待测目标的目标强度 TS 的计算方法为

$$\mathrm{TS}=10\lg\frac{I_r}{I_0}+\mathrm{TS}_0 \tag{5.52}$$

式中，I_r 和 I_0 分别为水听器处的回波声强和参考声强；TS_0 为参考目标的目标强度。

比较法相比于直接法，不需要测量声源与目标之间的传播损失，操作简单，是比较实用的方法。然而，比较法主要用于短距离小目标的目标强度测量，对于潜艇等大型目标，参考目标的设计制作较为困难，此方法不再适用[1]。

3. 应答法

应答法是在比较法的基础上，用已校准的应答器代替无源参考目标，测量方法示意图如图 5.22 所示[21]。

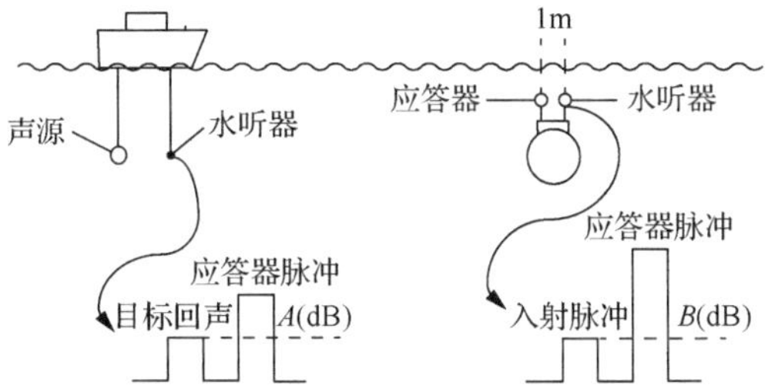

图 5.22　应答法测量方法示意图

测量船应安装发射器和水听器各一个，用来测量目标回声和应答器所辐射的脉冲信号，且假设它们的声级差为 A。待测目标上安装应答器和水听器各一个，相距 1m，应答器接收到声源信号后便发射声脉冲，水听器将先后接收到声源和应答器发射的脉冲信号，在此假设它们的声级差为 B。待测目标强度 TS 的计算方法为

$$\begin{cases} A = (\mathrm{SL}_1 - 2\mathrm{TL} + \mathrm{TS}) - (\mathrm{SL}_2 - \mathrm{TL}) \\ B = (\mathrm{SL}_1 - \mathrm{TL}) - \mathrm{SL}_2 \\ \mathrm{TS} = A - B \end{cases} \tag{5.53}$$

式中，SL_1 为发射声源级；SL_2 为应答器源级；TL 为声源与目标之间的传播损失。

应答法中使用的应答器相比于比较法中使用的参考目标，具有更高的目标强度并且目标强度可控，应答法应用灵活，测量简单，不需要对声源和水听器做绝对的校准工作[1]。

5.3　小　　结

作为被动声呐和主动声呐的主要信息源，目标辐射噪声和目标回波是被动声呐和主动声呐的探测识别依据。本章从产生机理、特性、建模方法、数据测量等四个方面先后对目标辐射噪声和目标强度进行了介绍和分析。本章通过对目标特性的研究，为声呐系统动态效能计算奠定了基础。

参 考 文 献

[1] Urick R J. Principles of Underwater Sound[M]. 3rd ed. New York: McGraw-Hill, 1983.

[2] 王之程. 舰船噪声测量与分析[M]. 北京：国防工业出版社, 2004.

[3] 程玉胜，李智忠，邱家兴. 水声目标识别[M]. 北京：科学出版社, 2018.

[4] 俞孟萨，吴有生，庞业珍. 国外舰船水动力噪声研究进展概述[J]. 船舶力学, 2007, 11(1): 152-158.

[5] McKenna M F. Underwater radiated noise from modern commercial ships[J]. The Journal of the Acoustical Society of America, 2011, 131(1): 92-103.

[6] Arveson P T, David J. Vendittis. Radiated noise characteristics of a modern cargo ship[J]. The Journal of the Acoustical Society of America, 2000, 107(1): 118-129.

[7] Traverso F, Gaggero T, Tani G, et al. Parametric analysis of ship noise spectra[J]. IEEE Journal of Oceanic Engineering, 2017, 42(2): 424-438.

[8] Ross D. Mechanics of Underwater Noise[M]. Los Altos, CA: Peninsula Publishing, 1987.

[9] Lurton X. An Introduction to Underwater Acoustics[M]. Berlin: Springer-Praxis, 2010: 680.

[10] Ross D. Mechanics of Underwater Noise[M]. Oxford: Pergamon Press, 1976.

[11] Breeding J E, Pflug L A, Bradley M, et al. Research ambient noise directionality(RANDI)3.1 physics description[R]. Naval Research Laboratory, Stennis Space Center, 1996.

[12] Ross D. Ship sources of ambient noise[J]. IEEE Journal of Oceanic Engineering, 2005, 30(2): 257-261.

[13] Wittekind D K. A simple model for the underwater noise source level of ships[J]. Journal of Ship Production and Design, 2014, 30(1): 7-14.

[14] MacGillivray A, de Jong C. A reference spectrum model for estimating source levels of marine shipping based on automated identification system data[J]. Journal of Marine Science and Engineering, 2021, 9(4): 369.

[15] Wales S C, Heitmeyer R M. An ensemble source spectra model for merchant ship-radiated noise[J]. The Journal of the Acoustical Society of America, 2002, 111(3): 1211-1231.

[16] Chwaszczewski R S, Slater M A, Snyder J K, et al. Reinventing submarine signature measurements: installation of the high gain measurement system at SEAFAC[C]// OCEANS 2009, MTS/IEEE Biloxi-Marine Technology for Our Future: Global and Local Challenges, IEEE, 2009.

[17] 孙贵青, 李启虎. 声矢量传感器信号处理[J]. 声学学报, 2004, 29(6): 491-498.

[18] Peng Z L, Wang B, Fan J. Assessment on source levels of merchant ships observed in the East China Sea[J]. Ocean Engineering, 2018, 156: 179-190.

[19] 张敬礼. 舰船辐射噪声声阵处理技术研究[D]. 北京: 中国舰船研究院, 2015.

[20] Gassmann M, Wiggins S M, Hildebrand J A. Deep-water measurements of container ship radiated noise signatures and directionality[J]. The Journal of the Acoustical Society of America, 2017, 142(3): 1563-1574.

[21] 刘伯胜, 雷家煜. 水声学原理[M]. 2 版. 哈尔滨: 哈尔滨工程大学出版社, 2010.

[22] Liu C Y, Zhang M M, Lin W. Calculation of bistatic scattering from underwater target with physical acoustic method[J]. Procedia Engineering, 2011, 15: 2561-2565.

[23] Bjørnø L, Neighbors T, Bradley D. Applied Underwater Acoustics[M]. Amsterdam: Elsevier, 2017.

[24] 汤渭霖. 声呐目标回波的亮点模型[J]. 声学学报, 1994, 19(2): 92-100.

[25] 张玉玲. 敷设吸声层的水下复杂目标回波特性研究[D]. 上海: 上海交通大学, 2009.

[26] 汤渭霖. 用物理声学方法计算界面附近目标的回波[J]. 声学学报, 1999, 24(1): 1-5.

[27] 范军, 汤渭霖. 声呐目标强度 (TS) 计算的板块元方法[C]//中国声学学会 1999 年青年学术会议论文集, 1999: 31-32.

[28] 李建龙. 水下目标的目标强度统计模型研究[D]. 上海: 上海交通大学, 2013.

[29] 汪德昭, 尚尔昌. 水声学[M]. 2 版. 北京: 科学出版社, 2013.

第 6 章　声呐空时处理性能建模

6.1　声呐信号处理基本原理

6.1.1　声呐的工作流程

主动声呐通过接收目标反射的回波来探测目标。事实上，主动声呐的探测过程比较复杂，对其产生影响的因素较多，主要包括环境、目标、平台、声呐系统等[1-8]。与环境相关的具体因素包括信道特性、混响、环境噪声等，与目标相关的因素包括目标强度等，与平台相关的因素包括平台自噪声等，与声呐系统相关的因素包括基阵性能、信号波形等。这些因素综合起来，会对主动声呐的探测性能产生重要影响。围绕这些因素，主动声呐的工作流程示意图如图 6.1 所示。

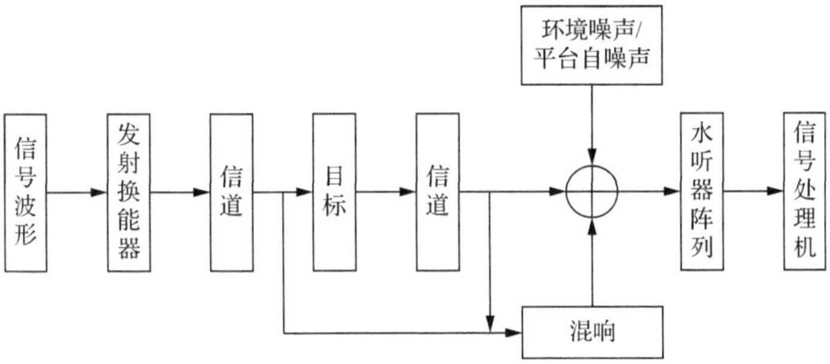

图 6.1　主动声呐工作流程示意图

被动声呐通过检测目标的辐射噪声来构建检测器以判断目标的有无，并通过处理目标的辐射噪声来获取目标的方位、距离、速度、类型等信息[1-8]。与主动声呐的情况类似，影响被动声呐性能的因素主要包括环境、目标、平台、声呐系统等[1-8]。与环境相关的具体因素包括信道特性、环境噪声、其他干扰等，与目标相关的因素包括目标声源级、噪声谱特性等，与平台相关的因素包括平台自噪声等，与声呐系统相关的因素包括基阵性能等。这些因素综合起来，会对主动声呐的探测性能产生重要影响。围绕这些因素，被动声呐的工作流程示意图如图 6.2 所示。

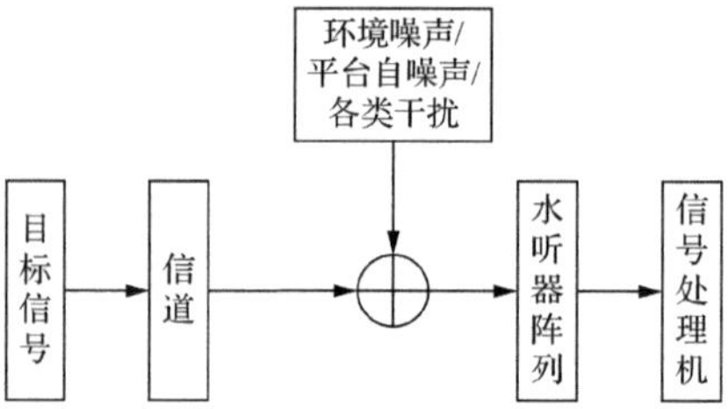

图 6.2 被动声呐工作流程示意图

6.1.2 空域处理基本原理

1. 波束形成

在声呐信号处理中，需要使用多个阵元组成具有一定孔径的阵列[9-12]。对基阵上各阵元信号进行加权并线性组合，使得声能量在期望的方向上聚焦，称该过程为波束形成。当使用多个发射换能器成阵时，称相应的波束形成为发射波束形成。此时发射声能量可以集中往某个方向发射，从而抑制回波中的噪声和其他方向返回的干扰信号。当使用多个水听器进行成阵时，称相应的波束形成为接收波束形成。此时接收基阵可以往某个方向进行聚焦，从而抑制接收基阵上的噪声和其他方向上的干扰。

假设声基阵共由 M 个阵元组成，则波束形成输出可以表示为

$$y(n)=\sum_{m=1}^{M} w_m^* x_m(n)=\boldsymbol{w}^{\mathrm{H}}\boldsymbol{x}(n) \tag{6.1}$$

式中，$x_m(n)$表示第 $m(m=1,2,\cdots,M)$ 个阵元上的第 n 个采样信号；w_m 表示对应的加权系数；$[]^*$ 表示共轭；$\sum$ 表示求和运算；$y(n)$ 表示波束形成输出；$\boldsymbol{w}=[w_1,w_2,\cdots,w_M]^{\mathrm{T}}$ 表示波束加权向量；$[]^{\mathrm{H}}$ 表示共轭转置；$\boldsymbol{x}=[x_1(n),x_2(n),\cdots,x_M(n)]^{\mathrm{T}}$ 表示基阵接收信号向量；$[]^{\mathrm{T}}$ 表示转置。

对应的波束形成的原理示意图如图 6.3 所示[12]。

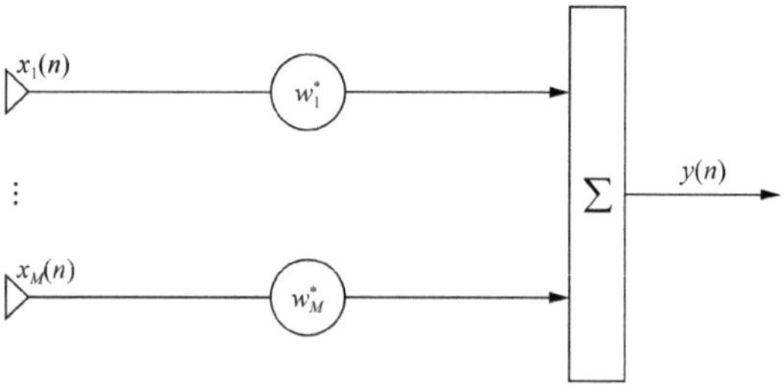

图 6.3 波束形成的原理示意图

2. 波束响应与波束图

波束响应和波束图都可以用于分析声基阵的空域处理性能[12]。波束响应是指给定波束加权向量 $\boldsymbol{w}$，波束形成器输出随信号入射角度变化的函数响应。假设波束加权向量为 $\boldsymbol{w}$，基阵的阵列流形向量为 $\boldsymbol{a}(\Omega)$，其中 $\Omega=(\theta,\phi)$ 表示信号入射的空间角，θ 和 ϕ 分别表示水平方位角和垂直俯仰角。设波束响应为 $B(\Omega)$，可表示为

$$B(\Omega)=\boldsymbol{w}^{\mathrm{H}}\boldsymbol{a}(\Omega) \tag{6.2}$$

将波束响应 $B(\Omega)$ 的模值取平方，得到波束图 $|B(\Omega)|^2$，即

$$|B(\Omega)|^2=|\boldsymbol{w}^{\mathrm{H}}\boldsymbol{a}(\Omega)|^2 \tag{6.3}$$

3. 阵增益与指向性指数

在声呐阵列信号处理领域，由于基阵上信号具有高相关性而噪声具有低相关性，因此可以使用基阵代替单个阵元，并设计期望的空域滤波器，从而有效提高信噪比。一般使用阵增益来描述基阵代替单个阵元所获得的信噪比改善程度，通常用阵增益（array gain, AG）表示。以 dB 为单位，阵增益 AG 的表达式为[3,4,8,9-12]

$$\mathrm{AG}=10\lg\frac{\mathrm{SNR}_{\mathrm{out}}}{\mathrm{SNR}_{\mathrm{in}}} \tag{6.4}$$

式中，$\mathrm{SNR}_{\mathrm{in}}$ 表示基阵上单个阵元的输入信噪比（假设各个阵元上的输入信噪比相同）；$\mathrm{SNR}_{\mathrm{out}}$ 表示波束形成器的输出信噪比。

根据式（6.4）可知，阵增益描述的是使用基阵代替单个阵元时所获得的信噪比改善程度。对于上述阵元间距为 d 的 M 元均匀线列阵，假定输入信号功率为 σ_s^2，输入噪声功率为 σ_n^2，各阵元上的信号与噪声之间、噪声与噪声之间互不相关，则基阵上单个阵元的输入信噪比为

$$\mathrm{SNR}_{\mathrm{in}}=\frac{\sigma_s^2}{\sigma_n^2} \tag{6.5}$$

利用常规波束形成对基阵上的接收数据进行处理，可得输出信号功率为

$$\begin{aligned}\sigma_{ys}^2&=E[|\boldsymbol{w}^{\mathrm{H}}\boldsymbol{s}(t)|^2]\\&=\sum_{m1=1}^{M}w_{m1}^{*}\sum_{m2=1}^{M}w_{m2}E[|\boldsymbol{s}(t)|^2]\\&=\sigma_s^2\sum_{m1=1}^{M}\frac{a_{m1}^{*}(\theta_0)}{M}\sum_{m2=1}^{M}\frac{a_{m2}(\theta_0)}{M}\\&=\sigma_s^2\end{aligned} \tag{6.6}$$

输出噪声功率为

$$\begin{aligned}\sigma_{yn}^2 &= E[|\boldsymbol{w}^{\mathrm{H}} n(t)|^2] \\ &= \sum_{m=1}^{M} w_m^* w_m E[|n(t)|^2] \\ &= \sigma_n^2 \sum_{m=1}^{M} \frac{a_m^*(\theta_0)}{M} \frac{a_m(\theta_0)}{M} \\ &= \frac{\sigma_n^2}{M}\end{aligned} \tag{6.7}$$

于是波束形成器的输出信噪比为

$$\mathrm{SNR}_{\mathrm{out}} = \frac{\sigma_s^2}{\sigma_n^2 / M} \tag{6.8}$$

此时，阵增益表达为

$$\mathrm{AG}=10\lg\frac{\mathrm{SNR}_{\mathrm{out}}}{\mathrm{SNR}_{\mathrm{in}}} = 10\lg M \tag{6.9}$$

除了阵增益之外，衡量基阵（波束形成器）性能的一个重要指标是指向性。基阵的指向性因数定义为[3,4,8,9-12]

$$d_0 = \frac{|B(\Omega_0)|^2}{\dfrac{1}{4\pi}\int_0^{\pi}\int_0^{2\pi} |B(\Omega)|^2 \,\mathrm{d}\theta \sin\phi \mathrm{d}\phi} \tag{6.10}$$

式中，$\Omega_0 = (\theta_0, \phi_0)$ 表示波束指向角。

通常，对指向性因数 d_0 取以 10 为底的对数并乘以 10，得到指向性指数 DI。对应的表达式可写为

$$\mathrm{DI} = 10\lg d_0 \tag{6.11}$$

6.1.3 时域处理基本原理

1. 主动声呐时域处理

在时域信号处理方面，主动声呐常采用匹配滤波技术对回波信号进行处理。匹配滤波器是在白噪声背景下的最优线性滤波器（即最佳接收机）[4-6,13]。由于匹配滤波器所对应的冲击响应函数与输入信号的波形相匹配，因而对回波信号进行匹配滤波处理后，能够得到最大的输出信噪比。匹配滤波的基本处理流程如图 6.4 所示。图 6.4 中，$s(t)$表示匹配滤波器的输入信号，$n(t)$表示本地噪声，$h(t)$表示匹配滤波器的脉冲响应，$[\,]^*$表示共轭，t_0 表示信号的时域长度。

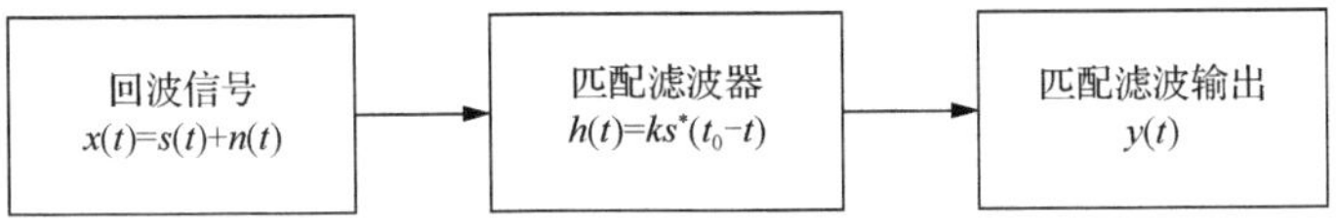

图 6.4　主动声呐匹配滤波的基本处理流程

2. 被动声呐时域处理

1）宽带能量检测器

为了获得尽可能高的时域处理增益，被动声呐常采用宽带能量检测器对阵列上接收的信号进行处理。一般而言，在将接收信号通过宽带波束形成器后，进一步对波束形成输出进行平方与积分处理，即获得宽带能量检测的检验统计量。将该检验统计量送入判决器，与检测阈进行比较，获得宽带能量检测输出[1,4-6]。对应的处理流程如图 6.5 所示。由于被检测的信号主要是目标航行时产生的宽带辐射噪声，通常将整个处理的宽频带数据划分为若干个子带数据，对每个子带数据分别进行窄带波束形成处理，并综合观测空间内的所有子带结果，形成最终的宽带探测结果。该结果通常按方位-时间的形式给出，称之为方位-时间历程（bearing time recording, BTR）图。被动声呐宽带能量检测获得 BTR 的处理流程如图 6.6 所示，宽带能量检测的 BTR 结果示意图如图 6.7 所示。

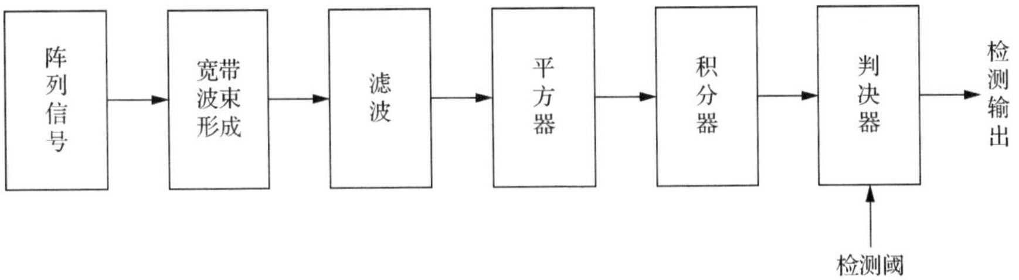

图 6.5　被动声呐宽带能量检测的处理流程

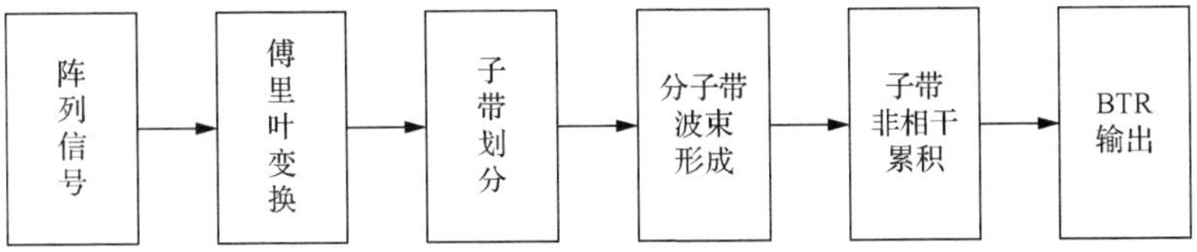

图 6.6　被动声呐宽带能量检测时获取 BTR 的流程

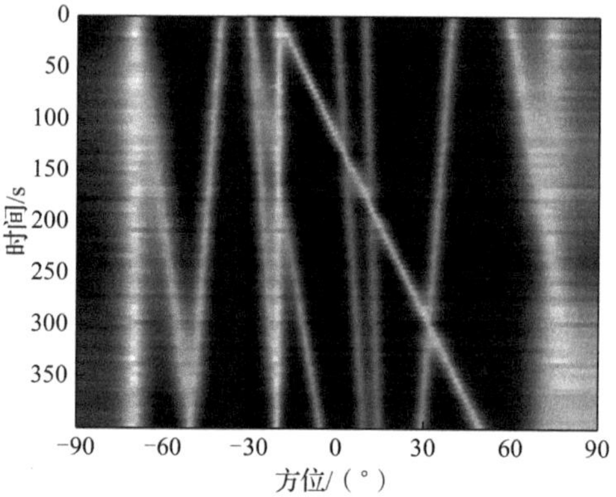

图 6.7　被动声呐宽带能量检测的 BTR 结果示意图

2）窄带线谱检测器

在舰艇噪声功率谱的低频段，存在着稳定性好、短时间内变化小的类正弦波分量。这些类正弦波分量在频域即表现为线状谱。通过抓捕这些线状谱来检测目标的设备被称为窄带线谱检测器[1,4-6]。该检测器利用多个时刻的数据推迟决策方法，将接收信号进行时频分析，即可得到低频分析与记录（low frequency analysis and recording, LOFAR）谱图。在被动声呐的时频二维输出结果中，令横轴表示信号频率，纵轴表示时间，亮度表示幅度值或功率值，此时的时频二维图像就是 LOFAR 谱图。被动声呐窄带线谱检测的处理流程如图 6.8 所示。

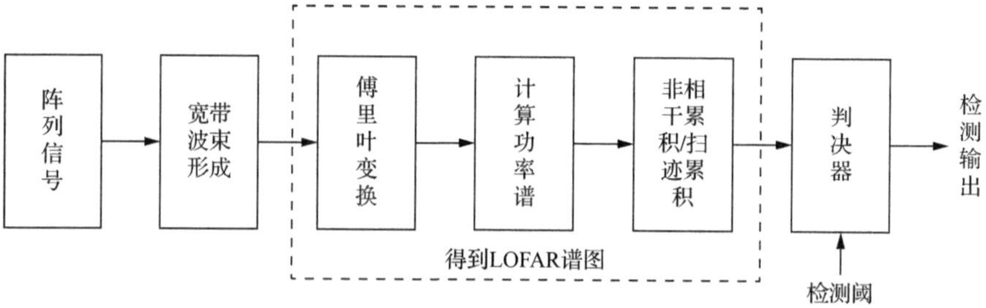

图 6.8　被动声呐窄带线谱检测的处理流程

不失一般性，设被动声呐时域接收信号的采样结果表示为向量 $\boldsymbol{x}$。在进行 LOFAR 分析时，将该向量 $\boldsymbol{x}$ 均分为 N 段进行处理，每段长度或点数为 T。此时，接收信号的时域采样向量 $\boldsymbol{x}$ 可以表示为 $\boldsymbol{x}=[x_1,x_2,\cdots,x_T,x_{T+1},\cdots,x_{2T},\cdots,x_{(N-1)T},\cdots,x_{NT}]$。对 $\boldsymbol{x}$ 分段进行快速傅里叶变换分析与处理，并绘制出时频二维图，就得到了线谱检测所常用的 LOFAR 谱图。获取 LOFAR 谱图的基本处理流程如图 6.9 所示。对应的 LOFAR 谱图结果示意图如图 6.10 所示。

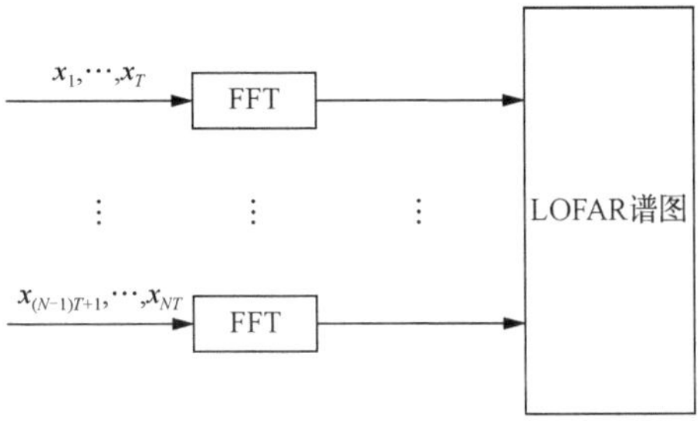

图 6.9　被动声呐线谱检测时获取 LOFAR 谱图的处理流程

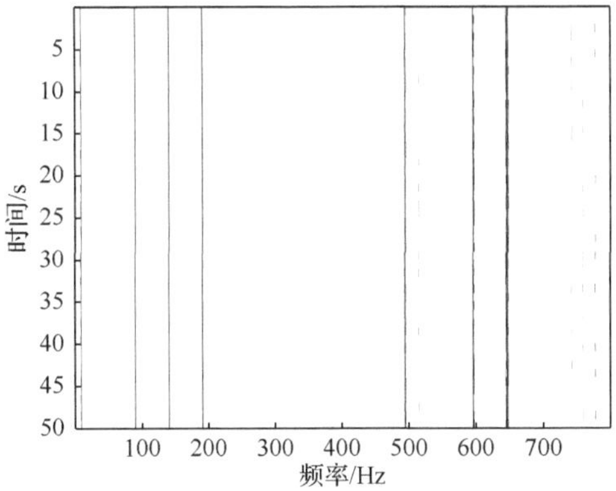

图 6.10　被动声呐窄带线谱检测的 LOFAR 结果示意图

6.2　声呐空域处理建模

声呐基阵的几何形状会影响声呐系统的空间特性和对应的空域处理性能。根据声呐基阵中阵元的排列方式、排列坐标的不同，一般可以将声呐基阵分为线列阵、柱面阵、球面阵、共形阵与扩展阵等。在理想情况下，通常假设组成声呐基阵的各个阵元都是各向同性的，且具有相同的接收灵敏度。

6.2.1　线列阵

假定基阵由 M 个阵元等间距（阵元间距为 d）排列组成一条均匀直线阵[1-12]，线列阵基线位于 y 轴，中心与坐标原点重合，信号入射的空间角用 $\Omega=(\theta,\phi)$ 表示，其中，θ 和 ϕ 分别表示水平方位角和垂直俯仰角。均匀线列阵的阵型与坐标系示意图如图 6.11 所示。

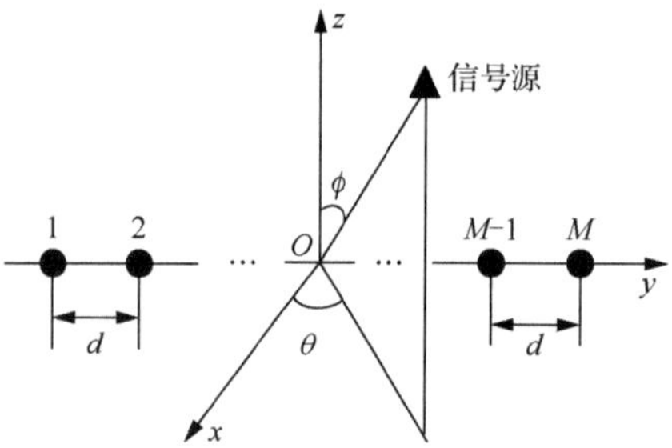

图 6.11　均匀线列阵的阵型与坐标系示意图[12]

图 6.11 中，M 元均匀线列阵第 m 个阵元的位置坐标可以表示为

$$\boldsymbol{p}_m=\left[0,\left(m-\frac{M+1}{2}\right)d,0\right]^{\mathrm{T}},\quad m=1,2,\cdots,M \tag{6.12}$$

信号入射方向的单位向量为

$$\boldsymbol{v}(\varOmega)=-[\cos\theta\sin\phi,\sin\theta\sin\phi,\cos\phi]^{\mathrm{T}} \tag{6.13}$$

可计算出均匀线列阵的阵列流形向量为

$$\boldsymbol{a}(\varOmega)=\begin{bmatrix}\exp\left(\mathrm{i}\dfrac{1-M}{2}kd\sin\phi\sin\theta\right)\\ \vdots \\ \exp\left(\mathrm{i}\left(m-\dfrac{M+1}{2}\right)kd\sin\phi\sin\theta\right)\\ \vdots \\ \exp\left(\mathrm{i}\dfrac{M-1}{2}kd\sin\phi\sin\theta\right)\end{bmatrix} \tag{6.14}$$

对该均匀线列阵进行常规波束形成，假设波束指向角为 $\varOmega_0=(\theta_0,\phi_0)$，波束加权向量为

$$\boldsymbol{w}=\boldsymbol{a}(\varOmega_0)/M \tag{6.15}$$

则可得到波束方向响应为

$$
\begin{aligned}
B(\Omega) &= \boldsymbol{w}^{\mathrm{H}}\boldsymbol{a}(\Omega) \\
&= \frac{1}{M}\sum_{m=1}^{M}\exp\left(\mathrm{i}\left(m-\frac{M+1}{2}\right)kd(\sin\phi\sin\theta-\sin\phi_0\sin\theta_0)\right) \\
&= \frac{1}{M}\exp\left(-\mathrm{i}\frac{M+1}{2}kd(\sin\phi\sin\theta-\sin\phi_0\sin\theta_0)\right)\sum_{m=1}^{M}\exp(\mathrm{i}mkd(\sin\phi\sin\theta-\sin\phi_0\sin\theta_0)) \\
&= \frac{1}{M}\exp\left(-\mathrm{i}\frac{M-1}{2}kd(\sin\phi\sin\theta-\sin\phi_0\sin\theta_0)\right)\frac{1-\exp(\mathrm{i}Mkd(\sin\phi\sin\theta-\sin\phi_0\sin\theta_0))}{1-\exp(\mathrm{i}kd(\sin\phi\sin\theta-\sin\phi_0\sin\theta_0))} \\
&= \frac{\sin(Mkd(\sin\phi\sin\theta-\sin\phi_0\sin\theta_0)/2)}{M\sin(kd(\sin\phi\sin\theta-\sin\phi_0\sin\theta_0)/2)}
\end{aligned}
\tag{6.16}
$$

考虑一个 10 元的均匀线列阵，假设阵元间距 $d=\lambda/2$，期望波束的观察方向为 $\Omega_0=(0^\circ,90^\circ)$，即水平方位角 $\theta_0=0^\circ$，垂直俯仰角 $\phi_0=90^\circ$。采用式（6.16）进行计算，将波束响应转换为分贝值，得到的波束图如图 6.12 所示。

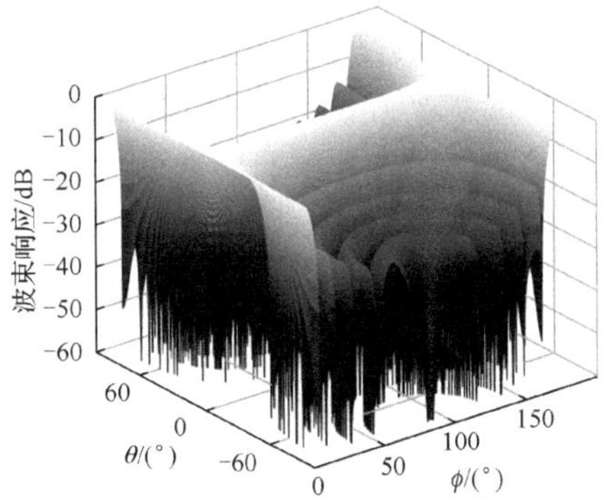

（a）均匀线列阵三维波束图

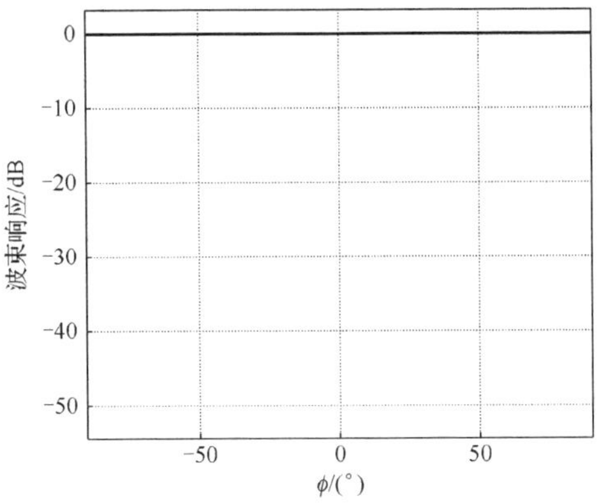

（b）俯仰方向波束图，ϕ_0=90°

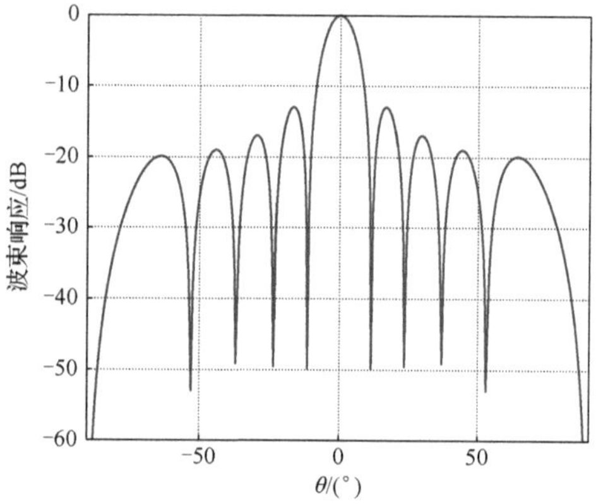

（c）水平方向波束图，θ_0=0°

图 6.12　均匀线列阵均匀加权的波束图

由图 6.12 可知，当水平方向的波束主瓣指向所期望的方位（$\theta_0 = 0°$）时，俯仰方向的指向性相同。这是由于线列阵为一维阵，其波束响应围绕该直线轴对称。因而，线列阵只能估计目标的水平方位角，而垂直俯仰角是模糊的，故使用线列阵声呐对水下目标进行分辨时常会出现左右舷模糊的现象。

6.2.2　柱面阵

1. 圆环阵

在介绍柱面阵之前，首先介绍圆环阵。假定基阵由 M 个阵元等弧长排列组成一个均匀圆环阵（圆环阵半径为 r），将其置于 xOy 平面上，圆心与坐标原点重合[1,7,11]。假设第 m 个阵元位于圆环阵上的角度为 $\varphi_m = 2\pi(m-1)/M, m=1,\cdots,M$，信号入射的空间角用 $\Omega = (\theta,\phi)$ 表示，其中 θ 和 ϕ 分别表示水平方位角和垂直俯仰角。均匀圆环阵的阵型与坐标系示意图如图 6.13 所示。

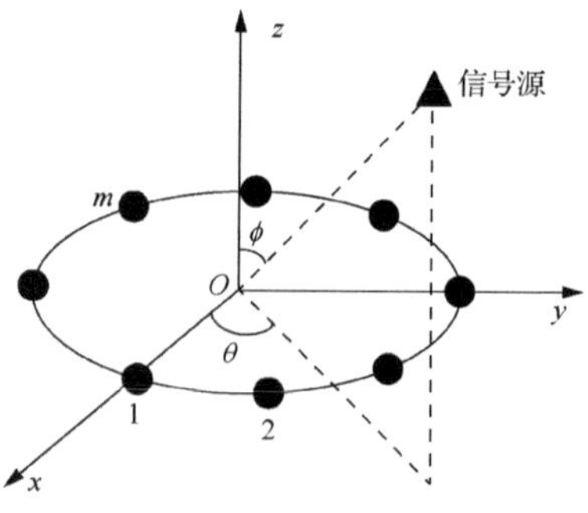

图 6.13　均匀圆环阵的阵型与坐标系示意图[12]

图 6.13 中，M 元均匀圆环阵第 m 个阵元的位置坐标可以表示为

$$\boldsymbol{p}_m=[r\cos\varphi_m, r\sin\varphi_m, 0]^{\mathrm{T}},\quad m=1,2,\cdots,M \tag{6.17}$$

信号入射方向的单位向量为

$$\boldsymbol{v}(\Omega)=-[\cos\theta\sin\phi, \sin\theta\sin\phi, \cos\phi]^{\mathrm{T}} \tag{6.18}$$

可计算出均匀圆环阵的阵列流形向量为

$$\boldsymbol{a}(\Omega)=\begin{bmatrix}\exp(\mathrm{i}kr\sin\phi\cos(\varphi_1-\theta))\\ \vdots \\ \exp(\mathrm{i}kr\sin\phi\cos(\varphi_m-\theta))\\ \vdots \\ \exp(\mathrm{i}kr\sin\phi\cos(\varphi_M-\theta))\end{bmatrix} \tag{6.19}$$

对该均匀圆环阵进行常规波束形成，假设波束指向角为 $\Omega_0=(\theta_0,\phi_0)$，波束加权向量为

$$\boldsymbol{w}=\boldsymbol{a}(\Omega_0)/M \tag{6.20}$$

则可得到圆环阵的波束响应为

$$\begin{aligned}B(\Omega)&=\boldsymbol{w}^{\mathrm{H}}\boldsymbol{a}(\Omega)\\&=\frac{1}{M}\sum_{m=1}^{M}\exp(\mathrm{i}kr(\sin\phi\cos(\varphi_m-\theta)-\sin\phi_0\cos(\varphi_m-\theta_0)))\end{aligned} \tag{6.21}$$

考虑一个位于 xOy 平面上的 $M=10$ 元的均匀圆环阵，假设相邻两阵元间弧长满足 $2\pi r/M=\lambda/2$，期望波束观察方向为 $\Omega_0=(0^\circ,90^\circ)$，即水平方位角 $\theta_0=0^\circ$，垂直俯仰角 $\phi_0=90^\circ$，采用式（6.21）计算波束响应并取分贝值，得到的波束图如图 6.14 所示。

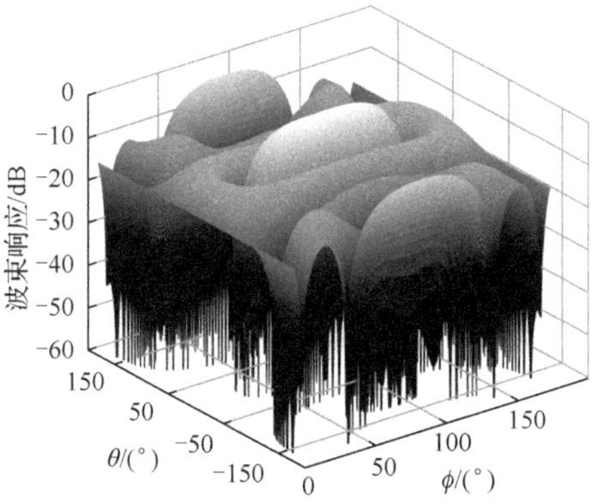

（a）均匀圆环阵三维波束图

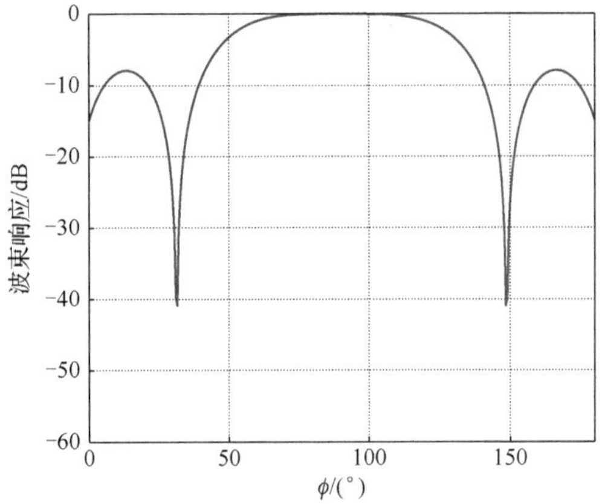

（b）俯仰方向波束图，ϕ_0=90°

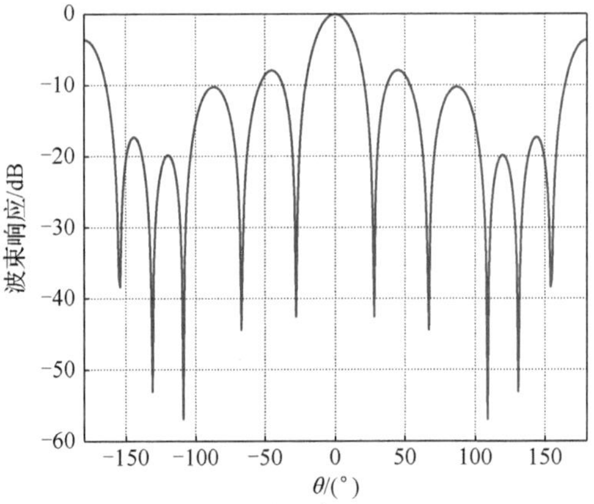

（c）水平方向波束图，θ_0=0°

图 6.14　均匀圆环阵均匀加权波束图

从图 6.14 可知，均匀圆环阵常规波束图的旁瓣远高于均匀线列阵的-13dB 旁瓣级。过高的旁瓣级会影响声呐系统对水下目标的探测能力。但圆环阵在其圆周的多个方向上形成相同的波束图，因此它在水平方位上具有均匀的目标探测性能。

2. 柱面阵

假定基阵是由 N 个半径为 r 的均匀圆环阵构成的长度为 L 的圆柱面阵[1,7,11]，每个圆环阵上有 M 个均匀分布的各向同性阵元，N 个圆环阵与其圆心连线相互垂直，且相邻两层圆环阵之间的间距为 Δz 。假设每层圆环阵上第 m 个阵元的角度为 $\varphi_m = 2\pi(m-1)/M$， $m=1,\cdots,M$ ，信号入射的空间角用 $\Omega=(\theta,\phi)$ 表示，其中，

θ 和 ϕ 分别表示水平方位角和垂直俯仰角。圆柱阵的阵型与坐标系示意图如图 6.15 所示。

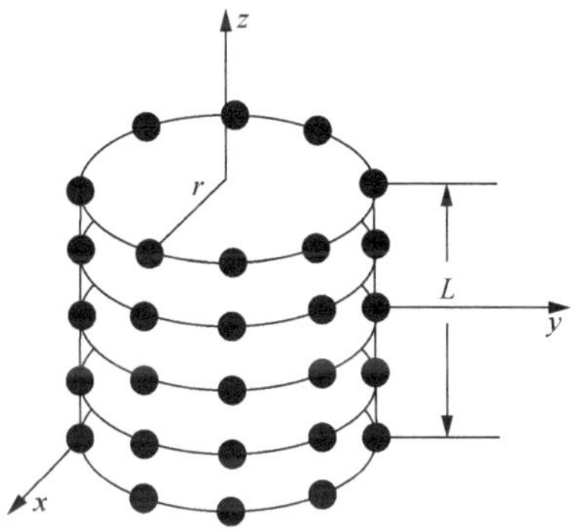

图 6.15　圆柱阵的阵型与坐标系示意图[12]

图 6.15 中，圆柱阵第 (m,n) 个阵元的位置坐标可以表示为

$$\boldsymbol{p}_{m,n}=\left[r\cos\varphi_m, r\sin\varphi_m, \left(n-\frac{N+1}{2}\right)\Delta z\right]^{\mathrm{T}},\quad m=1,2,\cdots,M,\quad n=1,2,\cdots,N \tag{6.22}$$

信号入射方向的单位向量为

$$\boldsymbol{v}(\varOmega)=-[\cos\theta\sin\phi, \sin\theta\sin\phi, \cos\phi]^{\mathrm{T}} \tag{6.23}$$

可计算出圆柱阵的阵列流形向量为

$$\boldsymbol{a}(\varOmega)=\begin{bmatrix}\exp\left(\mathrm{i}k\left(r\sin\phi\cos(\varphi_1-\theta)+\dfrac{1-N}{2}\Delta z\cos\phi\right)\right)\\ \vdots \\ \exp\left(\mathrm{i}k\left(r\sin\phi\cos\left(\varphi_{mn}-\theta\right)+\left(n-\dfrac{N+1}{2}\right)\Delta z\cos\phi\right)\right)\\ \vdots \\ \exp\left(\mathrm{i}k\left(r\sin\phi\cos\left(\varphi_{MN}-\theta\right)+\dfrac{N-1}{2}\Delta z\cos\phi\right)\right)\end{bmatrix} \tag{6.24}$$

对该圆柱阵进行常规波束形成，假设波束指向角为 $\varOmega_0=(\theta_0,\phi_0)$，波束加权向量为

$$\boldsymbol{w}=\boldsymbol{a}(\varOmega_0)/(MN) \tag{6.25}$$

则可得到圆柱阵的波束响应为

$$
\begin{aligned}
B(\Omega) &= \boldsymbol{w}^{\mathrm{H}}\boldsymbol{a}(\Omega) \\
&= \frac{1}{MN}\sum_{m=1}^{M}\sum_{n=1}^{N}\exp\left(\mathrm{i}k\left(r(\sin\phi\cos(\varphi_m-\theta)-\sin\phi_0\cos(\varphi_m-\theta_0))+\left(n-\frac{N+1}{2}\right)\Delta z(\cos\phi-\cos\phi_0)\right)\right) \\
&= \frac{1}{M}\sum_{m=1}^{M}\exp(\mathrm{i}k(r(\sin\phi\cos(\varphi_m-\theta)-\sin\phi_0\cos(\varphi_m-\theta_0)))) \\
&\quad \times\frac{1}{N}\sum_{n=1}^{N}\exp\left(\mathrm{i}k\left(n-\frac{N+1}{2}\right)\Delta z(\cos\phi-\cos\phi_0)\right)
\end{aligned}
\tag{6.26}
$$

式（6.26）与式（6.16）和式（6.21）比较可分析出，当 N=1 时，式（6.26）变成半径为 r 的单个均匀圆环阵的波束图；当 M=1 时，式（6.26）变成相邻阵元间距为 Δz 的均匀线列阵的波束图。因此，阵元均匀分布的圆柱阵的波束图可以看成一个均匀圆环阵波束图与均匀线列阵波束图的乘积。

考虑一个 M=12、N=10 的圆柱阵，假设相邻圆环阵之间的间距满足 $\Delta z=\lambda/2$，每层圆环阵相邻阵元之间的弧长满足 $2\pi r/M=\lambda/2$，期望波束观察方向为 $\Omega_0=(0°,90°)$，即水平方位角 $\theta_0=0°$，垂直俯仰角 $\phi_0=90°$，采用式（6.26）计算得到波束响应并取分贝值，对应的波束图如图 6.16 所示。

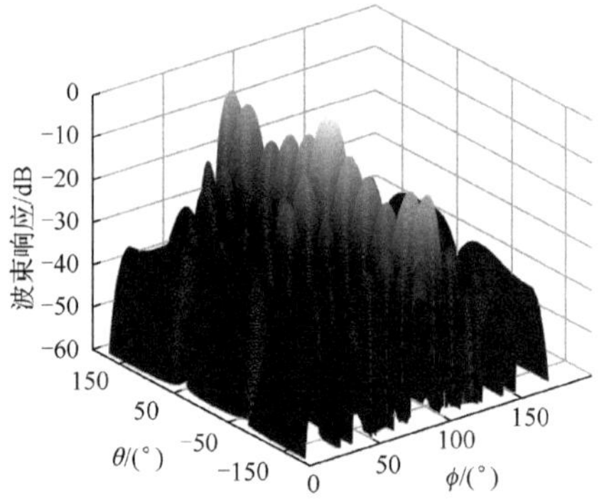

（a）圆柱阵三维波束图

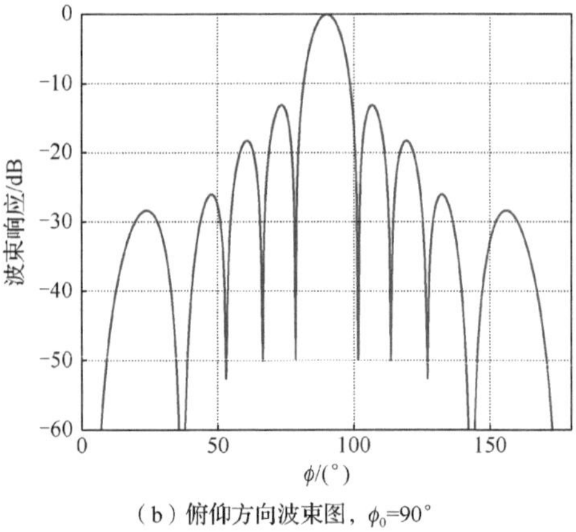

（b）俯仰方向波束图，ϕ_0=90°

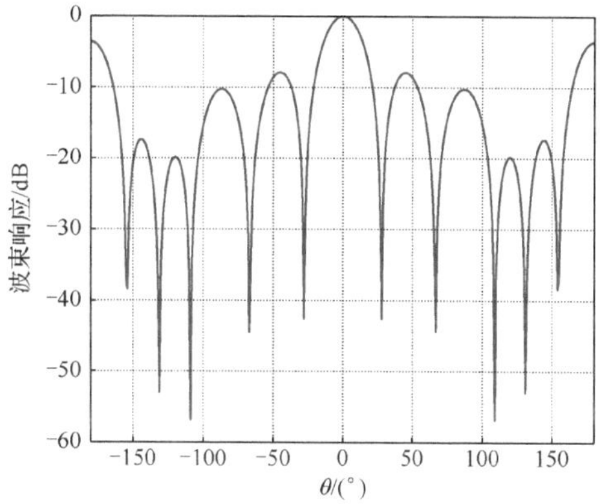

（c）水平方向波束图，θ_0=0°

图 6.16　圆柱阵均匀加权波束图

6.2.3　球面阵

考虑一个位于半径为 a 的球面上，由相同且等间距的各向同性阵元构成的球面阵[1,7,11]。在该球面阵上，平行于 xOy 平面的每层圆环上有 M 个阵元（除球面的两个顶点外），且假定第 m 个阵元与 x 轴的夹角为 $\varphi_m = 2\pi(m-1)/M$，$m=1,2,\cdots,M$，在垂直于 xOy 平面的每个圆环上单侧有 N 个阵元，且假定第 n 个阵元与 z 轴的夹角为 $\gamma_n = \pi(N-n)/(N-1)$，$n=1,\cdots,N$，信号入射的空间角用 $\Omega=(\theta,\phi)$ 表示，其中，θ 和 ϕ 分别表示水平方位角和垂直俯仰角。球面阵的阵型和坐标系示意图如图 6.17 所示。

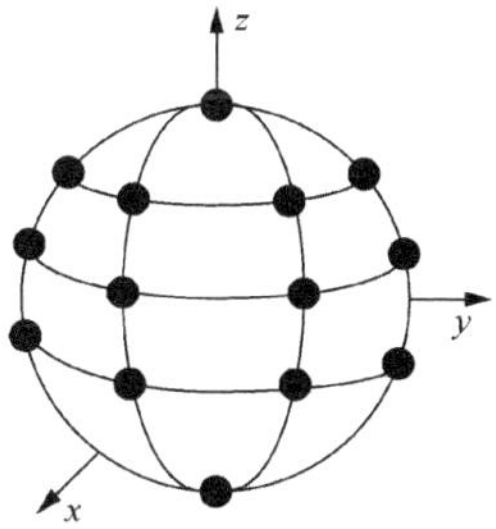

图 6.17　球面阵的阵型和坐标系示意图

该球面阵第 n 层第 m 个阵元的位置坐标可以表示为

$$\boldsymbol{p}_{m,n} = [a\sin\gamma_n\cos\varphi_m, a\sin\gamma_n\sin\varphi_m, a\cos\gamma_n]^{\mathrm{T}}, \quad m=1,2,\cdots,M, \quad n=1,2,\cdots,N \tag{6.27}$$

信号入射方向的单位向量为

$$\boldsymbol{v}(\Omega) = -[\cos\theta\sin\phi, \sin\theta\sin\phi, \cos\phi]^{\mathrm{T}} \tag{6.28}$$

可计算出球面阵的阵列流形向量为

$$\boldsymbol{a}(\Omega) = \begin{bmatrix} \exp(\mathrm{i}ka(\sin\gamma_1\sin\phi\cos(\varphi_1-\theta)+\cos\gamma_1\cos\phi)) \\ \vdots \\ \exp(\mathrm{i}ka(\sin\gamma_n\sin\phi\cos(\varphi_m-\theta)+\cos\gamma_n\cos\phi)) \\ \vdots \\ \exp(\mathrm{i}ka(\sin\gamma_N\sin\phi\cos(\varphi_M-\theta)+\cos\gamma_N\cos\phi)) \end{bmatrix} \tag{6.29}$$

对该球面阵进行常规波束形成，假设波束指向角为 $\Omega_0=(\theta_0,\phi_0)$，波束加权向量为

$$\boldsymbol{w} = \boldsymbol{a}(\Omega_0)/(M(N-2)+2) \tag{6.30}$$

则可得到球面阵的波束响应为

$$\begin{aligned} B(\Omega) &= \boldsymbol{w}^{\mathrm{H}}\boldsymbol{a}(\Omega) \\ &= \frac{1}{M(N-2)+2}\sum_{m=1}^{M}\sum_{n=1}^{N}\exp(\mathrm{i}ka(\sin\gamma_n(\sin\phi\cos(\varphi_m-\theta) \\ &\quad -\sin\phi_0\cos(\varphi_m-\theta_0))+\cos\gamma_n(\cos\phi-\cos\phi_0))) \end{aligned} \tag{6.31}$$

考虑一个 M=10、N=10 的球面阵，假设球面阵的半径满足 $2\pi a/M=\lambda/2$，期望波束观察方向为 $\Omega_0=(0^\circ,90^\circ)$，即水平方位角 $\theta_0=0^\circ$，垂直俯仰角 $\phi_0=90^\circ$，采用式（6.31）计算得到的波束响应并取分贝值，对应的波束图如图 6.18 所示。

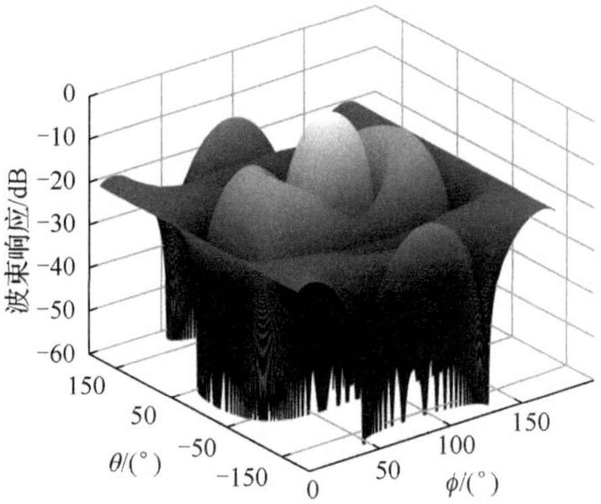

（a）球面阵三维波束图

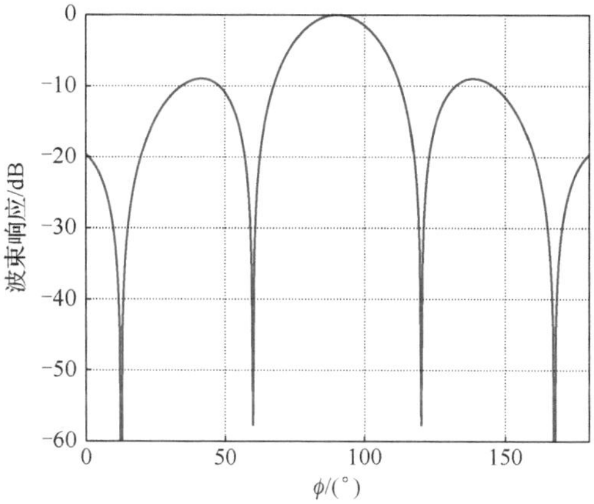

（b）俯仰方向波束图，ϕ_0=90°

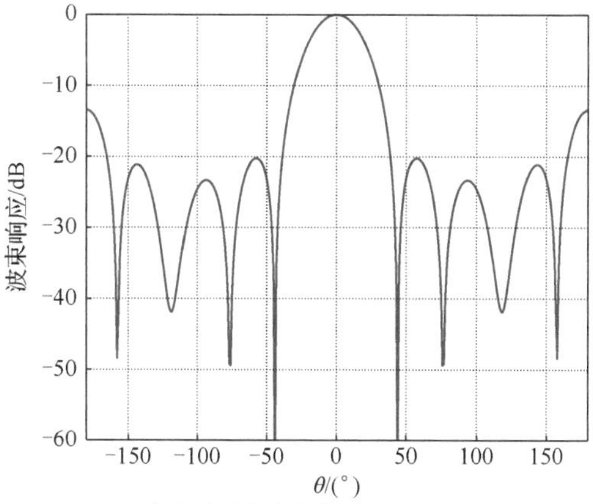

（c）水平方向波束图，θ_0=0°

图 6.18　球面阵均匀加权波束图

6.2.4　共形阵

共形阵亦可称为保角阵，狭义上是指其表面外形完全与载体外壳形状相同的基阵，也泛指完全或者部分复制舰艇边框形状的基阵[1,7,11,14-18]。例如，舰首共形阵的阵形与舰首形状一致，舷侧共形阵的阵形与船舷形状保持相同。一般来说，共形阵呈现三维表面形状。如图 6.19～图 6.21 所示[17]，其中，图 6.19 为俄罗斯“阿穆尔”级潜艇艇首共形阵，图 6.20 为英国“机敏”级核潜艇艇首共形阵，图 6.21 为美国“海狼”级核潜艇艇首稀疏共形阵。

图 6.19　俄罗斯“阿穆尔”级潜艇艇首共形阵

图 6.20　英国“机敏”级核潜艇艇首共形阵

图 6.21　美国“海狼”级核潜艇艇首稀疏共形阵

本节以 U 形共形阵为例，给出阵型示意图和对应的波束图。所考虑的 U 形共形阵由相同且等间距的各向同性阵元构成，其在平行于 xOy 平面的每层 U 形阵上有 M 个阵元，在垂直于 xOy 平面上共有 N 层 U 形阵。假定各阵元水平、俯仰方向上的间距均为 d。以共形阵所在平台的某个位置为参考点位置，建立空间坐标系，得到共形阵的阵元空间坐标及其坐标系。信号入射的空间角用 $\Omega=(\theta,\phi)$ 表示，其中，θ 和 ϕ 分别表示水平方位角和垂直俯仰角，如图 6.22 所示。

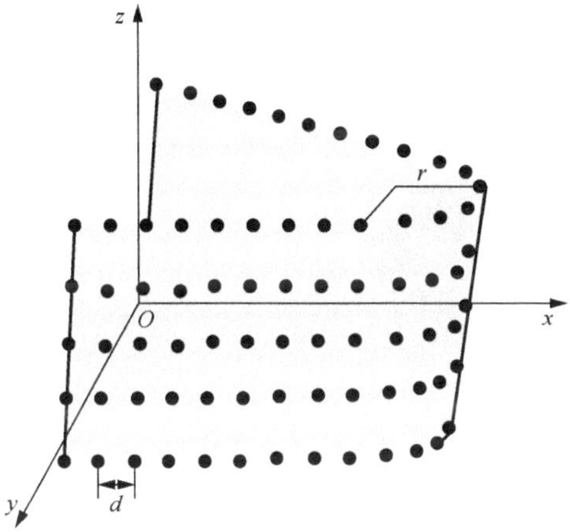

（a）U形共形阵的三维阵型图和坐标系

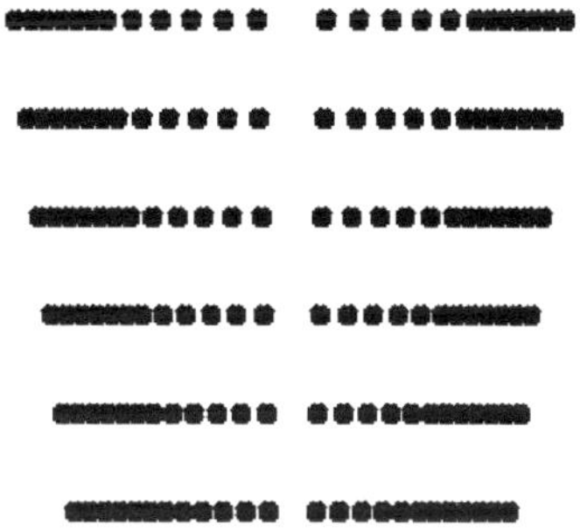
（b）U 形共形阵的阵型前视图

（c）U 形共形阵的阵型俯视图

（d）U 形共形阵的阵型侧视图

图 6.22　共形阵的阵型和坐标系示意图

共形阵由于阵型复杂，其波束响应和波束图难以得到解析表达式。直接给出共形阵的波束图，以展示该阵型的空域滤波性能。考虑一个 M=6、N=24 的 U 形共形阵。假设每个阵元之间的间距均满足 $d=\lambda/2$，期望波束观察方向为 $\Omega_0=(0°,90°)$，即水平方位角 $\theta_0=0°$，垂直俯仰角 $\phi_0=90°$。U 形共形阵采用均匀加权时的波束图如图 6.23 所示。由图 6.23 可知，U 形共形阵的俯仰方向波束图基本与柱面阵类似。U 形共形阵水平方向波束图虽然有高旁瓣，但是与圆环阵或者柱面阵的水平波束图相比，其主瓣宽度明显变窄，且旁瓣级更低，因此具有更优的波束形成性能。将该共形阵运用于潜艇首部，可以在前方的宽扇区内获得良好的空域滤波性能。

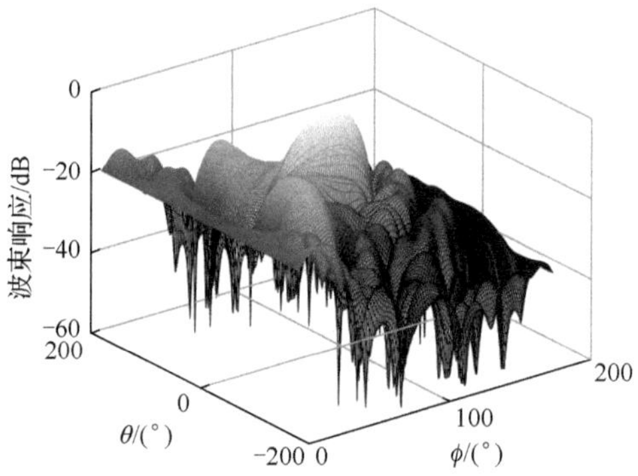

（a）U形共形阵三维波束图

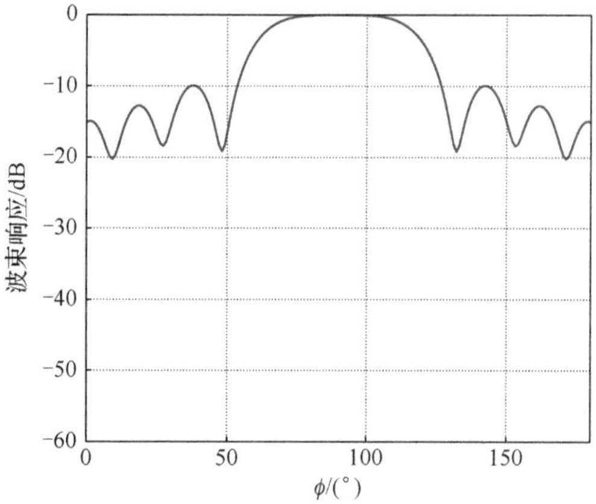

（b）俯仰方向波束图，ϕ_0=90°

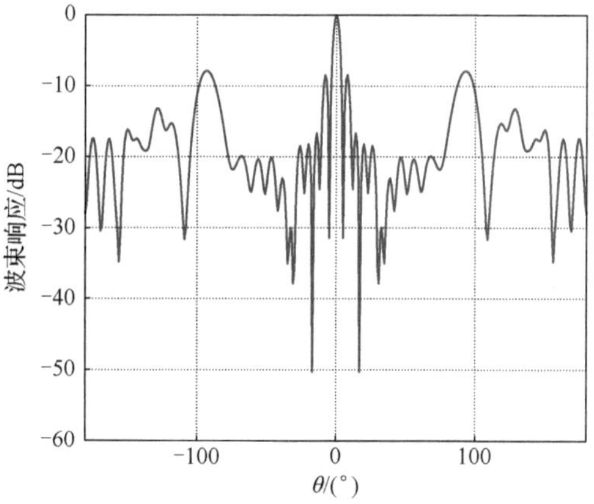

（c）水平方向波束图，θ_0=0°

图 6.23　U 形共形阵均匀加权的波束图

6.2.5 扩展阵

从广义上来讲，扩展阵属于体积阵的一种。但是，在小平台声呐领域，包括吊放声呐、潜标、浮标等，扩展阵得到了充分的发展与应用[1,4,11,18]。因此，本节主要聚焦用于小平台声呐系统中的扩展阵。当阵元布置在三维空间中，例如布置在两个或多个同心的柱形上，就构成了扩展阵。典型的扩展阵有直升机远程主动声呐（helicopter long-range active sonar，HELRAS）使用的扩展阵、声呐浮标所使用的五臂扩展阵，如图 6.24 和图 6.25 所示[18]。

图 6.24　直升机远程主动声呐使用的扩展阵

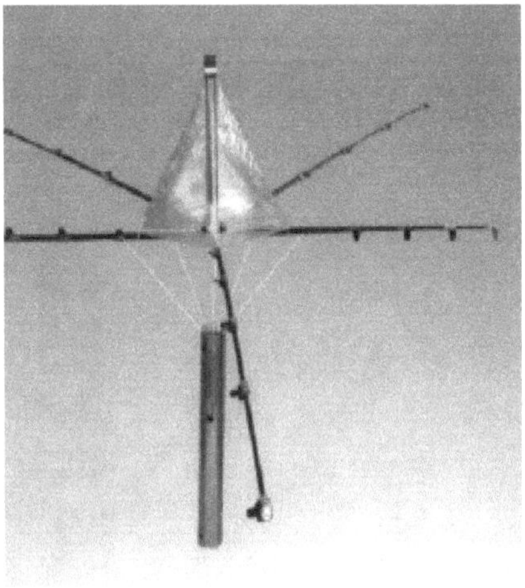

图 6.25　声呐浮标所使用的五臂扩展阵

以一个五臂扩展阵为例。假设五臂阵的每条臂上均匀分布有M个相同的阵元，且与z轴（正北方向）的夹角为γ，相邻阵元间距为d，内侧阵元与基阵中心距离为l。假设第$n(n=1,2,\cdots,5)$条臂与x轴的夹角为$\varphi_n=2\pi(n-1)/N$，第m个阵元与基阵中心的距离为$r_m=l+(m-1)d$，信号入射方位角为$\Omega=(\theta,\phi)$，其中，θ和ϕ分别表示水平方位角和垂直俯仰角，令波束指向角为$\Omega_0=(\theta_0,\phi_0)$，取基阵的几何中心为坐标系原点，五臂扩展阵的阵型和坐标系示意图如图 6.26 所示。

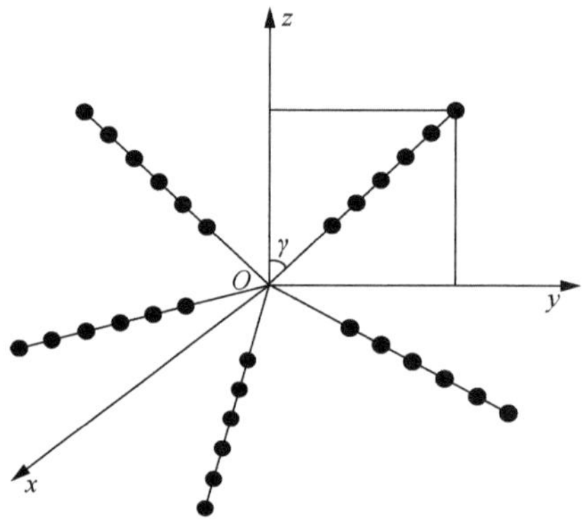

图 6.26　五臂扩展阵的阵型和坐标系示意图

图 6.26 中，五臂扩展阵的第 n 条臂第 m 个阵元的位置坐标可以表示为

$$\boldsymbol{p}_{m,n}=[r_m\sin\gamma\cos\varphi_n, r_m\sin\gamma\sin\varphi_n, r_m\cos\gamma]^{\mathrm{T}},\quad n=1,2,\cdots,5,\quad m=1,2,\cdots,M \tag{6.32}$$

则可得五臂扩展阵的指向性函数为

$$D(\theta,\phi)=\frac{1}{5M}\sum_{n=1}^{5}\sum_{m=1}^{M}\exp(\mathrm{i}kr_m(\sin\gamma(\sin\phi\cos(\varphi_n-\theta)$$
$$-\sin\phi_0\cos(\varphi_n-\theta_0))+\cos\gamma(\cos\phi-\cos\phi_0))) \tag{6.33}$$

考虑一个 M=10 的五臂扩展阵，假设每条臂与 z 轴的夹角 γ=60°，相邻阵元间距 $d=\lambda/2$，内侧阵元与基阵中心距离 $l=\lambda$，期望波束观察方向为 $\Omega_0=(0°,90°)$，即水平方位角 $\theta_0=0°$，垂直俯仰角 $\phi_0=90°$。采用式（6.33）计算得到波束响应，取分贝值得到波束图，如图 6.27 所示。

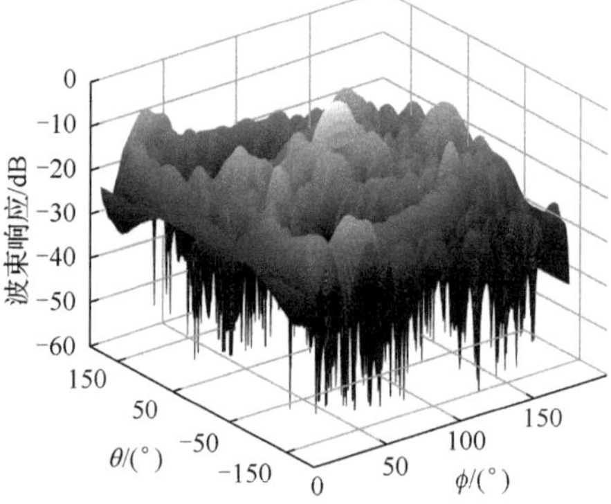

（a）五臂扩展阵三维波束图

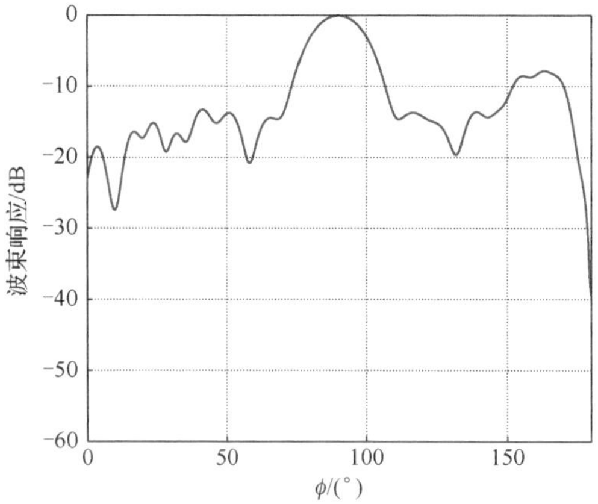

（b）俯仰方向波束图，ϕ_0=90°

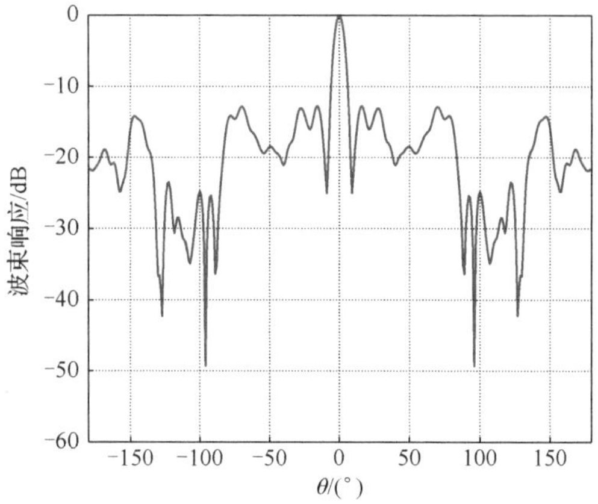

（c）水平方向波束图，θ_0=0°

图 6.27　五臂扩展阵均匀加权波束图

6.2.6　矢量水听器

1. 定义

矢量水听器属于接收换能器的一种。它是由传统的声压传感器和质点振速传感器复合工作而形成的[19]。矢量水听器可以同步、共点测量声场空间中任意一点处的声压（即 p）和质点振速，三维矢量水听器可以得到三个正交的质点振速分量，即 v_x、v_y、v_z，二维矢量水听器可以得到两个正交的质点振速分量，即 v_x、v_y。

2. 指向性函数的表征

矢量水听器的各振速分量和各声能流分量具有偶极子指向性，且指向性是双边的。当只考察平面问题时，假设信号入射方位角为θ，波束指向角为θ_0，则矢量水听器的两个正交的双边偶极子指向性为

$$D_c(\theta)=\cos(\theta-\theta_0) \tag{6.34}$$

$$D_s(\theta)=\sin(\theta-\theta_0) \tag{6.35}$$

对式（6.34）和式（6.35）分别进行线性组合，可形成两个正交的单边指向性为

$$D_{ca}(\theta)=\sin^2\frac{\theta-\theta_0}{2} \tag{6.36}$$

$$D_{sa}(\theta)=\frac{1}{2}\left(\cos\frac{\theta-\theta_0}{2}-\sin\frac{\theta-\theta_0}{2}\right)^2 \tag{6.37}$$

考虑波束指向角$\theta_0=45°$，信号入射方位角$\theta=[0°,360°]$，根据式（6.34）～式（6.37）可获得单个矢量水听器的双边及单边指向性图，如图 6.28 所示。

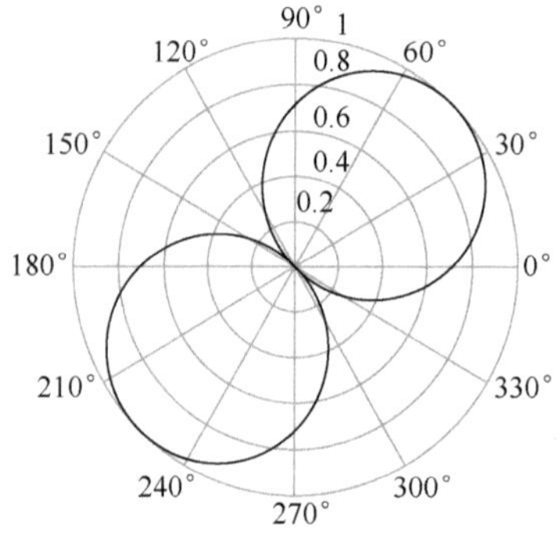

（a）$D_c(\theta)$

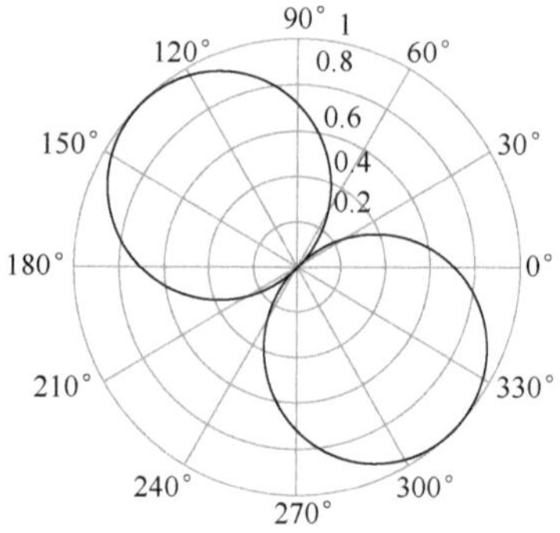

（b）$D_s(\theta)$

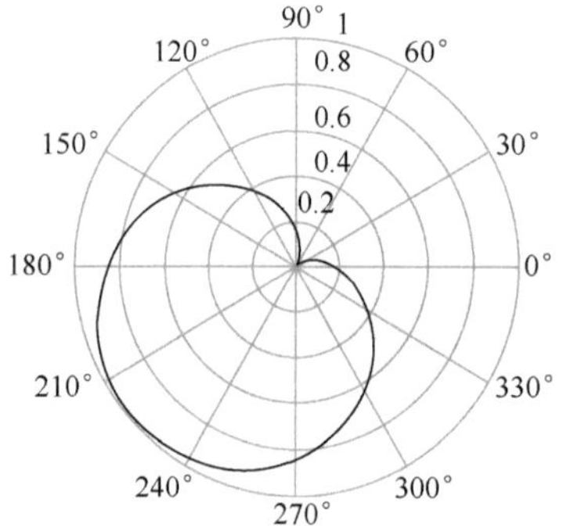

（c）$D_{ca}(\theta)$

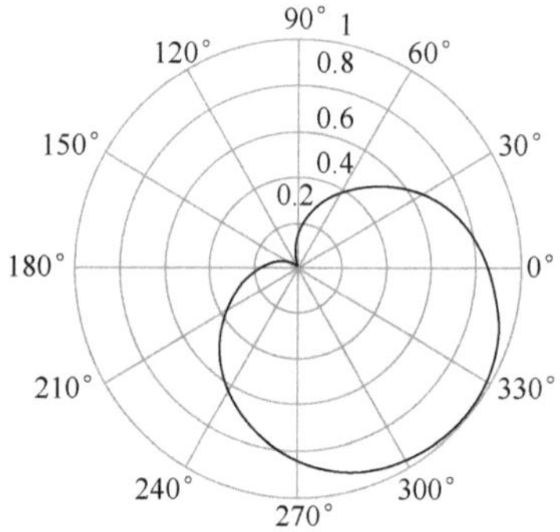

（d）$D_{sa}(\theta)$

图 6.28　矢量水听器的双边及单边指向性图

工程实际中可将多个矢量水听器组合成阵形成矢量阵，矢量阵波束形成的原

理与一般的波束形成原理相似，不同之处在于：由于矢量水听器可以同时提供声压 $p(t)$、振速 $v_x(t)$ 和 $v_y(t)$ 的信息，因此对于矢量水听器阵列，采用波束形成技术可以得到多种波束形成的输出，如 $y_p(t,\theta_0)$、$y_{v_x}(t,\theta_0)$ 和 $y_{v_y}(t,\theta_0)$。

根据矢量阵的特点，给出了几种比较典型的组合方式。结合乘积阵的原理并忽略具体的推导过程，直接列表给出这几种组合形式的表达式及其理论指向性，如表 6.1 和表 6.2 所示。表 6.1 中，下标 p 代表矢量水听器中的声压通道，下标 v_c 代表矢量水听器中振速通道进行组合处理所形成的通道。

表 6.1　矢量阵组合形式一览表

序号	组合形式
1	$\sum_l y_p^2(t,\theta_0)$
2	$\sum_l y_{v_x}^2(t,\theta_0)$ 或 $\sum_l y_{v_y}^2(t,\theta_0)$
3	$\sum_l (y_p(t,\theta_0)\cdot y_{v_c}(t,\theta_0))$
4	$\sum_l (y_p(t,\theta_0)+y_{v_c}(t,\theta_0))^2$
5	$\sum_l (y_p(t,\theta_0)+y_{v_c}(t,\theta_0))\cdot y_{v_c}(t,\theta_0)$

表 6.2　矢量阵组合理论指向性一览表

序号	理论指向性
1	$\left\|\dfrac{\sin(\pi fMd(\cos\theta-\cos\theta_0)/c)}{M\sin(\pi fd(\cos\theta-\cos\theta_0)/c)}\right\|^2$
2	$\left\|\dfrac{\sin(\pi fMd(\cos\theta-\cos\theta_0)/c)}{M\sin(\pi fd(\cos\theta-\cos\theta_0)/c)}\right\|^2\cdot\sin^2\theta$
3	$\left\|\dfrac{\sin(\pi fMd(\cos\theta-\cos\theta_0)/c)}{M\sin(\pi fd(\cos\theta-\cos\theta_0)/c)}\right\|^2\cdot\|\cos(\theta-\theta_0)\|$
4	$\left\|\dfrac{\sin(\pi fMd(\cos\theta-\cos\theta_0)/c)}{M\sin(\pi fd(\cos\theta-\cos\theta_0)/c)}\right\|^2\cdot\|1+\cos(\theta-\theta_0)\|^2$
5	$\left\|\dfrac{\sin(\pi fMd(\cos\theta-\cos\theta_0)/c)}{M\sin(\pi fd(\cos\theta-\cos\theta_0)/c)}\right\|^2\cdot\|\cos^2(\theta-\theta_0)+\cos(\theta-\theta_0)\|$

3. 矢量水听器的阵增益

下面采用时域分析方法，即以声压阵平方积分检测器的增益为基准，得到矢量阵组合增益表达式。将声压与振速信号表示成如下形式：

$$p_i = s_i + n_{pi} \tag{6.38}$$

$$v_{xi} = s_i \cdot \cos\theta + n_{vxi} \tag{6.39}$$

$$v_{yi} = s_i \cdot \sin\theta + n_{vyi} \tag{6.40}$$

$$v_{ci} = v_{xi} \cdot \cos\theta' + v_{yi} \cdot \sin\theta' \tag{6.41}$$

式中，$i = 1,2,\cdots,N$，表示离散的采样点；p_i 表示声压通道的第 i 个采样；s_i 表示信号在声压通道的第 i 个采样；n_{pi} 表示噪声在声压通道的第 i 个采样；v_{xi} 表示振速通道 x 的第 i 个采样；n_{vxi} 表示噪声在振速通道 x 的第 i 个采样；v_{yi} 表示振速通道 y 的第 i 个采样；n_{vyi} 表示噪声在振速通道 y 的第 i 个采样；v_{ci} 表示方位引导后的第 i 个采样；θ 、θ' 分别表示信号入射方位和引导方位。

设 $\sigma_s^2 = \left(\sum_{i=1}^{N} s_i^2\right) / N$ 表示矢量水听器上信号的平均功率，$\sigma_{np}^2 = \left(\sum_{i=1}^{N} n_{pi}^2\right) / N$ 表示声压通道中噪声的平均功率，$\sigma_{nvx}^2 = \left(\sum_{i=1}^{N} n_{vxi}^2\right) / N$ 表示振速通道 x 中噪声的平均功率，$\sigma_{nvy}^2 = \left(\sum_{i=1}^{N} n_{vyi}^2\right) / N$ 表示振速通道 y 中噪声的平均功率，且 $\sigma_{nvx}^2 = \sigma_{nvy}^2 = \sigma_{np}^2 / 2$ 。根据以上定义，设矢量水听器上的输入信噪比为 $(S/N)_i = \sigma_s^2 / \sigma_{np}^2$ 。通过计算矢量水听器输出信噪比相对于该输入信噪比的改善程度，即可得到矢量水听器的增益。

将分析过程简化为计算单个矢量水听器中声压、振速以不同组合方式所能获得的处理增益。为简化分析，假定信号与噪声不相关，不同阵元间的噪声亦不相关，信号的入射方位 θ 与引导方位 θ' 一致。因此，对于任意方位的入射信号，通过波束形成使其中的信号成分实现同相位的相干叠加，使噪声成分进行非相干叠加（能量相加），据此计算矢量水听器的空间增益。首先，给出矢量水听器的不同组合形式，再分析这些组合形式的增益。矢量水听器的几种组合形式如表 6.3 所示。在表 6.3 中，$\overline{v_{yi}} = v_{yi} / \sin\theta'$ ，即对 v_{yi} 的幅度进行加权，使其中的信号成分的强度与 p_i 中的相同，以达到相互抵消的目的。

表 6.3　矢量水听器处理时的组合形式一览表

序号	组合形式
1	$\sum_{i=1}^{N}(p_i + v_{yi})^2$
2	$\sum_{i=1}^{N} p_i \cdot v_{yi}$
3	$\sum_{i=1}^{N}(p_i + v_{yi}) \cdot p_i$

续表

序号	组合形式
4	$\sum_{i=1}^{N}(p_i+\overline{v_{yi}})\cdot p_i$
5	$\sum_{i=1}^{N}(p_i+\overline{v_{yi}})\cdot \overline{v_{yi}}$
6	$\sum_{i=1}^{N}(p_i+v_{ci})\cdot p_i$
7	$\sum_{i=1}^{N}(p_i+v_{ci})\cdot v_{ci}$

表 6.4 给出了矢量水听器中不同组合的增益表达式及其对应的最大值。由表 6.4 可知，矢量水听器的不同组合具有不同的增益，其值明显超过传统声压水听器的增益。因此，矢量水听器的组合增益是其一大优势。通过分析不难发现，这种"组合增益"在本质上是一种空间增益。受偶极子指向性的影响，对于正横方向入射的信号，振速本身即有约 3dB（10lg2）的增益。

表 6.4　矢量阵组合增益一览表

序号	组合增益 G'_{dB}	最大组合增益/dB
1	$20\lg(1+\sin\theta)+10\lg 0.667$	4.26
2	$10\lg(2\sin\theta)$	3.01
3	$10\lg(1+\sin\theta)+5\lg 0.8$	2.526
4	$10\lg(2\mid\sin\theta'\mid)+10\lg\left(1+\dfrac{\sin\theta}{\sin\theta'}\right)-5\lg(4\sin^2\theta'+1)$	2.526
5	$10\lg(2(\sin\theta\sin\theta'+\sin^2\theta))-5\lg(1+\sin^2\theta')$	4.515
6	$10\lg(1+\cos(\theta-\theta'))+5\lg 0.8$	2.526
7	$10\lg\sqrt{2}\cos(\theta-\theta')+10\lg(1+\cos(\theta-\theta'))$	4.515

6.3　声呐时域处理建模

6.3.1　主动声呐时域处理建模

1. 匹配滤波处理

本节讨论声呐基阵进行波束形成后，信号检测时接收机中的时域信号处理问题[4-6,12,13]。常用的接收机模型均可以简化为由一个线性滤波器和一个判决电路两部分组成。接收机的系统结构与信息流程的示意图如图 6.29 所示。

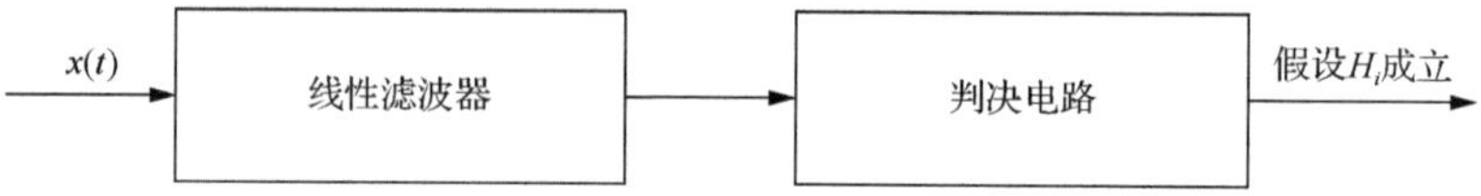

图 6.29　接收机的系统结构与信息流程示意图

在接收机模型中，线性滤波器的作用是对接收信号进行某种方式的加工处理，以便有利于进行正确判决。判决电路一般是一个非线性装置，最简单的判决电路就是一个输入信号与门限进行比较的比较器。此时，线性滤波器的输出信噪比等于判决电路的输入信噪比。该信噪比的值越大，检测性能越好。为了获得最高的信噪比以获得最好的检测性能，要求线性滤波器是最佳的。

若线性（时不变）滤波器输入的信号是确知信号，噪声是加性平稳噪声，则在输入功率信噪比一定的条件下，使输出功率信噪比为最大的线性滤波器，就是一个与输入信号相匹配的最佳滤波器，称之为匹配滤波器。

设线性滤波器的输入信号为

$$x(t) = s(t) + n(t) \tag{6.42}$$

式中，$s(t)$表示能量为E的确知信号；$n(t)$表示功率谱密度$P_n(\omega) = N_0/2$（N_0是常数）的零均值平稳加性白噪声。假设滤波器系统的冲击响应函数为$h(t)$，传递函数为$H(\omega)$。问题是如何选取$h(t)$或$H(\omega)$，使得输出端信噪比达到最大。

利用线性系统的叠加定理，线性滤波器的输出信号为

$$y(t) = s_y(t) + n_y(t) \tag{6.43}$$

式中，输出$s_y(t)$和$n_y(t)$分别是滤波器对输入$s(t)$和$n(t)$的响应。线性滤波器中输入和输出的关系如图 6.30 所示。

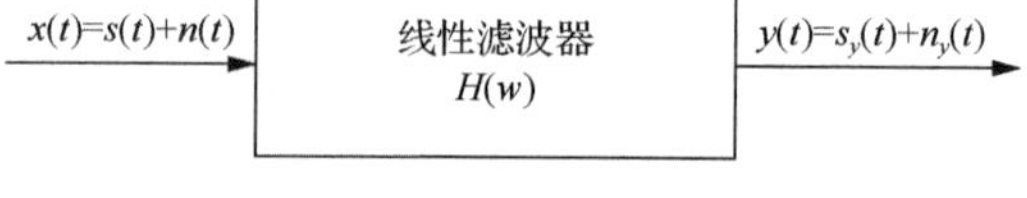

图 6.30　线性滤波器

此处关心的是输出信号和输出噪声的功率。用SNR_o表示该线性滤波器输出端的信噪比，即输出信号瞬时功率和输出噪声平均功率之比，得到

$$\text{SNR}_o = \frac{|s_y(t_0)|^2}{E[n_y^2(t)]} \tag{6.44}$$

式中，$|s_y(t_0)|^2$表示输出信号在$t = t_0$时刻的瞬时功率；$E[n_y^2(t)]$表示输出噪声的平

均功率。为使输出信噪比 SNR_o 在某一时刻达到最大，需按照最大输出信噪比准则来设计滤波器。遵循这一准则，可以求出滤波器的冲击响应函数为 $h(t)$ 和传递函数 $H(\omega)$ 。

假设输入信号 $s(t)$ 的傅里叶变换存在，用 $S(\omega)$ 表示 $s(t)$ 的频谱，可得

$$S(\omega)=\int_{-\infty}^{\infty} s(t)\mathrm{e}^{-\mathrm{i}\omega t}\mathrm{d}t \tag{6.45}$$

设输出信号 $s_y(t)$ 的频谱为 $S_y(\omega)$ ，得到

$$S_y(\omega)=S(\omega)H(\omega) \tag{6.46}$$

则输出信号 $s_y(t)$ 可通过对 $S_y(\omega)$ 进行逆傅里叶变换得到，即

$$s_y(t)=\frac{1}{2\pi}\int_{-\infty}^{\infty} S(\omega)H(\omega)\mathrm{e}^{\mathrm{i}\omega t}\mathrm{d}\omega \tag{6.47}$$

输出噪声 $n_y(t)$ 的平均功率为

$$\begin{aligned}E[n_y^2(t)]&=\frac{1}{2\pi}\int_{-\infty}^{\infty} P_n(\omega)\,|\,H(\omega)\,|^2\;\mathrm{d}\omega\\&=\frac{1}{2\pi}\int_{-\infty}^{\infty}\frac{N_0}{2}\,|\,H(\omega)\,|^2\;\mathrm{d}\omega\end{aligned} \tag{6.48}$$

因此，在某一时刻 $t=t_0$ ，滤波器的输出信噪比 SNR_o 为

$$\mathrm{SNR}_o=\frac{|\,s_y(t_0)\,|^2}{E[n_y^2(t)]}=\frac{\left|\dfrac{1}{2\pi}\displaystyle\int_{-\infty}^{\infty} S(\omega)H(\omega)\mathrm{e}^{\mathrm{i}\omega t_0}\mathrm{d}\omega\right|^2}{\dfrac{1}{2\pi}\displaystyle\int_{-\infty}^{\infty}\frac{N_0}{2}\,|\,H(\omega)\,|^2\;\mathrm{d}\omega} \tag{6.49}$$

利用施瓦茨（Schwarz）不等式

$$\left|\int_{-\infty}^{\infty} A(\omega)B(\omega)\mathrm{d}\omega\right|^2\leqslant\int_{-\infty}^{\infty}|\,A(\omega)\,|^2\;\mathrm{d}\omega\cdot\int_{-\infty}^{\infty}|\,B(\omega)\,|^2\;\mathrm{d}\omega \tag{6.50}$$

当且仅当 $A(\omega)=KB^*(\omega)$ 时等式成立，其中，K 表示任意常数。

令

$$\begin{cases}A(\omega)=H(\omega)\\B(\omega)=S(\omega)\mathrm{e}^{\mathrm{i}\omega t_0}\end{cases} \tag{6.51}$$

则式（6.49）可写成

$$\mathrm{SNR}_o\leqslant\frac{\dfrac{1}{4\pi^2}\displaystyle\int_{-\infty}^{\infty}|\,S(\omega)\,|^2\;\mathrm{d}\omega\cdot\int_{-\infty}^{\infty}|\,H(\omega)\,|^2\;\mathrm{d}\omega}{\dfrac{N_0}{4\pi}\displaystyle\int_{-\infty}^{\infty}|\,H(\omega)\,|^2\;\mathrm{d}\omega}=\frac{\dfrac{1}{2\pi}\displaystyle\int_{-\infty}^{\infty}|\,S(\omega)\,|^2\;\mathrm{d}\omega}{\dfrac{N_0}{2}}=\frac{2E}{N_0} \tag{6.52}$$

由帕塞瓦尔定理（时域能量等于频域能量）可知

$$E=\int_{-\infty}^{\infty}s^2(t)\mathrm{d}t=\frac{1}{2\pi}\int_{-\infty}^{\infty}|S(\omega)|^2\mathrm{d}\omega \tag{6.53}$$

因此，最大信噪比 $\mathrm{SNR}_{o,\max}$ 为

$$\mathrm{SNR}_{o,\max}=\frac{2E}{N_0} \tag{6.54}$$

此时

$$H(\omega)=KS^*(\omega)\mathrm{e}^{-\mathrm{i}\omega t_0} \tag{6.55}$$

根据冲击响应函数 $h(t)$ 和系统传递函数 $H(\omega)$ 的傅里叶变换关系，可得

$$\begin{aligned}h(t)&=\frac{1}{2\pi}\int_{-\infty}^{\infty}H(\omega)\mathrm{e}^{\mathrm{i}\omega t}\mathrm{d}\omega\\&=\frac{1}{2\pi}\int_{-\infty}^{\infty}KS^*(\omega)\mathrm{e}^{-\mathrm{i}\omega t_0}\mathrm{e}^{\mathrm{i}\omega t}\mathrm{d}\omega\\&=\left[\frac{1}{2\pi}\int_{-\infty}^{\infty}KS(\omega)\mathrm{e}^{\mathrm{i}\omega(t_0-t)}\mathrm{d}\omega\right]^*\\&=Ks^*(t_0-t)\end{aligned} \tag{6.56}$$

对于实信号 $s(t)$，可直接得到

$$h(t)=\frac{1}{2\pi}\int_{-\infty}^{\infty}KS(\omega)\mathrm{e}^{\mathrm{i}\omega(t_0-t)}\mathrm{d}\omega=Ks(t_0-t) \tag{6.57}$$

2. 增益分析

根据式（6.54）可知，匹配滤波器是在输出信噪比最大准则下从白噪声中检测已知信号的最佳接收机，其输出信噪比只与输入信号能量 E 和噪声功率谱密度 $N_0/2$ 相关，而与信号波形无关。

设输入信号时长为 T，则输入信号平均功率 P_{si} 可表示为

$$P_{si}=E/T \tag{6.58}$$

由于输入噪声功率谱密度为 $N_0/2$，则输入噪声的功率可表示为

$$P_{ni}=\frac{N_0}{2}W_i \tag{6.59}$$

式中，W_i 是噪声带宽（通常指接收机的前置滤波器的带宽）。

因此，输入信噪比为

$$\mathrm{SNR}_i = \frac{P_{si}}{P_{ni}} = \frac{2E}{TN_0W_i} \tag{6.60}$$

结合式（6.54）和式（6.60），匹配滤波器的增益 G 可表示为

$$G = \frac{\mathrm{SNR}_{o,\max}}{\mathrm{SNR}_i} = TW_i \tag{6.61}$$

写成分贝形式，得到

$$G_{\mathrm{dB}} = 10\lg(TW_i) \tag{6.62}$$

从式（6.61）、式（6.62）可知，匹配滤波器的增益与信号波形、带宽无关，与信号时长 T 和噪声带宽 W_i 有关。需要注意的是，虽然式（6.61）、式（6.62）表明通过增加噪声带宽可增加信噪比增益 G。但从式（6.54）可知，增加噪声带宽 W_i 不能提高匹配滤波器的输出信噪比 $\mathrm{SNR}_{o,\max}$。此时匹配滤波器增益 G 的提高是由于输入信噪比降低引起的。因此，通常将前置滤波器的带宽 W_i 选择为使得所检测信号无波形畸变的带宽，即 $W_i = B$，其中，B 为信号带宽。此时，匹配滤波器的增益可表示为

$$G = TB \tag{6.63}$$

写成分贝形式为

$$G_{\mathrm{dB}} = 10\lg(TB) \tag{6.64}$$

6.3.2　被动声呐时域处理建模

1. 宽带能量检测器

1）数学推导

在分析前，先做两点假设：信号与噪声是统计独立的；输入噪声可建模为平稳的高斯白噪声随机变量过程。此外，不失一般性，设宽带能量检测器输入端的采样为 x。经平方器处理后，得到 $y = x^2$。将平方器输出送入积分器处理，得到 $z = \int_{-\infty}^{+\infty} y\mathrm{d}y$。

（1）平方器。

首先，分析平方器的增益。平方器直接对宽带能量检测器输入端的采样 x 进行平方处理。为简化分析，仅考虑宽带能量检测器输入端的采样 x 为单个值时的情景。设 x 可建模为均值为 0、方差为 σ^2 的高斯随机变量过程，其概率密度函数为[6]

$$p(x)=\frac{1}{\sqrt{2\pi\sigma^2}}\exp\left(-\frac{x^2}{2\sigma^2}\right),\quad -\infty<x<+\infty \tag{6.65}$$

采样 x 经过平方器的处理后，得到 $y=x^2$。此时，y 服从自由度为 1 的卡方分布，其概率密度函数为

$$p(y)=\frac{1}{\sqrt{2\pi\sigma^2 y}}\exp\left(-\frac{y}{2\sigma^2}\right),\quad 0\leqslant y<+\infty \tag{6.66}$$

可计算出平方器输出 y 的均值 μ_y 和均方值 φ_y^2 分别为

$$\mu_y=\int_{-\infty}^{+\infty} y\cdot p(y)\mathrm{d}y=\int_{-\infty}^{+\infty} y\cdot\frac{1}{\sqrt{2\pi\sigma^2 y}}\exp\left(-\frac{y}{2\sigma^2}\right)\mathrm{d}y=\sigma^2 \tag{6.67}$$

$$\varphi_y^2=\int_{-\infty}^{+\infty} y^2\cdot p(y)\mathrm{d}y=\int_{-\infty}^{+\infty} y^2\cdot\frac{1}{\sqrt{2\pi\sigma^2 y}}\exp\left(-\frac{y}{2\sigma^2}\right)\mathrm{d}y=3\sigma^4 \tag{6.68}$$

则平方器输出 y 的方差 σ_y^2 为

$$\sigma_y^2=\varphi_y^2-\mu_y^2=2\sigma^4 \tag{6.69}$$

根据假设条件，声呐接收到的信号和噪声可建模为相互统计独立的高斯随机过程。因而，宽带能量检测器输入端的采样 x 的方差 σ^2 的值取决于是否存在目标信号。当输入端的采样 x 中含有目标信号时，x 的方差 σ^2 为

$$\sigma^2=\sigma_s^2+\sigma_n^2 \tag{6.70}$$

式中，σ_s^2 为输入端的采样 x 中信号的方差；σ_n^2 为输入端的采样 x 中噪声的方差。

当输入端的采样 x 中只含有噪声时，x 的方差 σ^2 为

$$\sigma^2=\sigma_n^2 \tag{6.71}$$

因为 x 处的信噪比为平方器的输入信噪比，得到

$$(S/N)_x=\frac{\sigma_s^2}{\sigma_n^2} \tag{6.72}$$

则 y 处的信噪比为平方器的输出信噪比，得到

$$(S/N)_y=\frac{(\mu_{y,s+n}-\mu_{y,n})^2}{\sigma_{y,n}^2}=\frac{\sigma_s^4}{2\sigma_n^4}=\frac{1}{2}(S/N)_x^2 \tag{6.73}$$

式中，$\mu_{y,s+n}=\sigma_s^2+\sigma_n^2$ 和 $\mu_{y,n}=\sigma_n^2$ 分别表示接收采样（观测）中存在和不存在信号时 y 的均值；$\sigma_{y,n}^2=2\sigma_n^4$ 表示接收采样中只存在噪声时 y 的方差。

由式（6.73）可知，当输入信噪比 $(S/N)_x$ 大于 1（转换为分贝值则为大于 0dB）时，平方处理会进一步提高信噪比。当输入信噪比 $(S/N)_x$ 小于 1（转换为分贝值

则为小于 0dB）时，平方处理反而会降低信噪比。

（2）积分器。

对接收信号进行平方处理后，接下来进行积分处理。积分器的本质是一种滤波器，需要通过对其时域、频域统计特性进行分析以得到其信噪比关系、增益等结果。在分析积分器的统计特性之前，先给出平稳随机过程的功率谱密度与自相关函数的关系。我们知道，平稳随机过程的功率谱密度与自相关函数是一对傅里叶变换对。因此，信号的时域统计特性与频域统计特性可以通过傅里叶变换联系起来。

对于一个频段为$(-B,B)$的带内噪声，当该噪声在工作频段内的功率谱密度为常数时，工程上可以称该噪声为白噪声（注意，此处白噪声并非严格定义中频率范围从负无穷到正无穷的白噪声）。首先，求得该白噪声所对应的自相关函数的零点宽度，得到噪声的时间相关半径。频段范围为$(-B,B)$的白噪声的功率谱密度函数 $S(f)$的表达式为[6]

$$S(f)=\begin{cases}1, & f\in(-B,B)\\ 0, & \text{其他}\end{cases} \tag{6.74}$$

对应的自相关函数 $R(\tau)$ 可表示为

$$R(\tau)=\frac{\sin 2\pi B\tau}{2\pi B\tau} \tag{6.75}$$

式中，自相关函数 $R(\tau)$ 的第一对零点位于 $\pm 1/(2B)$ 处。

假若定义最大幅度下降到 $2/\pi$ 时的宽度为自相关函数的宽度，则可求得低频白噪声的时间相关半径为 $1/(2B)$ 。据此可将自相关函数 $R(\tau)$ 近似为

$$\hat{R}(\tau)=\begin{cases}1, & \tau\in\left(-\dfrac{1}{4B},\dfrac{1}{4B}\right)\\ 0, & \text{其他}\end{cases} \tag{6.76}$$

即在时间相关半径以内的自相关函数幅度等于 1，在时间相关半径以外的自相关函数幅度则等于 0。白噪声的频域、时域对应关系示意图如图 6.31 所示。

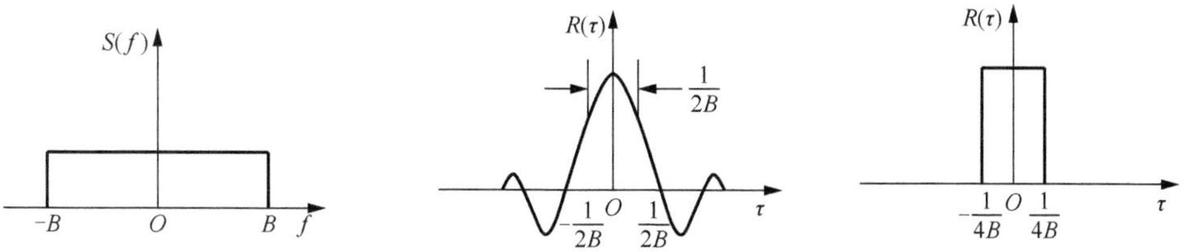

（a）频域示意图　（b）时域示意图　（c）时域示意图（近似）

图 6.31　白噪声的频域与时域对应关系示意图[6]

设积分器的输出为 z。对于一个积分时长为 T 的积分器，其冲击响应函数 $h(t)$ 和传递函数 $H(f)$ 是一对傅里叶变换对，其表达式分别为

$$h(t)=\begin{cases}1, & t\in(0,T)\\ 0, & \text{其他}\end{cases} \tag{6.77}$$

$$H(f)=\frac{\sin\pi fT}{\pi fT} \tag{6.78}$$

传递函数 $H(f)$ 的第一对零点位于 $\pm 1/T$ 处。

假若定义最大幅度下降到 $2/\pi$ 时的宽度为积分器频谱函数的宽度，则可求得该频谱函数的谱宽为 $1/T$。据此可将积分器的频谱函数 $|H(f)|$ 近似为

$$\hat{H}(f)=\begin{cases}1, & t\in\left(-\dfrac{1}{2T},\dfrac{1}{2T}\right)\\ 0, & \text{其他}\end{cases} \tag{6.79}$$

即在频谱宽度以内的频谱幅度等于 1，在频谱宽度以外的频谱幅度等于 0，如图 6.32 所示。

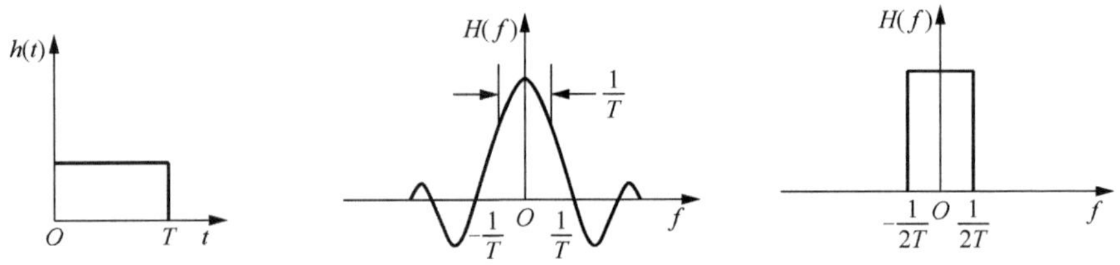

（a）时域示意图　（b）频域示意图　（c）频域示意图（近似）

图 6.32　积分器的频域与时域对应关系[6]

2）增益分析

根据式（6.74）～式（6.79）的分析结果，可得出积分器输出 z 处的信噪比与输入 y 处的信噪比的关系。将图 6.31（a）具有一定带宽的白噪声通过图 6.32（c）的低通滤波器，则输出信噪比与输入信噪比的关系为

$$(S/N)_z=\frac{2B}{1/T}(S/N)_y=2BT(S/N)_y \tag{6.80}$$

或者将图 6.31（c）具有一定时间相关半径的低频白噪声，经过图 6.32（a）的时长为 T 的长时间平均处理，也可获得与式（6.80）相同的结论：

$$(S/N)_z=\frac{T}{1/(2B)}(S/N)_y=2BT(S/N)_y \tag{6.81}$$

根据式（6.72）、式（6.73）、式（6.80）或式（6.81）可得到宽带能量检测器输入 x 处的信噪比与输出信噪比之间的关系：

$$(S/N)_z = 2BT(S/N)_y = BT(S/N)_x^2 \tag{6.82}$$

由式（6.82）可知，接收信号经过平方积分处理后，它的输出信噪比和时间带宽积 BT 成正比。定义当式（6.82）中积分器的输出 z 处的信噪比 $(S/N)_z=1$ 时，其输入信噪比 $(S/N)_x$ 的倒数为宽带能量检测器的处理增益。据此，可得到宽带能量检测器的处理增益 g_{WB} 可表示为

$$g_{\mathrm{WB}} = \left.\frac{1}{(S/N)_x}\right|_{(S/N)_z=1} = \sqrt{BT} \tag{6.83}$$

将式（6.83）写成对数形式为

$$G_{\mathrm{WB}} = 10\lg\sqrt{TB} = 5\lg(TB) \tag{6.84}$$

根据上述分析可看出，在噪声带宽一定且信号持续时间足够长的条件下，积分时间越长，获得的信噪比增益越大。但是，该信噪比的处理增益不是无限制提高的，若积分时间过长，则噪声的平稳性无法保证，实际运用中积分时间一般选取为几秒至十几秒的量级。

2. 窄带线谱检测器

1）数学推导

前面介绍的宽带能量检测器是宽带工作的，使用宽带的目的是获得尽可能高的时间增益。但是，如 6.1 节所述，在舰艇噪声功率谱的低频段存在着稳定性较好、幅度较高的线谱，窄带检测系统利用线谱上述特性可显著提高被动声呐的作用距离。因此，窄带线谱检测是声呐常用的时域信号处理之一。

在目前的被动声呐中，线谱检测问题可以简化为随机噪声背景中类正弦信号检测的问题。线谱检测方法分为两类：利用单个时刻谱值的实时检测法和利用多个时刻的数据推迟决策方法。

（1）利用单个时刻谱值的实时检测法。

线谱检测最经典的方法之一，便是直接对某个方向上接收的信号（或者波束形成器的时域输出）进行滤波、解析变换等处理后计算周期谱图。然后，把周期谱图的输出同检测门限进行比较，据此判断是否存在窄带线谱信号。由于该方法直接利用单次输出检测线谱信号，因此在高信噪比时可以同时保证高检测概率和较低的虚警概率。但是，在较低信噪比下，该方法的弱目标检测能力较低，难以满足使用需求。

（2）利用多个时刻的数据推迟决策方法。

为了在低信噪比条件下提升线谱检测的能力，可以利用多个时刻上的接收数据，对这些不同时刻上的数据分开进行处理与分析，同时采用推迟决策的方式，获得足够的累积增益后，再进行线谱检测。在被动声呐信号处理领域，具体的做法是，将在某个方向上接收的时域信号（或者波束形成器的时域输出）进行时频分析，并将分析的结果显示给观察者。这种采用推迟决策方式所获得的时频二维图就是 LOFAR 谱图。

在实际情况中，对信号进行处理与分析时，由于很多时候信号具有非平稳性，其统计特性会随时间发生较明显的变化。因此，不能应用传统的傅里叶变换对整段数据进行处理与分析，而应当用短时傅里叶变换（short-time Fourier transform, STFT）进行分段处理与分析。LOFAR 谱图从时域、频域两个角度对信号进行描述与分析，是近 10 年来具有代表性的被动声呐信号处理方法之一。

LOFAR 谱图的关键之一是使用 STFT。由于基本的傅里叶变换是一种全局变换，无法得到信号的频域局部特征。为了得到信号的频域局部特性，一个简单而又直观的方法就是在基本傅里叶变换函数之前乘上一个时间宽度较短的窗函数 $w(t)$，再将这个窗函数沿着时间轴移动。在此过程中，对滑动窗函数内的信号进行傅里叶变换。随着滑动窗的不断移动，最终得到信号 $s(t)$ 的短时傅里叶变换结果。其中，滑动窗函数 $w(t)$ 起时限作用，而 $\mathrm{e}^{-\mathrm{i}\omega t}$ 起频限作用。二者共同实现时频双限制。

短时傅里叶变换的基本变换式为

$$\mathrm{STFT}[s(t)] \equiv \int_{-\infty}^{\infty} s(t)w(t-\tau)\mathrm{e}^{-\mathrm{i}\omega t}\mathrm{d}t \tag{6.85}$$

从式（6.85）可知，随着延迟 τ 的变化，$w(t)$ 所确定的时间窗在时间上移动，使得信号 $s(t)$ 随 τ 的变化依次送入滑动窗内进行傅里叶变换分析。

获得 LOFAR 谱图的具体步骤如下。

步骤 1：将原始信号的采样序列分成连续的 M 帧，每帧 N 个采样点。根据具体情况，帧与帧之间可有部分重叠，例如重叠 50%或 75%。

步骤 2：对每帧信号样本 $L_k(n)(1 \leqslant k \leqslant M)$ 做归一化和中心化处理，归一化处理的目的是使接收信号的幅度（或方差）保持在 0 和 1 之间；中心化处理是为了使样本的均值为零。

归一化处理：

$$y_k(n) = \frac{L_k(n)}{\max\limits_{1 \leqslant i \leqslant N}(L_k(i))} \tag{6.86}$$

中心化处理：

$$x_k(n) = y_k(n) - \frac{1}{N}\sum_{i=1}^{N} y_k(i) \tag{6.87}$$

步骤3：对信号 $x_k(n)$ 做傅里叶变换得到信号 $s(t)$ 在第 k 帧的频谱分析结果，即

$$X_k(\omega) = \text{FFT}[x_k(n)] \tag{6.88}$$

步骤 4：将所有时刻上的频谱分析结果，按照时间先后顺序拼接成时频二维图，即可得到 LOFAR 谱图。

2）增益分析

通常在被动声呐工作频段内，认为噪声信号的功率谱密度为常数，可将其近似看作为白噪声。假设信号与噪声均具有固定的带宽。对于线谱检测器，对时域采样数据经过傅里叶变换（即相干累积）、功率谱求平均（即非相干累积）后，输入信噪比和输出信噪比的关系可表示为

$$\left(\frac{S}{N}\right)_o^2 = BT_e\left(\frac{S}{N}\right)_i^2 \tag{6.89}$$

式中，B 表示线谱检测时的分析带宽（傅里叶变换所取的时长 T 的倒数，即 B=1/T）；T_e 表示总处理时间（即相干累积和非相干累积所用到的总时间）。

线谱检测时，一般要求线谱的实际带宽需小于等于分析带宽 B，否则会出现线谱信号的能量泄漏到其他频率成分的问题。换言之，傅里叶变换的时长 T 需小于等于线谱信号的稳定时长，以确保傅里叶变换时获得期望的相干累积增益。

噪声在带宽为 B 的带内功率可表示为 $N = N_0 B$（此处根据工程实践中的常用定义，将噪声的功率谱密度设为常数 N_0）。因此，可得到

$$\left(\frac{S}{N}\right)_o^2 = BT_e\left(\frac{S}{N_0 B}\right)_i^2 = \frac{T_e}{B}\left(\frac{S}{N_0}\right)_i^2 \tag{6.90}$$

进一步，对式（6.90）进行推导与化简，得到窄带线谱检测的增益 g_{NB} 可表示为输出信噪比与输入信噪比的比值，即

$$g_{\text{NB}} = \frac{(S/N)_o}{(S/N_0)_i} = \sqrt{\frac{T_e}{B}} \tag{6.91}$$

两边取对数并化简，得到窄带线谱检测的增益 G_{NB}（由相干累积和非相干累积共同获得的增益）为

$$G_{\text{NB}} = 5\lg(T_e / B) = 5\lg T_e - 5\lg B \tag{6.92}$$

窄带线谱检测增益中的 T_e 包括两个因素：分析时间 1/B 和积分因子 IF。IF 是信号处理器显示之前被求和（一般为非相干累积，即能量或功率求和）的独立样本个数，所以有 T_e=IF/B = IF × T。将该表达式代入式（6.92）得

$$\begin{aligned} G_{\mathrm{NB}} &= 5\lg \mathrm{IF} + 5\lg T - 5\lg B \\ &= 5\lg \mathrm{IF} + 5\lg T + 5\lg T \\ &= 10\lg T + 5\lg \mathrm{IF} \end{aligned} \tag{6.93}$$

式（6.93）是线谱信号的稳定时间较长、线谱在分析时间内的频率漂移较小情况下的增益分析结果。若信号稳定时间很短，或者线谱频率漂移现象较为严重，此时会出现傅里叶变换的时长 T 大于线谱信号的稳定时长的问题，容易导致线谱信号所占据的带宽 B_S 会比分析带宽 B 大。此时，线谱信号的带宽会超出分辨范围，处于多个分辨单元中，从而线谱检测的处理增益将会减小 $10\lg(B_S/B)$。此时窄带线谱检测（包括相干累积和非相干累积）得到的处理增益 G_{NB} 为

$$G_{\mathrm{NB}} = 5\lg \mathrm{IF} + 10\lg T - 10\lg(B_S/B) \tag{6.94}$$

除了相干累积和非相干累积，LOFAR 谱图检测使用了 B 式显示方式。B 式显示方式利用扫迹累积获得了迹迹相关效应，具有一定的增益，可提高检测率。具体而言，迹迹相关是指在 B 式显示中，多个时刻的信号处理结果以灰度形式并排地显示在屏幕上。如果目标位置不随时间变化或者变化很小时，对于一次显示不易被发现的线谱信号，通过人眼观察多行之间的对比，以及人眼具有寻找每次扫描输出数据中亮度重复部分的能力，会在多次时间扫描输出后发现微弱的线谱信号。因此，扫迹累积所获得的迹迹相关效应，也具有改善信噪比、提升弱目标检测性能的能力。

下面分析迹迹相关效应所获得的处理增益。随着观测时间的逐渐增加，LOFAR 谱图中线谱的频率随时间会发生漂移，无法保持在一个分辨单元内。此时利用非相干累积（能量平均或功率平均）已经难以获得增益。此时，将经过相干累积、非相干累积的多个功率谱按照时间先后显示在画面上，用灰度或伪彩色表征线谱强度，就可形成 LOFAR 谱图。

随着显示的功率谱曲线数量逐渐增加，那些强度较小的、频率发生漂移的线谱信号会慢慢地被观察者检测到。因此，迹迹相关获得累积增益的关键因素是所显示的功率谱曲线的数量，即扫迹数。从人眼主观观察实验的结果表明，一般扫迹数不超过 100 时，最小可检测的线谱信号强度的降低速度可近似为 1.5dB 每倍扫迹数。换言之，扫迹数增加 1 倍，最小可检测的线谱信号强度降低 1.5dB。但是，这只是理想情况下的结果。很多时候，人眼视觉损失会降低检测性能，且个体之间的差异也会带来不同的增益下降。需要对该增益进行修正，通过进行大量重复实验得到合适的修正量。

综上所述，扫迹数的增加可以等效为非相干累积（能量平均或功率平均）的时间延长。由于 LOFAR 谱图中每根功率谱曲线都是由相干累积（傅里叶变换）、非相干累积（能量平均或功率频率）共同得到，因此扫迹数为 K 时相当于将非相

干累积的时间拓展了 K 倍。显然，设 LOFAR 谱图中有效的扫迹数为 K，可得到扫迹累积迹迹相关的增益为

$$G_1 = 5\lg K \tag{6.95}$$

因此，综上所述，利用 LOFAR 谱图进行线谱检测的增益包括相干累积（傅里叶变换）增益、非相干累积（能量平均或功率平均）增益、扫迹累积（B 式显示）增益之和，其表达式为

$$G_{\mathrm{NB}} = 10\lg T + 5\lg \mathrm{IF} - 10\lg \frac{B}{B_S} + 5\lg K \tag{6.96}$$

若是取通常的信号带宽小于等于分析带宽的情况，则利用 LOFAR 谱图进行窄带线谱检测的增益可简化为

$$G_{\mathrm{NB}} = 10\lg T + 5\lg \mathrm{IF} + 5\lg K \tag{6.97}$$

6.4　声呐发射与接收特性测量

6.4.1　空间指向性

1. 指向性定义

声呐系统的空间指向性是指其发射响应或接收响应的幅度会随着相对于系统的方位角变化而改变的一种特性。声呐系统利用指向性可以将声能量聚焦到所期望的方向上。声呐系统的空间指向性分为发射指向性与接收指向性[4,11,20,21]。发射指向性、接收指向性均可以用参数或图形表征，例如指向性函数（或称指向性图）、指向性指数和指向性因数等。

声呐系统的发射指向性函数定义为：发射换能器或发射基阵在自由场中辐射声波时，在以发射基阵的等效中心为球心的远场大球面上，各考察方向上的自由场声压有效值与声轴方向（或选定方向）上的自由场声压有效值之比。用于表示归一化的发射指向性函数为

$$D_T(\theta,\phi)=\frac{p(\theta,\phi)}{p(\theta_0,\phi_0)} \tag{6.98}$$

式中，$p(\theta,\phi)$ 为自由场声压有效值；$p(\theta_0,\phi_0)$ 为选定方向上的自由场声压有效值。

声呐系统的接收指向性函数定义为：自由场远场传来的平面波入射到水听器接收面上的平均声压随入射方向的变化值，或者水听器在远场平面波作用下输出的开路电压随入射方向的变化值。用于表示归一化的接收指向性函数为

$$D_R(\varphi,\theta)=\frac{F(\theta,\phi)/A}{F(\theta_0,\phi_0)/A}=\frac{M(\theta,\phi)}{M(\theta_0,\phi_0)} \tag{6.99}$$

式中，$F(\theta,\phi)$ 和 $F(\theta_0,\phi_0)$ 分别表示考察方向和最大值方向入射的平面波在水听器接收面上产生的作用力；A 表示水听器接收面的有效面积；$M(\theta,\phi)$ 和 $M(\theta_0,\phi_0)$ 分别表示考察方向和最大值方向上的自由场电压灵敏度。

根据上述指向性函数的定义可知，指向性函数是一种描述单个发射换能器或发射基阵辐射声场方向性、接收基阵的接收声场方向性的空间分布函数。在使用时，通常会用二维极坐标图来表示声呐基阵的指向性。

2. 指向性测量方法

水声换能器或者换能器阵的指向性响应的测量必须在自由场远场条件下完成。

1）发射指向性

首先，将待测量的发射换能器或发射换能器阵安装在旋转装置上，同时把标准水听器或者水听器阵列（发射换能器或发射换能器阵需位于水听器阵列的法线方向）置于自由场远场中，且与发射换能器保持一致深度；其次，转动旋转装置，不断改变发射换能器或发射换能器阵的方向并发射声波，由固定在远场的水听器接收不同方向发射的声信号幅度；最后，通过记录的数据以及发射指向性定义绘制出发射换能器或发射换能器阵的发射指向性图。发射指向性测量示意图如图 6.33 所示，流程如图 6.34 所示。

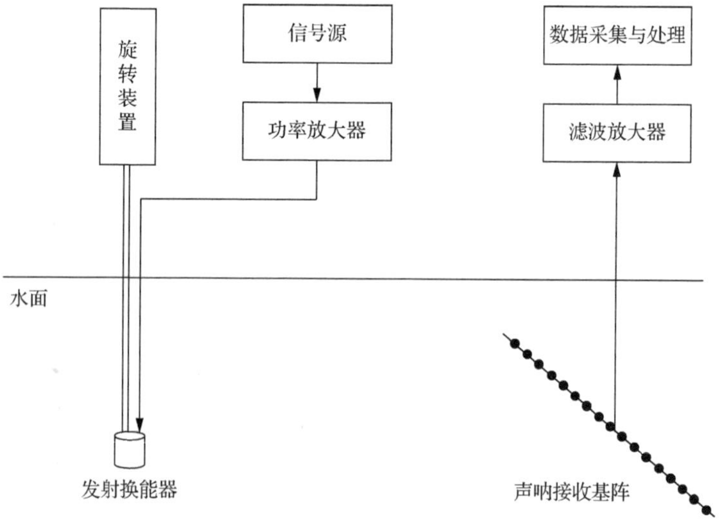

图 6.33　发射指向性测量示意图

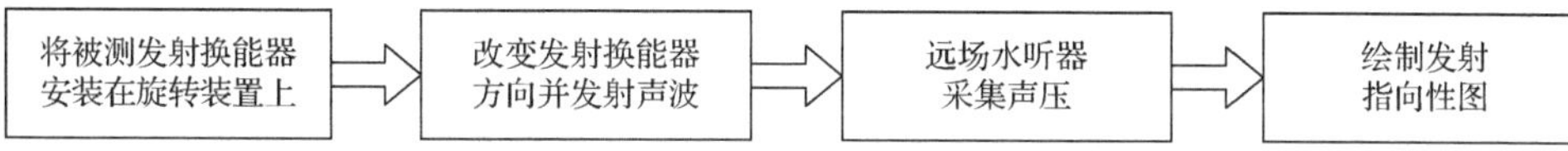

图 6.34　发射指向性测量流程

以单个发射换能器的发射指向性测量为例，按照图 6.33 的示意图搭建测量系统，按照图 6.34 的流程进行指向性测量，得到三个发射换能器的发射指向性图如图 6.35 所示[21]。从图 6.35 可知，一个发射换能器在不同的方向上具有不同的发射指向性，具有发射主瓣和旁瓣，同时发射指向性具有一定的对称性。此外，不同的发射换能器之间具有不同的发射指向性，发射主瓣宽度、旁瓣级等指标也各不相同。图 6.35 的结果表明，需要对发射换能器或者发射换能器阵进行准确、精细的发射指向性测量，以更好地支撑主动声呐信号处理的仿真建模与性能分析。

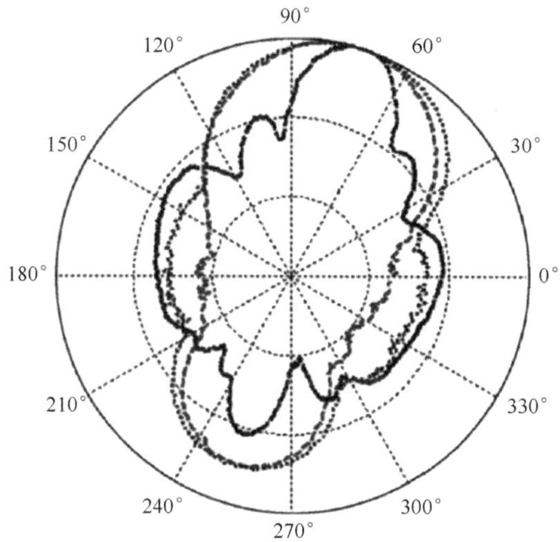

图 6.35　发射指向性实测解结果图

2）接收指向性

与发射指向性的测量流程类似，接收指向性的测量是首先将被测水听器或基阵安装在旋转装置上，同时把发射换能器置于自由场远场中且与水听器或基阵保持一致深度；其次，固定在远场的声源发射声波，同时不断改变水听器或基阵的方向并采集声波；最后，过记录的数据以及接收指向性定义绘制出被测水听器或基阵的接收指向性图。接收指向性测量示意图如图 6.36 所示，流程如图 6.37 所示。

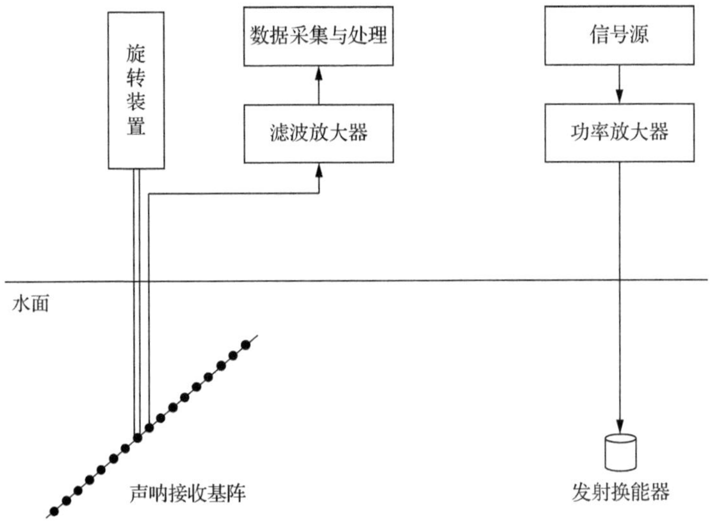

图 6.36　接收指向性测量示意图

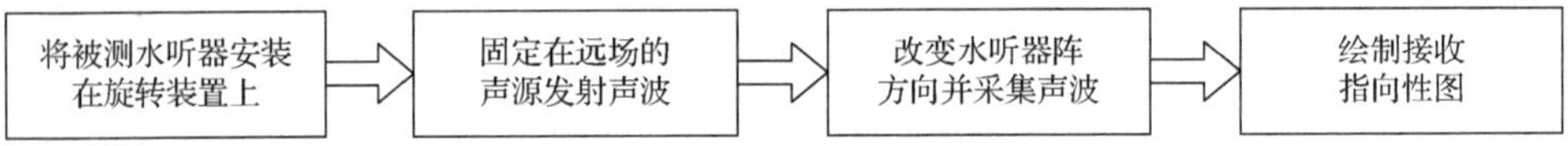

图 6.37　接收指向性测量流程

考虑接收基阵为 36 元均匀线列阵。阵列系统的设计频率为 10kHz，阵元间距为水下 10kHz 声波所对应的半波长（假设声速为 1500m/s）。由于该接收均匀线列阵的每个水听器具有一定的水平指向性，且障板效应又进一步增强了接收指向性，因此需要在水池环境中对每个水听器的指向性和接收基阵的指向性进行测量。测量时，重点给出了 10kHz 频率上的每个水听器和水听器阵列的接收指向性。第 1 号水听器、第 18 号水听器、第 36 号水听器的指向性测试结果如图 6.38 所示。根据图 6.38（a）～（c）可知，这些水听器明显具有很高的指向性。图 6.38（d）是 36 元线列阵的指向性图。从图 6.38（d）可知，36 元均匀线列阵具有很高的指向性。从图 6.38 可知，提高水听器的接收指向性可以有效提高声呐阵列系统的接收指向性，从而有利于提升声呐系统的探测性能。

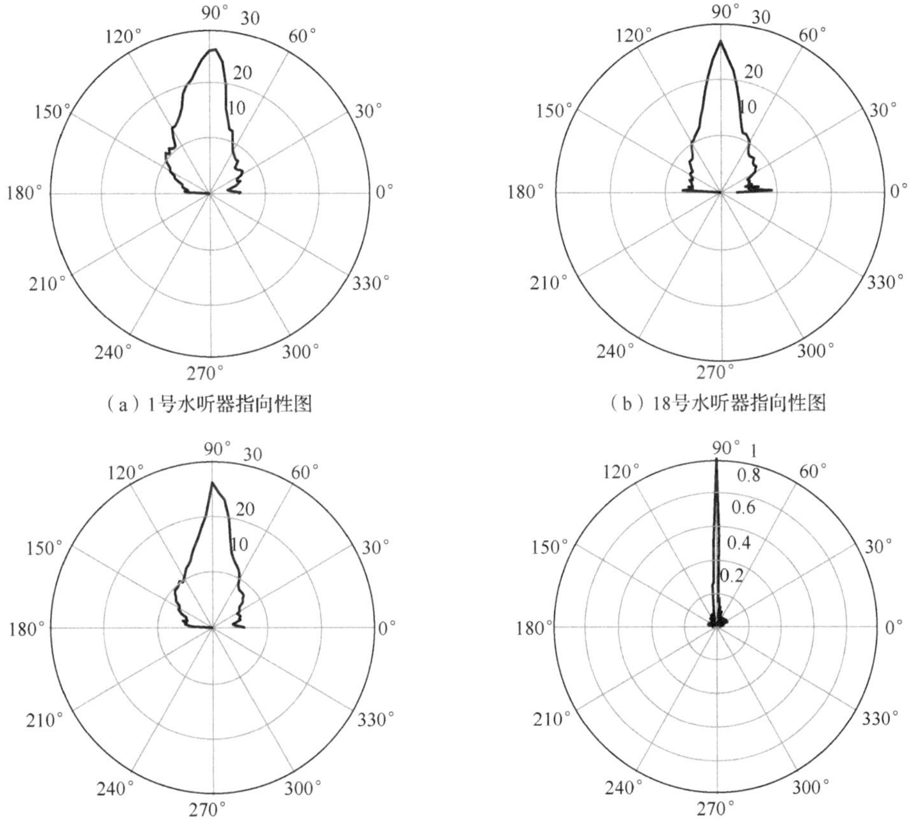

（a）1号水听器指向性图　（b）18号水听器指向性图

（c）36号水听器指向性图　（d）36元均匀线列阵指向性图

图 6.38　36 元均匀线列阵的接收指向性图

6.4.2　发射声源级

1. 声源级定义

发射声源级 SL 用于描述主动声呐所发射声信号的强弱[1-4,20,21]。发射声源级 SL 的定义为：在声轴方向上距离声源等效声中心单位距离（1m）处的声强与参考声强之比的分贝值，表示为

$$\mathrm{SL}=10\lg\frac{I_r}{I_{\mathrm{ref}}}\bigg|_{r=1} \tag{6.100}$$

式中，在水声学中通常将有效值声压为 1μPa 的平面波声强取作参考声强，它约等于 $0.67\times10^{-22}\,\mathrm{W/cm^2}$ 。

根据声强与声压之间的转换关系，发射声源级也可用在声轴方向上距离声源等效声中心 1m 处的声压与参考声压之比的分贝数表示：

$$\mathrm{SL} = 20\lg \left.\frac{p_r}{p_{\mathrm{ref}}}\right|_{r=1} \tag{6.101}$$

2. 声源级测量方法

一般使用标准水听器对发射换能器的声源级进行测量：首先，把发射换能器放入自由场中并发射声波；其次，在发射换能器的声轴上距离其等效声中心 dm 处放置一个已知自由场灵敏度为 M_s 的标准水听器，并测出其开路输出电压为 e_s；最后计算出 d m 处的声压为

$$p_d = \frac{e_s}{M_s} \tag{6.102}$$

对于单个发射声源，可直接令测算出距声源等效声中心 1m 处的声压，并结合式（6.101）求得发射声源级。对于多源发射基阵，其尺寸较大，离发射基阵声中心 1m 处的点可能位于发射基阵的近场区甚至可能位于发射基阵本身之内。这种情况往往不便于直接测量 1m 处的声压，此时可以利用球面波性质（即声压值与距离成反比）测量 d_0 m 处的声压 p_{d0}。不同距离上声压的转换关系为

$$p_{d0} = \frac{p_d \cdot d}{d_0} \tag{6.103}$$

由此便可求出多源发射基阵的发射声源级。

此外，可以根据发射声源级与声源辐射声功率之间的关系求解发射声源级，二者之间存在着简单的函数关系：

$$\mathrm{SL} = 10\lg P_a + 170.77 \tag{6.104}$$

式中，P_a 表示发射换能器的辐射声功率。

式（6.104）给出的是发射器为无指向性的情况。对于一个发射指向性指数为 DI_T 的发射器，其声源级为

$$\mathrm{SL} = 10\lg P_a + 170.77 + \mathrm{DI}_T \tag{6.105}$$

考虑一个辐射声功率 P_a 为 1000W、发射指向性指数 $\mathrm{DI}_T = 10\mathrm{dB}$ 的主动声呐系统，根据式（6.105）可计算出该声呐系统的发射声源级 SL=210.77dB。

以某个发射换能器为例，其不同频率上的发射电压响应如图 6.39 所示[22]。根据图 6.39 可知，该发射换能器的谐振频率大约在 1.5kHz 附近。同时，该发射换能器在不同频率上具有不同的发射电压响应。当要求发射电压响应的起伏在期望范围内时（如要求起伏大小不超过 3dB 或 4dB），可据此计算得到发射换能器的有效工作带宽。

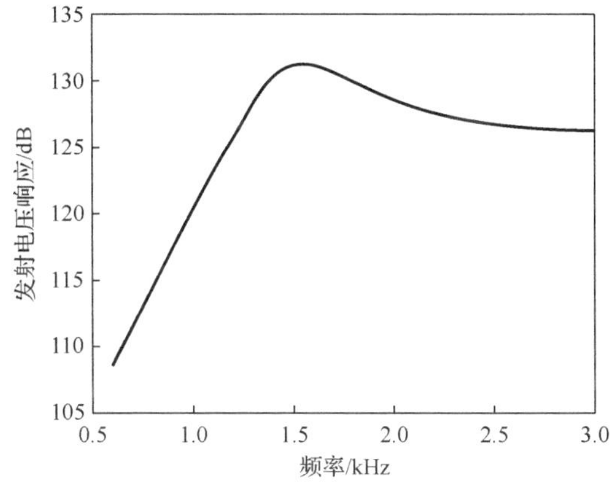

图 6.39　换能器发射电压响应图

6.5 小　结

本章首先从主被动声呐工作流程出发，介绍了声呐信号空域处理和时域处理的基本原理；在此基础上，根据声呐装备的典型阵型，分析了线列阵、柱面阵、球面阵、共形阵、扩展阵以及矢量水听器等的空间处理建模方法和相应的空域处理能力；同时，阐述了主动声呐和被动声呐的时域处理建模方法，分别对主被动声呐常用检测器进行原理介绍和增益分析；最后对声呐的发射与接收特性测量方法进行介绍。本章研究了声呐本身以及信号处理方法对声呐效能的影响，对声呐系统动态效能计算具有重要意义。

参考文献

[1] Waite A D. Sonar for Practising Engineers[M]. 3rd ed. Chichester: Wiley, 2002.

[2 Etter P C. Underwater Acoustic Modeling and Simulation[M]. Boca Raton: CRC Press, 2018.

[3] 刘伯胜, 雷家煜. 水声学原理[M]. 2 版. 哈尔滨: 哈尔滨工程大学出版社, 2010.

[4] 汪德昭, 尚尔昌. 水声学[M]. 2 版. 北京: 科学出版社, 2013.

[5] 侯自强, 李贵斌. 声呐信号处理: 原理与设备[M]. 北京: 海洋出版社, 1986.

[6] 田坦. 声呐技术[M]. 2 版. 哈尔滨: 哈尔滨工程大学出版社, 2010.

[7] 孙超. 水下多传感器阵列信号处理[M]. 西安: 西北工业大学出版社, 2007.

[8] Hodges R P. Underwater Acoustics: Analysis, Design and Performance of Sonar[M]. New York: John Wiley and Sons, 2010.

[9] van Trees H L. Optimum Array Processing: Part Ⅳof Detection, Estimation, and Modulation Theory[M]. New York: John Wiley and Sons, 2002.

[10] 鄢社锋. 优化阵列信号处理[M]. 北京: 科学出版社, 2018.

[11] 杨益新, 汪勇, 何正耀, 等. 传感器阵列超指向性原理及应用[M]. 北京: 科学出版社, 2017.
[12] 刘雄厚, 孙超, 杨益新, 等. 密布式 MIMO 声呐成像原理与应用[M]. 北京: 科学出版社, 2022.
[13] 朱埜. 主动声呐检测信息原理[M]. 北京: 科学出版社, 2014: 98-102.
[14] 肖国有. 共形阵的结构形态及其特点分析[C]//2005 年全国水声学学术会议论文集, 2005.
[15] 肖国有. 共形阵的布阵方法及可视化图形表示[C]//2004 年全国水声学学术会议论文集, 2004.
[16] Josefsson L. Conformal Array Antenna Theory and Design[M]. Piscataway, NJ: IEEE Press, 2006.
[17] 陈卓, 陈伏虎. 潜艇艏阵声呐发展趋势分析[J]. 声学与电子工程, 2015(4): 49-52.
[18] 杨益新, 韩一娜, 赵瑞琴, 等. 海洋声学目标探测技术研究现状和发展趋势[J]. 水下无人系统学报, 2018, 26(5): 369-386.
[19] 杨德森, Гордиенко В А, 洪连进. 水下矢量声场理论与应用[M]. 北京: 科学出版社, 2013.
[20] 郑士杰, 袁文俊. 水声计量测试技术[M]. 哈尔滨: 哈尔滨工程大学出版社, 1995.
[21] 林顺英, 何伟. 发射换能器指向性现场测试仪的设计与实现[J]. 电子测量与仪器学报, 2009, 23(6): 87-92.
[22] 何正耀, 马远良. 凹桶型弯张换能器有限元计算及其实验验证[J]. 压电与声光, 2008(6): 757-759.

第7章　声呐系统动态效能计算

绪论中已指出，声呐系统的探测效能通常可用指定条件下声呐的作用距离或探测概率来表示，并且其探测效能受海洋环境、目标特性、声呐状态、平台工况、战场态势等动态变化。为计算这种动态变化的声呐效能，需要建立统一计算框架，在综合考虑海洋环境、目标特性、装备状态等影响因素发生实时变化的基础上，通过数据支持和模型组织以动态方式展现声呐效能随这些影响因素的变化关系[1]。本章针对声呐工作方式和协同使用，重点讨论单声呐、多声呐和多基地声呐的动态效能计算问题。

7.1　声呐系统动态效能计算的基本原理

声呐方程是声呐效能计算的基本工具，通过把海洋物理、声学理论、统计信号处理、阵列信号处理等复杂的理论模型和实测数据以直接或间接方式转化为声呐参数，实现声呐作用距离、探测概率、信号余量等效能指标的计算[2]。

7.1.1　模型体系

在实际环境中，目标到声呐系统之间的传输信道、海洋环境中背景噪声和干扰、目标特性、系统平台工况等均处于动态变化过程中，这些动态变化会使得声呐效能发生显著变化。为反映出动态变化的影响要素对声呐效能的影响，需要建立声呐效能计算的系统架构和信息/数据流程，并结合海洋环境[3,4]、背景噪声和干扰[5]、目标特性[6]、声呐系统性能的理论分析[7]和实际情况等来进行具体实现。海洋环境特征、目标特性、平台特性、背景干扰特性、声呐系统特性是声呐效能计算的基础要素，这些要素背后蕴含的是海洋物理[8]、声学理论[9]、统计信号处理[10]、阵列信号处理[11-13]等原理、理论。声呐系统动态效能计算的基础要素及其相关的理论如图7.1所示。

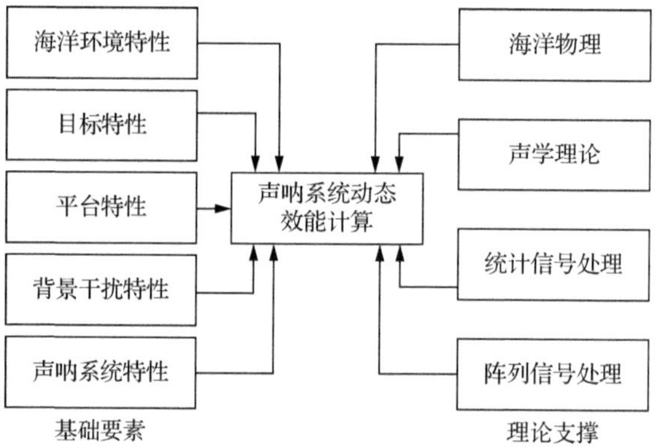

图 7.1　声呐系统动态效能计算的基础要素和理论支撑

图 7.1 中的基础要素和理论支撑与声呐系统动态效能计算模型是对应的。声呐系统动态效能计算模型主要由水声环境模型、目标特性模型、声呐性能模型、背景干扰模型共四部分组成。水声环境模型包含计算传播损失的水声传播模型、计算被动声呐环境噪声级的海洋环境噪声模型、计算主动声呐混响级的海洋混响模型。目标特性模型包含计算被动声呐目标辐射噪声级的目标辐射噪声模型、计算主动声呐目标强度的目标回波特性模型。声呐性能模型包括计算声呐空时处理增益的被动声呐性能模型、主动声呐性能模型[14]。背景干扰模型包括计算平台噪声强度的平台自噪声模型、计算声基阵流噪声强度的流噪声模型。声呐系统动态效能计算模型的系统架构如图 7.2 所示。

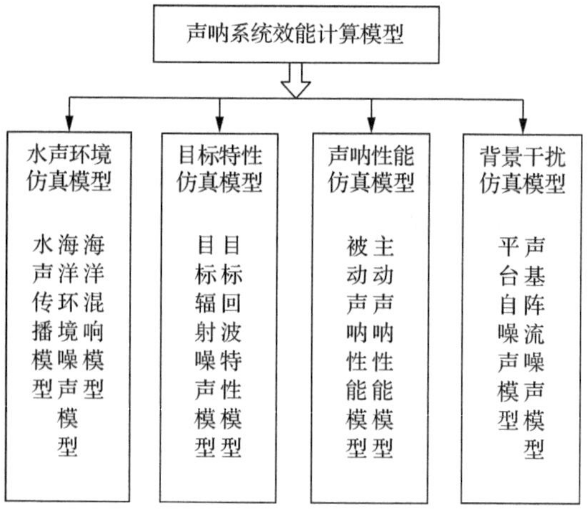

图 7.2　声呐系统动态效能计算模型的系统架构示意图

7.1.2　信息流程

根据图 7.2 可知，在声呐效能计算模型体系中包含了对多个影响要素的模型，如目标特性、水声环境、背景干扰、声呐性能等模型。声呐性能模型是其中最后的环节，从声呐性能模型的输出结果可得到声呐效能计算模型的最终输出，包括作用距离、探测结果（如 DOA、BTR、LOFAR 等）等信息。声呐效能计算模型体系中各模型之间的关系如图 7.3 所示。

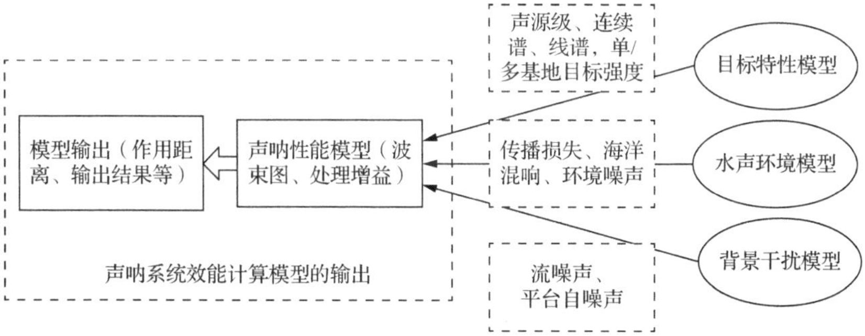

图 7.3　声呐效能计算模型体系中各模型的关系示意图

声呐效能计算的信息流程如图 7.4 所示。该图说明了声呐效能计算过程中各环节之间信息/数据的传递过程，描述了声呐效能计算的信息获取、信息传输和信息处理流程。此外，图 7.4 给出了声呐效能计算中可预先设定或计算的参数、处于动态变化的参数之间的关系和对应的信息流程。其中，左侧方框内参数可以在声呐效能计算模型运行前预先设定，右侧方框内参数则需根据前面预先设定的信息进行实时计算得到。

综合图 7.3 和图 7.4 可知，声呐系统动态效能计算过程中，水声环境参数、声呐平台参数、目标参数、声呐的波束图、指向性指数、时域处理增益等参数是预先设定或预先计算/测量得到；而与声呐探测性能密切相关的传播损失、海洋混响、背景噪声以及声呐接收端的信号级与噪声级等信息，是随着水下战场态势的变化而变化的临时量。这些预先设定或计算得到的信息和处于不断动态变化中的信息最终决定了声呐系统的动态效能。

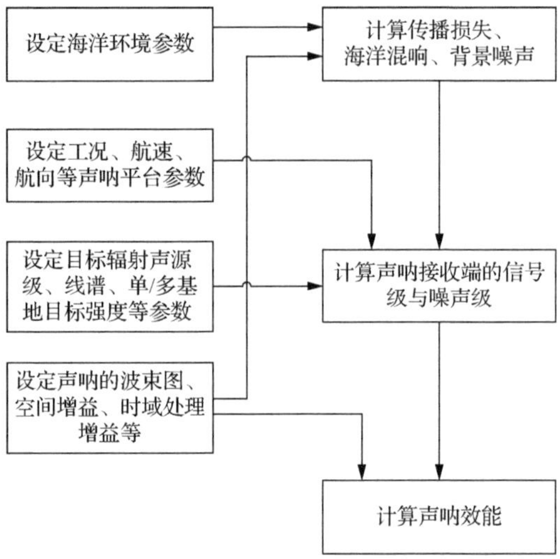

图 7.4　声呐系统动态效能计算的信息流程

7.1.3　主要功能

声呐系统动态效能计算是在海洋环境数据库支持下，根据目标特性、平台/装备工作参数，实现声呐作用距离、探测概率、信号余量等效能指标计算。与此相关的主要功能如下。

（1）声速剖面同化处理：可根据现场实测的声速剖面数据，采用同化处理技术生成空间同位置点覆盖全海深的声速剖面数据。

（2）水声传播分析（二维和三维）：利用声速、海底地形、底质以及海面气象条件等数据，生成二维（某一方位对应的剖面）或三维(N×2D)/3D 水声环境，通过调用二维/三维水声传播模型，计算水声传播损失、信道响应函数。

（3）声呐背景噪声分析：根据平台实测的背景噪声数据或调用背景噪声计算模型（自噪声、流噪声、环境噪声、热噪声等），分析声呐背景噪声的时频特性、空间相关特性，提供单/多通道噪声实时监测或预报功能。

（4）混响分析：根据指定波束/多波束的输出数据或海洋混响计算模型（海面、海底、体积混响），分析海洋混响的时频特性和空间相关特性，提供单/多通道海洋混响的实时监测或预报功能。

（5）目标特性分析：根据实测的目标辐射/目标强度数据或计算模型（辐射噪声强度及其空间指向性、单/多基地目标强度），分析目标辐射噪声谱级、方向特性，以及单/多基地声呐的目标强度值。

（6）单声呐动态效能计算：根据海洋环境、装备参数和目标特性，计算单部声呐的作用距离、探测概率和信号余量。

（7）多声呐动态效能计算：根据海洋环境、装备参数、目标特性和同频干扰，计算多部声呐同时工作的探测/干扰/盲区等范围。

（8）双基地声呐系统动态效能计算：根据海洋环境、装备参数、目标特性和同频干扰，计算双基地声呐的探测/干扰/盲区等范围、信号余量。

（9）参数控制：对声呐系统动态效能计算参数、输出结果进行显示和控制。

7.1.4　计算系统架构

声呐系统动态效能计算系统的系统架构如图 7.5 所示，主要包括输入参数控制模块、标准化水声数据库、标准化水声模型库、标准化总线传输模块、声呐系统动态效能计算模块、综合信息显示模块等六个部分，其中，输入参数控制模块，即输入参数控制界面，主要包括海洋环境参数输入控制界面、目标特性参数输入控制界面、声呐及平台参数输入控制界面。海洋环境参数主要包括声速剖面、海底地形、海底底质、海况（海面风速、浪高）、海流等，可以通过人工方式装订或从数据库直接读取，也可以利用测量工具和手段进行现场实测；目标特性参数主要包括目标类型、目标航速/航向/航深、相对舷角等，通过查询目标特性数据库或结合目标特性分析模型计算，获得目标辐射噪声谱级或目标强度；声呐参数主要包括基阵几何构型、阵元数、阵间距、发射指向性、发射声源级、接收指向性、工作频段、声呐最大工作深度、检测阈等；平台参数主要包括平台的航速/航向/航深、平台自噪声等。

标准化水声数据库主要由海洋环境、目标特性、声呐及平台装备等数据库组成，为声呐系统动态效能计算提供基础数据支撑。

针对任意给定的动态变化的海洋环境、声呐装备和目标特性等计算参数，通过声呐系统动态效能计算系统可计算得到单声呐、多声呐和多基地声呐的动态效能。

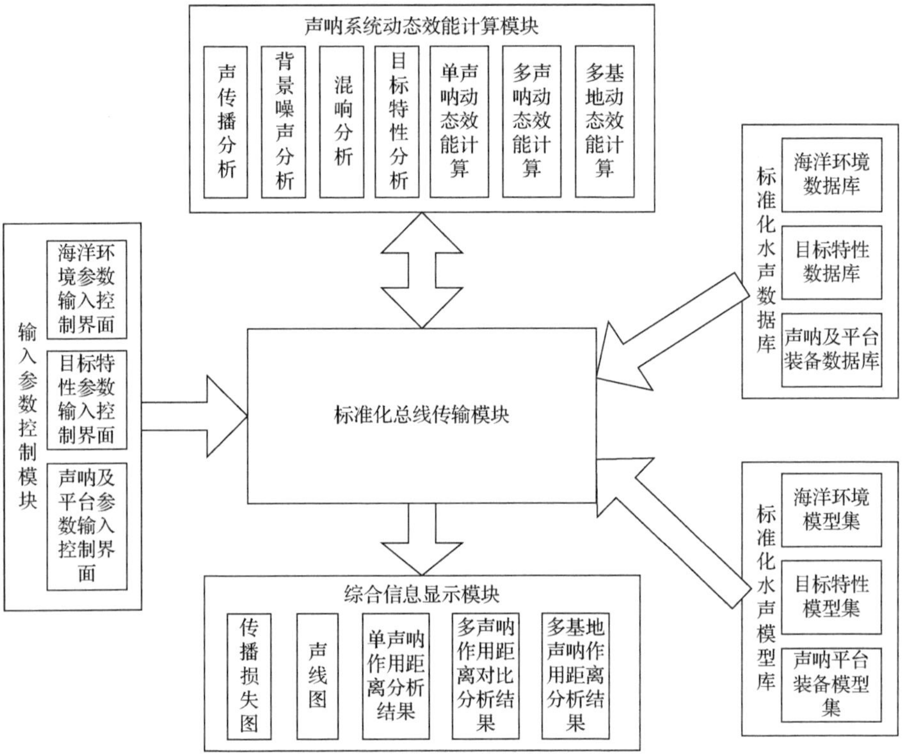

图 7.5　声呐系统动态效能计算系统的系统架构

7.2　单声呐动态效能计算

7.2.1　基本原理

主被动声呐方程是描述声呐工作机理的数学模型，声呐效能主要利用声呐方程进行计算。绪论中指出，导致声呐效能动态变化的是来自海洋环境、目标和声呐并能影响声呐方程中各个声呐参数变化的物理因数。

海洋环境参数是引起声呐系统动态效能计算选择性变化的外部原因。声呐系统动态效能计算面临的海洋环境是动态变化的，主要体现在两个方面：一是随着声呐安装平台移动，声呐所处周边环境中的海底地形、底质、声速场等可能都是变化的，即便海洋环境是稳定不变的（不随时间变化），空间位置改变所引起的传播、干扰环境也会引起声呐探测效能的改变（在实际计算过程中，通常假设海洋环境参数变化是准稳态的，即在海洋环境数据更新前，认为环境参数不随时间变化，而在数据更新后，则用更新数据替代原有旧数据）；二是考虑海洋环境的时变效应，通过融合历史、预报和实测数据，提高海洋环境数据变化的时间细分粒度，此时，声呐效能计算所面临的海洋环境是高度动态变化的，在每次计算中调用的海洋环境数据本身都是不同的。

声呐工作参数主要与声呐工作方式、信号处理方式以及根据海洋环境做出的调整变化等有关。声呐工作方式，如主动、被动，最优处理方式分别是匹配滤波（或时域上的脉冲压缩）和能量积分，对应的时间处理增益是不同的；声呐信号处理方式，如采用不同的空时处理算法，其空间增益（阵增益）和时间处理增益也会不同；海洋环境影响因素主要指为了降低传播损失和减少背景干扰，选择不同的基阵作深度和工作频率，传播损失和背景噪声也有所不同。

目标特性参数主要与目标航速等相关工况以及目标-声呐态势有关（水平/垂直）。与目标工况相关的目标参数有目标辐射噪声的强度（谱级）和指向性分布。与目标-声呐态势相关的目标参数有敌舷角（我声呐处于探测目标的舷角）和目标航行深度，确定这两个参数，则可从目标特性数据库中调取目标辐射噪声谱级、目标强度，并为水声传播损失计算提供声源/接收基阵深度等关键计算参数。

此外，作为核心支撑的水声传播、混响和环境噪声等声场模型可按照规则（包括计算速度优先准则、计算精度优先准则和平衡准则等）通过自组织方式实现与水声环境的适配，以发挥最优的计算性能。

因此，虽然从原理上看，声呐系统动态效能计算的基础是声呐方程，但在实现的过程中仍是复杂的，需要根据不同的应用场景、计算资源以及对效能动态响应的精度/速度要求来确定。

7.2.2　系统架构

声呐系统动态效能计算主要由数据和模型体系实现。按照数据—声场服务—效能计算的架构体系，考虑服务的层级、递进关系以及重要性，可以把服务进一步细分为声场计算服务和效能计算服务，形成单声呐动态效能计算系统。整个架构可分为三层，如图 7.6 所示。

各层架构中的主要功能模块如下。

（1）数据支持层，主要由电子海图、海洋环境、平台装备、目标特性等数据库组成。

电子海图数据库：由符合国际或国家、军队标准的电子海图数据集和海图通用操作功能模块组成。该系统作为数据支持层的组成部分，主要服务于应用层中的应用系统，与声呐系统动态效能计算系统本身关联不紧密，属于松耦合关系。利用电子海图数据库，可以定位显示声呐安装平台的地理位置坐标，并且通过电子海图-海洋环境数据库检索，可以为读取相关海洋环境数据、初始化声场计算环境提供信息。

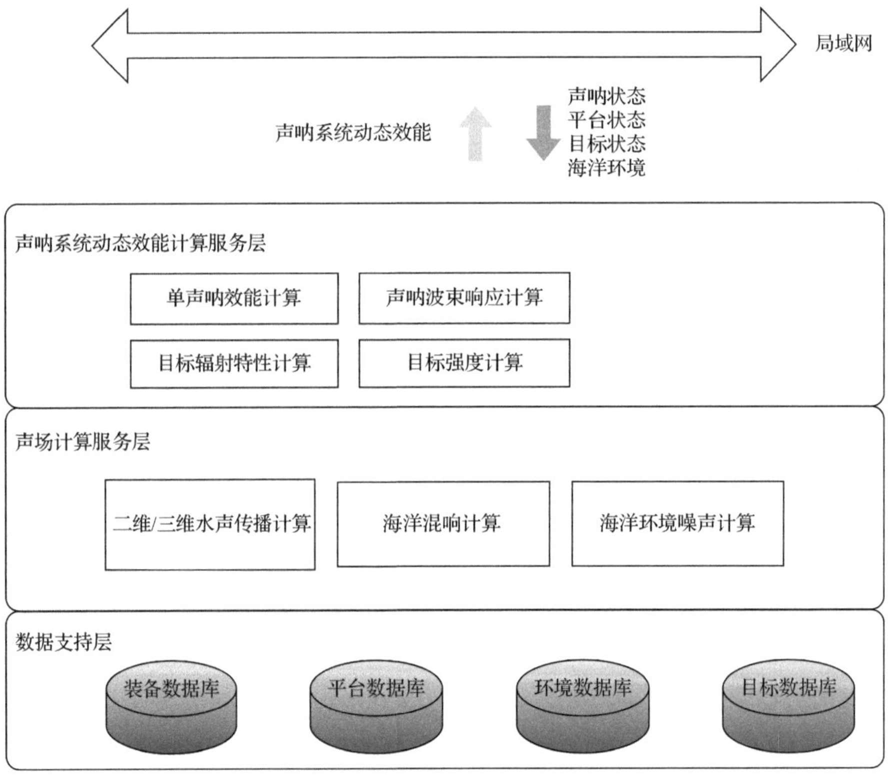

图 7.6　单声呐动态效能计算系统架构

海洋环境数据库：由海底地形、底质、声速场、海流场、海面风场和浪高等子数据库组成，各类数据满足国际或国家、军队相关标准规范。前面章节已经对有关的环境数据做了介绍。满足声呐效能所需的海洋环境数据，其空间和时间分辨率应当满足声场计算精度的要求。由于计算水声传播损失需要求解亥姆霍兹方程，具体求解方法与计算网格的划分精度有关，例如，射线方法要求满足高频条件，并且网格的步长小于波长的十分之一，这样必然要求地形的空间分辨率与网格颗粒度之间满足一定的适配性。在海洋的长期侵蚀、冲刷等作用下，海底地形总体上是比较缓变的，坡度一般在 5° 以下，此时，海底地形可看成由具有一系列一定坡度的斜坡构成（满足一阶近似），这样声场计算网格粒度跟地形之间可以适度解耦，通过对地形进行插值获得满足声场计算要求的网格系统。海洋环境数据的时间分辨率要求是指海洋数据随时间变化情况应当与海洋环境随时间变化的实际情况相符合。对于浅海声探测，水声传播受表层海水的影响很大，表层海水温度分布等水文特性决定了表面波导厚度及声波截止频率，从而对声呐探测效能产生重要影响，因此，与水文特性密切相关的声速场数据对时效性具有较高的要求，一般需要两小时甚至更短时间进行重复性测量（图 7.7 为海面表层海水声速随时间的变化）。其他的海面风速、海流场也属于易变的物理场，其时效性要求可以参照声速场，也需要用现场实测数据和预报数据进行定期更新；海底地形与底质一般认为是固定不变的，在建立数据库后不做更新要求。

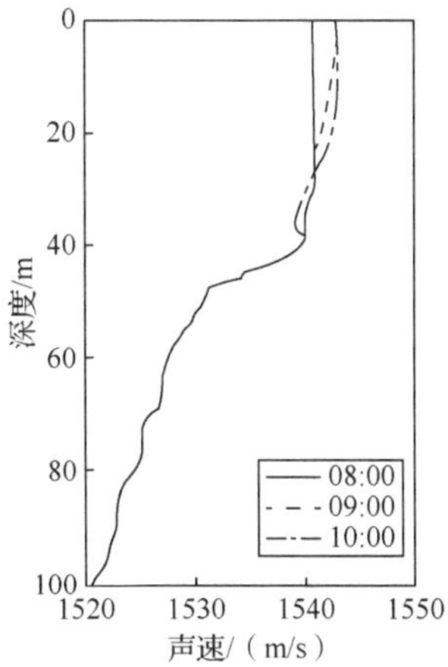

图 7.7　海面表层海水声速随时间的变化

平台装备数据库：由作战平台、声呐等参数数据构成。其中，平台参数主要包括型号、各装备型号以及机动性能、不同工况/航速下背景噪声等；声呐工作参数主要包括装备型号、发射声源级、工作频段、信号形式、脉冲宽度、发射/接收波束指向性、积分时间等。这些工作参数决定了水声传播计算的工作频率，以及声呐系统动态效能计算中各相关声呐参数。

目标特性数据库：由目标回波特性和噪声特性构成，主要包括不同频率、不同水平入射角-散射角所对应的目标强度，更精细的目标强度还应当增加俯仰角维度[10,11]；不同频率、不同舷角的辐射噪声谱级，但简单的目标辐射噪声模型一般不考虑方向性。

（2）声场计算服务层，主要提供水声传播、海洋混响、海洋环境噪声等三类模型的计算服务。

水声传播计算服务：由内置的水声传播模型系统，根据适用频率范围、环境依赖性等约束条件，提供水声传播损失[15,16]、信道响应函数[17]等计算服务。

海洋混响计算服务：由内置的海洋混响模型系统，根据声频率和海洋环境参数（海面粗糙度、海底地形、底质）等条件，提供混响级、空间相关性等计算服务。

海洋环境噪声计算服务：由内置的海洋环境噪声模型系统，根据声频率、海洋环境参数以及航运密度、气象条件（降雨强度、海面风速等）参数，提供海洋环境噪声谱级、空间相关性等计算服务。

（3）声呐系统动态效能计算服务层，由内置的声呐效能模型系统，根据参数动态变化计算各相关声呐参数值，提供指定虚警概率、检测概率条件下的声呐作用距离，或指定虚警概率条件下声呐探测的概率分布。

7.2.3 计算流程

单声呐动态效能计算流程主要分为以下步骤。

步骤 1：应用系统根据业务功能需要，向声呐系统动态效能计算服务层提出声呐效能计算服务请求。

步骤 2：声呐效能服务层根据应用系统请求的空间、时间范围，从数据支持层内的相关数据库查询并读入环境、装备、目标等计算参数。

步骤 3：向声场计算服务器提出声场计算服务请求并发送相关参数，声场计算服务器根据请求的空间、时间范围和计算输出要求，开展声场计算并把结果返回给声呐效能服务器。

步骤 4：声呐效能服务器根据声呐的计算请求，综合声场计算服务器输出的传播损失、混响和环境噪声，并调用声呐效能计算服务进行声呐效能计算，进而应用系统的计算要求输出作用距离或探测概率等效能参数结果。

单声呐动态效能的具体计算流程如图 7.8 所示。

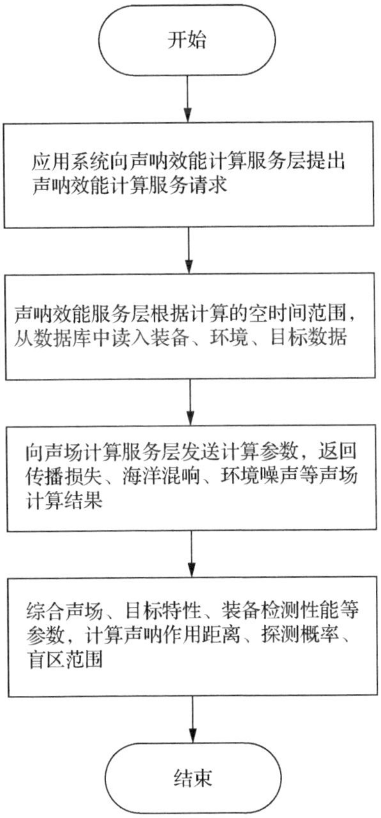

图 7.8　单声呐动态效能计算流程

7.2.4　典型系统计算

单声呐动态效能计算重点解决海洋水声环境、目标和装备等三方面参数的集成计算问题。影响声呐探测效能的水声环境要素较为复杂。此外，目标特性一般随探测态势变化，这些因素叠加在一起，构成了声呐系统动态效能计算的复杂背景。在实际计算中，通常假设海洋水声环境信息可完全掌握，目标特性则做一合理假设，这样可根据动态输入的环境数据和态势数据，计算水声传播损失，并根据查询获取的目标特性数据调用系统进行计算。根据图 7.6 的系统架构，把实时获取的声呐平台的位置、航向、航速等状态参数，声呐脉冲宽度、脉冲形式、基阵深度、发射功率等声呐工作参数，以及判断目标可能的航速、航向、深度等状态数据，发送给声呐系统动态效能计算服务器，计算得到的声呐实时效能如图 7.9 所示。

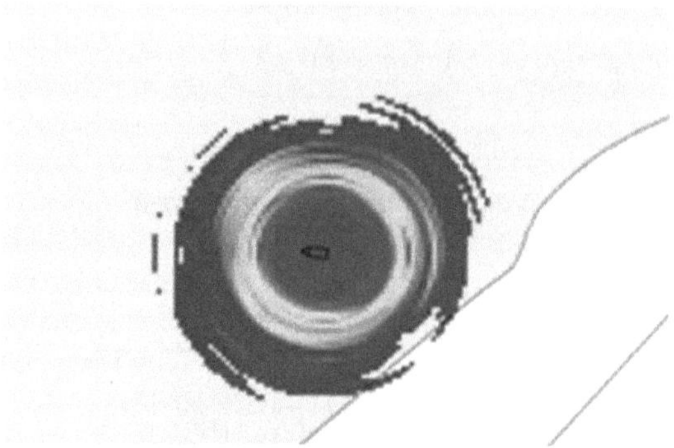

图 7.9　单声呐探测概率计算效果示意图（彩图附书后）

从图 7.9 可以看出，声呐系统动态效能计算可根据各影响因素的动态变化，定量反映声呐探测能力随海洋、目标、平台、装备的变化规律。

7.3　多声呐动态效能计算

水面舰艇编队或者区域预警体系对潜警戒探测时，通常会存在多部声呐同时工作的情况。这些声呐独立工作或在统一组织下协同工作，前者采用的工作方式有主动、被动或主被动轮替等三种，后者采用的协同方式有单基地协同和多基地协同（详见 7.4 节）两种。当所有声呐均以被动方式探测时，各声呐之间不存在相互干扰，其动态效能计算与被动声呐独立工作时完全相同，但在协同方面存在能力增量。例如，通过多声呐对同一目标的协同识别印证，可有效提高目标识别率；认定同一目标后通过方位交汇，可实现被动定位或提高被动定位精度。当编队或区域预警体系有多部声呐以主动方式同时工作，则会产生声呐间的相互干扰，此时，各声呐的动态效能同时受到环境、装备、目标和干扰等因素的影响。本节重点讨论干扰条件下声呐系统动态效能计算问题。

7.3.1　基本原理

1. 干扰的起因

从声呐方程可以看出，作为干扰源的主动声呐脉冲经海洋环境传播后进入声呐接收基阵，与海洋混响、环境噪声、平台自噪声/流噪声等时频混叠共同构成声呐背景。当来自主动声呐干扰脉冲的能量贡献明显抬高总的干扰背景时，则会造成目标输入信噪比下降，导致声呐效能降低。多部主动声呐同时工作时，形成干扰主要有以下两个原因。

1）空间指向性影响

声呐基阵在发射与接收时，除少数零点外，波束响应值一般不为零值。在非主瓣方向上存在能量泄漏时，会对该非方向的弱信号检测产生影响。声呐旁瓣泄漏对弱信号检测的影响如图 7.10 所示。图中，强干扰方位 90°，弱信号方位 81°（图中垂直红线），比干扰信噪比低 20dB，位于强干扰第 2 旁瓣（约−18dB）附近，信号能量比干扰在该旁瓣处的泄漏值低 2dB，信干比仅为−2dB，受到干扰遮蔽。

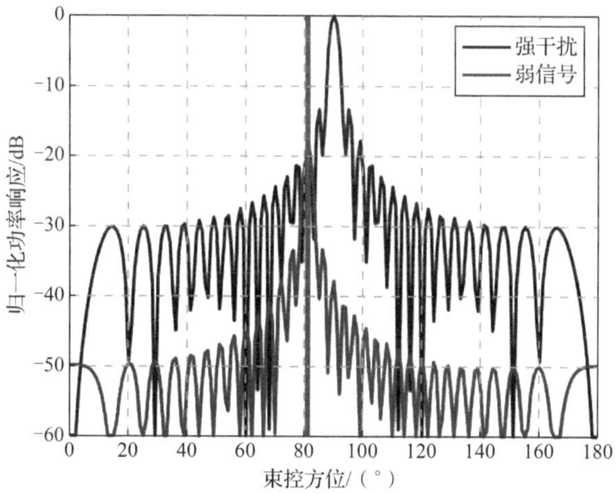

图 7.10　声呐发射波束旁瓣泄漏对弱信号检测的影响（彩图附书后）

2）频率指向性影响

理想的匹配滤波器可完全滤除通带外的干扰能量。但实际的匹配滤波器通带外响应不为零，这与空间滤波类似，频域上非通带频率上的非零响应造成了能量泄漏，导致来自其他频点上的能量成分可窜入频率主瓣，造成声呐干扰，原理如图 7.11 所示。

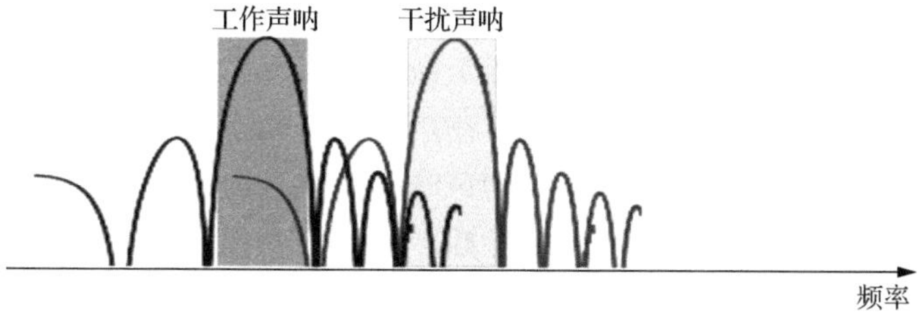

图 7.11　声呐滤波器带外泄漏示意图

2. 干扰条件下的声呐方程

通过上述分析可知，水面舰艇编队或区域水下预警体系的多部声呐同时使用主动工作方式时，除空间波束影响外，同型声呐之间因工作频段重叠、异型声呐之间工作频带因带外泄漏都可能产生干扰，从而影响主被动声呐效能。

干扰条件下噪声限制的主动声呐方程可写为

$$\mathrm{SL}-2\mathrm{TL}+\mathrm{TS}-(\mathrm{IL}\oplus(\mathrm{NL}-\mathrm{AG}))=\mathrm{DT}-G_T \tag{7.1}$$

式中，“⊕”为功率求和符号；IL 为编队其他主动声呐发射信号形成的干扰级，可写为

$$\mathrm{IL}=\sum_{n=1}^{N}(\mathrm{SL}_n+B_n+A_n-\mathrm{TL}_n) \tag{7.2}$$

其中，N 为同时开机工作的主动声呐数量；SL_n、A_n、B_n 和 TL_n 分别第 n 部主动声呐的发射声源级、干扰声呐在工作声呐频带内的能量泄漏、在干扰方向上的波束响应（取 dB）和到接收声呐的传播损失。

干扰条件下混响限制的主动声呐方程可写为

$$\mathrm{SL}-2\mathrm{TL}+\mathrm{TS}-(\mathrm{IL}\oplus\mathrm{RL})=\mathrm{DT}-G_T \tag{7.3}$$

式中，RL 为波束内接收到的等效混响级。

干扰条件下的被动声呐方程可写为

$$\mathrm{SL}-\mathrm{TL}-(\mathrm{IL}\oplus(\mathrm{NL}-\mathrm{AG}))=\mathrm{DT}-G_T \tag{7.4}$$

对比分析干扰条件下的主被动声呐方程处于背景干扰项有所变化外，其余均一致，这说明在计算多声呐动态效能时，对海洋环境、目标和装备等影响因素的考虑完全一致，不同之处在于需要在时、空、频域上动态计算所有其他主动声呐形成的干扰能量，并综合海洋环境噪声、混响、平台自噪声等值形成总的背景干扰。

7.3.2　系统架构

多声呐动态效能计算系统，是以单声呐动态效能计算为基础，进一步扩充各声呐的互干扰计算模块，系统架构如图 7.12 所示。

与单声呐动态效能计算架构相比，在声呐系统动态效能计算服务层中增加声呐互干扰计算模块。该模块根据各主动声呐的脉冲发射时序、脉冲宽度、信号频率、发射功率、基阵深度等声呐工作参数，声呐平台的位置、航向、航速等状态参数，计算干扰声呐的发射波束响应和工作声呐的接收波束响应，评估声呐频带串扰特性，调用海洋环境数据库（含实测同化数据），实时动态计算干扰声呐对工作声呐的干扰级，并将其发送给多声呐动态效能计算模块。多声呐动态效能计算

模块在接收到该数据后，综合海洋混响、环境噪声、平台自噪声、流噪声等计算，形成声呐背景干扰，并根据估计的目标航向、航速、深度等状态参数，实时动态计算主被动声呐效能。

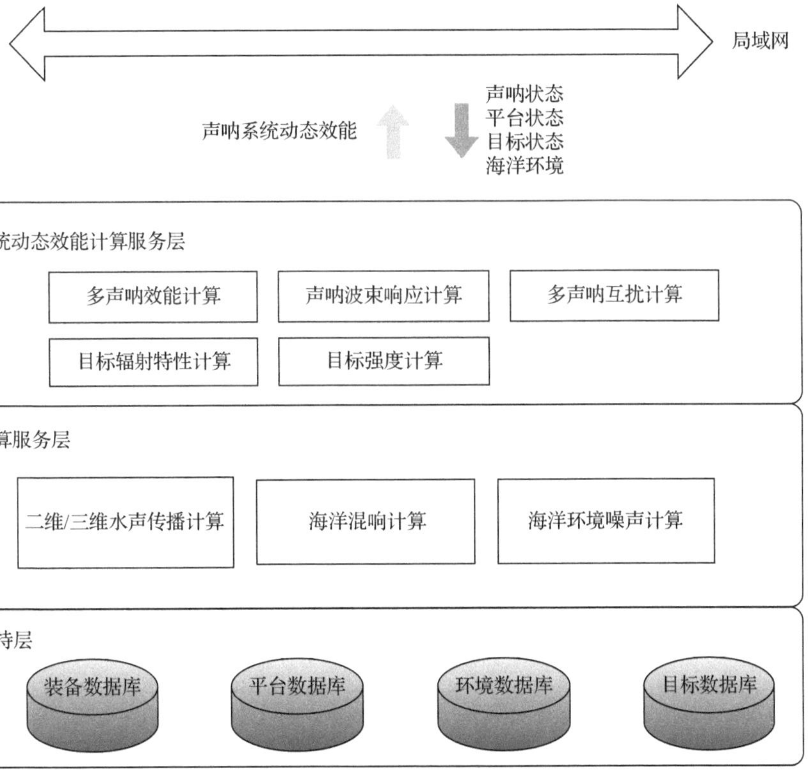

图 7.12　多声呐动态效能计算系统架构

多声呐动态效能计算系统架构可支持多部声呐系统动态效能的并行计算。这是因为对于选定的任何一部声呐，与其他声呐工作上只有协同没有耦合，虽然可能会产生声呐间互干扰，但这种干扰的计算是独立的，而且其影响只纳入声呐干扰背景考虑即可。所以，对于每部声呐对目标探测的这种独立性，采用并行计算架构是非常合适的。

7.3.3　计算流程

多声呐动态效能计算是在不改变单声呐动态效能计算基本流程的前提下，根据多声呐同时工作的特点，对功能要素做了进一步的丰富，其计算流程如下。

步骤 1：应用系统根据业务功能需要，向声呐系统动态效能计算服务层提出声呐效能计算服务请求。

步骤 2：声呐系统动态效能计算服务层根据应用系统请求的空间、时间范围，从数据支持层内的相关自数据库系统查询并读入环境、装备、目标等计算参数。

步骤 3：向声场计算服务层提出声场计算服务请求并发送相关参数，声场计算服务层根据请求的空间、时间范围和计算输出要求，开展声场计算并把结果返回给声呐系统动态效能计算服务层。

步骤 4：根据主动声呐数量、工作频率、相对距离、方位，调用声呐互干扰计算模块，评估各主动声呐对其他声呐的干扰程度（利用接收声呐的方向性函数，计算受影响的主瓣、旁瓣，得到受干扰的扇面角度范围）。

步骤 5：声呐系统动态效能计算服务层根据每部声呐的计算请求，综合声场计算服务层输出的传播损失、混响和环境噪声，计算各主被动声呐效能。

多声呐动态效能计算的具体计算流程如图 7.13 所示。

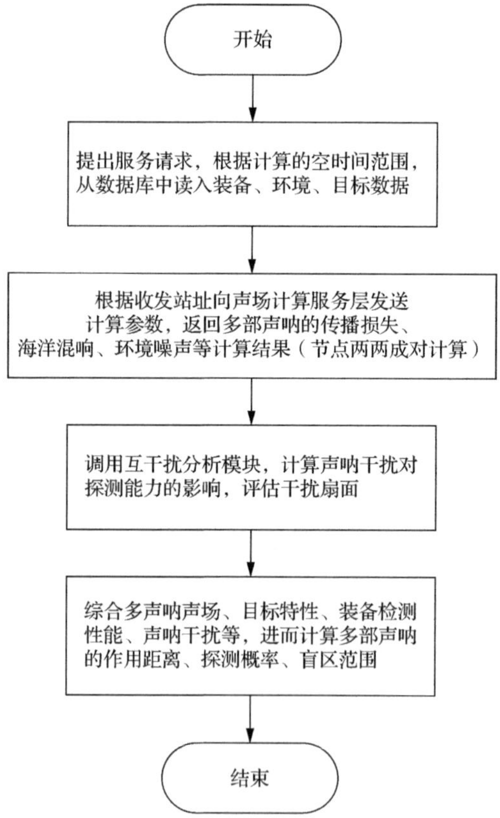

图 7.13　多声呐动态效能计算流程

7.3.4　典型系统计算

计算多部声呐的动态效能时，是在单声呐计算的基础上，进一步计算其他声呐可能形成的干扰，并将其作为独立于海洋环境噪声、平台自噪声、流噪声以及海洋混响之外的另一形式的干扰计入声呐背景干扰。根据图 7.12 的系统架构，以两艘水面舰艇使用主动拖曳线列阵探测潜艇为例，系统把实时获取的两个声呐平台的位置、航向、航速等状态参数，各声呐的脉冲宽度、脉冲形式、基阵深度、发射功率等声呐工作参数，以及判断目标可能的航速、航向、深度等状态数据，发送给多声呐动态效能计算服务层，计算得到的两部声呐同时探测的实时效能如图 7.14 所示。

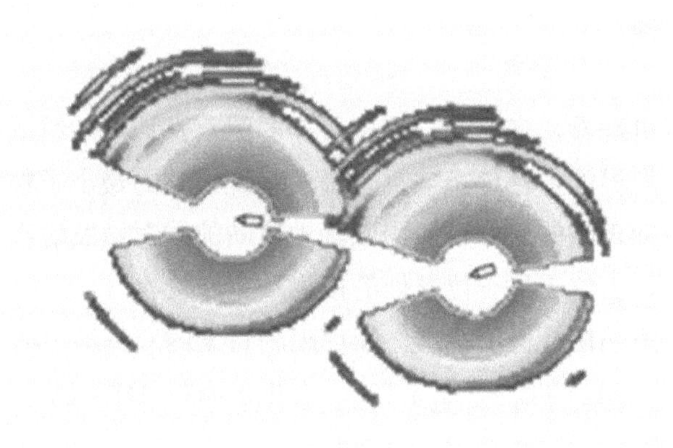

图 7.14　多声呐探测概率计算效果示意图（彩图附书后）

从图 7.14 可以看出，两部主动拖曳线列阵声呐同时工作时，形成的互干扰在两艘水面舰艇的艏艉方向，正好处于线列阵声呐的盲区内，干扰并不严重。多部声呐同时工作时，主要会产生两个问题：一是声呐以主动方式同时工作时，声呐互干扰难以管控，更难以完全消除，必然影响各声呐的探测效果；二是声呐以被动方式同时工作时，因缺乏信号级自动协同手段，目标联合定位、跟踪、识别等功能实现只能依靠人工辅助，工作效率低。此时，需将各声呐联网形成一部“分布式”声呐，通过统一集中控制，形成高效的协同探测能力，优化编队多声呐的整体效能。

7.4 多基地声呐系统动态效能计算

随着计算技术、通信技术和网络技术的持续进步，多部声呐通过组网运用，在统一控制下以更紧凑的方式协同配合，可取得比各声呐独立方式工作更高的探测效能，从而推动声呐技术体制从传统的单站独立工作方式向多站协同工作方式转变，形成了多基地声呐[18]。与单基地声呐相比，多基地声呐组网运用方式灵活，可根据任务需要选择部分声呐作为暴露性的发射节点、部分声呐作为隐蔽性的接收节点，能形成对潜的局部探测优势，可更有效应对现代安静型敷瓦潜艇的威胁。此外，多基地声呐在抑制混响、降低虚警、缩小盲区、扩大探测范围、提高跟踪能力等方面比单基地探测也有一定优势。

7.4.1 基本原理

从声呐探测机理看，多基地声呐可看作多组双基地声呐组成的集合。双基地声呐不仅是最小规模的多基地声呐，也是多基地声呐的最小子集。双基地声呐具有主动声呐和被动声呐的工作特点，双基地声呐的发射站发射声呐脉冲，经目标散射后形成回波，由位于另一位置处的接收站完成接收。

根据双基地声呐信号检测机理，噪声限制背景的双基地声呐方程为

$$\mathrm{SL}-\mathrm{TL}_1-\mathrm{TL}_2+\mathrm{TS}_{\alpha,\beta}-\mathrm{NL}+\mathrm{AG}=\mathrm{DT}-G_T \tag{7.5}$$

混响限制背景的双基地声呐方程为

$$\mathrm{SL}-\mathrm{TL}_1-\mathrm{TL}_2+\mathrm{TS}_{\alpha,\beta}-\mathrm{RL}=\mathrm{DT}-G_T \tag{7.6}$$

式中，TL_1、TL_2分别为发射声源至目标、目标至接收节点的传播损失；AG、G_T分别为多基地声呐的空间增益和时间增益；$\mathrm{TS}_{\alpha,\beta}$为多基地声呐的目标强度（发射、接收节点对应的目标舷角分别为α、$\alpha+\beta$）。

从声呐方程看，双基地与单基地声呐形式相似，但存在两点差异：一是单基地的双程水声传播损失（2TL）改为双基地的两个单程声波传播损失之和（$\mathrm{TL}_1+\mathrm{TL}_2$）；二是单基地的入射波方向的目标强度$\mathrm{TS}_\alpha$变为双基地目标强度$\mathrm{TS}_{\alpha,\beta}$。

多基地声呐探测画面如图 7.15 所示。从图中可见，双基地声呐在基线附近（连接声源站和接收站之间的连线）存在直达波脉宽盲区（图中黑色部分）；声呐混响盲区近似为椭圆形图案（图中红色部分）。此外，画面中还包括同频干扰（椭圆形环带）和目标（白色圆圈内的红色亮点）。

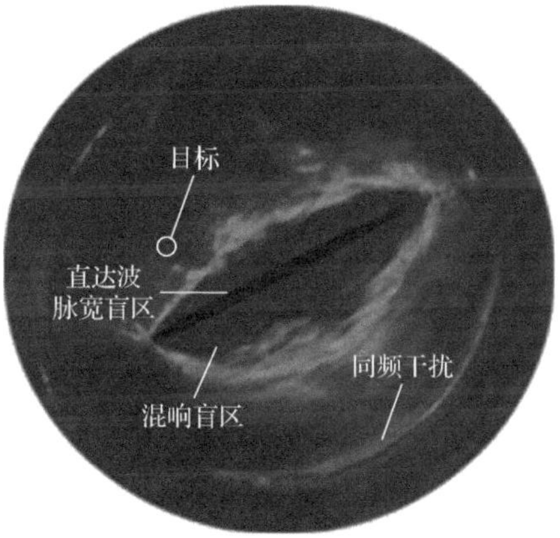

图 7.15　多基地声呐的探测画面（彩图附书后）

7.4.2　系统架构

多基地声呐系统动态效能计算以单声呐动态效能计算为基础，增加声呐互干扰计算模块，并做多基地混响、多基地目标特性、多基地声呐效能计算模块的同位替换，形成多基地声呐系统动态效能计算系统。多基地声呐系统动态效能计算系统架构如图 7.16 所示。

为保持技术架构的一致性，相对于单/多声呐动态效能计算系统，多基地声呐系统动态效能计算系统在接口设计和功能模块上采取统一技术要求，通过功能模块替换和增删，满足多基地声呐效能计算需求。多基地声呐系统动态效能计算系统在数据支持层中添加多基地目标特性数据；在声场计算服务层中利用声场互易性原理，分别以发射站和接收站为中心计算多组双基地传播损失、混响级；在声呐系统动态效能计算服务层中，把效能计算模块替换为多基地效能计算模块。在数据驱动下，调用多基地声呐效能计算模块，完成多基地声呐的探测范围包线和探测概率场等效能计算。

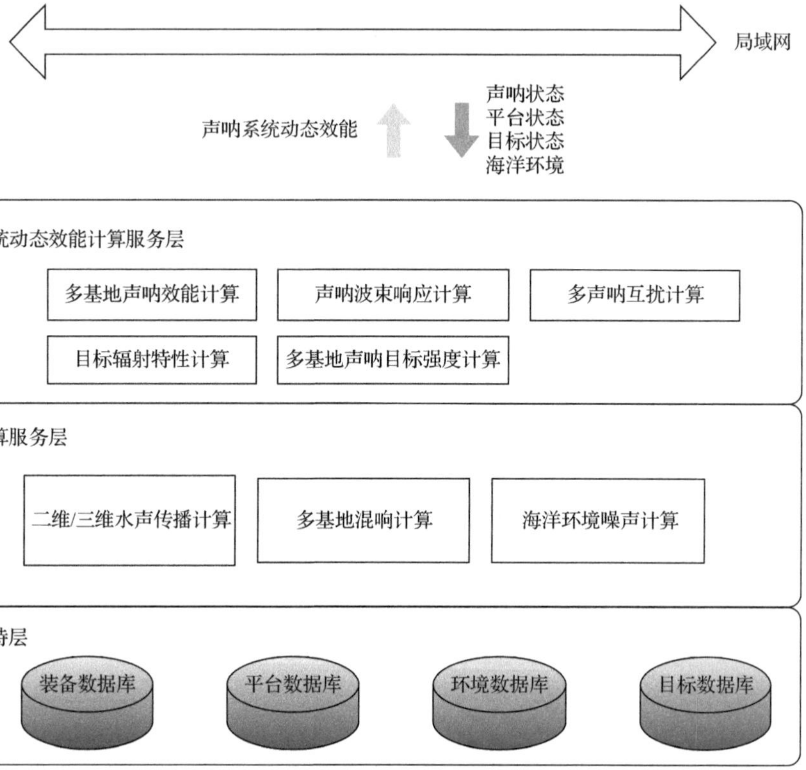

图 7.16　多基地声呐系统动态效能计算系统架构

7.4.3　计算流程

多基地声呐系统动态效能计算是在不改变单声呐动态效能计算基本流程的前提下，根据多基地声呐的特点，对多基地探测的混响、盲区等计算功能做了进一步细化，其计算流程如下。

步骤 1：应用系统根据业务功能需要，向声呐系统动态效能计算服务层提出多基地声呐效能计算服务请求。

步骤 2：声呐系统动态效能计算服务层根据应用系统请求的空间、时间范围，从数据支持层内的相关子数据库系统查询并读入环境、装备、目标（含多基地目标特性）等计算参数。

步骤 3：将构成多基地探测模式的各收发声呐对，向声场计算服务层提出声场计算服务请求并发送相关参数，声场计算服务层根据请求的空间、时间范围和计算输出要求，开展声场计算并把结果返回给声呐系统动态效能计算服务层。

步骤 4：声呐系统动态效能计算服务层根据主动声呐数量、工作频率、相对方位，并行调用互干扰分析模块，评估组成多基地探测模式的主动声呐对其他声呐的干扰程度（利用接收声呐的方向性函数，计算受影响的主瓣、旁瓣，评估受干扰的扇面角度范围）。

步骤 5：声呐系统动态效能服务器根据多基地声呐的计算请求，综合声场计算服务层输出的多基地传播损失、多基地混响和海洋环境噪声，并调用声呐效能计算服务得到其他声呐参数计算结果，进而根据应用系统的计算要求输出多基地声呐的探测范围或探测概率等效能参数。

多基地声呐系统动态效能计算系统的具体计算流程如图 7.17 所示。

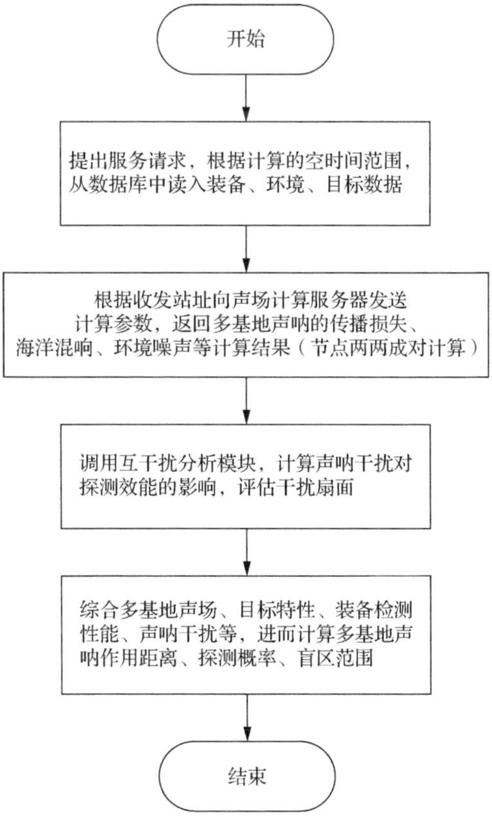

图 7.17　多基地声呐系统动态效能计算流程

7.4.4　典型系统计算

计算多基地声呐的动态效能时，与多声呐的效能评估类似，既要计算双基地声呐的效能，同时需要动态评估干扰声呐发射的脉冲信号构成的声干扰。根据图 7.17 的流程，参照 7.3.4 节的搜索场景，把两艘水面舰艇独立使用主动拖曳线列阵改为组成双基地声呐方式，实施对潜探测。同样，系统把实时获取的两个声呐平台的位置、航向、航速等状态参数，各声呐的脉冲宽度、脉冲形式、基阵深度、发射功率等声呐工作参数，以及判断目标可能的航速、航向、深度等状态数据，发送给多基地声呐系统动态效能计算服务器，计算得到的双基地声呐的实时效能如图 7.18 所示。

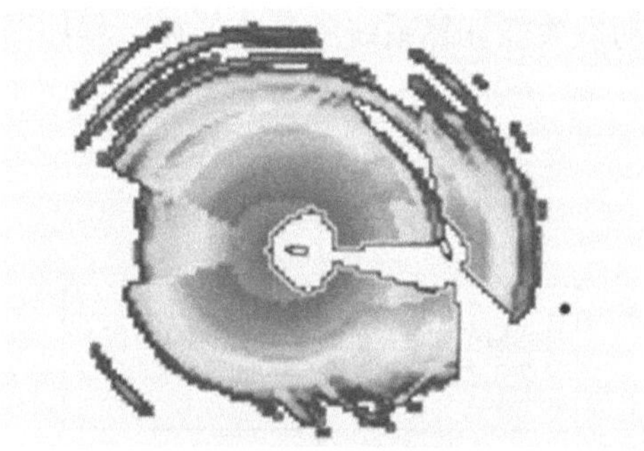

图 7.18　多基地声呐探测概率计算效果示意图（彩图附书后）

从图 7.18 可以看出，两部主动拖曳线列阵声呐组成双基地声呐工作时，各声呐的观察盲区仍然存在，但有所改变，左侧声呐的舰首盲区和右侧声呐的舰尾盲区被双基地探测形成的能量覆盖而大幅减小，这说明使用双基地声呐探测有利于减少编队声呐观察盲区。此外，双基地探测完全消除了声呐脉冲形成的瞬态干扰，但探测范围与图 7.14 相比有所减小，说明双基地声呐在扩大探测范围方面优势并不明显。

多基地声呐通过多站协同形成一部多收发节点分开的“分布式”声呐，实现了对编队声呐资源的统一集中管控，可有效提升优化编队声呐的目标探测能力。但当收发节点数在 2 个以上时，系统的组网复杂性会随着节点数迅速增加，例如，M 个发射声源和 N 个接收基阵可构成 MN 组双基地声呐。由于消除直达波干扰难度很大，多发射声源同样会导致多基地声呐效能的下降，此时必须借助辅助控制手段，来提高声呐效能，降低应用复杂度，这将在第 9 章进行更为详细的讨论。

7.5　声呐系统动态效能的战术意义表达

声呐系统动态效能计算实际上是利用一帧信号样本数据进行检测的过程，所得到的探测概率是瞬时的。但在声呐实际探测过程中，这种探测是连续进行的，例如，需要通过连续累积多个回波或多次短时积分进行探测，以提高声呐对目标的发现能力。这样就需要把前面获得的瞬时的声呐效能转化为累积的效能，用累积探测概率[19]表示，这比瞬时探测概率更为实用，也更具战术应用价值。

声呐对目标持续探测的过程是声呐对搜索区域内是否存在水下目标的连续感知过程，哪些区域可能存在目标，存在概率是多少，是使用声呐系统动态效能计算所需要回答的问题[20]。下面将利用贝叶斯估计理论，把声呐效能与声呐搜索过程建立联系，并综合考虑海洋环境、作战态势和声呐工作参数的实时变化，把声呐系统动态效能转为对声呐水下目标感知能力的动态计算。

7.5.1　声呐累积探测概率

声呐累积探测概率与声呐对水下目标的发现判决方式有关，主要有以下几种情况。

（1）在声呐 N 次探测过程中，只要出现一次瞬时发现目标即判声呐发现目标，此时，声呐的累积探测概率为

$$P_{\text{cpd}} = 1 - \prod_{i=1}^{N}(1 - P_i) \tag{7.7}$$

式中，P_i 为声呐在第 i 次探测中对目标的探测概率[21]。

（2）在声呐 N 次探测过程中，至少有 2 次连续发现目标即判断声呐发现目标。当声呐第一次探测到目标信号，进行自动标记，当下一帧数据目标又被发现，则判断该声呐发现目标；若下一帧数据未发现目标，则声呐丢弃该临时目标。令第 i 次探测时发现目标概率为

$$P_{i-1,i} = P_{i-1}P_i \tag{7.8}$$

式中，P_{i-1} 是声呐第 $i-1$ 次探测的瞬时探测概率；P_i 是声呐第 i 次探测的瞬时探测概率。

此时，累积探测概率为

$$P_{\text{cpd}} = 1 - \prod_{i=1}^{n}(1 - P_{i-1,i}) \tag{7.9}$$

（3）与声呐实际探测的判决模式更为接近的是 N-M 模型，即在 N 次探测中，如果有 M 次探测到目标，则认为声呐发现目标，表达为声呐 N 次探测中有 M 次发现目标的概率：

$$P_{\text{cpd}\,N-M} = 1 - \sum_{i=0}^{M}\frac{N!}{i!(N-i)!}P^i(1-P)^{N-i} \tag{7.10}$$

可根据声呐工作的噪声背景，适当选取不同的 *N-M* 值，利用累积探测概率更好地分析声呐探测效率。例如，在声呐背景干扰影响较严重时，采用 7-4 模型，即声呐 7 次探测中有 4 次发现目标，即认为声呐发现目标；在声呐背景干扰较小时，采用 5-2 模型，即声呐 5 次探测中有 2 次发现目标，则认为声呐发现目标。

7.5.2 目标存在概率

定义目标存在概率 $P_T(x,y)$ 为在 (x,y) 处存在目标的概率，(x,y) 为声呐探测点的位置坐标。$P_T(x,y)$ 等于 0，表明在 (x,y) 处确定不存在水下目标；$P_T(x,y)$ 等于 1，表示在 (x,y) 处确定存在水下目标。

$$P_{T|\text{ND}} = \frac{P_{\text{ND}|T} P_T}{P_{\text{ND}|T} P_T + P_{\text{ND}|\text{NT}} P_{\text{NT}}} \tag{7.11}$$

式（7.11）为声呐在进行一次探测后，探测位置点 (x,y) 存在水下目标的后验概率。其中，ND 表示发现目标；NT 表示目标不存在；*T* 表示目标存在。

在声呐探测过程中，以 P_d 和 P_{fa} 表示声呐探测概率和虚警概率，基于表 7.1 检测矩阵，式（7.11）可以表述为

$$P_{T|\text{ND}} = \frac{P_d P_T}{P_d P_T + P_{\text{fa}}(1 - P_T)} \tag{7.12}$$

表 7.1 检测矩阵

事件	检测	
	有潜艇	无潜艇
有目标	P_d	$1-P_d$
无目标	P_{fa}	$1-P_{\text{fa}}$

式（7.12）给出了声呐一次探测后，利用目标存在的先验概率，并结合声呐实际探测概率计算目标存在的后验概率，得到声呐探测区域目标存在概率的更新值。由于环境、目标运动等因素影响，该后验概率不能直接作为下一次声呐探测的先验概率，应通过目标存在概率 $P_T(x,y)$ 的实时动态评估，进行声呐累积探测概率更新。

7.5.3 目标存在概率计算流程

若目标静止，则式（7.12）计算的后验概率 $P_{T|\text{ND}}$ 可直接作为声呐下一次探测时探测区域内目标存在的先验概率 P_T；若目标处于运动状态，该后验概率需要与

目标运动模型结合，计算得到声呐执行下一次探测时探测区域内目标存在的先验概率。当目标处于运动状态时，需要利用目标存在概率转移矩阵对目标的行为进行建模，从而将上一次声呐探测后获得的目标存在后验概率转化为下一次声呐探测前目标存在先验概率。

目标存在概率的计算流程如图 7.19 所示。

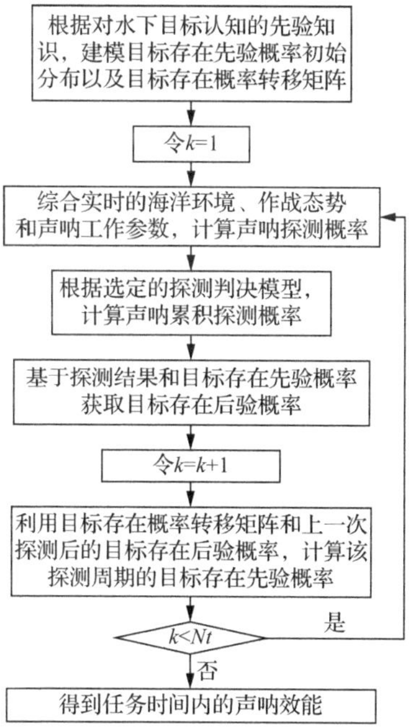

图 7.19　目标存在概率的计算流程

具体步骤如下。

步骤 1：区域网格化。

首先对选定区域网格化，定义下列离散变量：

$$x = i\Delta x,\quad i = 1, 2, \cdots, N_x$$

$$y = j\Delta y,\quad j = 1, 2, \cdots, N_y$$

$$t = k\Delta t,\quad k = 0, 1, 2, \cdots, N_t$$

式中，Δx 和 Δy 确定 xOy 平面内的网格划分；N_x 和 N_y 分别为 x 和 y 方向上离散的空间网格数目；离散的单位时间增量为 Δt，考虑的任务总时间为 $N_t\Delta t$。

步骤 2：区域内目标存在概率分布初始化。

在声呐探测起始，探测区域目标存在性未知，初始目标存在概率值一般设为 0.5。

步骤 3：声呐探测概率计算。

声呐探测概率是衡量声呐性能的一个重要指标，声呐探测概率越大声呐的性能就越好，其与信噪比、检测门限等有关。信号幅度的概率密度函数为

$$f_S(A)=\frac{A}{a^2}\exp\left(-\frac{A^2}{2a^2}\right)$$

式中，$A\geqslant 0$ 为检测信号幅度，且 A 与 A^2 的期望为

$$\begin{cases}\langle A\rangle=\sqrt{\dfrac{\pi}{2}}a\\ \langle A^2\rangle=2a^2\end{cases}$$

进一步，信号加噪声的概率分布函数为

$$f_{S+N}(A)=\frac{A}{\delta^2(1+R)}\exp\left(-\frac{A^2}{2\delta^2(1+R)}\right)$$

式中，δ^2 为噪声方差；R 为 SNR 的期望。设检测阈值为 A_T，则

$$P_d=\exp\left(-\frac{A_T^2}{2\delta^2(1+R)}\right)$$

在此基础上可简化为

$$P_d=P_{\mathrm{fa}}^{1/(1+R)}$$

式中，$P_{\mathrm{fa}}=\int_{A_T}^{\infty}f_N(A)\mathrm{d}A$。

声呐在第 k 次探测中对处于区域某位置 (x,y) 的水下目标的探测概率 $P_d(x,y,k)$ 的计算公式如下：

$$P_d(x,y,k)=\mathrm{e}^{-\mathrm{DT}_e/(1+\rho)}$$

式中，DT_e 和 ρ 分别为检测阈和信噪比的能量表示，即 $\mathrm{DT}=10\lg\mathrm{DT}_e$，$\mathrm{SNR}=10\lg\rho$，DT 和 SNR 为检测阈和信噪比的分贝（dB）表示。SNR 由下式计算：

$$\mathrm{SNR}=\mathrm{SE}+\mathrm{DT}$$

式中，SE 为信号余量，其计算公式为

在噪声掩蔽级下，$\mathrm{SE}=\mathrm{SL}-\mathrm{TL}_1-\mathrm{TL}_2+\mathrm{TS}-\mathrm{NL}+\mathrm{DI}-\mathrm{DT}$

在混响掩蔽级下，$\mathrm{SE}=\mathrm{SL}-\mathrm{TL}_1-\mathrm{TL}_2+\mathrm{TS}-\mathrm{RL}-\mathrm{DT}$

其中，SL 为发射声源级；TL_1、TL_2 分别为声源到目标及目标到接收机的传播损失；TS 为目标强度；NL 为噪声级；RL 为混响级；DI 为接收指向性指数；DT 为检测门限。

步骤 4：声呐累积探测概率计算。

根据实际声呐工作的噪声背景条件，选取不同的 N-M 值，建立探测判决模式，

基于计算得到的声呐探测效率，结合 7.5.1 中的声呐累积探测概率计算模型，计算声呐第 k 次探测中区域某位置 (x,y) 处的声呐累积探测概率 $P_{\mathrm{cpd}}(x,y,k)$。

步骤 5：目标存在后验概率计算。

声呐在执行一次探测后，基于贝叶斯准则，利用声呐执行探测前的目标存在先验概率，通过式（7.12）计算目标存在后验概率。就是通过声呐探测的感知结果，形成了对目标存在概率新的认知，即目标存在的后验概率。

步骤 6：目标存在概率转移矩阵。

式（7.11）描述的是目标静止条件下的区域某位置存在概率 $P_T(x,y)$，在实际声呐使用中，声呐平台和目标位置总是在发生变化，通过对目标运动行为进行漂移和扩散两种过程的布朗运动建模，可以得到在目标运动条件下的目标存在概率或动态效能的时间变化规律：

$$\frac{\partial P_T(x,y)}{\partial t}=-m_x\frac{\partial P_T(x,y)}{\partial x}-m_y\frac{\partial P_T(x,y)}{\partial y}+\frac{1}{2}\sigma_x^2\frac{\partial^2 P_T(x,y)}{\partial x^2}+\frac{1}{2}\sigma_y^2\frac{\partial^2 P_T(x,y)}{\partial y^2} \tag{7.13}$$

式中，m_x 和 m_y 为漂移系数，反映目标运动速度均值；$\frac{1}{2}\sigma_x^2$ 和 $\frac{1}{2}\sigma_y^2$ 为扩散系数，反映目标运动的偏差。利用有限差分法来求解式（7.13），得

$$\begin{aligned}&\frac{P_T(x,y,k+1)-P_T(x,y,k)}{\Delta t}\\&=\frac{-m_x}{\Delta x_g}(P_T(x,y,k)-P_T(x-\Delta x,y,k))+\frac{-m_y}{\Delta y_g}(P_T(x,y,k)-P_T(x,y-\Delta y,k))\\&\quad+\frac{\sigma_x^2}{2(\Delta x_g)^2}(P_T(x-\Delta x,y,k)-2P_T(x,y,k)+P_T(x+\Delta x,y,k))\\&\quad+\frac{\sigma_y^2}{2(\Delta y_g)^2}(P_T(x,y-\Delta y,k)-2P_T(x,y,k)+P_T(x,y+\Delta y,k))\end{aligned} \tag{7.14}$$

由式（7.14）计算得到目标存在概率转移矩阵 $\boldsymbol{G}$ 为

$$\boldsymbol{G}=\begin{bmatrix}0 & \dfrac{m_x}{\Delta x}+\dfrac{\sigma_x^2}{2(\Delta x)^2} & 0\\ \dfrac{m_y}{\Delta y}+\dfrac{\sigma_y^2}{2(\Delta y)^2} & \begin{array}{c}1-\dfrac{\sigma_x^2}{(\Delta x)^2}-\dfrac{\sigma_y^2}{(\Delta y)^2}\\-\dfrac{m_x}{\Delta x}-\dfrac{m_y}{\Delta y}\end{array} & \dfrac{\sigma_y^2}{2(\Delta y)^2}\\ 0 & \dfrac{\sigma_x^2}{2(\Delta x)^2} & 0\end{bmatrix}$$

步骤 7：目标存在先验概率计算。

结合式（7.13）及目标存在概率转移矩阵，若 k 时刻声呐探测后的目标存在后验概率分布为 $P_T(x,y,k)$，则 k+1 时刻声呐探测前的目标存在先验概率分布 $P_T(x,y,k+1)$ 为

$$P_T(x,y,k+1)=\begin{bmatrix} P_T(x-\Delta x,y-\Delta y,k) & P_T(x-\Delta x,y,k) & P_T(x-\Delta x,y+\Delta y,k) \\ P_T(x,y-\Delta y,k) & P_T(x,y,k) & P_T(x,y+\Delta y,k) \\ P_T(x+\Delta x,y-\Delta y,k) & P_T(x+\Delta x,y,k) & P_T(x+\Delta x,y+\Delta y,k) \end{bmatrix}\cdot \boldsymbol{G} \tag{7.15}$$

式中，“·”表示第 k 个时刻的目标存在概率 $P_T(x,y,k)$ 分布与目标存在概率转移矩阵 $\boldsymbol{G}$ 的点乘。

在声呐探测起始，探测区域目标存在性未知，初始目标存在概率值一般设为 0.5，k 时刻的目标存在概率分布为 $P_T(x,y,k)$，在 k+1 时刻再一次进行声呐探测时，首先利用式（7.15）计算得到探测区域某个位置 (x,y) 处的目标存在概率 $P_T(x,y,k+1)$，再利用式（7.12）计算目标存在后验概率 $P_{T|\mathrm{ND}}(x,y,k+1)$。利用累积探测概率表述声呐发现目标的能力，在该种探测模式下累积后的虚警概率约为零，因此式（7.12）可转化为

$$P_{T|\mathrm{ND}}(x,y,k+1)=\frac{(1-P_{\mathrm{cpd}}(x,y,k+1))P_T(x,y,k+1)}{(1-P_{\mathrm{cpd}}(x,y,k+1))P_T(x,y,k+1)+(1-P_T(x,y,k+1))}$$
$$k=0,1,2,\cdots,N_t \tag{7.16}$$

式中，$P_{\mathrm{cpd}}(x,y,k+1)$ 表示 k+1 时刻声呐在探测区域某个位置 (x,y) 的累积探测概率。

在声呐探测 $k=0,1,2,\cdots,N_t$ 过程中，通过以 $P_T(x,y,k)$ 为表征的声呐系统动态效能计算，将声呐平台和目标的运动以及探测海区环境时空变化等关联起来，更加清晰地反映了声呐系统的探测效能。

步骤 8：重复步骤 3～步骤 7，直至获得任务时间内的目标存在概率。

7.5.4　典型系统计算

为验证声呐系统动态效能对目标存在概率的影响，设置海上对抗场景：水面舰艇 3 艘，潜艇 1 艘，在指定海区内实施对抗。声速剖面、海底地形、海底底质等数据从海洋环境数据库读取，拖曳线列阵声呐工作参数从装备数据库中读取。搜索过程中，3 艘水面舰艇的 3 部拖曳线列阵声呐以两发三收构成多基地模式，按规划好的搜索路径进行机动搜索，区域的目标存在概率结合该搜索时段内的声呐瞬时探测概率进行迭代更新。区域内声呐的探测概率越高，且未发现目标，则该区域内目标的存在概率越小，区域显示越亮（趋近于零）。海区内目标存在概率随搜索过程的变化如图 7.20 所示。

（a）起始时刻

（b）发射 3 个主动声呐脉冲后

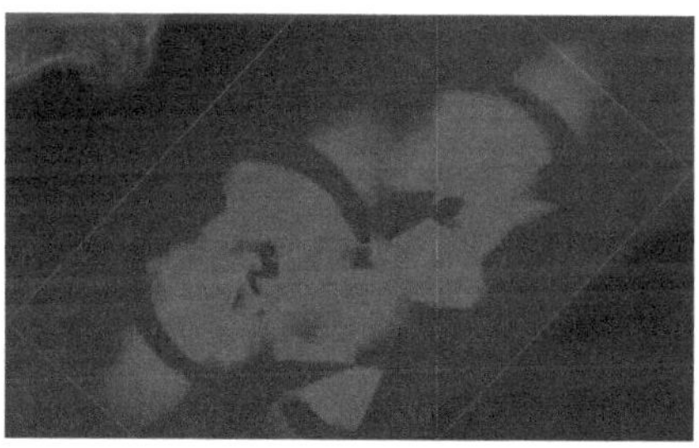

（c）探测 15min 后

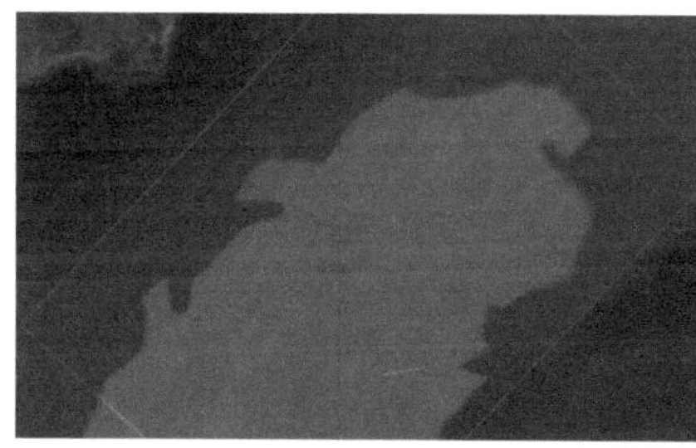

（d）探测 1h 后

图 7.20　目标存在概率随声呐系统动态效能的变化

图 7.20（a）为声呐探测的起始时刻，在缺乏目标存在概率先验信息的情况下，区域全部由灰色阴影覆盖，目标存在概率的初值全部设为 0.5；图 7.20（b）为编队发射 3 个声呐脉冲后的目标存在概率；图 7.20（c）和（d）分别为探测 15min 和 1h 后区域内目标的存在概率分布。通过该算例说明，利用声呐系统动态效能计算，可支撑实现这种对声呐探测区域的目标存在不确定性的量化评估。

从上述算例来看，声呐系统动态效能计算是水面舰艇编队作战方案制订和实时优化的技术基础。但从反潜作战的全维度全过程来看，以上声呐系统动态效能的转化运用仅站在声呐探测的角度考虑，而未对武器使用、平台自身防御等因素进行动态考虑。更为全面的声呐作战运用应当在对抗策略方面做进一步细化，以全面反映作战的动态过程[22]。

7.6　小　　结

本章立足声呐系统动态效能计算，以声呐方程为基础，介绍了声呐系统动态效能计算的基本原理，并进一步探讨了单声呐系统、多声呐系统和多基地声呐系统动态效能的计算方法，为动态效能计算实现打下了基础。单声呐动态效能计算是通过实时评估动态变化的海洋环境、对抗态势所带来的声呐参数变化计算声呐的作用距离或探测概率，是多声呐和多基地声呐系统动态效能计算的基础；多声呐动态效能计算在单声呐效能计算基础上进一步考虑了声呐之间相互干扰所导致的效能变化；多基地声呐系统动态效能计算则在多声呐动态效能计算基础上，进一步考虑收发站址分置所带来的混响、目标特性和检测定位等差异性所带来的变化。通过本章介绍，确立了单、多声呐系统的动态效能计算的流程、方法和典型系统的结构框架，为声呐系统动态效能计算的工程化实现提供了理论基础。

参 考 文 献

[1] Ainslie M A. Principles of Sonar Performance Modelling[M]. Berlin: Springer, 2010: 45.

[2] Etter P C. 水声建模与仿真 (第 3 版) [M]. 蔡志明, 等译. 北京：电子工业出版社, 2005: 78-84.

[3] Hodges R P. Underwater Acoustics-Analysis, Design and Performance of Sonar[M]. New York: John Wiley and Sons, 2010.

[4] Urick R J. Principles of Underwater Sound[M]. 3rd ed. New York: McGraw-Hill, 1983.

[5] 刘伯胜, 雷家煜. 水声学原理[M]. 2 版. 哈尔滨: 哈尔滨工程大学出版社, 2010.

[6] Runermam M L. Increased accuracy in the application of the sommerfeld-watson transformation to acoustic scattering from cylindrical shells[J]. JASA, 1991, 90(5): 2739-2750.

[7] 伯迪克. 水声系统分析[M]. 方良嗣, 阎福旺, 等译. 北京: 海洋出版社. 1992: 180-198.

[8] Brekhovskikh L M, Lysanov Y P. Fundamentals of Ocean Acoustics[M]. 3rd ed. New York: Springer, 2003: 142-148.

[9] 田坦. 声呐技术[M]. 2 版. 哈尔滨: 哈尔滨工程大学出版社, 2010.

[10] 李启虎. 声呐信号处理引论[M]. 北京: 海洋出版社, 2000: 56-70.

[11] 刘孟庵, 连立民. 水声工程[M]. 杭州: 浙江科学技术出版社, 2002: 20-41.

[12] 孙超. 水下多传感器阵列信号处理[M]. 西安: 西北工业大学出版社, 2007.

[13] van Trees H L. Optimum Array Processing: Part Ⅳ of Detection, Estimation, and Modulation Theory[M]. New York: John Wiley and Sons, 2002.

[14] Whaite A D. 实用声纳工程[M]. 王德石, 等译. 北京: 电子工业出版社, 2004: 75-81.

[15] Jensen F B, Porter M B. Computational Ocean Acoustics[M]. New York: AIP Press, 1993.

[16] Porter M B, Bucker H P. Gaussian beam tracing for computing ocean acoustic fields[J]. The Journal of the Acoustical Society of America, 1987, 82(4): 1349-1359.

[17] Weinberg H. CASS roots[C]//OCEANS 2000, MTS/IEEE Conference and Exhibition, 2000: 78-82.

[18] 王英民, 刘若晨, 王成. 多基地声呐原理与应用[M]. 北京: 电子工业出版社, 2015: 1-22.

[19] 赵晓哲, 沈治河. 海军作战数学模型[M]. 北京: 国防工业出版社, 2004: 69-125.

[20] 陈建华. 舰艇作战模拟理论与实践[M]. 北京: 国防工业出版社, 2002: 11-25.

[21] 张之柸. 搜索论[M]. 大连: 大连理工大学出版社, 1992: 1-14.

[22] 李登峰, 许腾. 海军作战运筹分析及应用[M]. 北京: 国防工业出版社, 2007: 22-33.

第8章　模型与系统检验

模型是人们对事物发生过程及其内在机理的认识抽象。评估和提高模型可信度是建模研究领域长期关注的焦点问题。早在20世纪50年代，学者就已开展水声模型检验评估相关研究工作[1]，经过60余年发展，已经积累了较为完善的理论方法和工程经验。对水声模型的检验评估是通过全面收集模型相关数据信息，依据相关评价指标（如计算精度、计算复杂度等），确定模型的适用限制条件的一种过程。由于对物理规律的认识随着研究深入不断发展，对应的物理数学模型一般存在版本制，具有一定适用条件和时效性，应当针对具体的模型版本开展对模型的检验评估。此外，模型检验评估还应当考虑两个因素：一是检验评估数据的局限性，其测量受时、空、频域范围的约束，存在不同的散布特点和获取限制，有些受保密因素影响不能公开发布，有些只能支撑特定条件下特定模型的检验；二是模型检验评估存在人为的主观偏好，来自不同学术机构、实验室对模型的检验评价不同，使得模型体现出一定的立场性[2]。

本章针对声呐系统动态效能计算模型的检验评估需求，重点围绕水声传播模型和声呐效能模型阐述相关的检验评估方法和组织实施流程。

8.1　水声传播模型检验

水声传播是影响声呐效能的重要因素，也是引起声呐效能动态变化的主要原因。诠释水声物理现象，掌握海洋声学效应及其特点规律，首先必须开展水声传播模型研究。20世纪60年代，美国水声学家在系统总结第二次世界大战期间及之后一段时间内所取得研究成果的基础上，根据当时反潜作战的需要（对抗苏联核潜艇），系统地提出了水声环境相关的物理模型。相应的水声设备（如声线轨迹仪）也开始装备潜艇和部分反潜型水面舰艇。与此同时，美海军还着手开发了基于射线理论的声场预报模型——射线简正模模型(Raymode)，成为声呐建模的最早标准[3]。之后，随着水声学研究的持续进展，更多因素被考虑进来，水声模型体系更为完善，以美海军最新的综合声学系统仿真（comprehensive acoustic system simulation, CASS）主动声呐模型为例，已集成了水声传播、环境噪声（行船、生物、风雨、工业活动等）、目标特性、海洋混响、平台自噪声、海底地形、底质声学特性等众多模型，成为声呐装备教学、反潜作战训练和辅助决策的重要支持手段[4]。

8.1.1　标准问题检验

1. *检验方法*

水声传播受声速剖面、海底地形、海底底质、海面粗糙度等多种海洋水声环境要素影响，对水声传播模型进行全面分析评估与建模，需要的试验数据量很大。为解决这一问题，早在 20 世纪 90 年代，就有学者提出使用标准问题的解析解或 Benchmark 环境的高精度解，对水声传播各种数据模型的质量进行评估的方法[5,6]，就是水声领域著名的标准问题检验。由于可获得解析解的标准环境非常少，通常采用典型的 Benchmark 环境进行模型检验。标准问题是对实际问题的近似和抽象，偏于理想化，与实际的水声传播问题并不完全相符。但由于采用标准问题检验，可获得声场的解析解或高精度数值解，对于定量精确地评估水声传播模型具有非常重要的意义。

建立在标准问题基础上的水声传播模型检验主要包括以下步骤：

（1）设定标准环境，可满足声场精确求解的需求。

（2）选取水声传播模型，进行声场计算。

（3）比对不同声场模型的传播损失与精确解的差异。

（4）比对不同声场模型的信道响应与精确解的差异。

在标准环境下采用不同模型对同一声场进行求解，通过比对分析各模型解与标准解之间的差异，实现模型评价，就是水声传播模型标准问题检验的基本流程，如图 8.1 所示。

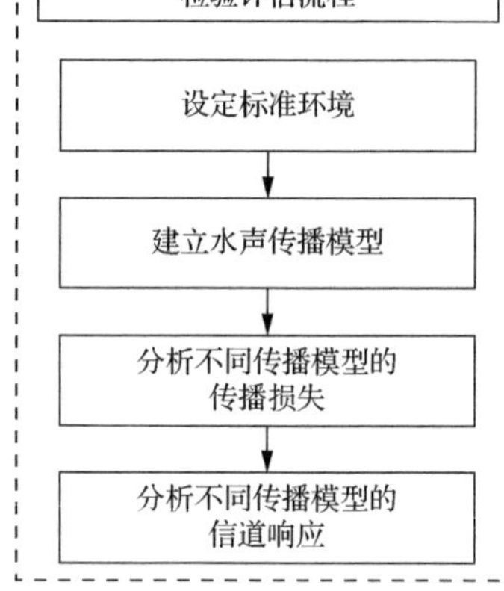

图 8.1　水声传播模型标准问题检验流程

2. 标准环境

为获取物理意义清晰的解析解或可信度高的数值解，选择的标准水声环境既要有一定的代表性，同时也不能过于复杂。常见的用于水声传播模型标准问题检验的标准环境主要有三种：浅海水平不变环境、浅海楔形上坡环境、深海水平不变环境。对应的环境参数如下[7,8]。

1）浅海水平不变环境

声源深度：$z_s = 25\text{m}$。

接收器深度：$z_r = 20\text{m}$。

接收器距离：$r_r = 30\text{km}$。

海水层深度：$D = 100\text{m}$。

海水层声速：$c_w = 1500\text{m/s}$。

海水层密度：$\rho_w = 1000\text{kg/m}^3$。

海底声速：$c_b = 1600\text{m/s}$。

海底密度：$\rho_b = 1500\text{kg/m}^3$。

海底衰减：$\alpha_b = 0.2\text{dB}/\lambda$。

浅海低频水平不变环境如图 8.2 所示，该环境也称为 Pekeris 波导。

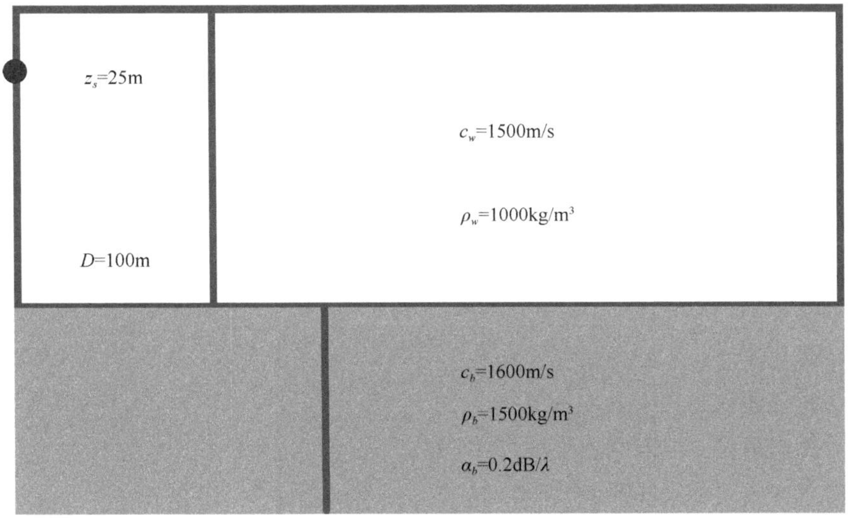

图 8.2　浅海低频水平不变环境

2）浅海楔形上坡环境

声源深度：$z_s = 25\text{m}$。

接收器深度：$z_r = 20\text{m}$。

接收器距离：$r_r = 30\text{km}$。

海水层深度：$D = 100 - 40\text{m}$（水平距离 0～30km）。

海水层声速：$c_w = 1500\text{m/s}$。

海水层密度：$\rho_w = 1000\text{kg/m}^3$。

海底声速：$c_b = 1600\text{m/s}$。

海底密度：$\rho_b = 1500\text{kg/m}^3$。

海底衰减：$\alpha_b = 0.2\text{dB}/\lambda$。

浅海低频楔形上坡环境如图 8.3 所示。

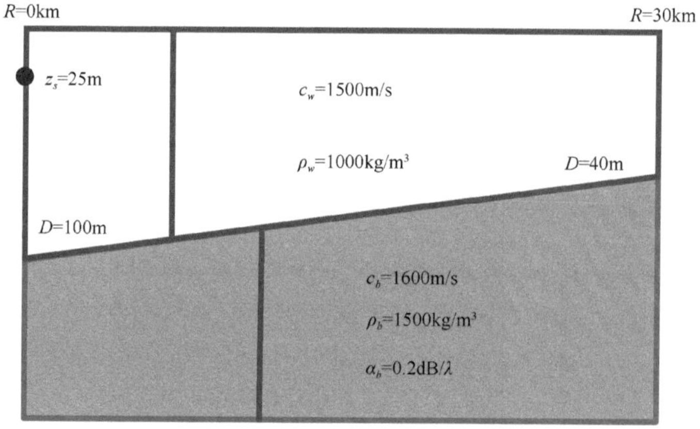

图 8.3　浅海低频楔形上坡环境

3）深海水平不变环境

声源深度：$z_s = 1000\text{m}$。

接收器深度：$z_r = 1000\text{m}$。

接收器距离：$r_r = 100\text{km}$。

声源出射角：$-60^\circ < \theta_0 < 60^\circ$。

海底深度：$D = 5000\text{m}$。

海底纵波声速：$c_b = 1700\text{m/s}$。

海底密度：$\rho_b = 1200\text{kg/m}^3$。

海底衰减：$\alpha_b = 0.4\text{dB}/\lambda$。

深海高频水平不变环境如图 8.4 所示。

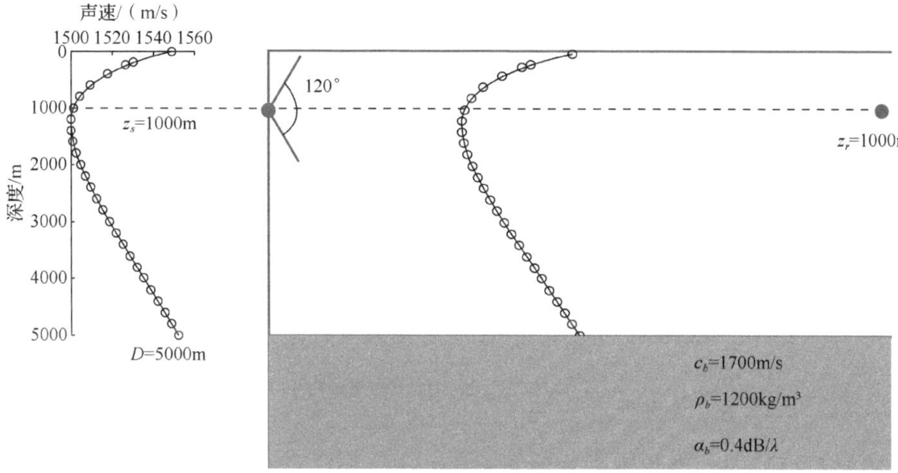

图 8.4　深海高频水平不变环境

3. 模型检验

从模型检验角度看，以上三种标准环境的检验过程都是一样的，下面选择浅海水平不变波导为例说明模型检验的内容和方法。

1）传播损失检验

根据图 8.2 所示的浅海水平不变环境，对比简正波模型[9,10]（Krakenc）、射线模型[3]（Bellhop）、抛物方程模型[11]（range-dependent acoustic model, RAM）等三种水声传播模型的计算精度。在该浅海水平不变环境下，低频水声传播计算采用 Krakenc 模型计算精度最高，将其作为标准解对 RAM 和 Bellhop 模型的计算结果进行检验评价，通过误差统计定量评价模型计算精度，如图 8.5 所示。

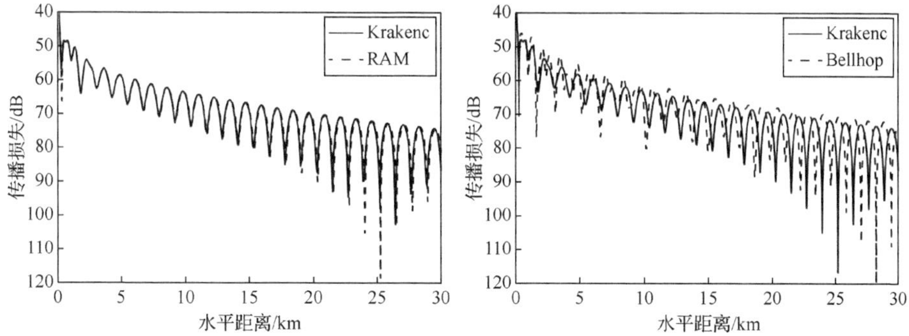

（a）Krakenc与RAM对比　　（b）Krakenc与Bellhop对比

图 8.5　三种模型的一维传播损失对比

2）信道响应检验

由于水声传播损失难以全面描述信道变化，为检验模型计算的信道差异，进一步评价在浅海水平不变环境下三种低频水声传播模型计算的信道和信号通过浅海信道的输出响应差异。

发射的声信号为

$$S(t)=\begin{cases}\dfrac{s_a}{2}\sin\omega_c t\left(1-\cos\dfrac{1}{4}\omega_c t\right), & 0<t<4/f_c\\ 0, & \text{其他}\end{cases} \tag{8.1}$$

式中，f_c 为脉冲中心频率；$\omega_c=2\pi f_c$ 为中心角频率；s_a 为脉冲峰值，与声源级有关系，$\mathrm{SL}=20\lg\dfrac{s_a}{p_{\mathrm{ref}}}$，$p_{\mathrm{ref}}=1\times10^{-6}\,\mathrm{Pa}$ 为水中参考声压。

该脉冲信号的波形和频谱分别如图 8.6（a）、（b）所示。由图 8.6（b）可以看出，该信号的频谱范围为 25～75Hz。

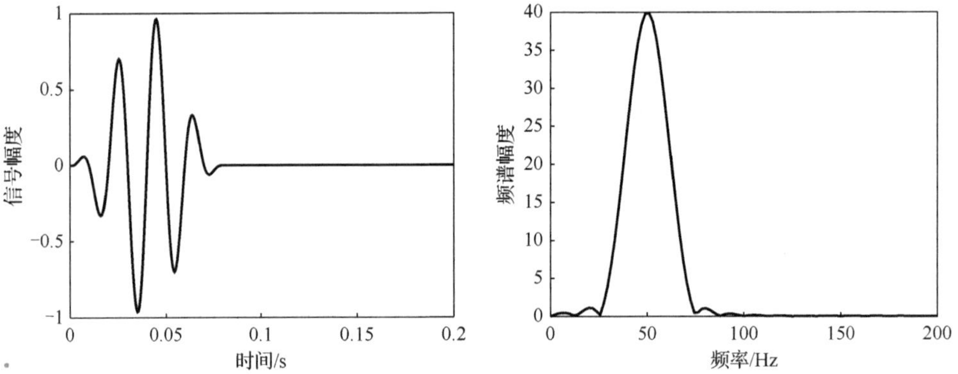

（a）信号波形　（b）信号频谱

图 8.6　发射信号波形与信号频谱

使用 Krakenc、RAM 和 Bellhop 三种模型计算信道响应函数，函数的频谱幅度如图 8.7（a）、（b）所示。由图可以看出，RAM 与 Krakenc 的计算结果基本重合，Bellhop 则误差较大，说明 Bellhop 在浅海低频条件下不适用。

进一步比对通过上述三种模型计算得到的阵元时域信号，如图 8.8（a）、（b）所示。可以看出，RAM 与 Krakenc 的计算结果基本重合，Bellhop 则误差较大，与前面的结论一致。

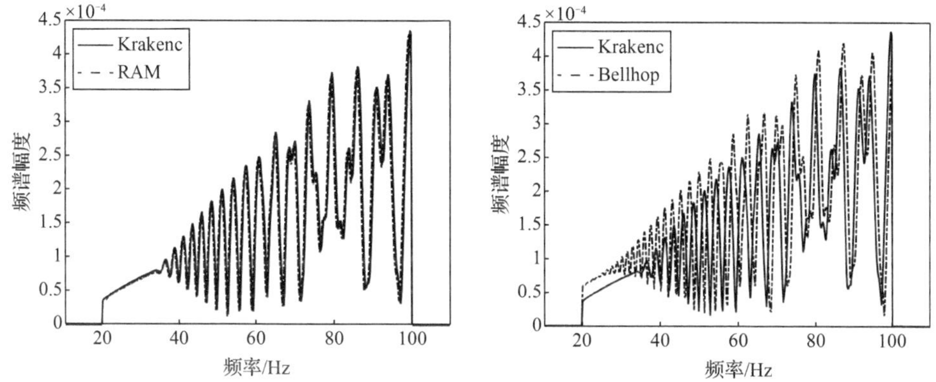

（a）Krakenc和RAM对比　　（b）Krakenc和Bellhop对比

图 8.7　系统函数频谱幅度对比

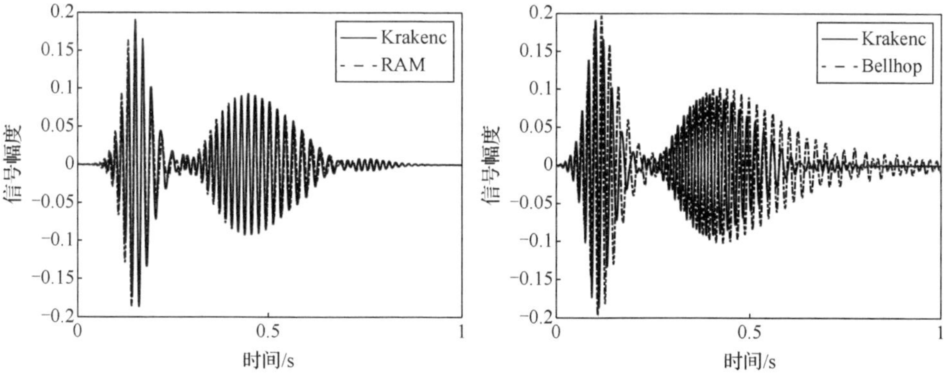

（a）Krakenc和RAM对比　　（b）Krakenc和Bellhop对比

图 8.8　阵列接收时域信号对比

通过标准问题检验，建立了模型检验的理论验证环境，实现了特定理想环境下对各类水声传播模型、算法精度、适用性检验，解决了对试验数据过于依赖的问题，是水声传播模型检验的重要手段，也可推广应用于海洋混响、海洋环境噪声等各类声呐系数动态效能计算基础模型的检验。但应该看到，这类检验方法存在一定的局限性，仅适用于相对简单的确定性海洋环境，而对于空时复杂多变、不确定性难以消除的真实海洋环境，模型精度和适用性则必须依赖实测数据进行检验。

8.1.2　实测数据检验

从前面章节可知，海洋环境对水声传播的影响因素是非常复杂多变的。在采用标准问题进行模型检验的基础上，为更全面地评价模型性能及其对复杂海洋环境的适用性，必须开展海上声传播试验，通过实测数据对模型进行验证，进一步深化对水声传播模型的认知。但由于目前对海洋观测能力仍非常有限，加之海洋环境空时变化的复杂性，各种影响因素的不确定性始终存在。比如，由于不可能对海洋进行全维实时观测，仅能通过对海洋环境进行有限空间采样，此时所获取的水声环境观测信息仅覆盖非常有限的空时部分，观测数据的空时采样率一般难以满足高精度计算要求。但是，由于海洋环境的水平方向变化程度远小于垂直方向变化，忽略水平范围内较小尺度的不一致性在工程上仍然是合理的[1]。对基于实测数据的模型检验也建立在该假设基础上，我们通过对海洋环境进行一定空时采样，利用所获取的环境信息，结合水声传播模型计算，比对试验数据分析结果与模型理论计算结果，评价水声传播模型的精度、适用性等重要指标。

1. *检验方法*

开展海上试验是水声传播模型发展的重要手段和基本方式[2]。获取水声传播海上实测数据，一般需要通过专业调查手段，根据模型检验所需要的典型环境条件，在指定海区范围内开展试验并记录试验数据，再经过标准化数据分析，按照模型检验评估要求，得出检验评估结论。

水声传播模型计算与声源深度、工作频率、发射指向性以及声速剖面、海底地形地貌、海底底质、海洋气象等因素有关，需对水声传播试验中发生的所有数据进行全面的采集记录，形成支撑传播模型检验的数据集。水声传播试验一般采用单船和潜标/浮标作业相结合的方式开展，如图 8.9 所示。在试验过程中，按照水声传播模型影响与评定的相关因素，标定声源参数，并记录获取试验水声传播、海洋环境噪声、海底地形地貌、海底底质，以及物理海洋与海洋水文气象等试验数据。在此基础上，进而通过对采集记录的水声传播数据进行处理，计算声源到达接收节点的水声传播损失。

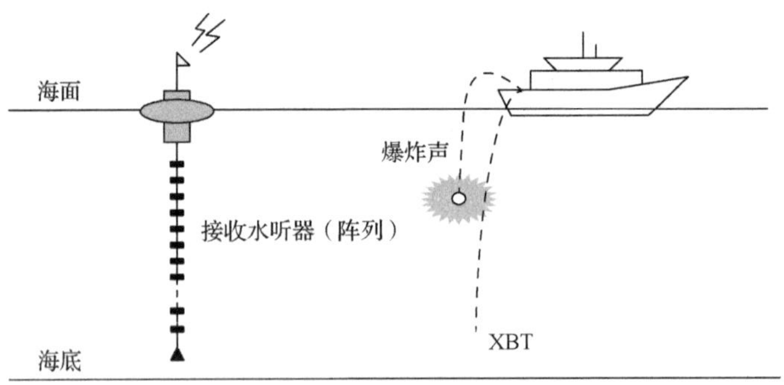

图 8.9 单船结合浮/潜标进行水声传播调查示意图

2. 数据处理

在 3.4 节中，初步描述了水声传播数据的获取及处理方法，为说明模型水声传播数据的具体处理过程，在这里对相关内容做适度展开。

1）声源级数据处理

把能流密度 E 可定义为声强的时间积分，如式（8.2）所示：

$$E=\int_0^{\infty} p(t)u(t)\mathrm{d}t \tag{8.2}$$

式中，$p(t)$、$u(t)$ 分别为声压和质点振速。此时，声源级定义为

$$\mathrm{SL}_E=10\lg\frac{E_1}{E_0}\quad(\mathrm{dB}) \tag{8.3}$$

式中，E_1 为距声源单位距离处的能流密度；E_0 为参考声能密度。

通过标准水听器把接收到的爆炸声信号（注：声源级标定）转变成电信号，利用数据采集或者磁带录音机记录，并转换为计算机可直接处理的数据文件。声源级数据的处理按如下步骤进行。

步骤 1：记离散时间序列为 $f_n=f(t_n)$，$t_n=(n-1)\Delta t$，$\Delta t=1/f_s$，$n=1,2,\cdots,N$，f_s 为采样率。

步骤 2：对信号 f_n 做傅里叶变换，得到离散谱序列 F_k，

$$F_k=\sum_{n=0}^{N-1} f_n\exp\left(-\mathrm{i}\frac{2\pi}{N}kn\right) \tag{8.4}$$

式中，N 为离散信号序列的样本数。

步骤 3：根据式（8.5）计算以 f_0 为中心频率的 1/3oct 带宽内的能量信号 $E(f_0)$，

$$E(f_0)\approx\frac{2}{Nf_s}\sum_{k=n_1}^{n_2}|F_k|^2 \tag{8.5}$$

式中，$n_1=f_L/\mathrm{d}f+1$；$n_2=f_H/\mathrm{d}f+1$；$\mathrm{d}f=f_s/N$；$f_H=2^{1/6}f_0$；$f_L=2^{-1/6}f_0$。

步骤 4：用带宽对能量 $E(f_0)$ 进行归一化，

$$\tilde{E}(f_0)=\frac{1}{f_H-f_L}E(f_0)\approx\frac{2}{(n_2-n_1)f_s^2}\sum_{k=n_1}^{n_2}\left|F_k\right|^2 \tag{8.6}$$

步骤 5：利用式（8.7）计算声源级，

$$\mathrm{SL}(f_0)=10\lg(\tilde{E}(f_0))-M_v-m+20\lg r \tag{8.7}$$

式中，单位为 $\mathrm{dB\ re\ 1\mu Pa}$，即 $10\lg(\tilde{E}(f_0))$ 的计算已经选取了均方根声压为 $1\mu\mathrm{Pa}$ 的平面波的声场参数作为参考，具有能量或者能流密度的形式；M_v 为水听器的灵敏度；m 为声信号接收系统的放大倍数；r 为接收水听器与爆炸声源的距离（注：自由场）。

在进行声源级标定试验时，爆炸声源与接收水听器之间的距离较小，一般为数十至数百米，此时接收的信号具有信噪比高、数据长度小等特点，声源级的计算难度在于精确截取冲击脉冲与各次脉动信号等数据。声源级数据处理过程分为数据读取、能量判定、波形截取、距离计算及声源级计算五部分，如图 8.10 所示。具体处理过程如下。

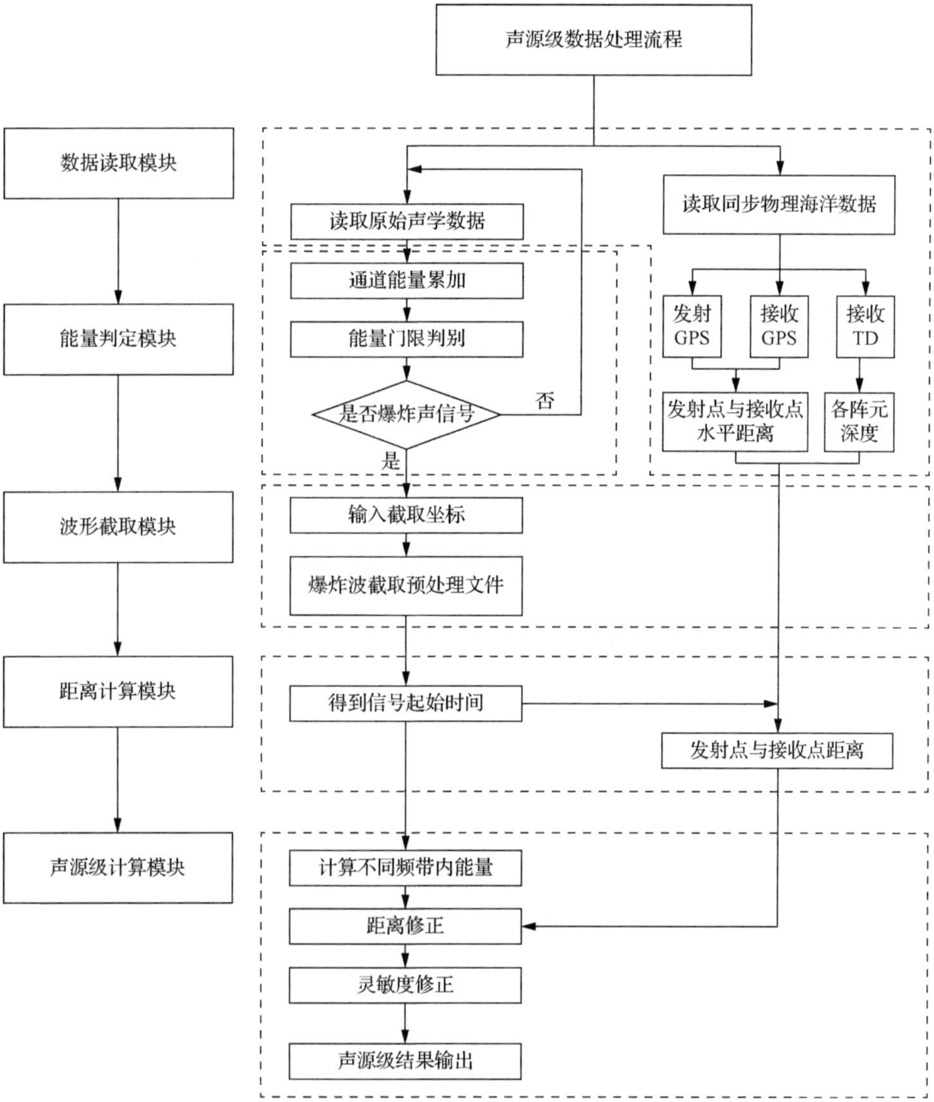

图 8.10　声源级数据处理流程

（1）数据读取。

将海上传播试验中采集的专项数据通过专用设备转存至计算机硬盘。除声学数据外，处理声源级数据还需要同步测量物理海洋参数。此外，根据国标规定，发射节点与接收节点之间的距离测量误差应小于 3%，声源、接收节点之间的距离还需要获取发射节点、接收节点的 GPS 以及接收水听器深度等同步测量数据。读取声学数据时，需同步读取这三种背景数据。

（2）能量判定。

读入数据后，从中准确判断并精确截取爆炸声信号或发射的声脉冲信号，此时，关键在于准确识别并定位声信号位置，通过能量的求和计算和门限判定两个步骤来进行识别判定。

（3）波形截取。

截取声信号的结果如图 8.11（a）所示。此时，爆炸声信号的处理结果中一般包含直达激波、一次气泡脉动、二次气泡脉动，以及海面反射、海底反射等多种信号。由于计算声源级时只需取得激波、气泡脉动的信号能量，因此可对相应的波形进行截取。根据测量数据分析，气泡脉冲的峰值压力随着传播过程迅速衰减，第 2 个气泡脉冲的峰值压力大约仅为第 1 个气泡脉冲峰值压力的 1/5，因此，只需处理主要信号数据，信噪比低的其他部分数据可以忽略，结果如图 8.11 所示。

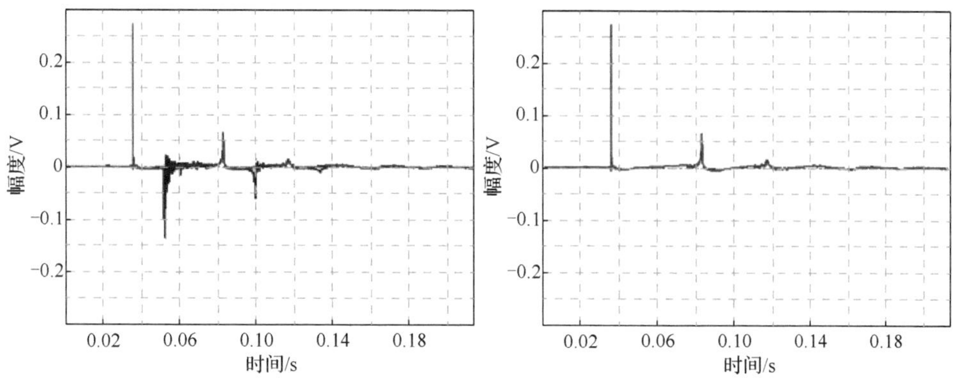

（a）原始波形　　（b）截取与插值后的结果

图 8.11　单通道爆炸声信号截取示意图

（4）距离计算。

由于声源级在距声源声中心 1m 的距离上标校，在试验中爆炸信号的声源级是无法在该距离上测量的，一般需要通过更远处的接收信号来推算，此时需精确测量声源与接收节点之间的距离。通过读取测量得到的爆炸声信号，在时间轴上测出直达波与海面反射波之间的时间差，利用该测量值并综合爆炸声源与接收水听器的深度信息，可计算得到爆炸声源与接收水听器之间的距离。

（5）声源级计算。

近距离水声传播符合球面波扩展规律（传播损失 $\mathrm{TL}=20\lg r$），声源级按照 $\mathrm{SL}=\mathrm{XL}_0+20\lg r$ 计算（XL_0 表示接收水听器处的信号级）。

根据爆炸声源的波形分布，大致估计各爆炸信号直达波的时间窗宽度，计算声源谱级时按照 1/3oct 带宽进行分析，例如，在 50Hz～4kHz 频段上，按 1/3oct 可划分为 20 个频点，对应的频率集 $f=\{50,63,80,100,125,160,200,250,315,400,500,630,800,1000,1250,1600,2000,2500,3150,4000\}$。按照 1/3oct 选择各倍频程的中心频率和分析带宽，如包含各整数频点，每频带带宽为 1Hz。为计算多个爆炸信号的计算平均声源级，计算并累加每一频段上的能流密度，并通过水听器的灵敏度、收发两点间的距离最后计算出平均后的声源级。

2）水声传播数据预处理

水声传播数据的预处理过程与声源级数据预处理相似，同样需完成文件读取、能量判定与信号截取以及指定时间窗内的能量计算等工作，两者的差别在于：水声传播试验中声源-接收器的距离相对较远，接收信噪比较声源级测量时低得多，精准截取信号长度的难度更大。

爆炸声信号的截取流程如图 8.12 所示。

3）水声传播数据特征提取

通过预处理及归一化处理后，即可计算水声传播损失。计算水声传播损失所需的数据包括截取的爆炸声信号、声源级以及水听器深度等，处理后得到指定深度条件下不同距离上的水声传播损失。水声传播损失计算方法与声源级一样，默认采用 1/3oct，也可根据需求进行修改，频点与频带的选择应当与计算声源级时的选择一致。具体的数据处理流程如图 8.13 所示。

4）同步海洋环境数据处理

为检验水声传播模型精度，还应当同步开展海深、声速、海底底质和海洋水文气象等声学相关要素的观测数据处理，这部分数据处理严格参照有关物理海洋与海洋气象的标准规程。

（1）XBT 数据处理。

首先，对获取的 XBT 数据进行平滑处理，剔除数据中的野值；其次，对数据进行插值，获得标准层（起始深度为 3m，层间隔为 1m）深度上的温度数据；最后，剔除各数据文件中无效数据和异常数据，获取有效的温度剖面数据。

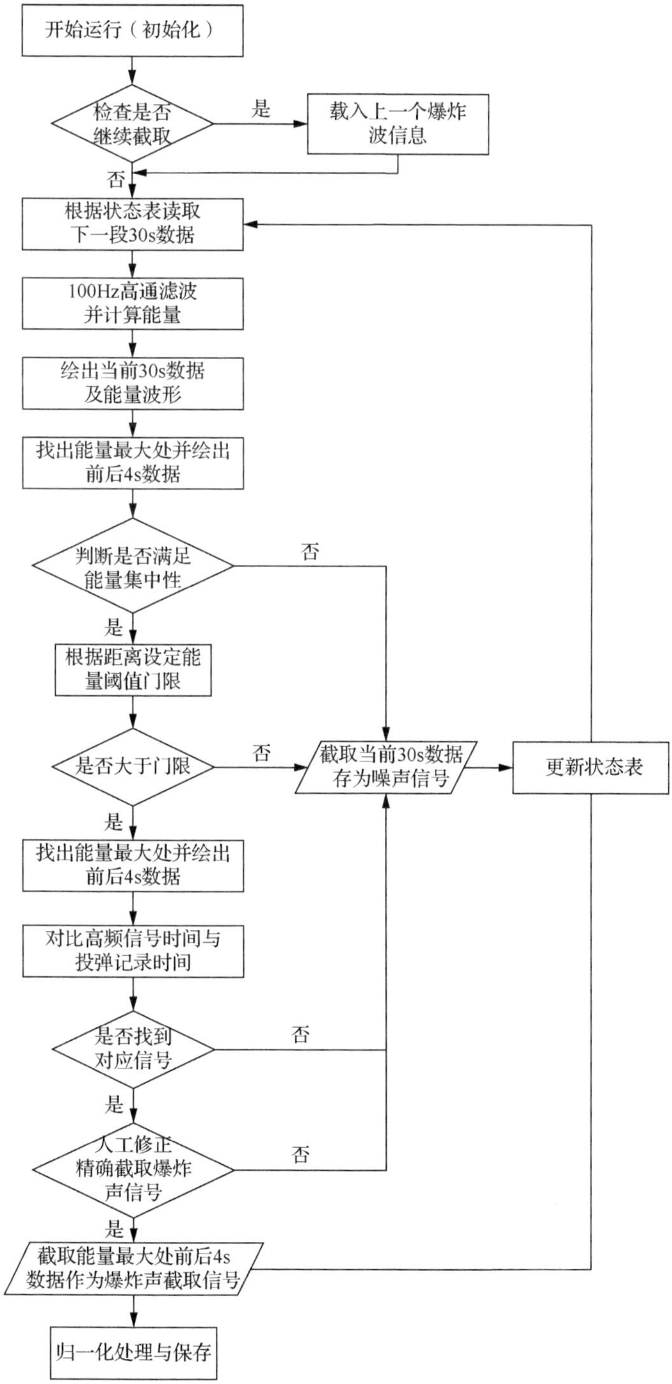

图 8.12　水声传播数据信号截取流程图

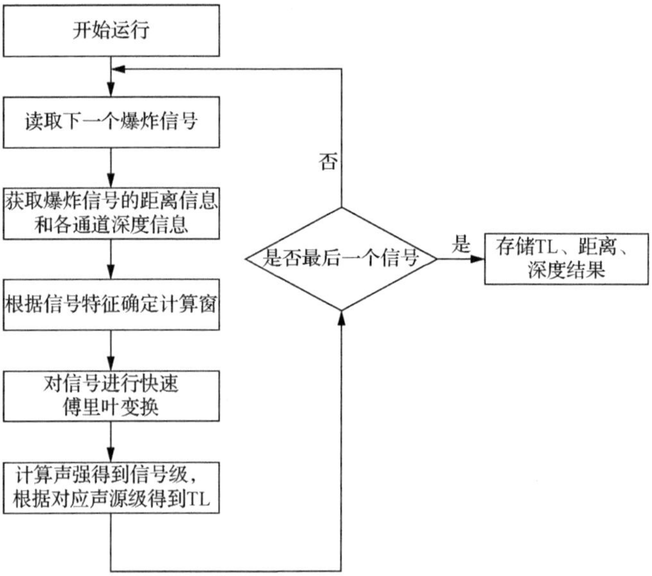

图 8.13　传播损失计算流程图

（2）海深数据处理。

剔除原始数据中的无效信息并去除误差较大的奇点，对深度数据进行平滑处理，从而得到各测线对应的海底深度。数据处理流程如图 8.14 所示。

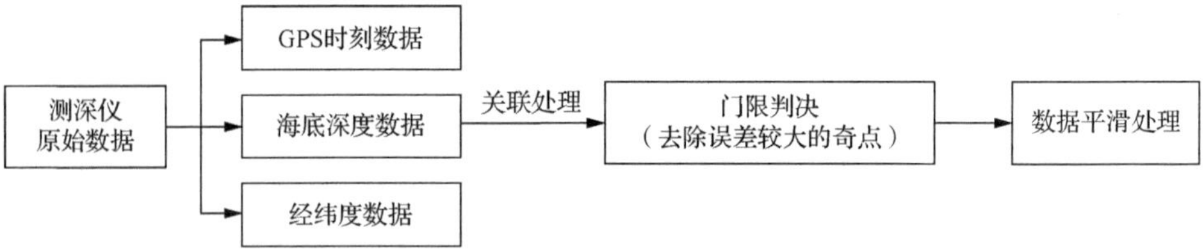

图 8.14　测深仪数据处理流程图

数据预处理：由北斗或 GPS 记录时间、位置等测量数据，处理时同步提取时间（统一天文时）、位置（经纬度）、海深等数据。其中，每一个时刻数据对应一组位置数据，若 1 个时刻对应多组深度数据时，仅提取第一组有效数据。

门限判决处理：由于受测量环境、设备工作状态等因素影响，海深数据中会出现零点或误差较大的奇点，此时，需对深度数据进行门限判决，以剔除零点以及误差较大的奇点。

平滑处理：平滑处理的目的是去除“毛刺”、使数据曲线更为平滑。在平滑处理过程中，应根据测量值误差产生的原因合理选择平滑方法：浅海测量时，产生误差的原因主要有多途传播、声散射等，其表现形式为测量值围绕真实值上下波动，所以对浅海测量的数据平滑处理时，应取其均值趋势，这里选用双向α滤波器；深海测量时，则主要误差由测量船摇晃产生，其表现形式主要为测量值大于真实值，在对深海测量数据平滑处理时，应取数据的上包络。

（3）CTD 数据处理。

根据水文数据获取规范，CTD 设备下放速度保持在 0.5～1.0m/s，船体摇晃剧烈时可以快速下放，达到 1.5m/s，且下放过程中保持速度不变，以避免出现水文数据跳变现象，因此对原始水文数据应以其下放过程中获取的数据为准。同时，由于 CTD 设备在海面入水时需要一定的反应时间，因此需对海面处的水文数据进行筛选，以获取有效的水文数据段；对于下放过程中调查船晃动及仪器测量导致的数据扰动，需对其进行滤波、平滑处理。数据处理流程如图 8.15 所示。

图 8.15　CTD 数据处理流程

5）数据质量控制

水声传播数据质量控制主要包含两个方面：一是对原始数据进行初步的质量控制；二是对声学数据特征提取结果的质量控制。

（1）原始数据质量控制。

由于海上调查作业现场获取的原始数据并不都是有效的或完整的，因此在数据处理前必须进行质量控制，以保证后续处理结果的准确性和有效性。这里的原始数据主要指除水声传播以外的同步数据，包括水听器深度、海深、爆炸声源投放记录、北斗/GPS 数据以及 CTD 和 XBT 等同步测量数据。对于经过标定的声学调查设备记录的声学数据，我们认为是有效的。

根据海洋声学调查数据处理经验，原始数据可能存在两种情况：某一时间段内的数据缺失和某一部分数据无效。首先，根据待检查的原始数据的标准格式，结合调查现场情况描述信息，对数据是否存在内容缺失进行检查；在数据无内容缺失情况下对数据的有效性进行检验，此时需要根据经验和调查现场情况对数据质量进行人为控制。

（2）特征数据质量控制。

对水声传播数据处理输出的声学特征数据进行有效性检验。通过将调查获取的同步水声环境数据作为模型输入，计算各测线或各测量站点处的声场，并与计算的水声传播损失、幅频特性等结果进行比较，并以人工方式进行比较和结果判断，实现对声学模型的验证。

3. 模型检验

以 2014 年在中国南海某深海海域开展的水声传播试验数据进行模型检验。水声传播试验基本设置如图 8.16 所示，由 16 个自容式水听器组成的垂直线阵接收水声信号，阵列采用锚底方式，水听器深度为 100～820m。水听器灵敏度为-180dB，试验前经过标定和校准。调查船以 10kn 航速直线驶离接收基阵，每隔 1km 投放 TNT 当量为 1kg、标称爆炸深度分别为 50m 和 300m 的两类爆炸物作为声源信号。水听器阵列的锚定点、爆炸声源的投放位置均由 GPS 测量记录。阵倾斜时偏离锚定点的位移可通过近距离爆炸声源的多途时延进行校准。

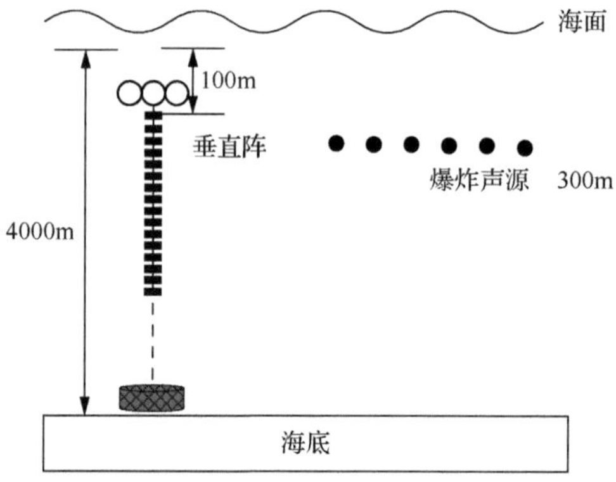

图 8.16 南海水声传播试验基本设置示意图

试验海域的平均海深约 4000m，试验船航行方向上的海深变化如图 8.17 所示。从图中可以看到，试验航路上的海深变化平缓，地形坡度小于 0.2°。利用 CTD 测量得到的深海声速剖面如图 8.18 所示，表面波导厚度约 70m，声道轴深度约 1100m。海面的平均声速为 1541m/s，大于海底处的声速值 1527m/s，此时为不完全的深海声道，在海面附近出射的部分声能触碰海底，形成海底反射。

利用水声传播的试验数据对 PE（抛物方程）模型的检验结果如图 8.19 所示。从图中可以看出，在图 8.19（a）中，在声源深度 300m、接收深度 177m 的测线上存在非常明显的会聚区结构，在 120km 的观察距离内，PE 模型准确预报出 2 个会聚区，其中，第 1 个会聚区的位置在距声源 50km 处，第 2 个会聚区的位置在 103～108km，间隔约 50km；声源深度变浅时，深度余量消失，此处观察不到会聚区结构，与 PE 模型的预报结果一致。此外，0～50km 范围内 PE 模型计算结果和试验测量结果平均绝对误差小于 3dB，这说明 PE 模型预报结果与实测数据吻合度高，通过实测数据验证了 PE 模型的预报性能。

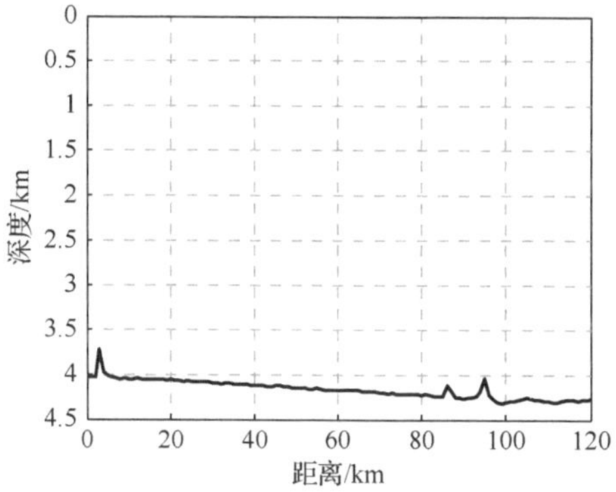

图 8.17　试验海域地形起伏剖面

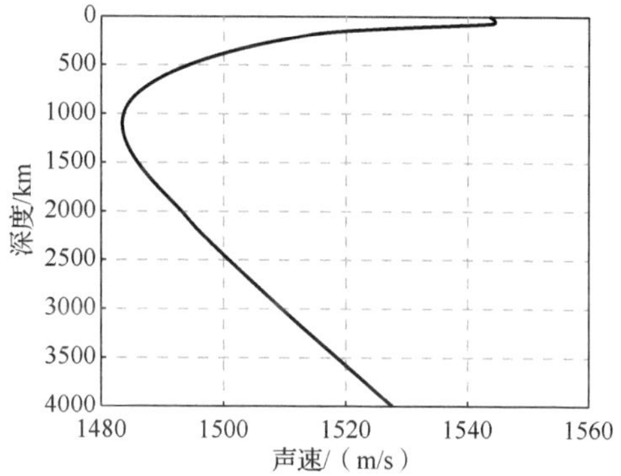

图 8.18　试验海域声速剖面

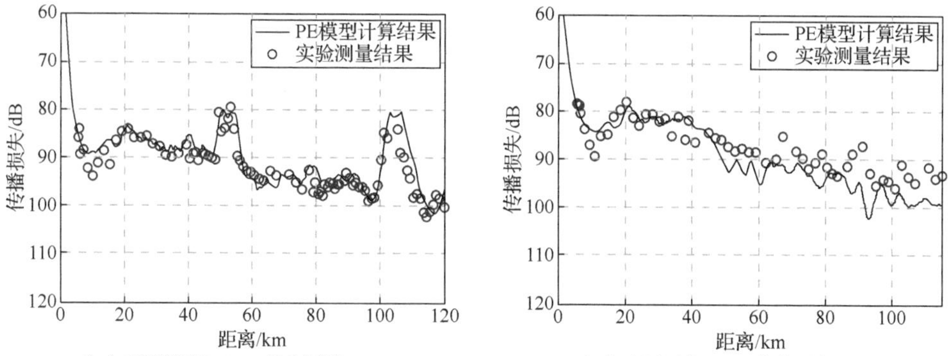

（a）声源深度300m，接收深度177m　　（b）声源深度50m，接收深度177m

图 8.19　PE 模型计算结果与测量结果的比较

8.1.3　水声传播模型评价

利用标准问题和实测数据对水声传播模型进行检验验证，可实现对模型计算精度、适用条件等的评价[2]。水声传播模型的理论研究和实测数据检验已经表明：①射线模型[3]在低频条件下不适用，此时海底反射损失计算无法用平面波反射系数进行精确描述，特别在 200Hz 以下，切变波影响更为重要，并存在复杂的海底声透射和再辐射现象。②简正波模型[9]最大不足在于仅能处理弱距离相关水声传播问题，其计算复杂度随着频率和深度的增加会迅速上升。③多路径展开模型[4]

需把每一模态分解为上下传播的两个子波，此时同样会遇到与射线理论中的反射系数求解问题，在低频情况下存在同样的缺陷。④波数积分模型需对整个波数域和频率域进行积分，计算量大，一般只作为算法验证用，很少用于实时处理。⑤抛物方程模型[11]在频率超过 1000Hz 时速度计算非常慢，一般并不适于计算中频以上的水声传播问题。

总的来看，并不存在一种普适性的模型，各种水声传播模型都有其自身优势和缺陷，通常应当组合使用：求解低频水声传播问题，通常可采用简正波、抛物方程或多路径展开等模型；求解高频水声传播问题，则主要使用射线模型，而波数积分模型很少应用。另外，海底底质的声学建模相当复杂，特别在浅海环境下，由于海底声学特性随空间变化呈现出很大的差异性[12,13]，想要构建精确、普适的模型，在当前阶段仍是不可能的。但在某些指定的海区，通过长期精细观测，对获取的丰富的测量数据进行拟合、插值，可实现对海底底质有限精度的声学建模。这些因素表明，在声学模型的检验评估中，来自海洋环境的不确定性始终存在、难以消除[14,15]，一般情况下应当对其影响进行评估，而不能简单地看成确定系统。

8.2 声呐系统动态效能计算系统检验

声呐系统动态效能计算系统检验，其本质就是检验声呐在动态数据获取和模型组织驱动下探测能力预报模型的精度和适用条件。考虑声呐系统动态效能影响因素众多，设置标准问题检验并不适用，一般主要采取试验方式进行模型检验。通过声呐系统动态效能的理论计算值和实测值的比对分析，实现对声呐效能动态计算系统性能的检验。

8.2.1 检验方法

依托海上试验开展声呐系统动态效能计算系统检验，所需的测量要素和试验航路较多，覆盖声呐效能检验所需的水深、底质以及水文等相关环境条件，海区、季节跨度大，人力物力耗费多[16-20]。在组织开展此类试验时，需系统梳理声呐装备的使命任务、技术性能、作战对象、作战环境、使用方式等因素，确定试验项目，获取声呐效能数据集，同步测量声呐效能影响要素。检验过程如图 8.20 所示。

1. 检验原理

声呐效能受海洋环境、平台和目标等因素影响，始终处于动态变化中，高精度建模难度很大。检验声呐效能，首先需要精确掌握这些相关影响因素，并厘清声呐效能计算中各子模型间的相互关系和数据传递流程。在此基础上，确定声呐效能的检验步骤如下。

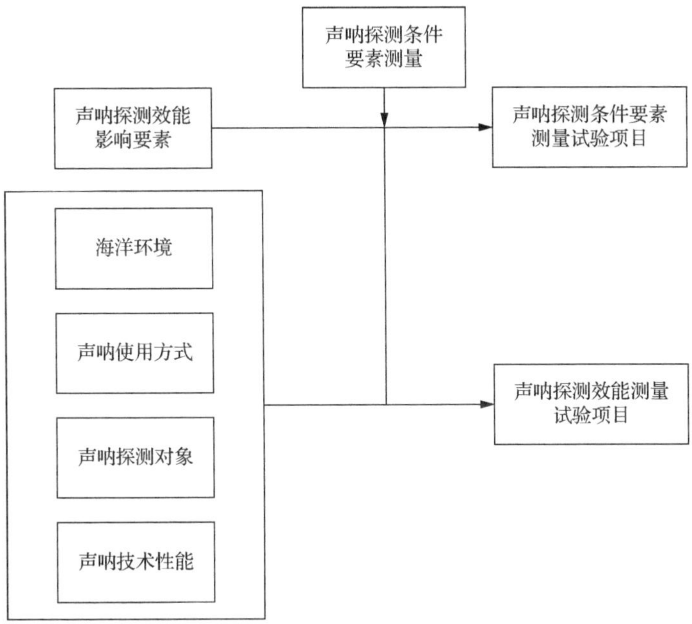

图 8.20　声呐系统动态效能计算系统检验过程

（1）建立初始模型，分析声呐效能计算模型的输出，确认影响模型精度的主要因素和关键参数。

（2）根据理论参数，计算声呐效能模型的输出。

（3）根据实测结果，对声呐效能计算模型中的关键参数进行修正，得到校准后的模型。

声呐效能计算模型检验与校准的基本流程如图 8.21 所示。

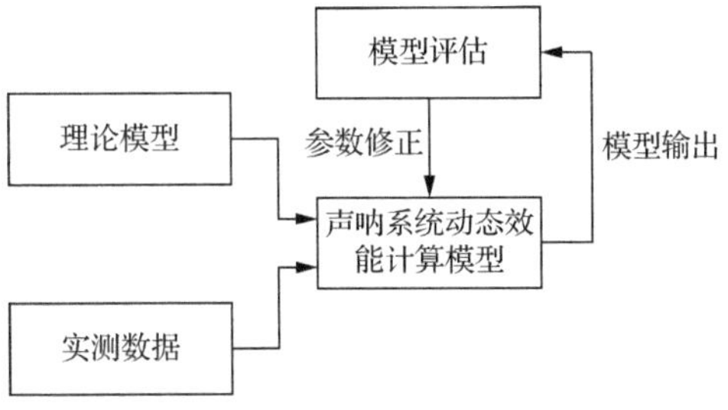

图 8.21　声呐效能计算模型检验与校准的基本流程

对声呐效能计算模型进行检验与校准时，需对声呐方程中的每个参数附加修正量。以噪声限制背景的主动声呐方程为例，修正后的主动声呐方程写为

$$\begin{aligned}\mathrm{DT}+\varDelta_{\mathrm{DT}}=&\mathrm{SL}+\varDelta_{\mathrm{SL}}-(2\mathrm{TL}+\varDelta_{\mathrm{TL}})+\mathrm{DI}+\varDelta_{\mathrm{DI}}+\mathrm{GT}+\varDelta_{\mathrm{GT}}\\&+\mathrm{TS}+\varDelta_{\mathrm{TS}}-(\mathrm{NL}+\varDelta_{\mathrm{NL}})\end{aligned}\tag{8.8}$$

式中，$\varDelta_{\mathrm{SL}}$ 为主动声呐发射声源级 SL 的修正量；$\varDelta_{\mathrm{TL}}$ 为传播损失 TL 的修正量；$\varDelta_{\mathrm{DI}}$ 为声呐基阵指向性指数 DI 的修正量；$\varDelta_{\mathrm{GT}}$ 为时域处理增益 GT 的修正量；$\varDelta_{\mathrm{TS}}$ 为目标强度 TS 的修正量；$\varDelta_{\mathrm{NL}}$ 为背景噪声级 NL 的修正量；$\varDelta_{\mathrm{DT}}$ 为检测阈 DT 的修正量。

对应的修正后的主动声呐优质因数（figure of merit, FOM）可表示为

$$\mathrm{FOM}=\mathrm{SL}+\varDelta_{\mathrm{SL}}+\mathrm{DI}+\varDelta_{\mathrm{DI}}+\mathrm{GT}+\varDelta_{\mathrm{GT}}+\mathrm{TS}+\varDelta_{\mathrm{TS}}-(\mathrm{NL}+\varDelta_{\mathrm{NL}})-(\mathrm{DT}+\varDelta_{\mathrm{DT}})\tag{8.9}$$

与实际的声呐效能相比，声呐效能计算模型计算得到的结果必然存在误差，因此需要对计算模型中每个参数进行修正。计算模型所用参数包括发射声源级 SL、指向性指数 DI、时域处理增益 GT、目标强度 TS、检测阈 DT、传播损失 TL、背景噪声级 NL。每个参数的影响因素不同，修正量的大小不同。其中，传播损失 TL、背景噪声级 NL 等与海区环境密切相关的参数，需进行海上试验加以修正；而发射声源级 SL、指向性指数 DI、时域处理增益 GT、目标强度 TS、检测阈 DT 等参数，需要使用试验数据进行修正。不难看出，要对所有模型参数进行修正，工作量非常庞大。

为简化模型检验与校准，可将模型中的多个修正量汇总为一个总的修正量，此时式（8.8）表示为

$$\begin{aligned}\mathrm{DT}&=\mathrm{SL}-2\mathrm{TL}+\mathrm{DI}+\mathrm{GT}+\mathrm{TS}-\mathrm{NL}\\&\quad+(\varDelta_{\mathrm{SL}}-\varDelta_{\mathrm{TL}}+\varDelta_{\mathrm{DI}}+\varDelta_{\mathrm{GT}}+\varDelta_{\mathrm{TS}}-\varDelta_{\mathrm{NL}}-\varDelta_{\mathrm{DT}})\\&=\mathrm{SL}-2\mathrm{TL}+\mathrm{DI}+\mathrm{GT}+\mathrm{TS}-\mathrm{NL}+\varDelta\end{aligned}\tag{8.10}$$

式中，

$$\varDelta=\varDelta_{\mathrm{SL}}-\varDelta_{\mathrm{TL}}+\varDelta_{\mathrm{DI}}+\varDelta_{\mathrm{GT}}+\varDelta_{\mathrm{TS}}-\varDelta_{\mathrm{NL}}-\varDelta_{\mathrm{DT}}\tag{8.11}$$

式（8.11）为汇总多个参量修正量后得到的总修正量。

此时，优质因数可重写为

$$\mathrm{FOM}=\mathrm{SL}+\mathrm{DI}+\mathrm{GT}+\mathrm{TS}-\mathrm{NL}-\mathrm{DT}+\varDelta\tag{8.12}$$

在混响限制下，对应的主动声呐方程和优质因数可表示为

$$\mathrm{DT}=\mathrm{SL}-2\mathrm{TL}+\mathrm{GT}+\mathrm{TS}-\mathrm{RL}+\varDelta\tag{8.13}$$

$$\mathrm{FOM}=\mathrm{SL}+\mathrm{GT}+\mathrm{TS}-\mathrm{NL}-\mathrm{DT}+\varDelta\tag{8.14}$$

对应地，考虑被动声呐探测效能计算模型，其所使用的修正后的被动声呐方

程和优质因数可表示为

$$\mathrm{DT}=\mathrm{SL}-\mathrm{TL}+\mathrm{DI}+\mathrm{GT}-\mathrm{NL}+\varDelta \tag{8.15}$$

$$\mathrm{FOM}=\mathrm{SL}+\mathrm{DI}+\mathrm{GT}-\mathrm{NL}-\mathrm{DT}+\varDelta \tag{8.16}$$

在检验过程中，需将声呐效能计算结果与试验结果进行比对分析，得到总修正量 $\varDelta$ 。由于影响总修正量 $\varDelta$ 的物理因素和模型参数众多，根据中心极限定理，可认为其近似服从高斯分布。因此，可以利用多次试验结果获得总修正量 $\varDelta$ 的样本均值和样本方差，并利用样本均值和样本方差作为总修正量 $\varDelta$ 的均值和方差。

2. 试验航路

试验航路规定了主要声呐平台的行动要点、基本态势，是组织实施声呐效能检验时平台行动的基本依据，包括声呐平台的航速、航向、航程和相互态势等要素。试验航路设计的基本原则是在满足试验目的的前提下，参试、陪试等平台的行动航路尽可能简单、便于行动、耗时少。声呐效能检验的基本航路需考虑声呐的技术体制、观察范围和试验要求等因素。

声呐效能检验的试验航路复杂多样，一般应当根据具体的试验目的、试验内容、试验要求、试验条件等进行调整。以图 8.22 为例，该航路重点考察背景噪声对声呐效能的影响。由于背景噪声（含平台自噪声、海洋环境噪声和流噪声）随航速变化，通过改变声呐平台的航速，即可检验背景噪声这一影响因素对声呐效能的影响。基本航路为：声呐平台就位于 A 点，目标就位于试验平台指定舷角 γ 、距离为 R 的 B 点。声呐平台与目标的初始距离应当根据试验条件下声呐效能的预测结果进行相应调整。

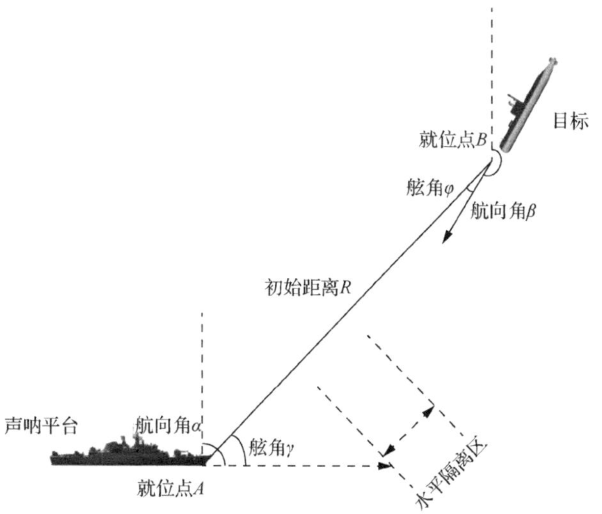

图 8.22　不同航速下拖曳声呐对目标的探测距离试验航路示意图

试验开始后，声呐平台就位，声呐基阵布放至预设深度并开机搜索，先后以预设的航速 v_S、航向（与正北方向的夹角）α 由 A 点匀速直航；目标下潜至水下指定深度，以设定航速 v_T、航向 β 由 B 点匀速直航；在声呐操作人员确认发现目标并实施稳定跟踪一段时间后，该航路试验结束。试验期间，按要求完成声呐自噪声、海洋环境噪声、声速剖面、水声传播损失、平台航速、声呐收发工作深度等条件要素测量；试验结束后，按照数据处理规程完成数据处理，估计声呐效能，并与背景噪声强度下理论预报的声呐效能进行比对分析，评价模型计算精度和适用范围。

3. 数据获取

在声呐效能试验全过程中，测量并记录声呐效能计算和实测数据分析所需要的海洋环境、目标、平台、声呐等数据。

1）海洋环境特性数据

海底底质：通过现场直接测量获取，也可通过测量试验海区的水声传播特性并利用声反演技术间接获取。

海底地形：利用地形数据库或在试验前使用测深仪按一定的间隔测量海区地形。

海洋环境噪声：通过在试验海区布放噪声测量系统，实时测量试验海区海洋环境噪声。

流噪声：测量不同航速下声呐的流噪声及其频谱特性。

声速剖面：一般在试验前、试验中、试验后分别测量试验海区内的声速剖面，并综合运用同化、数值预报等方式获取整个试验海区内全景深数据（水平、垂直）。

海流特性：测量检验海区海流的流速、流向及其在水平、垂直方向上的分布。

2）平台特性数据

平台自噪声：主要影响壳体声呐性能，测量时可采用安装在声呐导流罩内噪声监测仪实时记录海上试验期间，声呐平台在不同航速下声呐导流罩内的自噪声级。

平台航行状态：测量声呐平台位置、对水速度、对地速度、航行工况、航向、航深、纵横摇等参数。

3）目标特性数据

目标航行状态：测量参数包括声呐平台的位置、对水速度、对地速度、航行工况、航向、航深、纵横摇等。

辐射噪声：测量目标不同工况（航速）下声呐工作频段内的辐射噪声，并绘制水平指向性图，若存在线谱，应同时记录线谱数据。

目标强度：测量目标在声呐工作频段内的单/多基地目标强度，绘制水平指向性图。

4）声呐数据

声呐技术指标：发射声源级、接收基阵增益、最小可检测信噪比。

声呐探测数据：主动声呐记录回波方位、距离、信噪比、混响干扰等；被动声呐记录线谱检测、宽带检测的目标方位、信噪比等。

声呐基阵数据：数据记录仪录取的声呐阵元数据和起止时间。

4. 试验保障

开展声呐系统动态效能检验试验，需提供试验海区、试验平台、试验测控、试验数据和装备技术等保障条件。开展试验保障的主要目的是获取精确的试验数据，为精细准确检验声呐效能提供支撑条件。

1）试验海区

试验海区是指在组织声呐效能检验试验时，根据检验条件和要求选定的海域范围，是参加检验的声呐平台、试验目标平台、测控平台及其他保障平台活动的海上区域。确定试验海区的参数主要包括海区范围、海洋环境噪声/海洋混响、声速场、海况、海流、海底底质、海底地形、海深和水文气象条件等。

试验海区的范围主要根据声呐的实际探测效能确定，声呐作用距离不同，其试验区域范围也有所不同。以大型水面声呐平台为探测目标的警戒声呐、侦察声呐、通信声呐，声呐作用距离较远，试验海区相对取得较大，并且远离海岸线；而反蛙人声呐、侧扫声呐等作用距离近的声呐，试验海区可设为港内水域或试验平台驻泊地，海区范围通常比较小。

试验海区的深度一般根据试验内容、航行安全等因素确定，并满足复杂环境条件检验要求。

2）试验平台

试验平台是开展声呐效能试验的重要保障条件，主要包括参试平台（包括声呐平台和目标平台）、陪试平台以及各类支援保障平台。

声呐平台：指装备参试声呐的工作平台。在实际的声呐效能检验中，此类平台可以是装备参试声呐的水面舰艇、潜艇、反潜飞机和岸基声呐，一般应当满足声呐系统动态效能检验对机动性、工作深度等方面的要求。

目标平台：指作为被探测的目标配合声呐效能检验试验的水面舰艇、潜艇等平台。对于反蛙人声呐，也可以是蛙人、运载器、无人水下航行器等。

陪试平台：指以随同试验身份参加声呐效能检验的各类平台，可以是水面舰艇、潜艇、飞机等兵力平台，也可以是其他辅助性平台。

支援保障平台：为开展试验提供安全保障的各类平台，可以是水面舰艇、飞机等兵力平台，也可以是各类辅助性和保障性船只。

3）测控平台

试验测控是开展声呐效能检验试验的重要技术条件，也是获取声呐效能试验数据的重要途径。声呐效能检验需获取的试验数据多，一般由专业测量船担任测控平台，这类船只测控设备齐全，可同步完成试验前海底地形、底质、水声传播等要素测量以及试验中海洋环境噪声/混响、水文、海流等要素测量。试验测控系统一般由测量系统、引导定位系统、数据处理系统、遥控系统组成，如图 8.23 所示。

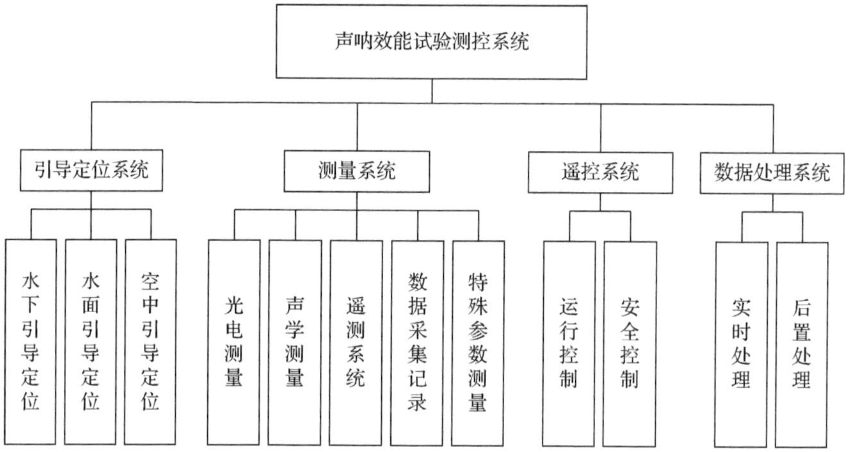

图 8.23　声呐效能试验测控系统

4）测量设备与要求

利用试验测控设备或数据记录设备，将声呐效能的影响因素数据转变成计算机可以处理的数据并进行记录存储，为后续处理分析提供条件。试验数据是试验评定的依据，试验过程中获取的试验数据是否准确有效，直接影响到试验数据处理和最终结果评定。

为做好数据采集，参试、测试平台一般需携载以下数据测量设备。

数据录取设备：用于录取整个试验期间声呐平台与目标的导航信息（时统后记录的时间、位置、运动状态等）以及声呐音视频、阵元域数据、场景数据等。

CTD：用于测量试验海区的声速剖面，测量深度自海面至海底，每隔 1m 设一个测点，试验前、试验中和试验后分别测量。

活动式水下噪声测量系统：测量试验海区的海洋环境噪声，一般在试验前半小时开始测量，直至试验结束。

声学多普勒海流剖面仪（acoustic Doppler current profilers, ADCP）：测量试验海区内海流的流速流向，试验前半小时内完成测量。

浪高仪：测量试验海区浪高，试验前 30min 完成测量。

噪声监测仪：测量声呐工作频段内平台噪声谱级，试验前半小时开始测量直至试验结束。

声呐场景记录仪：录取声呐工作场景音视频，试验前开始记录直至试验结束。

数据记录仪：记录声呐的阵元域数据，从试验开始测量至试验结束。

摄录像设备：对声呐等关键部位人员操作过程进行摄录像。

8.2.2　数据处理

声呐效能试验数据处理主要有两个目的：一是利用海上实测的海区环境条件、平台特性、目标特性、设备主要技术参数等试验数据，作为声呐系统动态效能计算系统的输入，计算在这些实测环境条件下声呐效能的理论值；二是对声呐效能数据进行统计分析，精细评估声呐在各种环境、目标、装备、平台条件下的实际探测能力。在分析获取声呐系统动态效能的理论值和实测值的基础上，通过比对分析，检验声呐效能模型体系的计算精度和适用条件。

1. *声呐效能计算数据处理*

1）海洋环境数据处理

主要针对测量获取的声速剖面、海底地形、底质，以及海面风速、海流、浪高等海洋环境数据进行处理，剔除野值，综合运用插值、格式转换、滤波平滑等方法有效控制数据质量，得到声呐系统动态效能计算系统所需的海洋环境数据。

2）背景干扰数据处理

针对声呐效能计算的背景干扰估计，通过声呐阵元域信号的波束形成处理，获取各声呐波束时域信号，运用可变窗时域滤波平滑方法，估计背景干扰级，为声呐系统动态效能计算系统提供所需的实测干扰数据；声呐系统动态效能计算系统离线工作时，海洋环境噪声、自噪声、流噪声、混响[21]等模型所需的环境数据、目标数据、平台数据和声呐数据分别由相关模型处理好统一提供。

3）声呐性能数据处理

针对声呐信号处理采用的波束形成、时域处理等算法，结合虚警概率和检测概率，计算声呐检测域、最小可检测信噪比等参数。

4）平台运动要素数据处理

声呐平台的运动要素数据主要通过平台自身的导航系统和加载的北斗、GPS 或惯导系统记录，有时可能存在野值，需对平台位置、航向、航速等数据进行质量检查，剔除野值。利用平台运动要素数据，可计算水声传播计算的空间范围、平台-目标相对态势等关键数据。

5）目标数据处理

目标运动要素数据处理，与声呐平台运动要素数据处理方法一致。声呐效能检验时，通过运动要素（位置、航向）处理得到水声传播损失、敌我舷角（敌舷角——目标看声呐平台的舷角，我舷角——声呐平台看目标的舷角）等参数；目标特性数据直接采用测量数据，并根据声呐工作频带进行迁移、泛化处理，得到指定频段范围的目标辐射噪声谱级、空时相关性等关键数据。

6）声呐效能计算

读入实测的海洋环境、目标特性以及声呐设备的检测域、最小可检测信噪比等数据，调用声呐系统动态效能计算系统计算实际环境、目标和装备条件下的声呐效能。

2. 声呐效能统计分析

根据各试验航路获取的数据，一般采用数据统计、复盘分析等方法进行数据处理，获得声呐效能试验数据。在处理过程中，需同步考虑各影响要素对声呐效能的影响程度以及来自试验等不同来源的要素数据的完备性，建立数据质量控制标准，按照“数据复盘—航路筛选—航路分级—信号余量分析与作用距离推算—声呐作用距离提取—统计分析与模型修正”的步骤，开展数据分析，如图 8.24 所示。

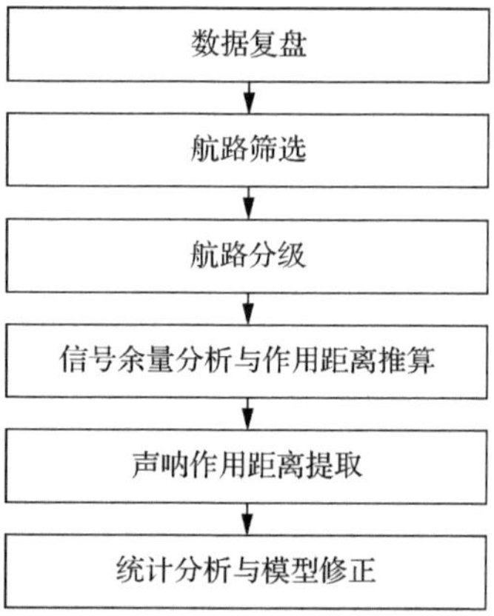

图 8.24　试验数据分析的基本步骤

具体处理步骤如下。

（1）数据复盘。在海图上把声呐平台、目标以及测控平台、周边船只的航迹全部标注出来，并按照时间发生顺序把声呐探测发现目标情况同步标注好，综合运用航迹比对、视频拣选、特征分析等手段，核定目标发现情况，并将其归为“发现”“虚警”“漏报”三类，具体做法是：将各试验航路中声呐发现的目标方位、距离与目标真实方位、距离比对，核定声呐发现目标是否为目标；通过声呐视频回放、阵元信号分析，核定是否存在声呐已检测但被漏报的目标。

（2）航路筛选。试验航路包括对定向定速目标探测的拉距航路和对自由机动目标的探测航路两大类。第一类航路为专门设计航路，数据质量高、可用性好；第二类航路中不满足数据分析质量要求的概率较高，需从中甄选声呐平台、目标均处于匀速直航且符合拉距态势的“稳定拉距航路段”。

（3）航路分级。将筛选出的拉距航路分为三级。一级航路是拉至作用距离的航路，即声呐平台和目标由远及近的航路，声呐在航路中间位置附近发现目标，或拉至接近声呐混响距离仍未发现目标；声呐平台和目标由近及远的航路，声呐发现目标后继续拉距直至目标丢失。二级航路是未拉至作用距离的航路，即声呐平台和目标由远及近的航路，声呐位航路初始阶段即发现目标。声呐全航路中目标接近声呐平台的几何盲区，或全航路中声呐平台多次机动，声阵难以稳定发现目标的航路，此类航路视为无效航路，不纳入最终的声呐效能统计分析范围。无法计入一、二级航路的有效试验航路，划为三级航路。

（4）信号余量分析与作用距离推算。针对二级航路，通过阵元域信号分析，计算航路开始（或结束）时的信号余量，并根据现场实测的水文条件、海底地形和海底底质参数，利用式（8.12）、式（8.14）和式（8.16）计算声呐优质因数，并利用优质因数和传播损失推算声呐作用距离。

（5）声呐作用距离提取。汇总一级航路中通过声呐拉距试验或通过复盘分析得到的声呐作用距离以及二级航路中通过信号余量分析得到的声呐作用距离，对数据分析结果进行质量评定，得到条件要素-声呐作用距离统计表。质量评定时，将声呐作用距离分为四级：一级数据为一级航路中拉距得到的声呐作用距离；二级数据为一级航路中声呐未现场发现，但通过事后复盘分析得到的声呐作用距离；三级数据为二级航路中通过声呐信号余量分析推算得到的声呐作用距离；四级数据为未发现目标的航路中声呐平台与目标距离的最小值（作用距离小于此值）。

（6）统计分析与模型修正。根据声呐作用距离表，统计分析不同条件下声呐作用距离随海洋环境、平台工况和目标态势变化规律，得到声呐效能数据集。通过比对同等条件下由声呐系统动态效能计算模型及系统计算得到的理论值，实现对声呐效能模型及系统的评估，给出计算精度、适用范围等评价意见。具体而言，需要结合式（8.8）～式（8.16），对声呐探测效能计算模型结果与实测结果之间的误差进行分析。利用实测作用距离，对计算模型中优质因数的总修正量 Δ 进行估算的方式有以下两类。

第一，当数据量较大时，可以假设直接总修正量 Δ 近似服从高斯分布。将多次测量获得的总修正量 Δ 的样本均值 μ_Δ 和样本方差 σ_Δ^2 作为该高斯随机变量的均值与方差，即

$$\mu_{\Delta}=\sum_{n=1}^{N}\Delta_n \tag{8.17}$$

$$\sigma_{\Delta}^2=\sum_{n=1}^{N}(\Delta_n-\mu_{\Delta})^2/N \tag{8.18}$$

$$p(\Delta)=\frac{1}{\sqrt{2\pi\sigma_{\Delta}^2}}\exp\left(-\frac{(\Delta-\mu_{\Delta})^2}{2\sigma_{\Delta}^2}\right) \tag{8.19}$$

利用式（8.19）产生总修正量 Δ，将其代入修正后的优质因数公式，包括式（8.12）、式（8.14）和式（8.16），计算得到修正后的模型预报声呐作用距离，完成声呐探测效能计算模型的检验与校准。

第二，当声呐试验数据量较少时，首先计算得到总修正量 Δ，并将该值看作高斯随机变量的一次采样。将总修正量 Δ 在少量试验中获得的均值或者单次试验值作为该高斯随机变量的均值，将其他类型声呐试验所计算得到的样本方差作为该高斯随机变量的方差，代入式（8.19）计算得到总修正量 Δ。最终代入式（8.12）、式（8.14）或式（8.16）得到修正后的模型预报声呐作用距离，完成声呐探测效能计算模型的检验与校准。

8.2.3 模型检验

根据声呐效能的影响因素分析，声速剖面、海底地形、底质、海面风速、浪高等海洋环境要素，目标的航速、航向、航深、工况等目标要素，声呐平台的航速、航向、航深、工况等平台状态要素，声呐的基阵孔径、几何构型、工作频率、积分时间、脉冲类型与宽度等参数以及采用的信号处理技术，都会影响声呐效能。声呐效能模型检验是从这些影响要素中通过测量采集一组数据，构成声呐效能模型检验的条件要素，在此基础上，通过声呐系统动态效能计算系统计算声呐作用距离的理论值，并与该条件下声呐效能的实测数据（也可查询同试验条件下声呐效能数据集）进行比对分析，从而实现对声呐系统动态效能计算系统的计算精度、适用条件等指标评价。

8.3 小　　结

本章重点讨论了水声传播模型和动态效能计算系统的检验问题。水声传播模型检验分为标准问题检验和实测数据检验：前者是通过设定标准检验环境，利用已知的解析解或高精度的数值解对模型进行比对分析的评价方法；后者主要是通过处理海洋环境调查获取的水声传播数据，获得传播损失曲线，并将其与模型的理论计算结果进行对比分析的评价方法。声呐系统动态效能计算系统检验以实测数据检验为主，通过组织专项海上试验，采集记录相关数据，对动态效能计算系统的精度和适用条件进行统计评价。由于海洋环境的复杂多变和空时采样数据的有限性，声呐效能影响要素的不确定性难以消除，数据体量的积累有助于从统计意义上理解模型的适用条件和精度分布。不断积累试验数据，强化模型性能验证，是水声模型发展的基本途径。

参 考 文 献

[1] 尤立克. 水声原理 (第 3 版) [M]. 洪申, 译. 哈尔滨: 哈尔滨船舶工程学院出版社, 1990.

[2] Etter P C. Underwater Acoustic Modeling and Simulation[M]. Boca Raton: CRC Press, 2018.

[3] Porter M B, Bucker H P. Gaussian beam tracing for computing ocean acoustic fields[J]. The Journal of the Acoustical Society of America, 1998, 82(4): 1349-1359.

[4] Jensen F B, Porter M B. Computational Ocean Acoustics[M]. New York: AIP Press, 1993.

[5] Felsen L B. Benchmarks: are they helpful, diversionary, or irrelevant?[J]. The Journal of the Acoustical Society of America, 1986, 80(S1): S36.

[6] Jensen F B. The art of generating meaningful results with numerical codes[J]. The Journal of the Acoustical Society of America, 1986, 80(S1): S20-S21.

[7] Felsen L B. Chairman's introduction to session on numerical solutions of two benchmark problems[J]. The Journal of the Acoustical Society of America, 1987, 81: 39.

[8] Jensen F B, Ferla C M. Numerical solutions of range-dependent benchmark problems in ocean acoustics[J]. The Journal of the Acoustical Society of America, 1990, 87(4): 1499-1510.

[9] 彭朝晖, 张仁和. 三维耦合简正波-抛物方程理论及算法研究[J]. 声学学报, 2005, 30(2): 97-102.

[10] 杨燕明, 李燕初. 耦合 Galerkin 简正波解的抛物方程方法水下声传播计算[J]. 海洋学报, 2007, 29(6): 33-39.

[11] Collins M D. The adiabatic mode parabolic equation[J]. The Journal of the Acoustical Society of America, 1993, 94(4): 2269-2278.

[12] 杜召平, 殷敬伟, 惠俊英. 浅海声信道特性研究[J]. 科技创新导报, 2011(2): 6-7.

[13] 高博. 浅海远程海底混响的建模与特性研究[D]. 哈尔滨: 哈尔滨工程大学, 2013.

[14] 刘宗伟, 孙超, 杜金香. 不确定海洋声场中的检测性能损失环境灵敏度度量[J]. 物理学报, 2013, 62(6): 064303.

[15] 过武宏, 笪良龙. 环境的不确定性对声呐作用距离预报的影响[J]. 装备环境工程, 2008, 5(2): 25-27.

[16] 蒋志忠, 杨日杰, 杨祥红, 等. 目标和环境特性对主动声呐浮标作用距离影响研究[J]. 指挥控制与仿真, 2010, 32(2): 43-45.

[17] 李凡, 郭圣明, 王鲁军, 等. 一种新的声呐作用距离指标评估方法[J]. 声学技术, 2009, 28(3): 235-239.

[18] 张纪铃, 胡鹏涛. 浅海声速剖面对声呐作用距离的影响研究[J]. 电声技术, 2014, 38(10): 36-38.

[19] 梁民赞, 孟华, 陈迎春, 等. 水声环境复杂性对声呐探测距离的影响[J]. 舰船科学技术, 2013, 35(4): 45-48.

[20] 鄢力, 傅调平, 邓晋. 南海海域不同声速梯度的拖曳声呐效能分析[J]. 舰船电子工程, 2013, 33(9): 152-154.

[21] 苏绍璟, 郭熙业, 王跃科. 一种海底混响时间序列仿真方法研究[J]. 系统仿真学报, 2010, 8(22): 1853-1861.

第9章　声呐系统动态效能计算的典型应用

前面各章分别介绍了声呐系统动态效能计算相关的海洋环境、目标特性、背景干扰以及声呐等各要素的主要特性、建模方法、数据获取手段和模型系统检验，阐述了声呐系统动态效能计算的基本原理、系统架构与流程步骤等方面内容。本章将举例说明声呐系统动态效能计算在声呐探测控制和模拟训练等领域的典型应用，进一步阐明该技术在水下预警探测领域的重要应用价值和广阔应用前景。

9.1　基于声呐系统动态效能计算的探测控制

声呐探测控制是以最大程度发挥声呐探测效能为主要目的，通过优化单/多基地声呐工作参数、科学组织多平台协同探测，实现降低检测虚警、减小探测盲区、扩大探测范围、提高声呐跟踪识别能力等性能的提升，是声呐系统动态效能计算技术服务于水面舰艇编队、区域水下预警探测体系作战运用的主要方向。在本节中，针对水面舰艇编队声呐使用需求，以多部声呐单基地独立工作和多基地协同工作两种基本探测模式为例，说明单基地和多基地声呐的探测控制问题。

9.1.1　作用及意义

随着海洋科学、水声物理研究和声呐技术的持续进步，人们对海洋环境与声呐探测之间相互作用机理的认知不断深化，如何提高声呐对复杂海洋环境的适应性，是水声工程领域长期关注的热点问题。早在1934年，美军在古巴关塔那摩湾组织的反潜演习中就发现了“午后效应”：舰壳声呐的探测能力具有日周期特点，一天之内起伏很大，通常上午较好，中午以后则明显恶化。如何提高声呐的环境适应性开始受到关注[1]。20世纪60年代以后，随着信号处理、电子技术和产品工艺等因素影响，拖曳声呐、吊放声呐等变深声呐成为反潜平台的主流装备[2]。与舰（艇）壳体声呐相比，拖曳声呐、吊放声呐通过改变声呐基阵深度，可实现与海洋环境的更好适配，从而有效提高复杂海洋环境下对目标的探测能力；为提高舰（艇）壳体声呐的环境适应性，垂直波束俯仰角不再固定，一般都设置为可调节，通过改变垂直波束的俯仰角，不仅可有效抑制混响干扰，还可以通过选择表面声道、海底反射、深海会聚区等水声传播路径以充分发挥声呐探测性能，满足不同海洋环境条件下声呐使用的需求。此外，根据海洋水声环境的空时相关性以及目标特性的不同，通过选用更有利的信号处理频段和积分时间，也可提高声呐与海洋环境、目标特性的适配[3]。声呐探测控制是通过综合考虑海洋环境、目标和声呐的具体情况和特点，根据声呐使用的目的要求，在遵循一定约束条件的前提下，提供声呐的优化使用策略或者对声呐探测过程进行优化控制。声呐系统动态效能计算是声呐探测控制的基础。利用声呐系统动态效能计算技术，不仅能够在动态变化的海洋环境和目标特性等条件下预报声呐作用距离，同时，还能够考虑声呐工作参数对声呐效能的影响，通过在声呐工作参数空间上的寻优，最大程度提升声呐的探测能力。声呐探测控制的目的之一就是通过控制声呐工作参数，实现最优的声呐探测能力，达到最大的声呐效能。

如图 9.1 所示，在实测的水声环境下（表面等温层 90m，以下为负梯度，声道轴深度 1020m），发射声源级 220dB，对深度为 130m 的水下目标进行探测。经分析，当拖曳声呐基阵的拖曳深度分别为 50m（表面声道内）和 150m（负梯度层内）时，探测距离分别可达 24km 和 38km。由此可见，通过优化声呐基阵深度，声呐作用距离增加约 58.3%，如图 9.2 所示。

此外，在该水声环境条件下，发射声源级为 220dB 的舰壳声呐，使用主动工作方式探测深度为 130m 的潜艇，当垂直波束俯仰角分别取 0° 和 10° 时，声呐最大探测距离分别为 5.2km 和 13km。由此可见，通过使用垂直波束俯仰功能，可提高对声隐区内目标的发现能力，声呐作用距离提升约 1.5 倍，如图 9.3 所示。

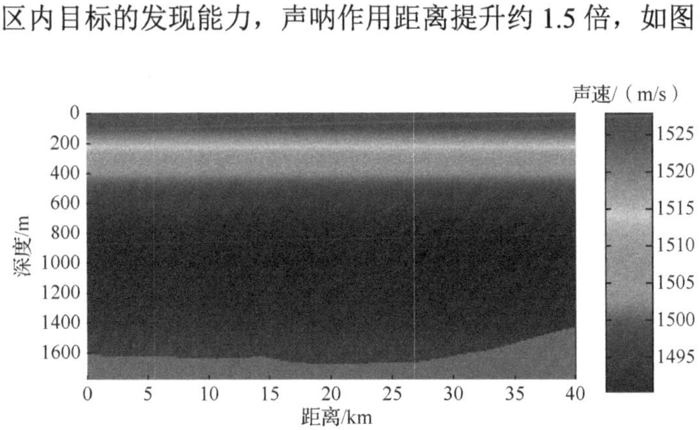

图 9.1　某海区实测的海洋水声环境（彩图附书后）

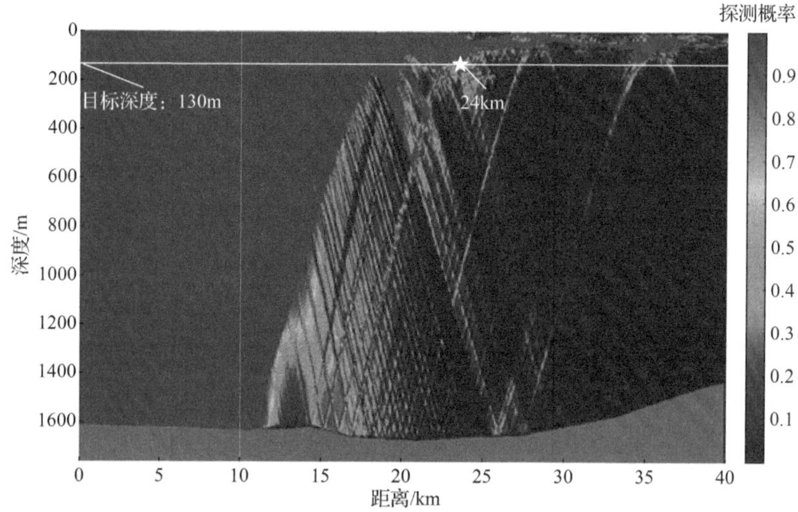

（a）拖曳基阵深度50m

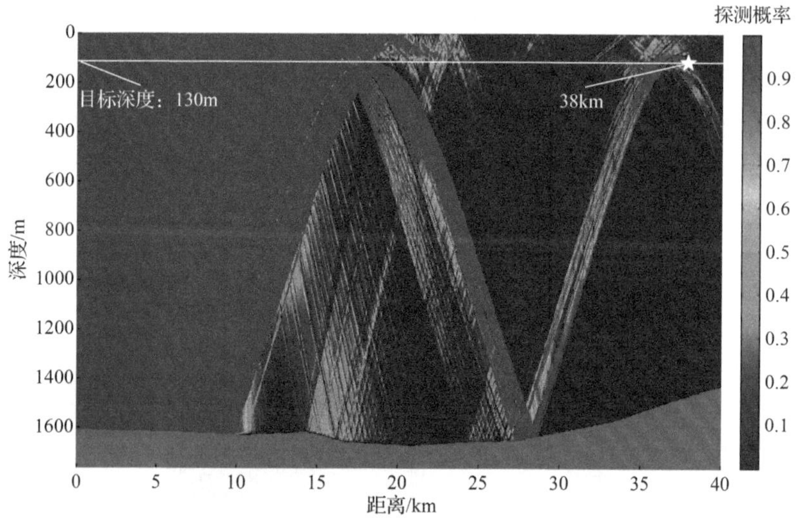

（b）拖曳基阵深度150m

图 9.2　不同基阵工作深度条件下拖曳声呐对目标的探测概率（彩图附书后）

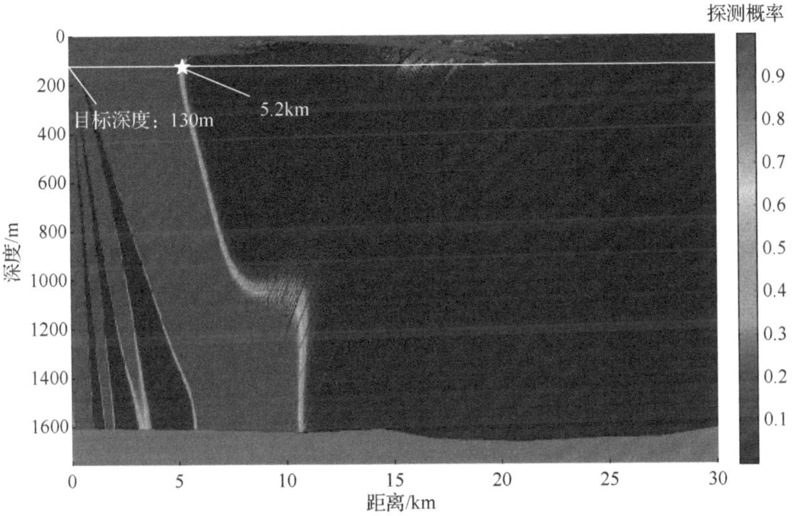

（a）垂直波束俯仰角0°

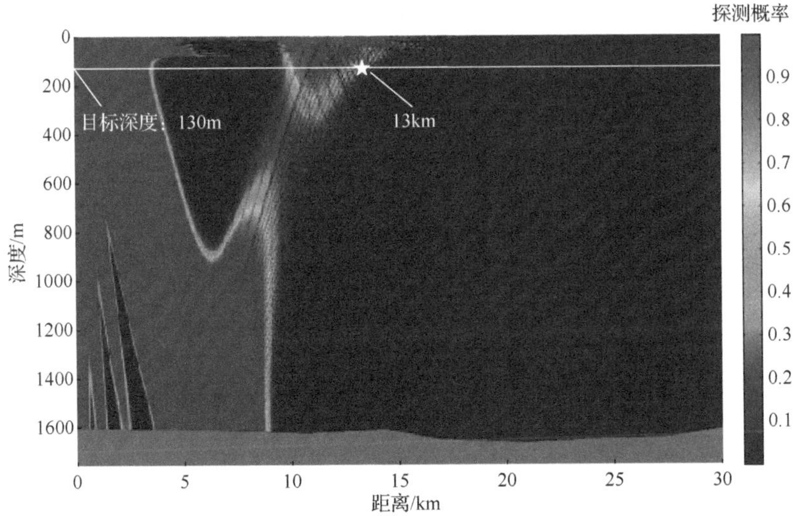

（b）垂直波束俯仰角10°

图 9.3　不同垂直波束出射角条件下舰壳声呐对目标的探测概率（彩图附书后）

由以上示例可知，在复杂的海洋环境和目标特性条件下，对声呐探测实施精准控制是非常必要的，可有效提升声呐效能。对于单部声呐而言，主要通过控制工作深度、工作频率、俯仰角、信号形式等参数，实现参数与水声环境及目标特性最优适配[4]，发挥声呐最大效能；对于编队多声呐、多基地声呐[5]而言，在对单声呐探测控制基础上，通过进一步控制声呐发射/接收基阵位、优化搜索态势等因素，缩短搜索时间，提高对潜探测概率，实现多部声呐间的最优协同探测效能。

9.1.2 功能及系统架构

声呐探测控制是以声呐系统动态效能计算为基础，采用四层技术架构，在海洋环境、装备、目标特性等数据库基础上，进一步综合传播、噪声、混响等声场计算和声呐系统动态效能计算等服务形成的应用系统。在该系统中，声呐作用距离预报是组合服务模块，综合了单声呐、多声呐和多基地动态效能计算架构，可提供编队各声呐在单/多基地探测模式下组织运用的探测控制服务。

声呐探测控制的系统架构如图 9.4 所示，主要由四层十部分功能组成，分别为标准水声数据库模块、声场计算模块、声呐系统动态效能计算模块、方案推荐模块、方案效能评估模块、作战要素设置模块、综合显控模块、用户管理模块、数据复盘模块、标准总线模块。其中，数据库、声场计算、声呐系统动态效能计算和方案推荐为核心功能模块，可覆盖单声呐、多声呐和多基地声呐探测控制的基础要求；综合显控模块除通过设置参数对系统进行计算控制外，主要用于显示声场分析结果、声呐作用距离分析结果和声呐工作参数、搜索航路的优化推荐结果；方案推荐模块中的工作参数推荐、搜索推荐、搜索航路推荐等模块，在声呐系统动态效能计算的基础上，自动完成各重要参数的优选功能。

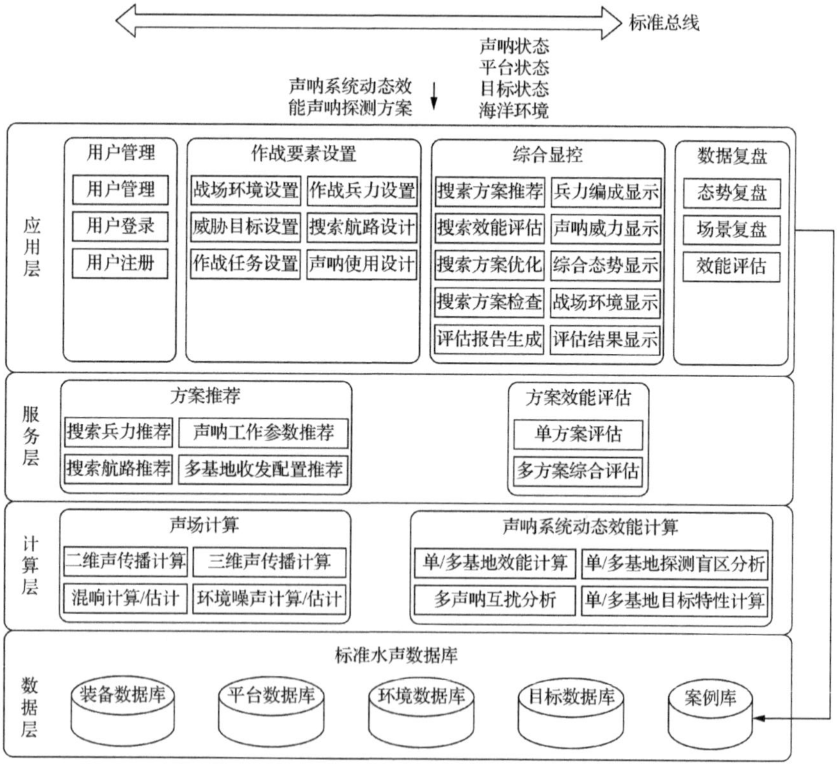

图 9.4 基于声呐系统动态效能计算的声呐探测控制系统架构

1. 主要功能

在历史数据库、现场参数测量以及声学模型体系基础上，声呐探测控制系统通过噪声/混响模型或直接利用声呐多通道的实测数据估计声呐背景干扰，分析各工作参数条件下声呐信号余量（信噪比）或作用距离，实现海洋环境、目标特性和战场态势动态变化条件下单平台声呐参数优选与控制，以及多声呐协同探测时站址设置、航路优化等功能，为声呐效能发挥和战术优化提供支持手段。

声呐探测控制系统主要功能如下。

（1）水声传播分析（二维和三维）：利用声速、海底地形、底质以及海面气象条件等各类环境数据，生成二维环境剖面或三维(N×2D)/3D 计算环境，调用二维/三维单/多基地水声传播模型，计算单/多基地探测模式下各声呐的传播损失、信道响应函数。

（2）声呐背景噪声分析：根据平台实测噪声数据或噪声计算模型，分析声呐背景噪声的时频特性、空间相关特性，提供单/多通道（舷角）噪声实时监测服务。

（3）声呐同频干扰分析：根据声呐实测的同频干扰数据或同频干扰计算模型，分析编队各声呐同频互扰的强度（可采用干扰等级描述）、影响的工作扇面及影响的距离范围，提供编队各声呐在主动工作方式下对其他声呐的干扰范围及程度的实时监测服务。

（4）混响分析：根据各声呐指定波束/多波束输出的混响数据或混响计算模型，分析单/多基地探测模式下海洋混响的时频特性和空间相关特性，提供单/多通道混响实时监测服务。

（5）目标特性分析：根据系统内置的辐射噪声、目标强度等目标特性数据，结合对抗目标态势条件，实时计算分析目标对编队各声呐辐射噪声谱级、目标强度，为优化编队声呐协同运用方式提供技术支撑。

（6）单声呐效能分析：根据单声呐工作参数和海洋环境、目标特性、背景干扰等数据，通过声呐系统动态效能计算系统计算单声呐的作用距离/探测概率。

（7）双基地声呐效能分析：根据双基地声呐工作参数和海洋环境、目标特性、背景干扰等数据，通过声呐系统动态效能计算系统计算多基地声呐的探测概率。

（8）声呐工作参数优化推荐：根据声速、海底地形与底质、海面风速与浪高等海洋环境数据以及平台噪声、混响、同频互干扰等随频段与航速变化情况，采用最优化技术，实时动态推荐单/多声呐的主要工作参数集。

（9）多基地声呐站址配置推荐：根据海洋环境、编队各声呐同频互干扰等情况，实时动态推荐编队声呐多基地探测模式下各声呐工作参数的优化、各收发站址的空间布局及方案。

2. 参数最优控制

主被动声呐工作方式不同，其所需控制的声呐工作参数也有所不同。主动声呐待控制的工作参数主要有声呐基阵最优工作深度、俯仰角、声呐信号形式、工作频段以及平台航速等。被动声呐待控制的工作参数主要有声呐基阵最优工作深度、俯仰角、工作频段、积分时间[6]以及平台航速等。不同声呐类型需要控制优选的工作参数不同，通常为上述工作参数中的全部或部分，比如舰壳声呐需要控制优选的工作参数主要有俯仰角、声呐信号形式、工作频段等，而被动拖曳线列阵声呐需要优化的参数主要有声呐最优工作深度、工作频段、积分时间。

参数优选本质上属于优化问题。假设 H 为待优化参数构成的空间，Q 为海洋环境参数构成的空间，T 为目标特性参数构成的空间，S 为声呐基阵模型等其余参数构成的空间，定义 $M\left(h,q,t,s\right)$（$h\in H,q\in Q,t\in T,s\in S$）是检验声呐性能优劣的一个测度，其目的就是针对一组特定的 $h_0\in H$、$q_0\in Q$、$t_0\in T$、$s_0\in S$ 参数集，使得

$$(h_0,q_0,t_0,s_0)=\arg\max M(h,q,t,s) \tag{9.1}$$

式中，环境参数 q_0、目标参数 t_0、声呐其余参数 s_0 是该优化模型的输入参数；待优化声呐工作参数 h 的优化结果 h_0 是输出参数。

测度函数 M 通常依据主动声呐方程和被动声呐方程获得，可以是表征信号余量、作用距离、检测概率、混响盲区等信息的表达式。

9.1.3 单基地声呐探测控制

1. 拖曳线列阵声呐

1）确定声呐基阵的最优工作深度

拖曳线列阵声呐是典型的变深声呐，声呐基阵的工作深度对声呐效能影响显著，确定最优基阵深度是声呐探测控制的首要任务。

确定最优工作深度，主要考虑水声传播和声呐背景干扰两个影响因素。海洋混响仅影响主动声呐近程探测效能，其远距离探测的背景干扰仍主要来自各种海洋环境噪声（此处应考虑噪声随深度分布的影响）和流噪声[7]。无论主动声呐还是被动声呐，根据最大作用距离的优化准则来确定声呐基阵的最优工作深度，都应选择噪声背景下的声呐方程作为测度函数来计算声呐效能。

对于预设深度的目标，通过声场分析模型计算声呐位于不同深度的传播损失，并根据噪声背景下的声呐系统动态效能计算系统计算声呐作用距离，在声呐全部工作深度上进行遍历搜索，把最大声呐作用距离所对应的基阵深度作为推荐的声呐工作深度；对于深度未知的目标，一般假设其潜航深度在一定深度范围内服从均匀分布，根据声场互易性原理[8]，通过声呐系统动态效能计算系统计算声呐作

用距离，通过遍历声呐工作深度，将使声呐作用距离的期望值最大的基阵深度作为推荐的声呐工作深度。

声呐基阵最优工作深度的计算流程如图 9.5 所示。

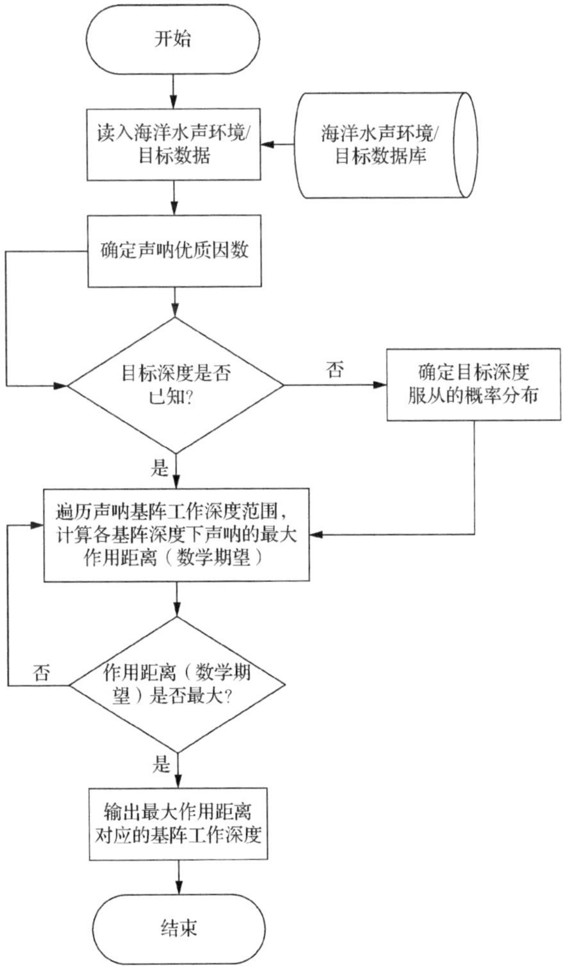

图 9.5　声呐基阵最优工作深度计算流程

2）工作频段优选

声呐工作频段也是影响拖曳线列阵声呐效能的重要因素。由第 5 章可知，拖曳线列阵声呐的背景噪声主要由机械噪声、螺旋桨噪声和流噪声组成。机械噪声是声呐平台低速航行时低频段噪声的主要成分，由线谱和弱连续谱叠加而成；平台螺旋桨噪声主要包括空化噪声和螺旋桨叶片速率谱噪声，其中空化噪声是连续谱，是高频段噪声的主要成分，与航速、工况等因素有关，螺旋桨叶片速率谱是低频段 1～100Hz 频率范围内的主要成分；流噪声主要由拖曳线列阵声呐护套外表面处的湍流激励引起[9]，随平台拖曳速度变化，在低速时流噪声谱级低于环境噪声，但随着拖曳速度增加而快速增加，10kn 以上流噪声的影响不可忽视，其谱级随频率的 3 次方下降。

声呐系统动态效能计算系统通过遍历声呐所有工作频段计算声呐作用距离，取声呐作用距离最大值所对应的工作频段作为最优频段。

确定声呐最优工作频段的计算流程如图 9.6 所示。

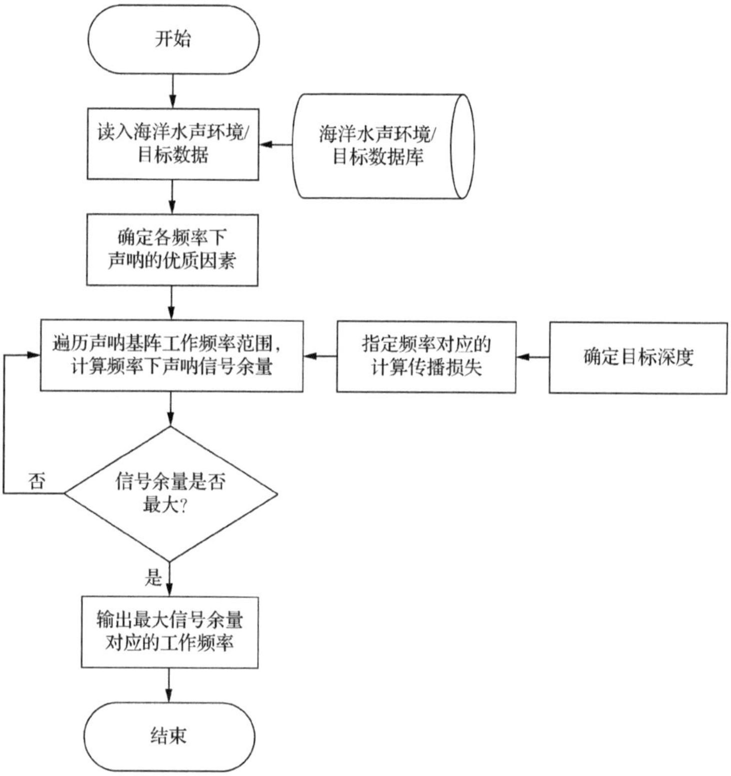

图 9.6　确定声呐最优工作频段的计算流程

2. 舰壳声呐

舰壳声呐主要的探测控制参数包括俯仰角、工作频段、信号形式、平台航速等，声呐探测控制的主要任务是确定声呐发射/接收主波束俯仰角的优化推荐值，工作频率等参数的确定方法与拖曳线列阵声呐相同，确定信号形式要兼顾抗混响和测距测速需求，确定平台航速主要考虑自噪声影响和提高搜索效率间的折中。下面仅讨论垂直波束俯仰角的确定方法。

由 Snell 定律可知，声线总是向声速低的区域偏折。此外，海底、海面反射作用，到达接收基阵的声线一般也不是水平入射，而具有一定的掠射角。因此，受声波入射角和声呐接收基阵垂直指向性的共同作用，接收声信号会产生一定的损失，通过调整声呐垂直波束俯仰角，可以减小因声线入射角偏离声基阵垂直波束方向而导致的幅度损失，并利用环境噪声的垂直指向性，提高声呐对目标的探测发现距离；或者也可以通过波束指向控制，实现对指定空间角度范围内目标的探测，减少声呐探测的盲区范围。

最优俯仰角按照最大探测距离准则或最小混响盲区范围准则来确定。最大探测距离准则，声呐系统动态效能计算系统通过遍历声呐波束俯仰角取值范围，取声呐作用距离最大值对应的俯仰角作为推荐值；最小混响盲区准则，是以混响限制背景下的声呐方程为手段，声呐系统动态效能计算系统通过遍历声呐波束俯仰角取值范围，取声呐混响盲区范围最小值对应的俯仰角作为推荐值。

按最大探测距离准则，确定最优俯仰角的步骤如下：选择初始俯仰角，由声呐系统动态效能计算系统计算该俯仰角对应的声呐作用距离，遍历所有俯仰取值，对比得到各俯仰角对应的声呐作用距离，根据最大探测距离准则，将声呐作用距离取最大值时所对应的俯仰角作为最优推荐值。

按最大探测距离准则确定声呐最优俯仰角的计算流程如图 9.7 所示。

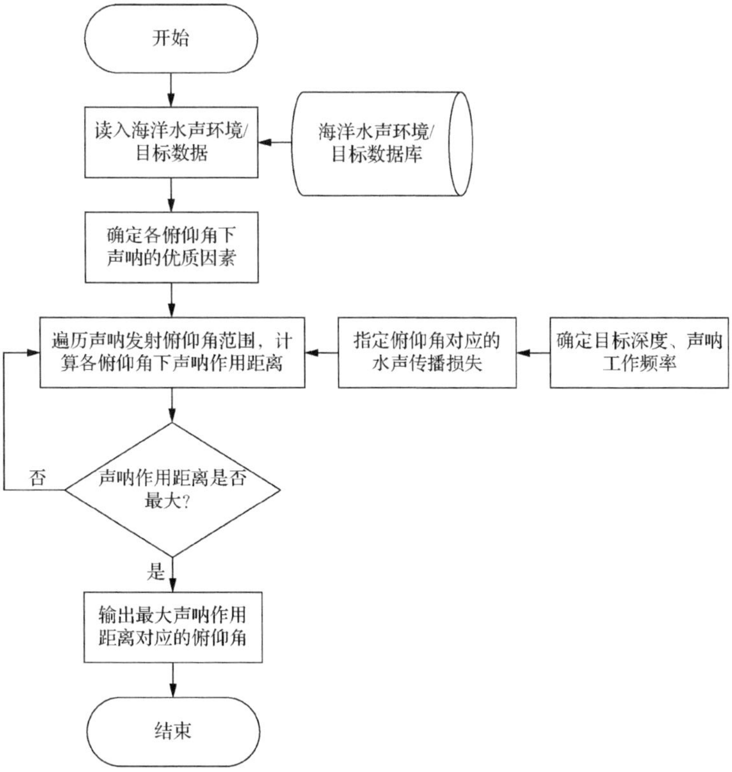

图 9.7　按最大探测距离准则确定声呐最优俯仰角计算流程

9.1.4 编队声呐协同探测控制

多声呐协同探测控制是以探测概率、探测范围、搜索效率等作战效能指标为依据，评估编队声呐在不同收发组合、不同探测模式（单/多基地）下的协同探测效能，优选出协同探测的收发配置、收发时序等控制方案。

1. 编队协同探测最优配置

编队多平台声呐最优配置是发挥编队声呐协同探测效能的重要前提。针对不同的作战任务和作战样式，编队声呐配置主要有三种典型方法：一是建立在多基地声呐效能计算基础上的快速配置算法——卡西尼卵形线简化配置算法，该算法的核心思想是利用最少数量的声呐获得最大的声呐探测范围；二是以提高编队协同定位精度为目标的多基地声呐配置算法——几何精度因子（geometric dilution of precision, GDOP）多基地声呐“模板”配置算法，在声呐探测范围内实现对目标定位误差最小化；三是基于实际海洋环境、平台干扰、目标特性以及目标可能突防态势的配置优化算法——检测跟踪参数优化配置算法。

编队声呐优化配置的目的是扩大对潜探测范围，提高对潜搜索效率（提高搜索效率、减少搜索时间等）。航空声呐（声呐浮标、吊放声呐）、舰壳声呐和拖曳声呐的使用方式和探测能力不同，所承担任务也各不相同，无法以一种配置策略完成多场景下编队声呐的优化配置。例如，针对编队中、远程警戒问题，可利用卡西尼卵形线简化配置算法建立有效的多基地探测警戒线；针对最优应召反潜阵位设置问题，可利用 GDOP 多基地声呐“模板”配置算法为反潜武器提供高精度的目标指示；针对区域封控反潜问题，可利用检测跟踪参数优化配置算法实现多基地声呐对目标搜索跟踪的最优配置/行动策略。

2. 编队协同探测的配置原则

1）声兼容设计

声兼容设计是编队声呐协同探测时首先应考虑的问题。与雷达相比，声呐可用工作频段要窄得多，主要集中在 10kHz 以下的中低频段，容易产生严重的同频干扰问题。针对编队声呐开展声兼容设计，一方面可通过多基地探测模式共用工作频段，解决多声呐同时使用时的互干扰问题；另一方面可利用频分方式和干扰抑制技术，实现编队多声呐观察的空间补盲和协同目标跟踪与精确定位。

2）最大探测范围

编队在指定海域实施检查性搜索时，通常不掌握敌潜艇位置和运动要素等先验信息，一般假设目标位置的概率服从均匀分布。此时，在对编队声呐效能进行评估时，由于不掌握目标的位置信息，目标强度会随着双基地声呐探测分置角和目标敌舷角的变化出现多达数十分贝的起伏。采用平均目标强度进行探测效能评估，编队声呐协同探测范围由圆形或卡西尼卵形几何图案构成，这些图案覆盖的区域面积越大，编队协同探测效果越好。

3）最优探测精度配置

舰机协同反潜是编队反潜的重要方式，可有效发挥主被动拖曳声呐的远程探测能力优势和航空反潜平台的快速机动与精确打击能力优势。通过舰机协同探测最优探测精度配置，反潜飞机/直升机可以根据水面舰艇声呐的预警探测信息把浮标声呐和吊放声呐快速部署至最优阵位，为反潜武器提供高精度目标指示。

4）最优检测跟踪能力配置

编队在指定海区实施巡逻封控搜索或为航母编队提供护航防潜保障时，可根据潜艇威胁方向或可能的突防态势，针对性建立编队声呐的最优检测跟踪模型，对潜艇主要威胁方向与突防效能进行科学评估，实现编队多基地声呐收发站址的最优配置。

3. 编队协同探测的配置方法

1）基于声呐系统动态效能计算的多基地站址简化配置算法

（1）算法原理。

多基地声呐收发组合方式灵活多样，由不同的发射机、接收机根据一定的原则编配而成。为方便，根据前面分析，由多基地声呐的基本组成单元入手，重点分析一发多收的配置算法。多发多收通过加强声呐互扰的约束性分析，在该一发多收算法的基础上扩展。

通常情况下，多基地声呐可由工作在相同频段上的同型或异型声呐组成，各声呐的目标检测能力、装备成本等可能有所不同。因此，可在均衡声呐效能和装备成本的基础上建立效费比评估模型，实现效费比最高的多基地声呐站址配置策略。

假设各接收机的成本为 $C_i\,(i=1,\cdots,K)$，K 为接收机数目，此外，进一步假设双基地声呐（含一发一收）覆盖的探测面积为 $A_i\,(i=1,\cdots,K)$，则基于卡西尼卵形线的多基地声呐配置策略应满足以下条件：

$$\begin{cases}\text{Obj1}=\min(C_1+C_2+C_3+\cdots+C_K)\\ \text{Obj2}=\max(A_1+A_2+A_3+\cdots+A_K)\end{cases}\tag{9.2}$$

式（9.2）为优化配置问题的通用表述形式。在实际应用中，需要结合海洋环境实测数据、兵力对抗态势等信息精细评估声呐系统动态效能和装备成本，应用要复杂得多。为简化分析，进一步假设所有接收机的检测能力和成本均一致，此

时，式（9.2）可化简为

$$\begin{cases} \text{Obj1} = K\min(C) \\ \text{Obj2} = K\max(A) \end{cases} \tag{9.3}$$

式中，C 为接收机的装备成本；A 为声呐的覆盖面积。

大多数情况下，事先无法预知目标的位置，只能在一个较大海区范围内通过预先部署各类声呐实施目标侦察。当概略确定目标位置后，再在目标附近利用飞机投放声呐浮标、磁探仪等方式进一步确定目标的准确位置。同时，为减少受敌威胁风险，通常将多基地声呐发射机部署于远离声呐搜索区域的后方。

（2）算法实现。

为减少多基地声呐接收机的数量，采取由近及远的原则，优先放置距离发射机近且声呐探测范围大的接收基阵；同时，为减少未覆盖区面积，允许双基地声呐探测范围之间有一定重叠。

算法采用基于网格的节点配置方法。首先，放置距发射节点最近且阵中心距检测区边界距离略小于声呐作用距离的接收机；然后，在该接收机周围逐渐增加新的接收机，增加的顺序是先沿着距发射机最近的坐标轴方向增加，再沿着另一个坐标轴方向扩展，拓展过程中应保证每个接收机与邻近接收机的距离 d 满足 $\alpha(r_1+r_2)\leqslant d\leqslant r_1+r_2$。

由于该算法着重解决多基地声呐的布阵问题，所以待检测区域只是一个划定的大概区域，主要关心检测区域内被覆盖面积部分，可容忍待检测区边界部分有较大的未覆盖区。在递推过程中，声呐作用距离随环境动态调整。

2）基于 GDOP 多基地声呐“模板”配置算法

（1）算法原理。

在实际应用中，为提高多基地声呐的定位、跟踪精度，以更好地满足作战需要，多基地声呐配置时还需进一步考虑定位精度问题。基于定位精度的多声呐配置的算法有很多，这里主要考虑 GDOP 作为评估标准的多基地声呐配置算法。

由于多基地声呐可视为由多组双基地声呐构成，因此对于只有一个发射基地、多个接收基地的情况，增加一个接收基地等效于增加了一组双基地声呐。假设多基地声呐组对中每组双基地声呐探测彼此独立，且每组双基地声呐对目标观测是无偏的，只是测量方差不同，则多基地声呐的 GDOP 值可表示为

$$\text{GDOP}_{\text{new}} = \left(\frac{1}{\text{GDOP}_1^2}+\frac{1}{\text{GDOP}_2^2}+\cdots+\frac{1}{\text{GDOP}_N^2}+\frac{1}{\text{GDOP}_{N+1}^2}\right)^{-\frac{1}{2}} \tag{9.4}$$

式中，GDOP_{N+1}^2 表示新增的双基地声呐的定位误差。

式（9.4）说明，多基地声呐的定位性能随着数量增加而提升。但受编队规模限制，接收基地通常不可能设置太多。如何利用有限数量的接收基地，得到尽可能小的定位误差是优化需要解决的问题。由随机信号的参数估计理论可知，先验知识越多，估计就会越准确。多基地声呐配置的“模板”算法，通过在已布设声呐接收基阵的基础上，使每个新增的多基地接收基阵所引起的定位误差 $GDOP_{new}$ 最小，即 $GDOP_{N+1}^2$ 最小。

“模板”算法的基本思想就是每次新增一个接收节点都需要根据特定的测量误差和距离 R，确定发射节点、接收节点和最小 GDOP 值点等三个配置要素，如图 9.8 所示。

图 9.8　“模板”示意图

（2）算法实现。

在算法实现过程中，“模板”的提取则为一个降维处理过程，它将声呐的站址配置问题简化为仅含 5 个变量元素的向量空间匹配问题，这 5 个元素分别是新增接收节点的测量误差、发射节点到目标的距离 R、发射节点坐标，接收节点坐标和最小 GDOP 值点坐标。一旦概略确定目标位置后，即可将数据库中的“模板”与实际的多基地声呐进行匹配。

由于“模板”需要利用海洋环境、声呐效能等先验知识，相关的“模板”信息要素需先期计算并存储。此外，随着环境、目标和装备状态的实时变化，通过声呐系统动态效能计算系统动态更新声呐效能数据并补充入“模板”库。

3）基于优化检测跟踪的多基地声呐配置算法

针对多基地声呐组合运用方式的灵活多变，以优化检测跟踪能力为目标对多基地声呐进行站址配置，实现多节点探测信息的同步获取与融合处理，可有效提高多基地声呐的探测能力。

（1）算法原理。

基于优化检测跟踪的多基地声呐配置的算法实现如下。

步骤 1：反潜区域规则化。将非规则的反潜区简化为矩形、梯形或扇形区域。

步骤 2：建立反潜作战海区的潜艇战术模型。根据潜艇可能突袭方向，在反潜区内设计多条直线战术机动航迹，且各条航迹不相交长度为$(L_1, L_2, \cdots, L_N)$，机动航迹之间的最大间距Δ设为声呐作用距离的 1/4～1/3，以避免航迹过疏导致的探测盲区或航迹过密导致的计算冗余。因此，总航迹数N为

$$N = \text{round}\left(\frac{\max(L_{\text{in}}, L_{\text{out}})}{\Delta} + 0.5\right) \tag{9.5}$$

式中，L_{in}和L_{out}分别为潜艇进入反潜作战海区和驶出反潜作战海区的边长或弧长。

步骤 3：根据主动声呐的探测周期T，设计各条航迹上的对潜探测节点，第i条航迹上的节点间距D_i为

$$D_i = v_i T \tag{9.6}$$

式中，v_i为潜艇运动速度。因此，第i条轨迹的探测节点总数M_i为

$$M_i = \text{round}\left(\frac{L_i}{D_i} + 0.5\right) \tag{9.7}$$

步骤 4：给定多基地声呐发射节点和接收节点的最大数量分别为N_1和N_2，建立多基地声呐阵位空间$X = [x_s(1), x_s(2), \cdots, x_s(N_1), x_r(1), x_r(2), \cdots, x_r(N_2)]$。编队多基地声呐的发射声源轮流发射方式工作，则航迹i的第j个探测节点对应的发射声源k_1为

$$k_1 = \text{mod}(j, N_1) \tag{9.8}$$

步骤 5：接收基阵k_2接收时，对航迹i的第j个探测节点的检测概率$P_d(i,j,k_2)$为

$$P_d(i,j,k_2) = \mathrm{e}^{-\frac{\text{DT}(k_1,k_2)}{1+\text{SNR}(i,j,k_1,k_2)}} \tag{9.9}$$

式中，$\text{DT}(k_1,k_2) = 10\lg(d(k_2)/(2T_p(k_1)))$为接收基阵$k_2$的设计检测阈，$d(k_2)$为检测指数，可根据选定的检测概率和虚警概率从接收机工作特性曲线上查得，$T_p(k_1)$为声源k_1的发射信号脉宽；$\text{SNR}(i,j,k_1,k_2)$为潜艇目标位于航迹i的节点j时，声源k_1发射，接收基阵k_2接收时的输出信噪比：

$$\begin{aligned}\text{SNR}(i,j,k_1,k_2) = {} & \text{SL}(k_1) - \text{TL}(i,j,k_1) - \text{TL}(i,j,k_2) - \text{NL}(k_2) \\ & + \text{TS} + \text{DI}(k_2) + \text{PL}(k_1,k_2)\end{aligned} \tag{9.10}$$

其中，$\text{SL}(k_1)$为多基地声源k_1的发射声源级；$\text{TL}(i,j,k_1)$为多基地声源k_1和航迹i的节点j之间的传播损失；$\text{TL}(i,j,k_2)$为多基地接收基阵k_2和航迹i的节点j之间的传播损失；$\text{NL}(k_2)$为接收基阵k_2的噪声级；TS 为目标强度；$\text{DI}(k_2)$为接收基阵k_2的接收指向性指数；$\text{PL}(k_1,k_2) = 10\lg(T_p(k_1))$为接收基阵$k_2$的时间处理增益。

步骤 6：计算声源 k_1 发射，编队全部接收基阵，对航迹 i 的节点 j 的联合检测概率 $P_d(i,j)$ 为

$$P_d(i,j)=1-\sum_{k_2=1}^{N_2}(1-P_d(i,j,k_1,k_2)) \tag{9.11}$$

步骤 7：计算航迹 i 的代价函数 $C(i)=\sum_{j=1}^{M}P_d(i,j)\Big/M$，则对应多基地声呐阵位空间 X 时的全部 N 条可能潜艇航迹的全局代价函数 C 为检测能力最小的航迹代价函数，即

$$C=\min_{\forall i}(C_i) \tag{9.12}$$

因此，多基地声呐阵位配置就是利用最小最大准则，搜索一组使全局代价函数 C 最大化的多基地声呐阵位空间 X 。

步骤 8：利用梯度法在多基地声呐阵位空间 X 上实施搜索，有

$$X^{k+1}=X^k+a^k\nabla f(X^k) \tag{9.13}$$

式中，X^k 和 X^{k+1} 分别为第 K 次和第 $K+1$ 次搜索的多基地声呐阵位空间；a^k 为第 K 次迭代搜索的步长；$f(X^k)$ 为全局代价函数，

$$f(X^k)=C=\min_{\forall i}\left(\frac{\sum_{j=1}^{M}P_d(i,j)}{M}\right) \tag{9.14}$$

$f(X^k)$ 的梯度估计为

$$\frac{\partial f(X^k)}{\partial X^i}=\frac{1}{2h}(f(X^k+h\boldsymbol{e}^i)-f(X^k-h\boldsymbol{e}^i)) \tag{9.15}$$

式中，i 为笛卡儿坐标系的维数；h 为梯度方向上的固定长度；$\boldsymbol{e}^i$ 为笛卡儿坐标系的方向向量。

步骤 9：计算新阵位 X^{k+1} 的全局代价函数 $f(X^{k+1})$，若 $|f(X^{k+1})-f(X^k)|<\beta$，$\beta$ 为一合适小的正数，则新阵位 X^{k+1} 即优化配置后的多基地声呐阵位。否则，重复步骤 4～步骤 9。

图 9.9 为优化配置算法流程，图 9.10 为单节点的探测概率分布图，图 9.11 为反潜作战海区及假设的潜艇态势，图 9.12 为三节点阵位优化配置结果和效能分析图。

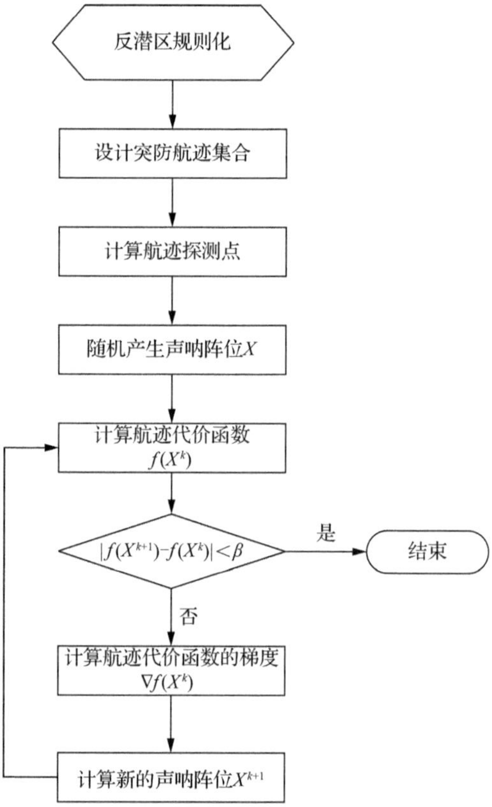

图 9.9　优化配置算法流程图

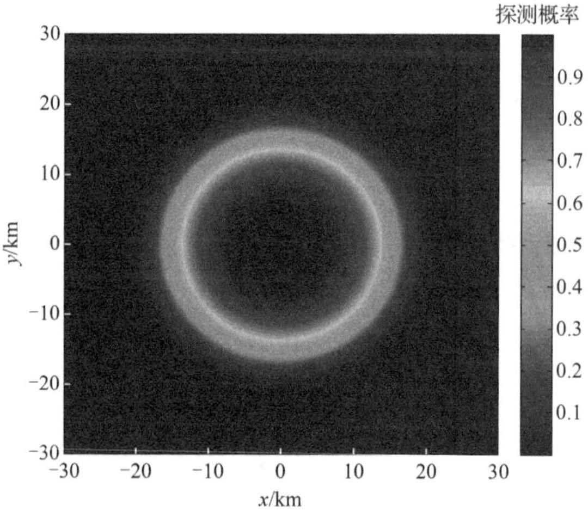

图 9.10　单节点探测概率图（彩图附书后）

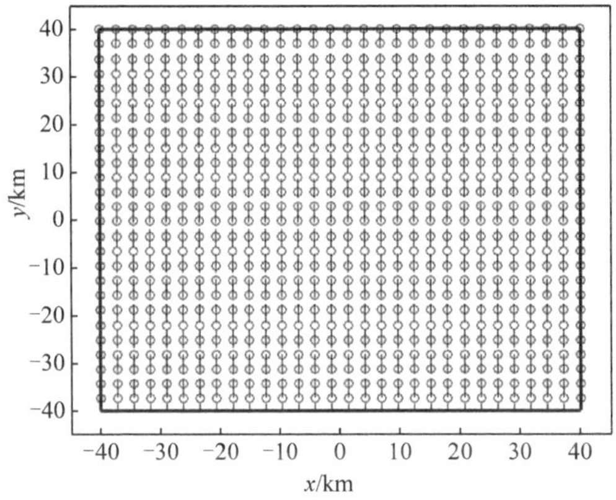

图 9.11　反潜区域及潜艇突破航迹示意图

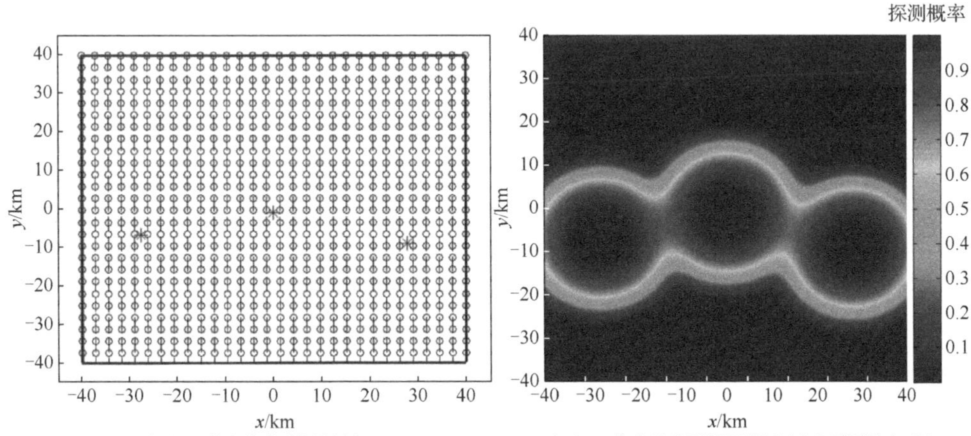

（a）三节点优化配置结果　（b）三节点优化配置效能分析（彩图附书后）

图 9.12　三节点优化配置和效能分析图

（2）算法实现。

在最优配置方法中涉及对探测区域内求目标函数最大时对应的多基地配置组合的问题。当参与配置的发射/接收机数量有限时，可采用全局寻优搜索的方法来得到多基地最优配置，但当参与配置的发射/接收机数量较多时，采用全局寻优搜索的方法由于计算量太大，需要较长的计算时间，实时性有所降低。

最速上升法在目标函数出现极大值时迭代结束。当目标函数在全局范围内仅存在一个极大值点时，该极大值所对应多基地声呐声源-接收机对的组合即最优配置组合；但当目标函数在全局范围内有多个极大值点时，受初值影响收敛至初值附近的极大值点，从而使得目标函数极大值点所对应的多基地声呐声源-接收机对组合可能不是全局最优的，而仅为局部最优解。为此，需要对整个搜索区域划分网格进行全局搜索。

以上对多基地声呐站址配置的基本原理方法进行了介绍。声呐系统动态效能计算作为基础支撑技术，可根据海上环境和声呐参数的动态变化对配置参数进行动态调整变化，使得多基地声呐与海洋环境和对抗态势的变化相适应，进一步适应复杂的反潜作战环境。

9.2 基于声呐系统动态效能计算的模拟训练系统

9.2.1 作用及意义

军事训练作为实现指战员的体能、智能、技能与装备性能有机融合，生成战斗力的重要基本手段[10]，主要有两个作用：一是通过训练中对装备的实际运用，检验装备的战技性能，摸清装备的能力底数，发现装备的不足，找准改进方向，为旧装备的持续改进提高和新装备的立项研制提供科学依据；二是立足装备技术特点，不断摸索适用于武器装备的战法、训法，实现技战术的充分融合、人与装备的高度统一，充分发挥武器装备技战术性能，加快推动战斗力形成。

相比于实兵训练，模拟训练具有简化训练保障、节省训练成本、提高训练质效等突出优点，是部队战斗力生成的基本方式和必要环节[11]。水声环境复杂多变，反潜作战具有很大的不确定性，打赢反潜作战，不仅取决于武器装备的技术水平，而且在很大程度上也依赖于反潜指挥员、声呐兵等关键人员对水声环境的认知水平和战术运用能力。反潜作战模拟训练在提高潜艇战、反潜战指战员对水声作战要素的理解与运用水平，提升指战员水声素养，深化水声环境认知，强化战法研究能力，提高战术运用等方面具有重要作用，成为港岸训练的基础内容，也是海上实战化训练的前提基础。模拟训练系统具有实用性、多样性、灵活性和低成本等特点，是提高装备运用和作战训练水平的重要辅助手段，也是水下作战训练领域重点发展的方向。

考虑反潜作战的特点，把声呐系统动态效能计算模块作为反潜作战模拟训练系统的核心驱动模块显得尤为必要，主要体现在：一是水文条件、海洋环境噪声、海面和水体的物理特性等因素的时变空变性，使得声波在海洋介质中的传播过程极其复杂；二是对抗过程中，敌我态势的复杂变化直接引起声呐目标特性的变化，从而影响声呐的探测性能；三是不同航速、航深条件下，声呐背景干扰特性差异大，关系到声呐探测能力的差异；四是不同机动方式、武器操控等都会显著改变声呐平台自身的声学特性，直接影响其战场隐蔽性。在这些影响因素的共同作用下，声呐效能的动态变化很大，与静态效能计算相比，采用声呐系统动态效能计算技术则可全面体现海洋环境、目标、作战平台和声呐等要素对声呐探测和作战行动的影响，模拟训练系统的仿真度要高得多，使得模拟训练更为科学高效，也更加贴近实际的海战场环境。

9.2.2　功能及系统架构

1. 主要功能

基于声呐系统动态效能计算的反潜作战模拟训练系统，主要有以下功能。

（1）潜艇隐蔽及对目标探测训练：结合潜艇对海洋环境的战术运用[12]，在潜艇目标特性、声呐装备、海洋环境等数据库支持下，结合作战推演，通过声呐系统动态效能计算系统计算每一时间步长上潜艇的暴露范围和声呐探测范围，驱动声呐目标探测、定位、跟踪等训练。

（2）水面舰艇及舰机联合搜潜训练：根据水面舰艇编队反潜典型作战想定，开展仿真推演和模拟训练。声呐系统动态效能计算系统按照导控台设定的推演步度，计算生成水面舰艇、反潜飞机等作战平台各型声呐效能，具备对潜艇综合运用变向、变速、变深战术导致声呐效能变化的即时捕捉能力，为战术对抗提供声呐探测数据，可支持多平台全过程准实时对抗的精细化仿真。

（3）反潜飞机搜潜训练：针对固定翼反潜飞机、反潜直升机等航空反潜平台搜潜训练需求，通过导控台设定模拟训练场景，固定翼反潜飞机主用声呐浮标，反潜直升机综合运用吊放声呐[13]、声呐浮标[14]等搜潜手段，由声呐系统动态效能计算系统实时计算各推演步度声呐浮标、吊放声呐对潜艇的探测能力。

（4）潜艇水声对抗训练：模拟潜艇综合运用水声对抗器材、本艇机动等手段防御来袭鱼雷的过程。在鱼雷目标特性、声抗器材目标特性、海洋环境数据库等支持下，结合对抗态势，声呐系统动态效能计算系统实时计算鱼雷报警声呐对来袭鱼雷的探测报警效能、水声对抗器材的干扰诱骗效能，为水声对抗装备操作使用、水声对抗防御作战指挥、潜艇防御来袭鱼雷战法运用等训练提供支持。

（5）水面舰艇水声对抗训练：模拟水面综合运用水声对抗器材、本舰机动等手段防御潜射来袭鱼雷的过程。在鱼雷目标特性、声抗器材目标特性、海洋环境数据库等支持下，结合对抗态势，声呐系统动态效能计算系统实时计算鱼雷报警声呐对来袭鱼雷的探测报警效能、水声对抗器材的干扰诱骗效能，为水声对抗装备操作使用、水声对抗防御作战指挥、水面舰艇防御来袭鱼雷战法运用等训练提供支持。

（6）模拟训练效果分析：利用仿真推演全程记录数据，开展复盘分析，支持关键事件切片精细化、系统性分析，自动完成作战效能指标相关数据统计分析，为效能评估提供数据支持。

2. 系统架构与组成

典型的反潜作战模拟训练系统的硬件系统架构如图 9.13 所示，主要包括水面舰艇、反潜飞机、潜艇等模拟台、编队指挥台、导控台，以及公共计算服务器、网络通信设备等。其中，水面舰艇台主要由操控、声呐、水声对抗、反潜火控和指挥等功能模块组成，实现模拟水面舰艇航行机动操控以及声呐、水声对抗、鱼雷发控和指控等要素模拟；反潜飞机台主要由操控、声呐等功能模块组成，实现飞机操控和声呐等要素模拟；潜艇台主要由操控、声呐、水声对抗、鱼雷火控、指挥等功能模块组成，实现潜艇航行机动、声呐、水声对抗、鱼雷发控和指控等要素模拟；编队指挥台主要实现水面舰艇编队组织指挥模拟；导控台主要实现反潜作战模拟训练的组织实施和导调控制，完成训练想定设计、态势显示、导调控制、过程记录回放和辅助评估等功能；公共计算服务器主要部署信号模拟、声呐系统动态效能计算和其他公共计算服务功能模块，通过提供基础数据和模型支持，实现水声环境、目标特性、背景干扰等模拟以及声呐系统动态效能计算等功能，是反潜作战模拟训练系统的核心功能模块；网络通信设备主要提供训练系统内部与外部的各类通信保障。

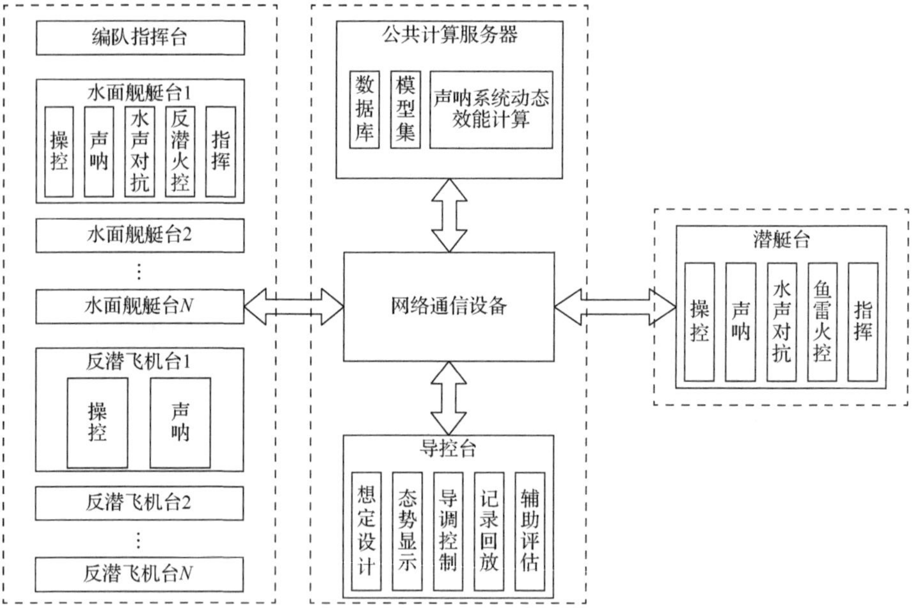

图 9.13　反潜作战模拟训练硬件系统架构

系统采用的硬件系统架构具有功能相对独立、系统扩展性好、软件公用率高等特点。不同应用场合，如单声呐装备的模拟训练、听音训练等，可以根据需求对上述功能和系统组成进行裁剪。

软件体系由作战平台、导调控制、仿真推演、声呐软件系统等功能模块组成，分别配置在各计算机构成的推演节点上，通过网络交换机连接，并以约定的协议实现系统内部模块间的通信以及与其他模拟训练系统的交联。声呐系统动态效能计算系统作为体系的基础支撑，采用独立模块方式工作，通过网络通信与各节点进行信息交互，根据计算请求，结合训练兵力及对抗态势调用环境、装备和目标特性等数据，实现声呐效能实时计算，为触发战术情节、优化推演方案提供数据支撑。

9.2.3　系统使用流程

对抗条件下声呐模拟训练系统的典型使用流程如下：

综合导控台开展训练想定设计，完成作战海区、红蓝双方兵力、初始战场态势、平台初始机动参数、海洋环境参数等的设置，并将相关信息送至计算服务器和其他相关台位。

仿真计算服务器开始动态效能计算，根据海洋环境参数和战场态势开展声场计算，根据设置的目标类型、工况等开展目标特性分析，根据战场态势、敌我工况、声呐装备参数等开展声呐效能计算，获得当前信号余量，开展声呐探测模拟，将相关结果送至声呐台和水声对抗台。

声呐台和水声对抗台对收到的声呐显示数据处理后在声呐显示界面上显示，声呐操作员判读声呐显示信息，在发现目标后进行目标跟踪操作，将目标跟踪数据送至综合导控台、操控台、声呐显控台、水声对抗显控台和鱼雷操控台。

潜舰机操控台操控员根据目标跟踪数据和本平台运动态势进行本平台机动，改变本平台的航速、航向、深度或高度，将信息送至综合导控台。

综合导控台收到各操控台发出的平台机动命令后，按一定的机动模型机动，实时计算目标运动和态势的变化，计算服务器收到机动命令后，分析变化的目标特性和背景噪声等数据。

指挥台根据目标跟踪结果及战场态势确定水声对抗目标，下达目标指示给水声对抗台，水声对抗台视情选择对抗方案并上报操控台，获得批复后释放对抗器材进行水声对抗。

综合导控台在对抗训练过程中，实时记录各平台位置及机动命令、各声呐操作命令及水声对抗、鱼雷控制等命令，同时可记录对抗过程的显示画面，在对抗结束后综合导控台根据需要完成训练效果评估和回放。

指挥台在对抗训练过程中，操作人员通过指挥台将平台机动、水声对抗方案批复、鱼雷发射及攻击等命令发送至相应的台位。

9.2.4 声呐系统动态效能计算服务

1. *主要服务*

声呐系统动态效能计算系统是反潜作战模拟训练系统的基础支撑，主要提供单声呐、多声呐和多基地声呐等多种效能计算服务，还可根据需要提供声速剖面同化处理、水声传播分析、声呐背景噪声分析、混响分析、目标特性分析等计算服务。声呐系统动态效能计算系统集成了标准化的水声数据库、水声模型库和标准化总线传输模块。

标准化水声数据库主要由标准化海洋环境、目标特性、声呐及平台装备等数据库组成，为声呐系统动态效能计算提供基础数据支撑。

标准化水声模型库主要包括海洋环境模型集、目标特性模型集和声呐平台装备模型集等内容，为海洋环境数据加工处理、目标特性分析和声呐信号检测/指向性分析/阵增益计算、背景噪声分析等提供统一的标准化分析工具。

声呐系统动态效能计算功能模块主要包括声传播分析子模块、声呐背景噪声分析子模块（包括环境噪声、流噪声、平台噪声等理论计算模块，以及多波束背景噪声计算模块，如图 9.14 所示）、混响分析子模块（包括海面混响、海底混响、体积混响等理论计算模块，以及实测多波束混响估计模块）、单声呐动态效能计算子模块、多声呐动态效能计算子模块和多基地声呐系统动态效能计算子模块等，是声呐系统动态效能计算系统的核心功能模块。

在声呐系统动态效能计算的基础上，利用导控台提供的综合信息显示模块，可实现声场分析（传播损失、声线、水平/垂直相关性）以及单声呐探测能力分析（图 7.9）、多声呐探测能力分析（图 7.14）和多基地声呐探测能力分析（图 7.18）等计算结果的可视化展示，为想定方案设计和仿真对抗推演提供海洋环境、声场和声呐效能等数据支持。

针对任意给定的动态变化的海洋环境、声呐装备和目标特性等计算参数，通过声呐系统动态效能计算系统可计算得到指定检测概率和虚警概率条件下单声呐、多声呐、多基地声呐的探测范围以及在指定虚警概率条件下声呐对目标的探测概率等声呐效能，为各应用系统提供关键数据支撑。

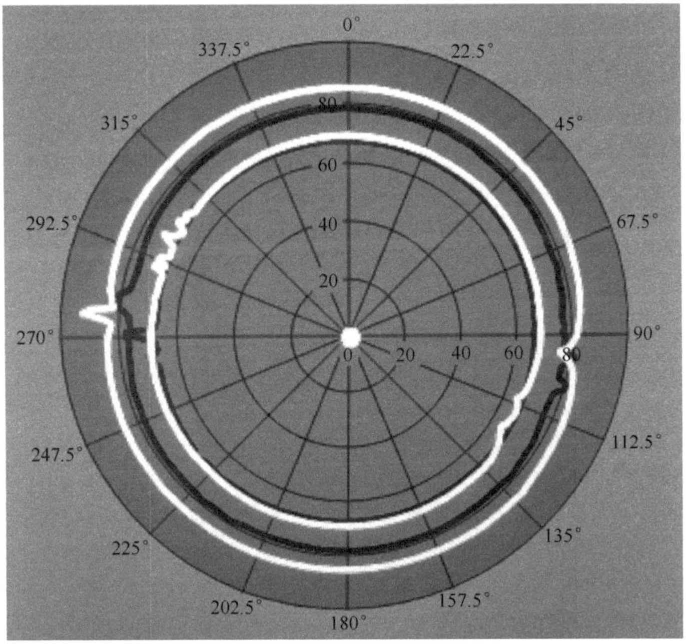

图 9.14　基于实测数据的声呐背景干扰指向性图

2. 发挥的主要作用

方案设计阶段：根据训练想定设计的训练海区、水文条件、兵力、装备，访问海洋环境、装备数据库读取相关数据，对指定的训练海区开展水声环境分析，按照设计的兵力搜索路线和声呐工作参数，计算各平台声呐探测、干扰等作战效能，并把相关数据发送给综合导控台，支撑搜索战术效能计算和方案评估。

训练推演阶段：根据综合导控台下发的训练海区、训练时间、对抗兵力、声呐/水声对抗/鱼雷等数据，访问海洋环境、装备数据库读取环境、装备数据；接收各兵力台位发送的态势（位置、航速、航向）信息，调用声场计算模块和声呐效能计算模块，实时计算水声传播损失和声呐探测、干扰等效能，并将相关数据发送给各兵力的声呐、水声对抗台位以及综合导控台，支撑声呐信号模拟、对抗效能评估。

训练评估阶段：根据综合导控台转发的复盘数据，按照指定的海区、时间、兵力和装备要求，调用相关数据和模型，完成声场分析和声呐效能计算，并将结果发送给综合导控台等相关台位，支撑对关键时间节点的精细化分析和对搜索/

对抗等战术方案的效能评估。

9.3 小　　结

本章针对声呐系统动态效能计算的典型应用，重点介绍了该技术在声呐探测控制以及反潜作战模拟训练系统中的应用。从这些典型应用可以看出，声呐系统动态效能计算是贯穿水声工程技术发展、水下战术开发、模拟训练手段建设的核心技术基础。随着海洋学、水声学、水声工程技术以及水下作战领域的不断发展，声呐系统动态效能计算相关模型体系不断新陈代谢，该技术在未来很长时间内仍将扮演重要的角色。

参 考 文 献

[1] Etter P C. Underwater Acoustic Modeling and Simulation[M]. Boca Raton: CRC Press, 2018.
[2] 王鲁军, 凌青. 现代反潜武备[M]. 北京: 海潮出版社, 1995: 20-28.
[3] 李启虎. 声呐信号处理引论[M]. 北京: 海洋出版社, 2000: 56-70.
[4] Whaite A D. 实用声纳工程[M]. 王德石, 等译. 北京: 电子工业出版社, 2004: 75-81.
[5] 王英民, 刘若晨, 王成. 多基地声呐原理与应用[M]. 北京: 电子工业出版社, 2015: 1-22.
[6] 伯迪克. 水声系统分析[M]. 方良嗣, 阎福旺, 等译. 北京: 海洋出版社, 1992: 180-198.
[7] 尤立克. 水声原理 (第 3 版) [M]. 洪申, 译. 哈尔滨: 哈尔滨船舶工程学院出版社, 1990: 281-289.
[8] Goddard R P. The sonar simulation toolset, release 4.6: science, mathematics, and algorithms[R]. Technical Report APL-UW TR 0702, 2008.
[9] 杨秀庭, 孙贵青, 李敏, 等. 矢量拖曳线列阵声呐流噪声的空间相关性研究[J]. 声学学报, 2007, 32(6): 547-552.
[10] 胡晓峰. 美军训练模拟[M]. 北京: 国防工业出版社, 2001: 75-80.
[11] 陈建华. 舰艇作战模拟理论与实践[M]. 北京: 国防工业出版社, 2002: 67-87.
[12] 卢晓亭. 潜艇作战水声环境[D]. 青岛: 海军潜艇学院, 2004: 140-150.
[13] 孙明太. 航空反潜战术[M]. 北京: 军事科学出版社, 2003: 56-106.
[14] 颜喜中. 反潜直升机声呐浮标搜潜模型研究与分析[D]. 青岛: 海军潜艇学院, 2000: 20-43.

索　引

彩　　图

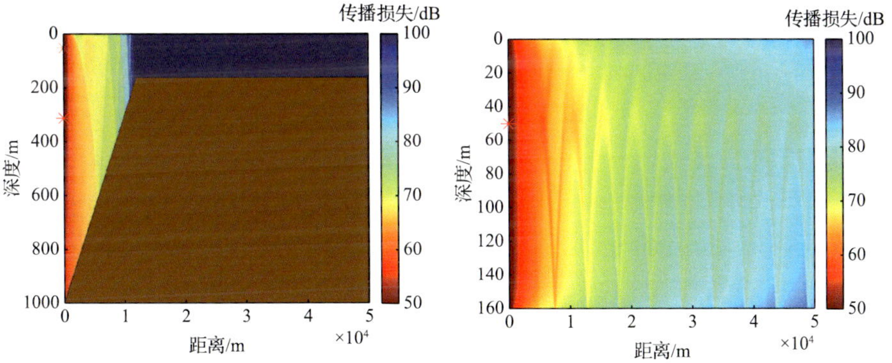

（a）大陆坡传播损失　　（c）大陆架传播损失

图 2.2　大陆坡和大陆架传播损失和声线图

仿真条件：声源深度为 50m，声波频率为 500Hz，海底底质为砂-粉砂-黏土

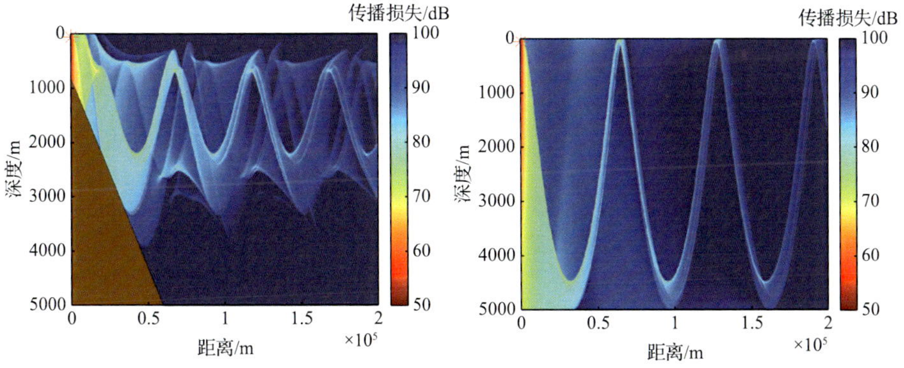

（a）大陆坡传播损失　　（c）深海平原传播损失

图 2.5　大陆坡和深海平原传播损失及声线图

仿真条件：声源深度为 50m，声波频率为 500Hz，海底底质为砂-粉砂-黏土

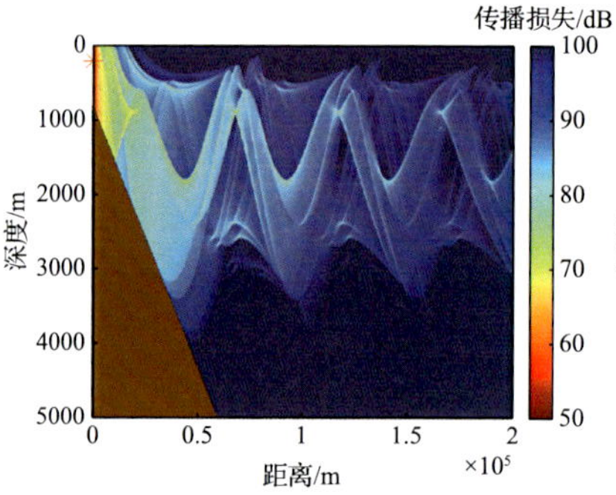

（a）大陆坡传播损失

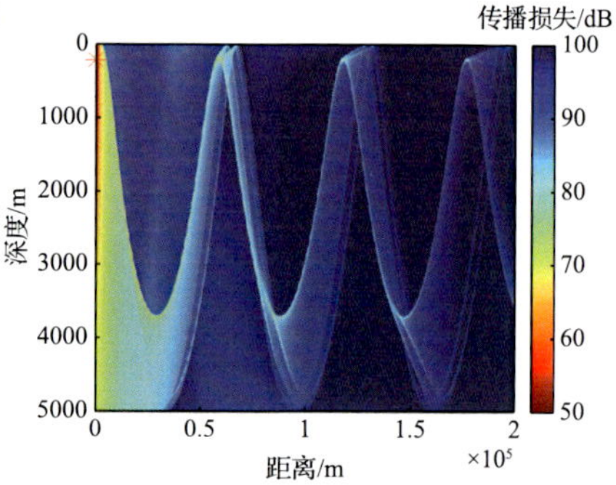

（c）深海平原传播损失

图 2.7　大陆坡和深海平原传播损失及声线图（深声源）

仿真条件：声源深度为 200m，声波频率为 500Hz，海底底质为砂-粉砂-黏土

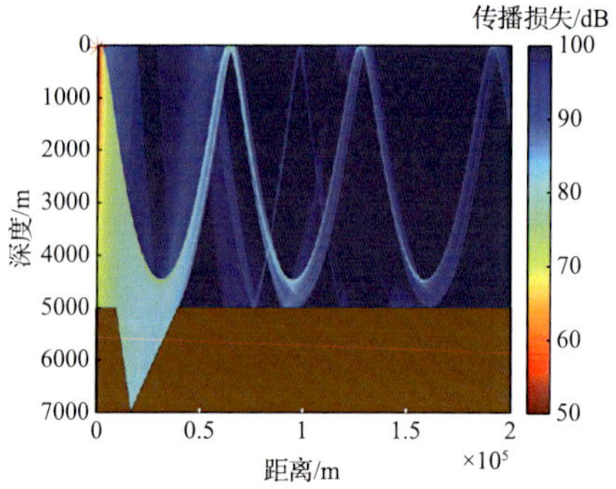

（a）海沟传播损失

图 2.9　海沟传播损失及声线图（近程声源）

仿真条件：声源深度为 50m，声波频率为 500Hz，海底底质为砂-粉砂-黏土

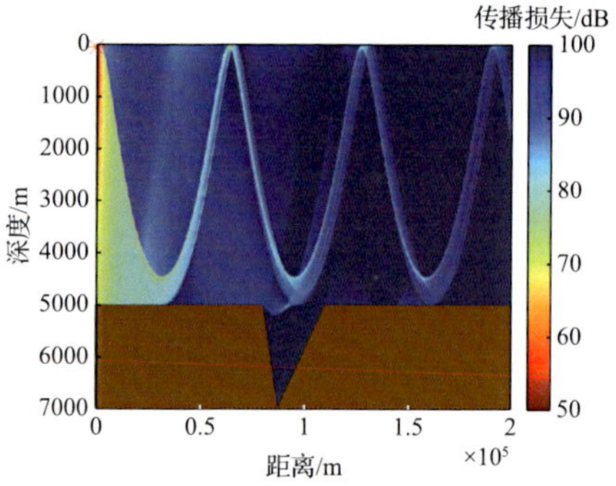

（a）海沟传播损失

图 2.11　海沟传播损失及声线图（远程声源）

仿真条件：声源深度为 50m，声波频率为 500Hz，海底底质为砂-粉砂-黏土

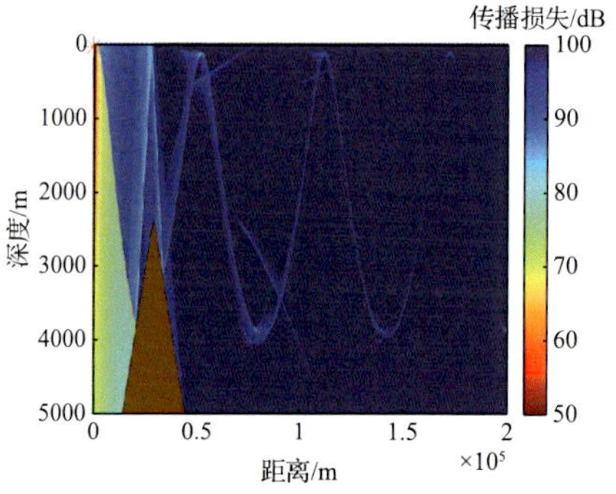

（a）海山传播损失

图 2.13　海山传播损失及声线图（海山位于直达声区）

仿真条件：声源深度为 50m，声波频率为 500Hz，海底底质为砂-粉砂-黏土

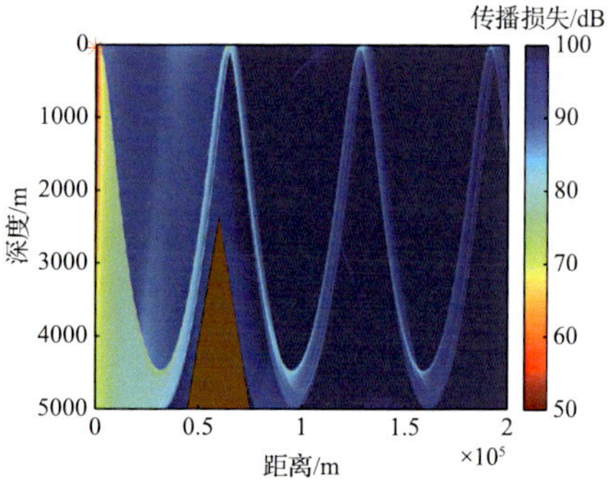

（a）海山传播损失

图 2.15　海山传播损失及声线图（海山位于影区）

仿真条件：声源深度为 50m，声波频率为 500Hz，海底底质为砂-粉砂-黏土

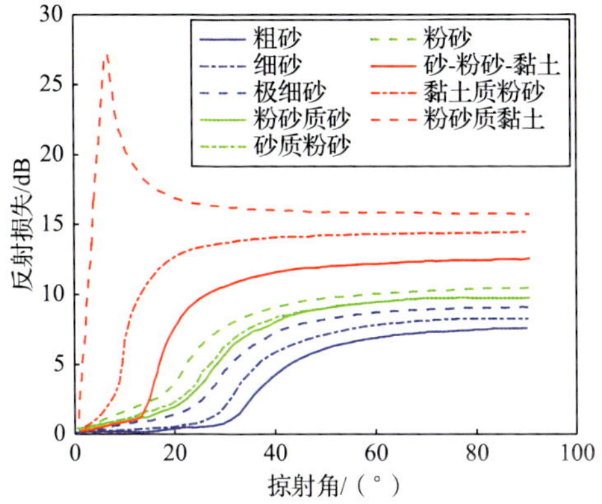

图 2.22　九类典型大陆架沉积层的瑞利反射损失

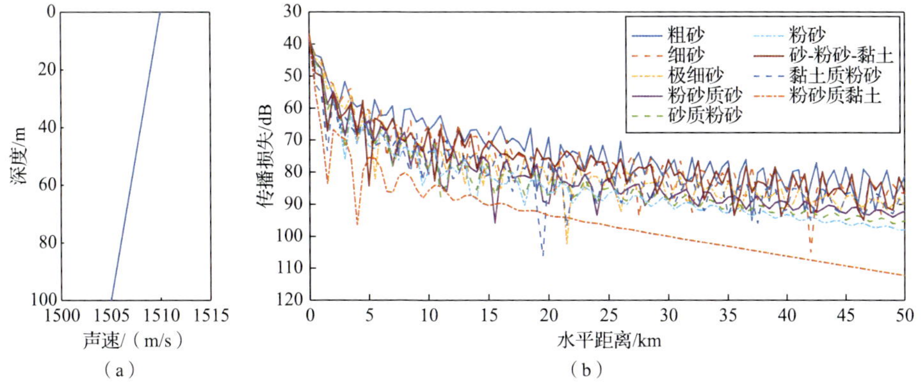

图 2.24　浅海条件下典型海底底质对水声传播的影响

仿真条件：海深为 100m，声源深度为 50m，接收深度为 60m，频率为 500Hz

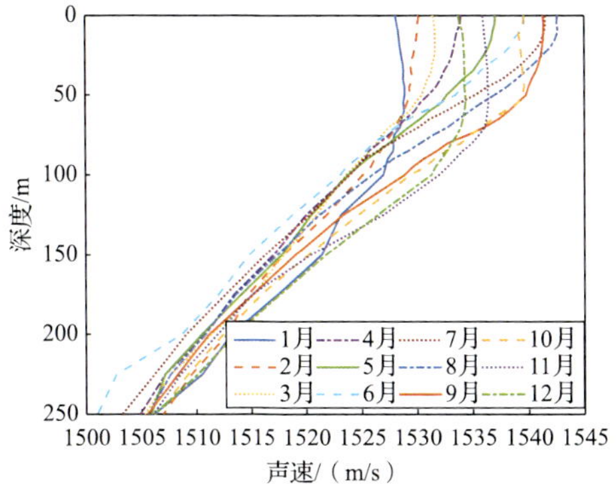

图 2.26　我国南海北部某海域声速剖面的月变化

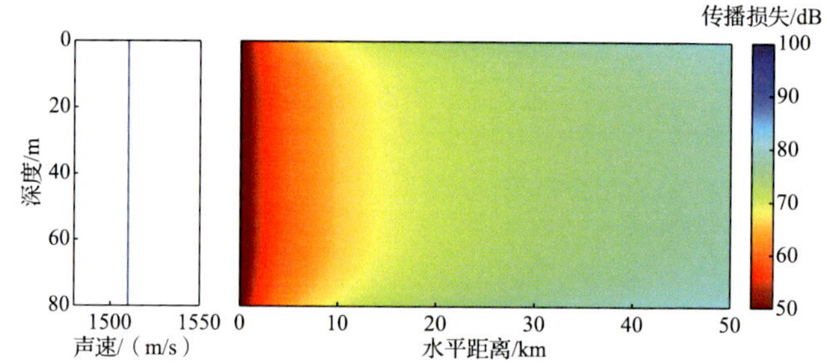

（a）等声速梯度剖面条件下的传播损失

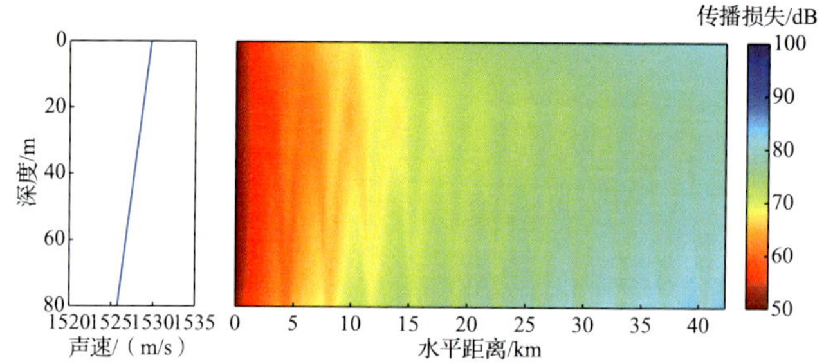

（b）弱负梯度声速剖面条件下的传播损失

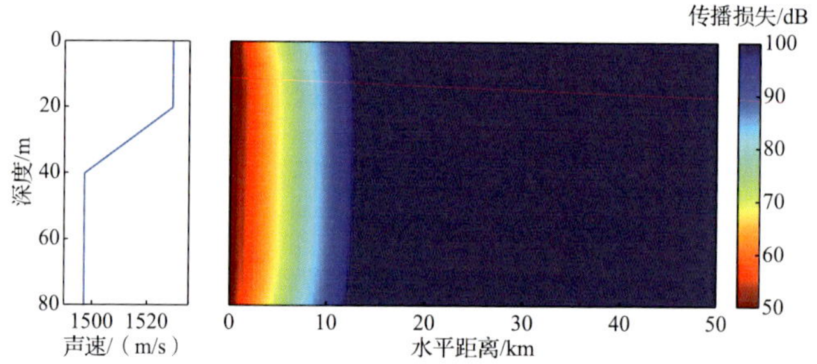

（c）跃变层声速剖面条件下的传播损失

图 2.31　浅海三种典型声速剖面条件下的传播损失

仿真条件：海深为 80m，声源深度为 30m，底质为粉砂，声波频率为 500Hz

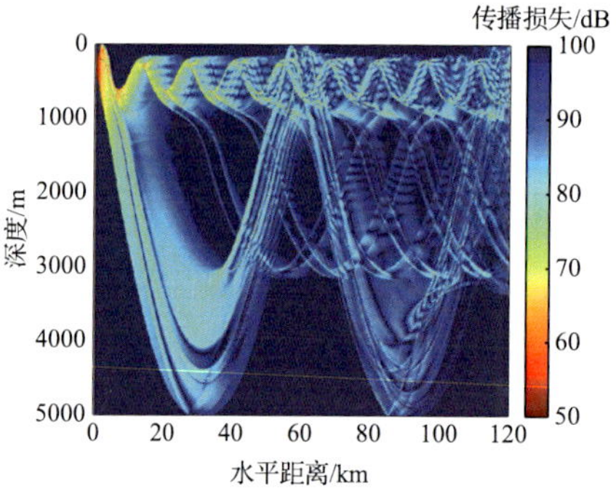

（a）无暖涡情况

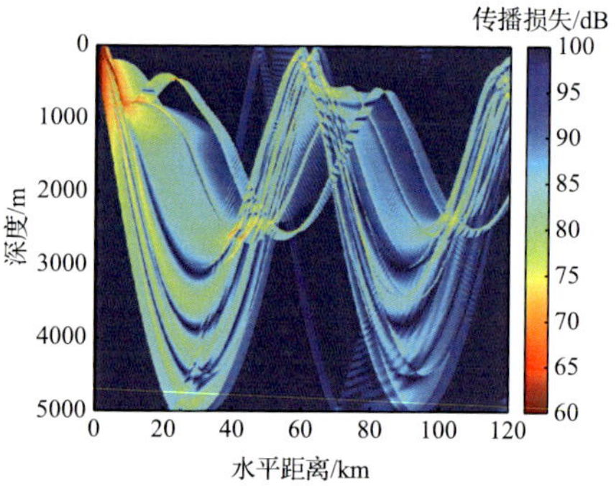

（b）有暖涡情况

图 2.33　有无暖涡的水声传播对比

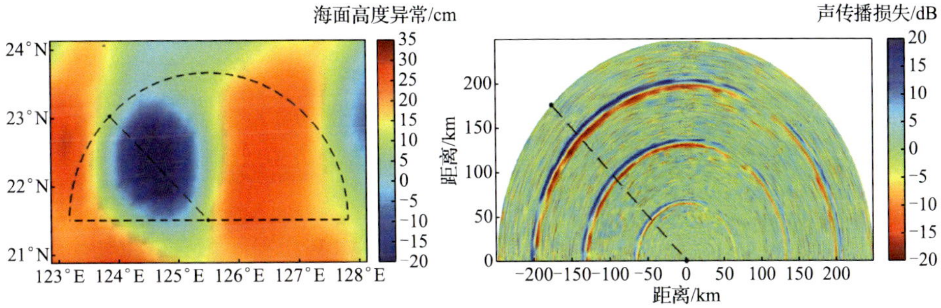

（a）涡旋温度水平分布示意图　　（b）三维声传播损失图

图 2.34　涡旋对三维水声传播的影响

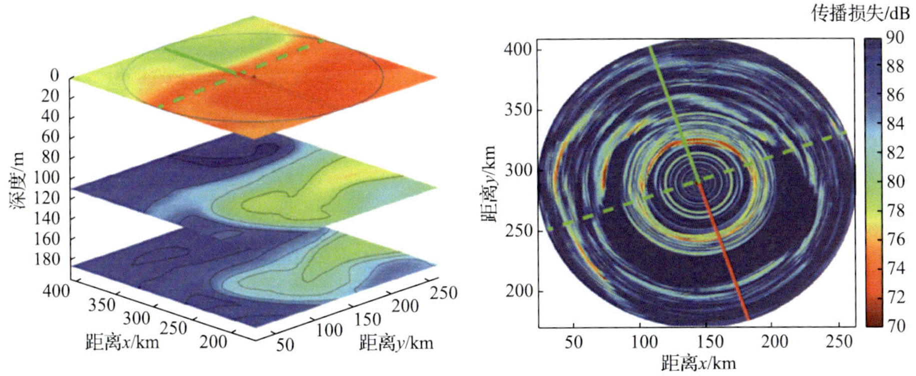

（a）海洋锋的三维结构　　（b）200m深度的传播损失切片

图 2.37　海洋锋对水声传播的影响

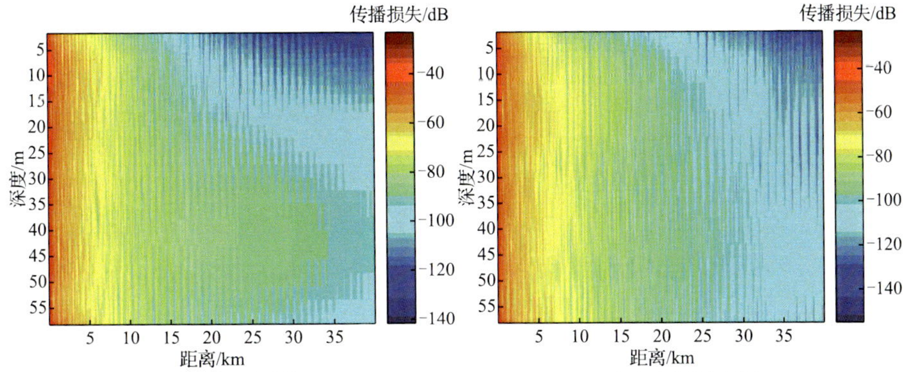

（a）没有内波的情况　　（b）有内波的情况

图 2.39　连续 CN 影响下的水声传播损失分布

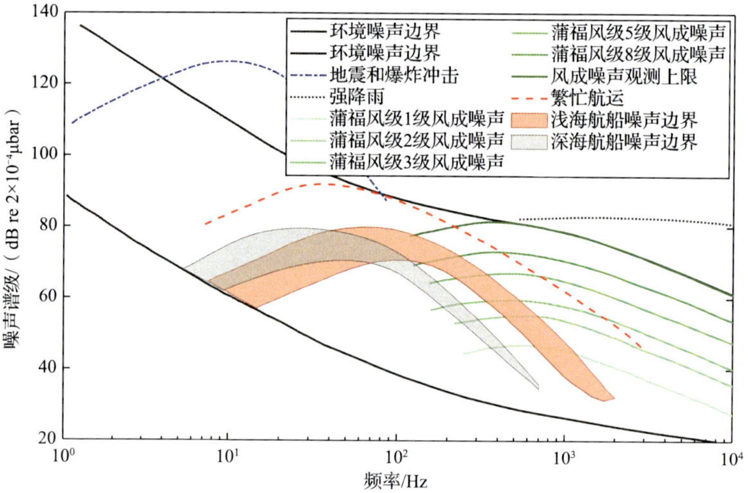

图 4.3　Wenz 曲线

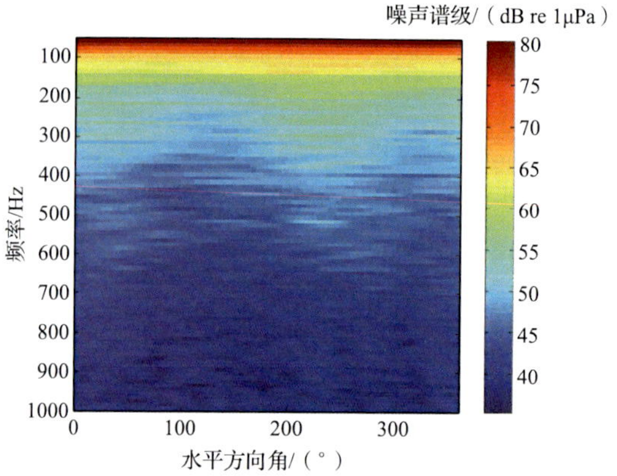

图 4.7　实测获得的南海某海域的环境噪声的水平指向性图

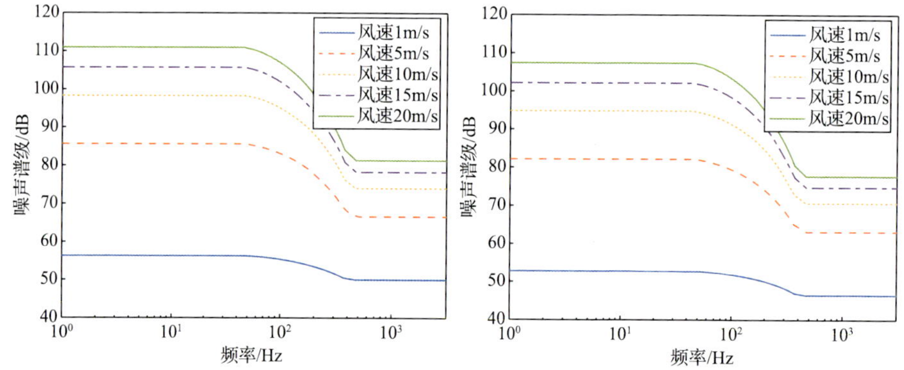

（a）　（b）

图 4.17　风关噪声谱级随频率的变化曲线

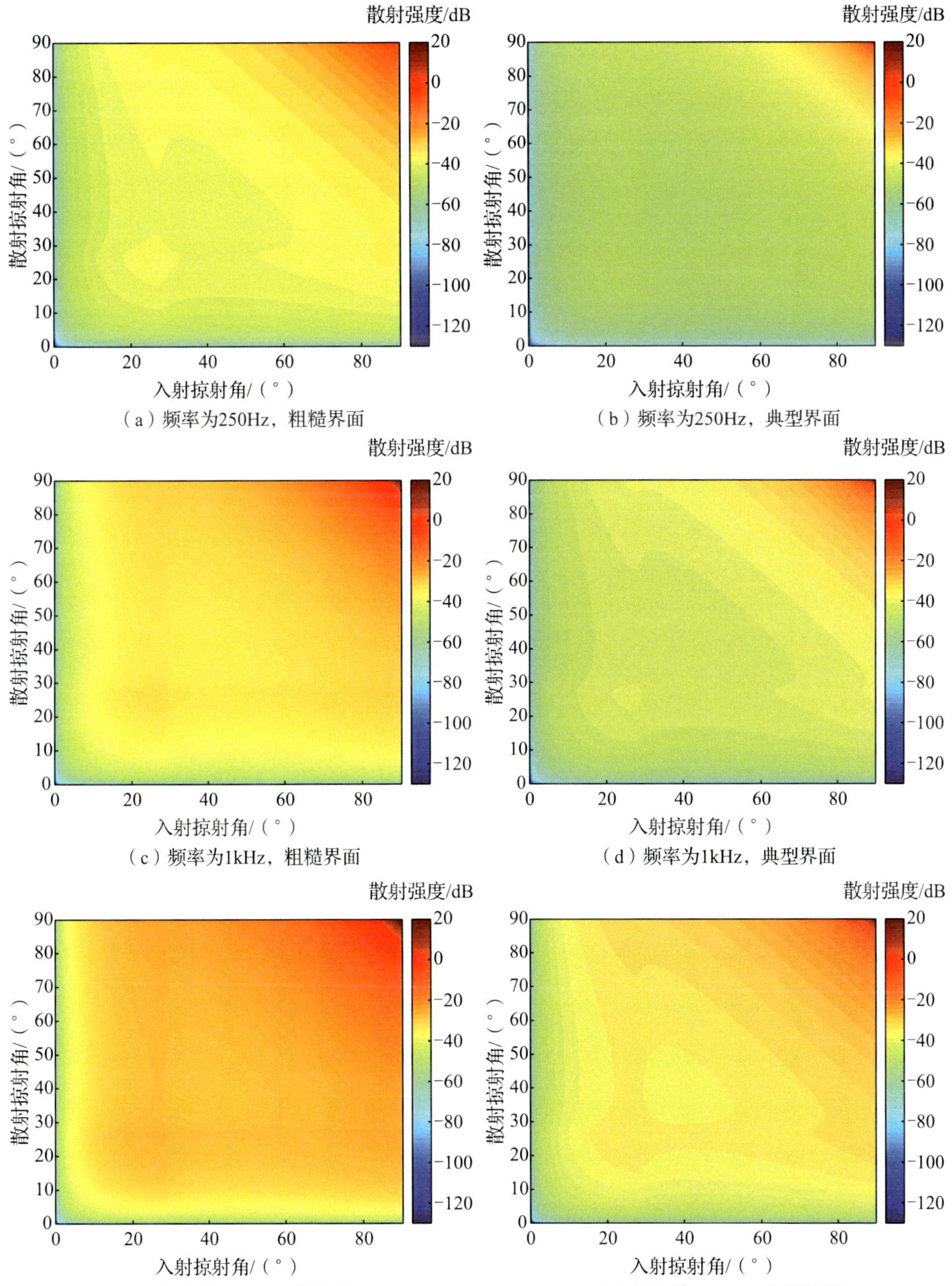

（a）频率为250Hz，粗糙界面

（b）频率为250Hz，典型界面

（c）频率为1kHz，粗糙界面

（d）频率为1kHz，典型界面

（e）频率为3.5kHz，粗糙界面

（f）频率为3.5kHz，典型界面

图 4.29　不同起伏海底条件下的海底散射强度随频率及入射掠射角的关系图

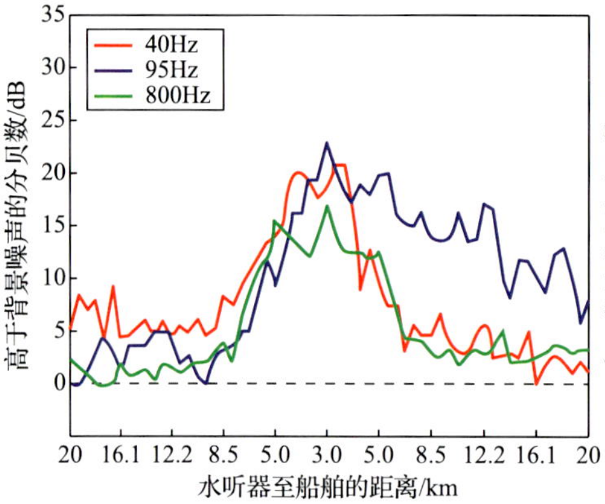

（a）集装箱船

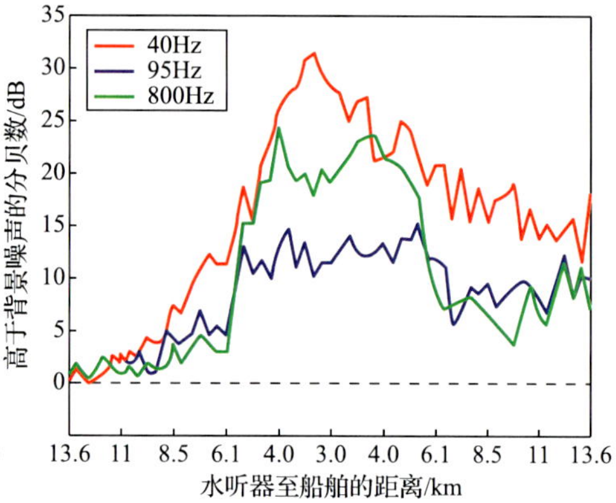

（b）散装货船

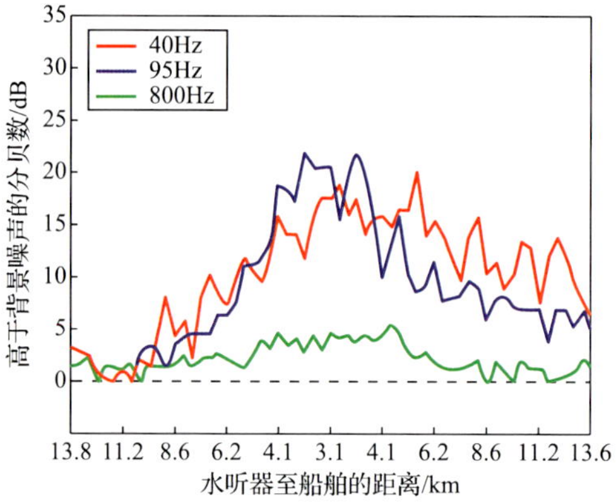

（c）成品油轮

图 5.3　三种商船接收声级通过特性

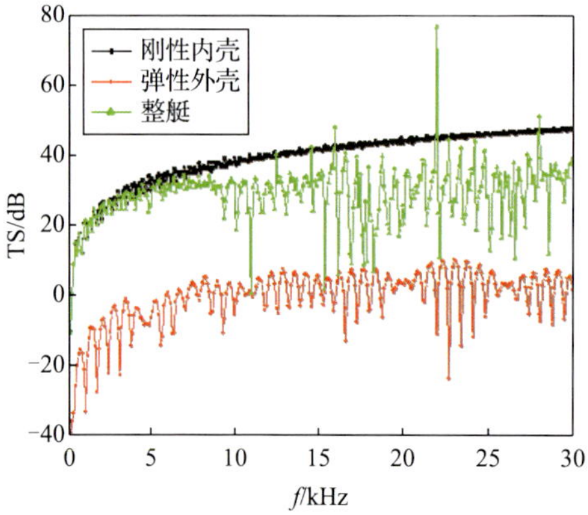

（a）艏向0°

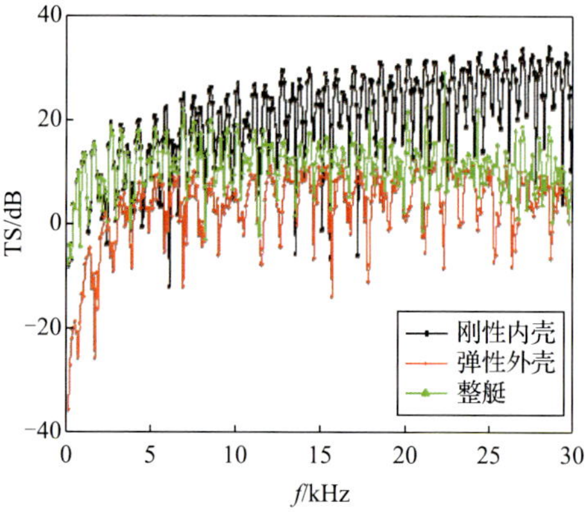

（b）舷侧45°

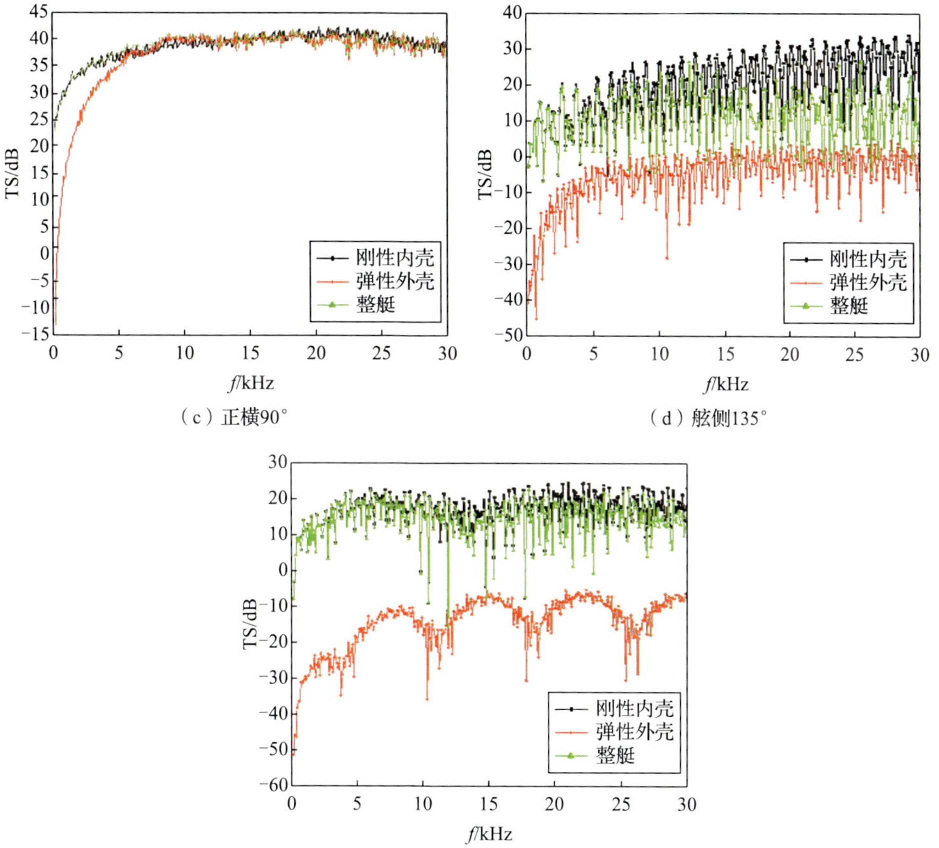

（c）正横90°

（d）舷侧135°

（e）艉向180°

图 5.11　标准潜艇模型在不同方位角下目标强度随频率的变化

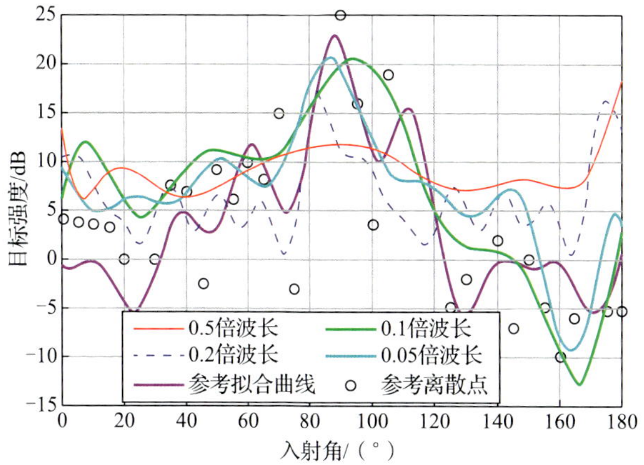

（a）声波入射频率200Hz

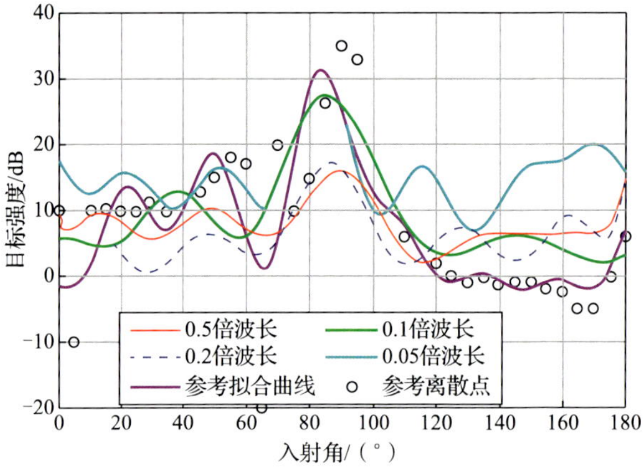

（b）声波入射频率1000Hz

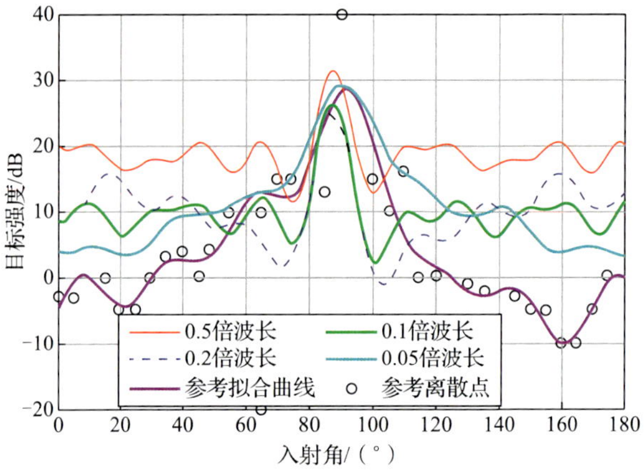

（c）声波入射频率4000Hz

图 5.19　不同网格划分精度下目标特性结果比较

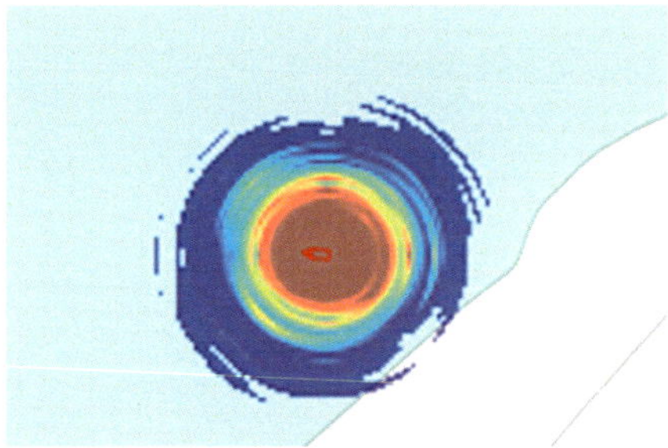

图 7.9　单声呐探测概率计算效果示意图

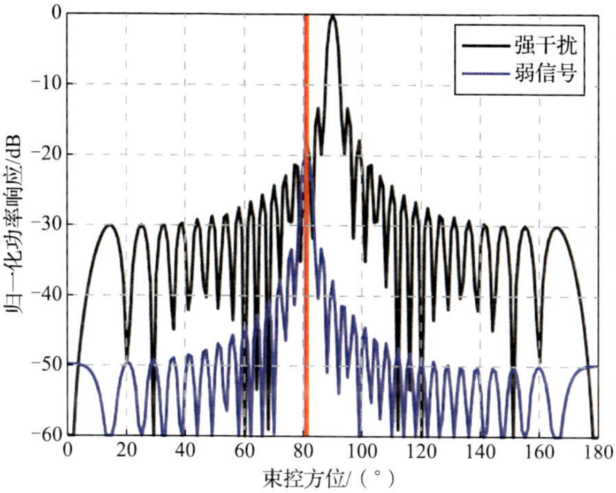

图 7.10　声呐发射波束旁瓣泄漏对弱信号检测的影响

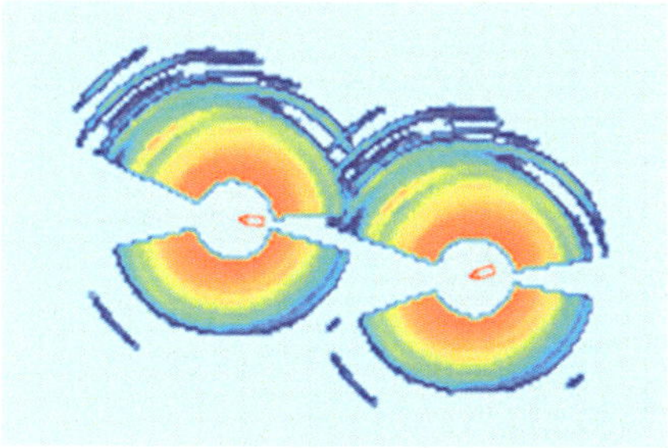

图 7.14　多声呐探测概率计算效果示意图

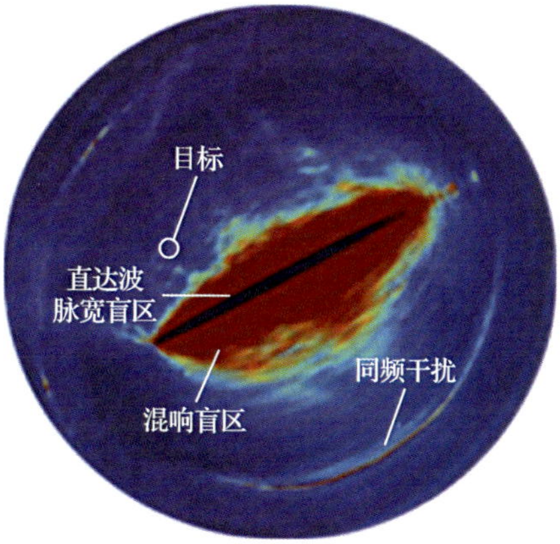

图 7.15　多基地声呐的探测画面

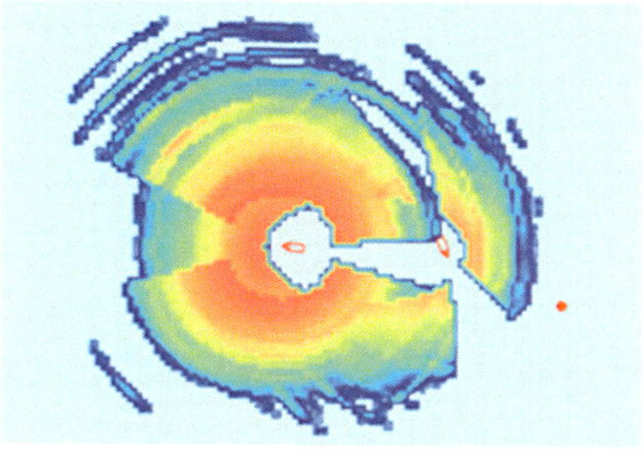

图 7.18　多基地声呐探测概率计算效果示意图

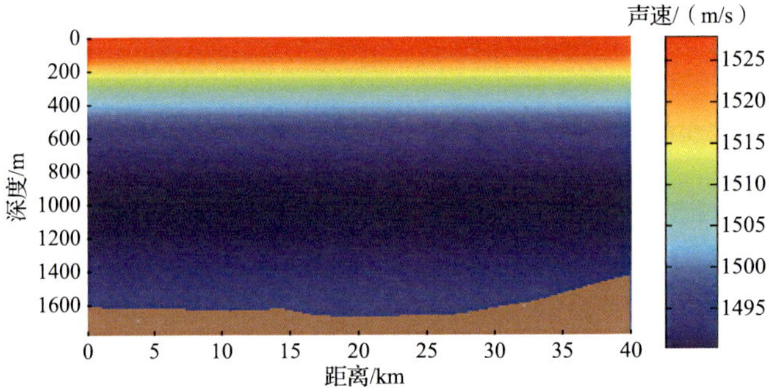

图 9.1　某海区实测的海洋水声环境

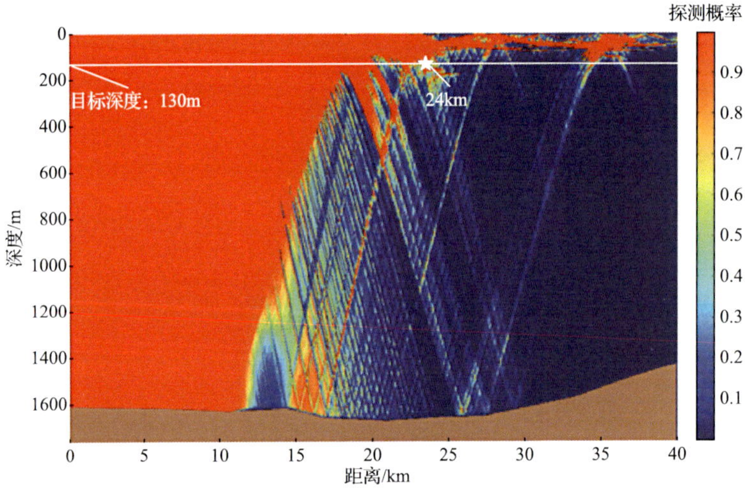

（a）拖曳基阵深度50m

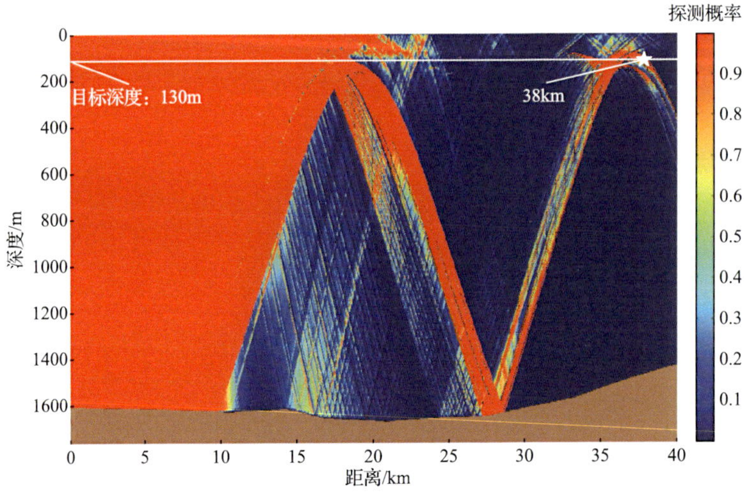

（b）拖曳基阵深度150m

图 9.2　不同基阵工作深度条件下拖曳声呐对目标的探测概率

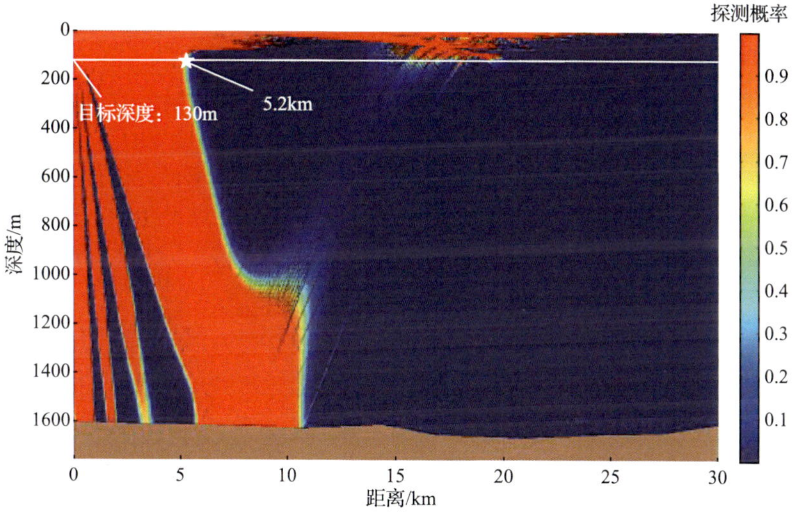

（a）垂直波束俯仰角0°

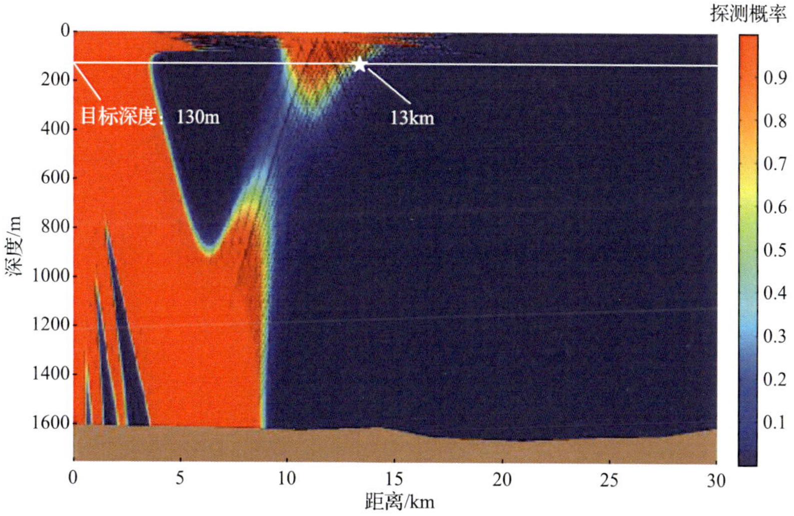

（b）垂直波束俯仰角10°

图 9.3　不同垂直波束出射角条件下舰壳声呐对目标的探测概率

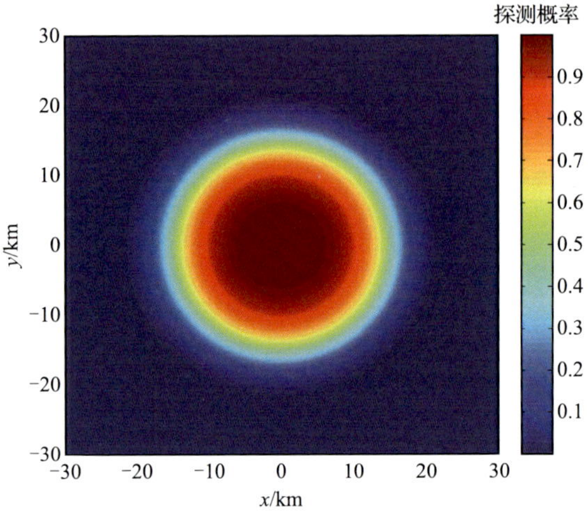

图 9.10　单节点探测概率图

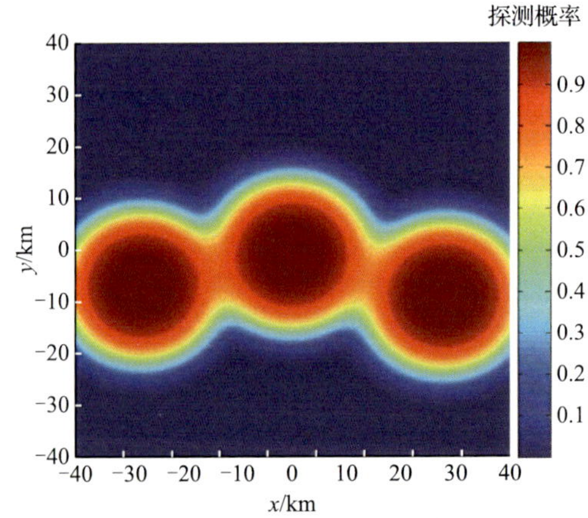

（b）三节点优化配置效能分析

图 9.12　三节点优化配置和效能分析图